W0054901

Adrian J. Slywotzky/David J. Morrison/Ted Moser/
Kevin Mundt/James Quella

Die 30 besten Strategien für mehr Gewinn

Adrian J. Slywotzky/David J. Morrison/Ted Moser/
Kevin Mundt/James Quella

Die 30 besten Strategien für mehr Gewinn

Der schnellste Weg zu profitablem Wachstum

Aus dem Amerikanischen übersetzt
von Almuth Braun

verlag
moderne industrie

Die Deutsche Bibliothek - CIP-Einheitsaufnahme

Slywotzky, Adrian J.:
Die 30 besten Strategien für mehr Gewinn : der schnellste Weg zu profitablem Wachstum / Adrian J. Slywotzky. Mit David J. Morrison ... Aus dem Amerikan. übers. von Almuth Braun ...
- Landsberg/Lech : mi, Verl. Moderne Industrie, 1999
   Einheitssacht.: Profit patterns <dt.>
   ISBN3-478-24510-9

Copyright © 1999 by Mercer Management Consulting, Inc. This translation published by arrangement with Times Books, a division of Random House, Inc.

Value Migration® und Strategic Anticipation® sind geschützte proprietäre Begriffe der Mercer Management Consulting und sind beim U.S. Patent and Trademark Office eingetragen.

© Deutsche Ausgabe 1999 verlag moderne industrie, 86895 Landsberg/Lech
Internet: http://www.mi-verlag.de

Titel der amerikanischen Originalausgabe: Profit Patterns

Alle Rechte, insbesondere das Recht der Vervielfältigung und Verbreitung sowie der Übersetzung, vorbehalten. Kein Teil des Werkes darf in irgeneiner Form (durch Fotokopie, Mikrofilm oder ein anderes Verfahren) ohne schriftliche Genehmigung des Verlages reproduziert oder unter Verwendung elektronischer Systeme gespeichert, verarbeitet, vervielfältigt oder verbreitet werden.

Umschlaggestaltung: Felix Weinold, Schwabmünchen
Satz: Fotosatz Buck, Kumhausen
Druck: Himmer, Augsburg
Bindearbeiten: Thomas, Augsburg
Printed in Germany 240 510/099901
ISBN 3-478-24510-9

Inhaltsverzeichnis

TEIL 1
Die neuen Spielregeln für Unternehmenserfolg

TEIL 2
30 Gewinnmuster

TEIL 3
Muster gewinnbringend nutzen

Danksagung

Das erste Kapitel erklärt die Bedeutung von strategischer Mustererkennung anhand der Schachpartie zwischen Gary Kasparov und dem Computer Deep Blue. Nicht nur auf dem Schachbrett ist die Fähigkeit zur Mustererkennung Voraussetzung für den Spielgewinn; in der Wirtschaft ist sie die unabdingbare neue Kompetenz zur erfolgreichen Bewältigung der Marktdynamik und -komplexität. Die berühmte Schachpartie zwischen Kasparov und Deep Blue enthüllt aber noch einen weiteren wichtigen Lernschritt: Kasparov wurde nicht von einer Maschine besiegt, sondern von einem Team, das sein gesamtes Wissen sowie das von Hunderten anderer Schachspieler zu einem umfassenden Programm über Mustererkennung und Nutzung kodiert hat.

Heute sind alle Top-Manager und Investoren mit einer qualvollen Kombination aus großer Komplexität und einer immer geringeren Bandbreite an Entscheidungsmöglichkeiten konfrontiert. Entscheidungen von wachsender Tragweite müssen in immer kürzeren Zeiträumen getroffen werden. Ein Weg, um dieser Herausforderung zu begegnen, ist, aus den vergangenen strategischen Fehlern und Erfolgen soviel wie möglich zu lernen und die ausgeklügelten Schachzüge der Vorgänger zu kennen, mit denen sie Veränderungen vorwegnahmen und für sich nutzten. Das ist allerdings leichter gesagt als getan. Es gibt eine Vielzahl von Unternehmen aus den unterschiedlichsten Branchen, von denen man lernen kann. Die eigentliche Frage lautet, wie ein einzelner Manager dieses Wissen zusammentragen, lernen und umsetzen kann. Darauf gibt es oft keine klare Antwort. Klar ist jedoch, daß ein Team von Führungskräften, die ihre eigene Erfahrung mit Gewinnmustern einbringen, über genügend kumulierte Erfahrung und damit eine breite Wissensbasis verfügt, um die heutigen strategischen Anforderungen zu meistern.

Wegen der Bedeutung der neuen Fähigkeiten ist Strategieentwicklung eine Teamaufgabe geworden. Ein Team wird wesentlich effektiver sein, wenn es sich auf eine Wissensbasis stützen kann, die vergangene Muster, ihre Auslöser und die Schritte, zu denen sie geführt haben, abdeckt. Der Aufbau einer solchen Wissensbasis über strategische Muster – wie sie funktionieren, warum sie auftreten und wie man sie nutzen kann – ist eine komplexe, anspruchsvolle

9

Aufgabe, bei der die Erfahrung und das Wissen vieler Experten, das sich aus Branchenerfahrung, Sachkenntnis und einer breiten Palette an Disziplinen wie Kunden-Know-how, Unternehmensanalyse etc. zusammensetzt, integriert werden muß. Das ist kein statischer, sondern ein kontinuierlicher Prozeß. Die im nächsten Kapitel beschriebene Website www.ProfitPatterns.com ist so angelegt, daß die Wissensbasis stets dem aktuellen Stand entspricht und sich im Zuge neuer Beispiele, Muster und potentieller neuer Kategorien weiterentwickelt.

Die Konzepte und Beispiele aus diesem Buch stützen sich im wesentlichen auf die außergewöhnlich breite Wissensbasis von Mercer Management Consulting, die auf unternehmensweiter Erfahrung basiert und sich auf die Identifizierung von grundlegenden strategischen Veränderungen in einer Vielzahl von Branchen und der Entwicklung darauf abgestimmter Strategien konzentriert. So wie das Management eines Unternehmens ein Team erforderlich macht, in das die einzelnen Mitglieder ihre Konzepte einbringen, haben wir uns auf die breite Branchenerfahrung von Mercer gestützt, um ein profundes Verständnis für die wichtigsten strategischen Muster zu entwickeln, die zur Restrukturierung ganzer Industriezweige geführt haben. Wir möchten den Leitern der „Industry Groups" und ihren Teams an dieser Stelle für ihren Beitrag über die in ihren Branchen relevanten Muster danken: Bob Fox von CIE (Computer, Information and Entertainment), Scott Birnbaum von Financial Services, Peter Baumgartner von Manufacturing, Hugh Randall von Transportation, James Bonomo von Energy and Process Industries und Kevin Mundts Team von Retail, Consumer and Healthcare. Außerdem möchten wir unseren Partnern Charlie Hoban, Rick Wise, Ed DiGeronimo, Nancy Lotane, Phyllis Rothschild und Matthew Clark für ihren besonderen Beitrag zur Weiterentwicklung unserer Konzepte danken.

Dieses Buch ist das Produkt derselben Unternehmens- und intellektuellen Energie, die unsere Kunden bei der Gewinnung von wertvollen Einsichten unterstützt. Wir möchten uns daher auch bei ihnen bedanken, weil sie mit ihren unnachgiebigen Fragen und der Möglichkeit, bei der erfolgreichen Bewältigung der dringendsten strategischen Herausforderungen mit ihnen zusammenzuarbeiten, dazu beigetragen haben, daß wir unser Wissen über strategische Muster weiter vertiefen konnten. Als Ergebnis dieser konstanten Herausforderung konnten wir diese Muster identifizieren und die besten strategischen Schritte charakterisieren, die ein Unternehmen aus der Umklammerung einer grundlegenden Veränderung führen können.

Dieses Buch ist ein visuelles Werk, und wir möchten dem Text- und Grafik-
team von Mercer unseren ganz besonderen Dank für ihren Rat und ihre Hilfe-
stellung aussprechen. Insbesondere danken wir Vicki Bocash für ihre Unterstützung und ihre künstlerische Sachkenntnis. Ohne ihren Beitrag wäre das
Buch nicht entstanden.

Unser Dank gilt auch John Mahaney von Times Book, von dem wir während
der Buchentstehung wertvolle Ratschläge, Zuspruch, Anleitung und Feedback
erhalten haben. Seine Ideen haben den Ansatz, den wir verfolgt haben, sowie
die Tiefe der Einsichten und den Grad der Detaillierung und die Balance zwischen dem theoretischen Gedankengerüst und praktischen Beispielen geprägt.
Und schließlich möchten wir das ganze Team von Mercer hervorheben, das
seine Untersuchungen, Konzepte und seine Begeisterung mit uns geteilt hat.
Ohne die Unterstützung und den Beitrag von Peter Coster, Chairman von Mercer Management Consulting, und Jim Down, Vice Chairman of Operations,
wäre es nicht möglich gewesen, das gesamte Unternehmens-Know-how zu-
sammenzutragen bzw. es in ein sinnvolles Gesamtkonzept zu integrieren. Ein
ganz großes Dankeschön geht an das Kernteam unter der Leitung von Jack Kolodny: Mark Copelovitch, Isha Archer, Kang Ahn, Matt Stone, Adriaan Zur
Muhlen und Martin Stein. Sie haben das Material über die Untersuchung der
Muster zusammengetragen, auf dem das Buch basiert, und uns dabei unterstützt, die Gedanken zu bündeln und den roten Faden des Manuskripts zu entwickeln. Spezieller Dank geht an Jack Kolodny, Mark Copelovitch und Isha
Archer für ihren Beitrag an der Entwicklung des Manuskripts und ihre Unterstützung während der Lektorierung. Ihre Erkenntnisse und ihre Energie haben
von Anfang an entscheidend dazu beigetragen, das Buchprojekt voranzutreiben.

Wovon dieses Buch handelt und an wen es sich richtet

Wie lernt man aus Erfahrung? Indem man wiederkehrende Muster erkennt. Berühmte Mediziner verbinden Wissen und einen reichen Erfahrungsschatz in der Kunst der Diagnose, die nicht allein auf intellektuellen Fähigkeiten und einer fundierten Ausbildung beruht, sondern auch auf der intuitiven Übertragung von Erfahrungen. Herausragende Ärzte sind Meister in der Erkennung von Mustern, da sie nicht nur einen Teilausschnitt, sondern das Ganze betrachten. Sie erkennen die Ursachen hinter den Symptomen und nutzen die daraus gewonnenen Erkenntnisse für eine exakte Analyse und die Entwicklung einer effektiven Therapie.

Das Gleiche gilt auch für wirtschaftliche Zusammenhänge. Herausragende Wirtschaftsführer besitzen die Fähigkeit, Gewinnmuster zu erkennen. Alle Industriezweige sind Veränderungen unterworfen, die von strategischen Mustern ausgelöst werden und zu dramatischen Verschiebungen im Gewinn- und Machtgefüge führen. Manchmal bilden sich solche Muster allmählich heraus, manchmal entstehen sie ganz plötzlich – nur statisch sind sie nie. Die Fähigkeit, zu antizipieren, wie und warum sich das Marktumfeld eines Unternehmens verändert, die Ursachen hinter den Symptomen zu erkennen und dann Strategien zu entwickeln, die zu überdurchschnittlicher, nachhaltiger Profitabilität führen, ist eine Kunst, die jeder lernen kann. Strategische Antizipation, d.h. die Fähigkeit, hinter der scheinbaren Komplexität der Symptome die ihnen zugrundeliegenden Triebkräfte für Kunden- und Wirtschaftsverhalten zu erkennen, hat nichts mit hundertprozentiger Vorhersage zu tun. Es geht darum, daß Unternehmen sich darauf *vorbereiten*, kommende Veränderungen gewinnbringend zu nutzen, und ihre strategischen Entscheidungen aufgrund exakter Information treffen.

Mit zunehmenden Veränderungen und wachsender Komplexität häuft sich auch das Auftreten von Gewinnmustern. Dementsprechend wird es immer wichtiger, sie zu erkennen.

Dieses Buch gibt Top-Managern eine Reihe von Instrumenten an die Hand, die ihre Erfolgschancen unter veränderten Marktregeln erhöhen. Teil 1 beschäftigt sich mit den verschiedenen Formen von Veränderung, die neue Fähigkeiten erfordern. Der Grad der Komplexität sowie die Veränderungsdynamik sind in den letzten zehn Jahren massiv angestiegen, und alles deutet darauf hin, daß sich diese Entwicklung in den nächsten Jahren verstärkt fortsetzt. „Die gute alte Zeit" der 80er Jahre ist unwiederbringlich vorbei. Je schneller Unternehmen die neuen Spielregeln verinnerlichen, desto größer wird ihr Vorsprung vor den Wettbewerbern sein.

Teil 2 – das Kernstück des Buchs – beschreibt 30 Gewinnmuster, die beinahe alle Branchen grundlegend verändert haben. Mit dem Erlernen dieser Muster wächst das Repertoire an strategischen Schachzügen, mit denen Unternehmen auf anhaltende Veränderungen reagieren können. Die Fähigkeit, ein Muster zu identifizieren, seine Wirkungsweise zu verstehen und es zum eigenen Vorteil zu nutzen, muß zum integralen Bestandteil des strategischen Denkprozesses aller Entscheider werden.

Teil 3 ist ein umsetzungsorientierter Leitfaden, der mit Hilfe von Fallbeispielen und Techniken zur Mustererkennung aufzeigt, wie die wichtigsten Muster, die das Marktumfeld eines Unternehmens verändern, identifiziert werden können, bevor in einem nächsten Schritt das Unternehmen zu frühzeitigem Handeln mobilisiert wird. Teil 3 beschäftigt sich außerdem mit den hauptsächlichen unternehmensinternen Barrieren, die der Einleitung einer Neuausrichtung oft entgegenstehen, und endet mit einem praxisnahen Handbuch, das Top-Manager bei der systematischen Anwendung von Mustererkennung auf ihre spezifische Unternehmenssituation unterstützen soll.

Dieses Buch soll dazu beitragen, daß Top-Manager einen strategischen Denkansatz entwickeln, der sich die über Jahrzehnte kumulierte Erfahrung mit innovativen Business Redesigns systematisch zunutze macht. Das Buch verweist an mehreren Stellen auf die Website www.ProfitPatterns.com, die weitere Information und Perspektiven zu diesem Thema enthält.

Unter *Business Design* wird dabei die Neuentwicklung der strategischen Unternehmensarchitektur, unter *Business Redesign* ihre Überprüfung und Neuausrichtung verstanden

Muster haben eine Vielzahl von Verwendungsmöglichkeiten. Auf jeden Fall sind sie ein Instrument für Manager, um die Effektivität weitreichender strategischer Entscheidungen, der Zuteilung von Ressourcen und des strategischen

Business Designs werden ganzheitlich anhand von fünf Elementen beschrieben

Marktpositionierung/ Leistungsangebot	Ressourcen-Fokus	Gewinnmodell
Welches sind die werthaltigen Kundensegmente, auf die die wir uns konzentrieren, und welches ist unser differenzierendes Leistungsangebot?	Welche Aktivitäten müssen wir selbst durchführen, und welche Assets sind hierzu notwendig?	Welches ist unser Gewinnmodell, mit dem wir aus unseren Kundenbeziehungen Gewinn schöpfen?

Strategische Absicherung	Betriebssystem
Wie sichern wir unseren Gewinnstrom gegenüber dem Wettbewerb ab?	Welche organisatorischen und systembezogenen Voraussetzungen sind notwendig?

Risikomanagements zu verbessern. Darüber hinaus erleichtern sie Investoren, Kunden und den bestqualifizierten Mitarbeitern, die richtige Entscheidung über Investitionen, die Wahl der Anbieter bzw. die besten Karriereoptionen zu treffen. Die zunehmende Unberechenbarkeit der Märkte bereitet Investoren und Top-Managern gleichermaßen Entscheidungsschwierigkeiten. Nervöse Kursschwankungen machen es Anlegern immer schwerer, die Indizien für echten Wertzuwachs unter der Oberfläche zu erkennen. Das Erkennen von Gewinnmustern allein garantiert in einem derart unruhigen Umfeld zwar noch keinen Erfolg, es kann aber den Blick auf die zugrundeliegenden Kunden- und Wirtschaftsbewegungen lenken, aus denen sich zukünftige Marktchancen oder Wertabwanderung ableiten.

In dem Maße, wie die Geschwindigkeit zunimmt, mit der Aktienkurse steigen oder fallen, wird es immer wichtiger, sich grundlegende Fragen über die Unternehmen zu beantworten, in die man investiert hat:

1. Investiere ich in ein Unternehmen mit einem überholten Geschäftskonzept? Wird in naher Zukunft ein anderes Unternehmen die größte Wertsteigerung verzeichnen? Wenn ja, wie finde ich heraus, welches Unternehmen das sein wird?
2. Investiere ich in eine ertragsschwache Branche? Wie groß sind die Chancen, daß sich die Branche erholt?
3. Verfügen die Unternehmen, in die ich investiere, über die für einen Branchenführer erforderlichen zukunftsweisenden Fähigkeiten, oder hinken sie der Branchenentwicklung hinterher?

Investoren können anhand jedes der 30 Gewinnmuster den richtigen Fragenkatalog aufstellen, um sich Klarheit darüber zu verschaffen, ob die Geschäftskonzepte der Unternehmen aus ihrem Portfolio Anlaß zur Besorgnis geben.

So wie Investoren über Aktienkäufe entscheiden, entscheiden Kunden über Anbieter. Die richtige Wahl kann den wirtschaftlichen Kundennutzen erheblich steigern. Strategische Mustererkennung unterstützt die Selektion. Auch Kunden können aus jedem einzelnen Muster wichtige Fragen ableiten, deren Beantwortung Aufschluß über die besten zukünftigen Anbieteroptionen gibt.

Und hochqualifizierte Mitarbeiter können ihr Entwicklungspotential voll ausschöpfen, weil die Mustererkennung sie in die Lage versetzt,

1. einen außerordentlich hohen Wertbeitrag zum Unternehmenserfolg zu leisten, indem sie das Unternehmen darin unterstützen, so früh wie möglich die wichtigsten Branchenveränderungen zu erkennen und darauf zu reagieren,
2. diejenigen Unternehmen zu identifizieren, die mit der größten Wahrscheinlichkeit Wertzuwächse erfahren werden, die eine maximale Kapitalrentabilität bedeuten.

So ist es z.B. sicher keine erfreuliche Erfahrung, herausragender Manager in einem Unternehmen zu sein und feststellen zu müssen, daß sein Zulieferer beginnt, mit Erfolg seine Kunden abzuwerben. Ebenso undankbar ist es, in einem engstirnigen, produktzentrierten Unternehmen zu arbeiten, während eine Wertverschiebung von Produkten zu Lösungen stattgefunden hat. In beiden Fällen sind die Geschäftskonzepte durch strategische Veränderungsmuster obsolet geworden. Überdurchschnittliche Leistung wird unter diesen Umständen nicht entsprechend honoriert. In einer Zeit, da Mitarbeiter ihre berufliche Karriere immer eigenverantwortlicher in die Hand nehmen müssen, kann das Bewußtsein für strategische Muster, die zukünftige Chancen entstehen lassen, ein nützliches Prüfinstrument für berufliche Entscheidungen sein.

Dieses Buch ist eine Anknüpfung und Erweiterung der Konzepte und Untersuchungen, die in zwei früheren Büchern dargestellt wurden: *Value Migration* und *Die Gewinnzone*.

In *Value Migration* wurden dramatische Marktveränderungen beschrieben, ausgelöst von aggressiven Newcomern, die die etablierten Marktanteilsgiganten in die Knie zwangen.

Die Gewinnzone stellte anhand von Fallbeispielen zwölf erfolgreiche Redesigner vor, deren Gewinnstrategien ihren Shareholdern mehr als 700 Mrd. Dollar Marktwert beschert haben. In beiden Büchern waren Muster, die zu einer Veränderung der jeweiligen Marktbedingungen geführt hatten, zwar Teil der Analyse, sie sind aber nicht annähernd so detailliert und systematisch beschrieben wie in dem vorliegenden Buch.

Die Gewinnzone macht deutlich, warum es einigen sehr erfolgreichen Unternehmen (z.B. GE, Disney und Intel) gelungen ist, nachhaltige Profitabilität zu erzielen. Das Buch enthält Storys über die strategischen „Feldherren" – Jack Welch, Michael Eisner, Andy Grove –, ihre Schachzüge und ihre wiederholten Siege. Das vorliegende Buch enthält die Formeln dafür; die spezifischen Details, wie sich anbahnende Branchenveränderungen erkannt werden können, damit Ihr Unternehmen in der Lage ist, ein ähnliches Ergebnis zu erzielen wie die Redesigner.

Die hohe Dynamik der Märkte führt zu atemberaubenden Veränderungen, und viele Unternehmen können kaum noch Schritt halten. Die in diesem Buch dargestellten 30 Gewinnmuster werden Sie dabei unterstützen, die Struktur hinter dem scheinbaren Chaos zu erkennen und Strategien zu entwickeln, die Ihrem Unternehmen Wettbewerbsüberlegenheit verschaffen.

Das Erlernen von Mustern und ihre gewinnbringende Anwendung ist keine leichte Aufgabe. Die Meisterschaft läßt sich nicht von heute auf morgen erreichen. Nichtsdestotrotz sind die ersten Lernerfolge sehr hoch, und die Beherrschung der Grundregeln und -muster führt schon in kürzester Zeit zu erheblicher Ergebnisverbesserung.

Einleitung
Picasso und die Kunst der Strategie

In der traditionellen strategischen Landschaft waren alle Faktoren deutlich sichtbar. Die Realität war erkennbar, und das gesamte Bild – obwohl manchmal verschwommen – verständlich.

Plötzlich tauchten merkwürdige Phänomene auf, die schwieriger zu erkennen waren und scheinbar keine Zusammenhänge zeigten.

Zwar konnte man die verschiedenen Faktoren noch erkennen, aber es wurde immer komplizierter.

Schließlich reichte die traditionelle Betrachtungsweise nicht mehr aus, um hinter den verwirrenden Phänomenen klare Strukturen zu erkennen.

Unsere Aufgabe ist, das Muster zu erkennen,
das hinter dem scheinbaren Chaos liegt.

Hinter Picassos Fragmentierung der Oberfläche ...

... Velázquez erkennen.

Teil I
Die neuen Spielregeln für Unternehmenserfolg

1

Die Strategieregeln verstehen

Im Mai 1997 verlor Gary Kasparov, das wohl größte Schachgenie aller Zeiten, gegen Deep Blue, ein Computerprogramm, das IBM-Wissenschaftler geschrieben hatten. Im Anschluß beeilten sich Experten, das Hohelied der Vorherrschaft des Computers über den Menschen zu singen bzw. selbige zu beklagen.

Wir ziehen eine andere Lektion aus dem Sieg von Deep Blue.

Schach ist ein Spiel, das auf Mustern aufbaut. Muster über den Spielverlauf, den aktuellen Spielstand und, was noch wichtiger ist, über die weitere Entwicklung des Spiels. Der Schachspieler mit den ausgeprägtesten Fähigkeiten in der Mustererkennung verfügt über einen entscheidenden strategischen Vorteil.

Gary Kasparov wurde nicht von einer Maschine besiegt. Er wurde von einem Team aus IBM-Mitarbeitern geschlagen, die Muster so ernst nahmen, daß sie mehrere Jahre und viele Millionen Dollar investierten, um eine Maschine zu entwickeln, die alle Muster, die jedes einzelne Teammitglied kannte, wiedererkennen und manipulieren konnte. Das IBM-Team hatte drei Vorteile, aufgrund deren es lediglich eine Frage der Zeit war, wann Deep Blue siegen würde:

- Das wirkliche Match (Muster zu lernen und anzuwenden) wurde zwischen einer Reihe hochintelligenter Experten und einem Genie ausgetragen, und zwar lange bevor das tatsächliche Schachturnier stattfand. Langfristig ist ein Team überlegen.
- Das IBM-Team ging mit unglaublicher Systematik an die Muster heran. Die Wissenschaftler katalogisierten alle für Schach relevanten Muster und verknüpften sie untereinander – auch solche, die Kasparov-spezifisch waren.
- Das IBM-Team nutzte die Speicher- und Verarbeitungskapazität eines Computers, der kein gespeichertes Muster je vergißt und alle Muster in Sekun-

denschnelle prüft, bevor er zum nächsten Zug ansetzt, um kumulative Lern-
prozesse zu simulieren.

Am Ende sah sich Kasparov mit einem Gegner konfrontiert, dessen Gefähr-
lichkeit er weit unterschätzt hatte. Daß er sich darüber bewußt war, haben seine Tiraden gegen Ende des Spiels mehr als deutlich gemacht.

Der Sieg von Deep Blue war das Ergebnis von Teamwork, von systematischer Konzentration auf das Erlernen von Mustererkennung und von kumulier-
ter Erfahrung über den Genius. Es war ein Sieg des Menschen über den Menschen und eine Parabel für Top-Manager und Investoren weltweit.

Die Übertragung von Mustererkennung auf Unternehmensstrategien

Die Überlegenheit von Deep Blue war ein Ereignis, das jedem Top-Manager
und Investor einen Blick in die Zukunft erlaubt. Mit ein wenig Phantasie läßt
sich erkennen, daß das Schachexperiment von IBM schon früh auf ein ent-
scheidendes Instrument hingewiesen hat, das in Zukunft allgemeine Anwendung bei der Entwicklung von Unternehmens- und Investmentstrategien finden
wird.

Nach unserer These werden alle Unternehmen, die in ähnlichem Umfang in
die Mustererkennung investieren wie IBM – und hier sind nicht die Kosten
sondern der Ansatz gemeint, nämlich eine Kombination aus Management-
Teamwork und einer systematischen Katalogisierung von Mustern und kumu-
lierter Erfahrung –, überlegene, innovative Strategien entwickeln und mit überdurchschnittlichen nachhaltigen Wertzuwächsen belohnt. Dieses Buch soll Unternehmen dabei unterstützen, die Entwicklung ihrer eigenen Datenbank an
Mustern in Angriff zu nehmen und so die notwendigen Investitionen verrin-
gern und den Payback verkürzen.

Die Investition in Mustererkennung kann Top-Manager zu wirtschaftlicher
Überlegenheit verhelfen, einem Bereich, in dem das Kräftemessen niemals
aufhört. Die Meister der Mustererkennung sind an das gewöhnt, was dem Neu-
ling als Chaos erscheint. Sie blicken durch die scheinbare Unordnung hin-
durch, sehen das strategische Bild, das sich in einem komplexen Umfeld ab-

zeichnet, und erkennen, welches Muster ihm zugrunde liegt. Sie haben verstanden, worauf es ankommt.

Das Verständnis der Spielregeln ist entscheidend. Es gleicht einem Nachtsichtgerät in vollkommener Dunkelheit, das Sie rechtzeitig vor Gefahren warnt und Ihnen den Weg zu lukrativen Marktchancen weist. Darüber hinaus beleuchtet er, welche Schritte und Kombinationen den Spielverlauf zu Ihren Gunsten entscheiden.

Die Regeln nicht zu durchschauen, hat genau den gegenteiligen Effekt, macht gleichermaßen blind für Gefahren wie Gelegenheiten, löst unüberlegte Schritte aus und führt dazu, daß der Spieler immer nur reagiert, nie aber das Spiel bestimmt.

Das ist der Grund, warum diejenigen, die die Effektivität der Mustererkennung in der Wirtschaft verstanden haben, sich intensiv mit möglichen Schachzügen beschäftigen und sie in allen Details studieren. Sie nutzen ihre Erfahrung, um ihre strategischen Fähigkeiten weiterzuentwickeln und das Spielniveau anzuheben. Die anderen verlieren und bleiben weit abgeschlagen zurück.

Muster sind kein neues Phänomen

Es gibt eine gute Nachricht: Alle Wirtschaftslenker nutzen bereits die Mustererkennung. Vom CEO über das mittlere Management bis zum Wertpapieranalysten setzen wir Muster als Basisinstrument in unserer Arbeit und unseren strategischen Denkprozessen ein. Vielen Managern ist das Muster „Konsolidierung und Downsizing" bekannt, und sie können die Merkmale und Konsequenzen der Muster „Austauschbarkeit", „Ausschaltung von Absatzmittlern" oder „Deregulierung" beschreiben. Ähnlich erkennen die meisten das Muster „Machtverschiebung" wieder – in dem Maße, wie sich Macht vom Hersteller auf den Vertriebskanal verlagert. Wal-Mart hat es vorgemacht, ebenso Aldi und einige andere. Und sie können vorwegnehmen, was mit PitStop, AutoNation oder Amazon.com passieren wird.

Strategische Muster sind weder neu noch mysteriös. Wir nutzen sie ständig. Sie sind eine wichtige Abkürzung, um die grundlegenden wirtschaftlichen Merkmale eines komplexen, veränderlichen Bilds einzufangen und hervorzuheben. Verglichen mit den ausgehenden 80er Jahren ist die Zahl und die Komplexität der zum Wirtschaftsverständnis notwendigen Gewinnmuster angestiegen. Vor zehn Jahren haben wir teils explizit, teils implizit unternehmerische Entscheidungen auf der Basis von einem Dutzend strategischer Muster getroffen, die uns zur Verfügung standen. Heute müssen wir die Zahl der Muster um ein Vielfaches multiplizieren. Und was wir über sie wissen müssen, insbesondere über Käuferverhalten und die Entstehung von Gewinn, erfordert ein detaillierteres und nuancierteres Verständnis als vor zehn Jahren.

Die Ausbreitung der Gewinnmuster und ihre Bedeutung nehmen zu

Bis vor kurzem war in diesem Jahrhundert die Idee der Mustererkennung völlig irrelevant. Veränderungen stellten sich nicht plötzlich ein, und jeder kannte die grundlegenden Erfolgsformeln, die klar und einfach waren. In der Fertigungsindustrie lag der Kern im Verständnis, daß Gewinn eine Funktion des relativen Marktanteils war. Die dafür notwendigen strategischen Instrumente und Denkansätze waren ebenso einfach wie nützlich. Die Portfoliodarstellung mit den Ordnungskriterien Marktwachstum und relativer Marktanteil, das Konzept der Erfahrungskurve, Total Quality Management und ein solides Know-how in den Kernkompetenzen erfüllten ihren Zweck. Viele Hersteller waren in dem Kampf um relative Marktanteile sehr erfolgreich.

Heute treten jedoch immer häufiger Phänomene auf, die den althergebrachten Regeln widersprechen. Manch kleine Automobilhersteller sind z.B. wesentlich profitabler als einige Automobilriesen. Das gleiche gilt für den Kaffeehersteller Starbucks. Es überrascht nicht einmal, daß Dell der PC-Hersteller mit dem höchsten Marktwert ist, obwohl seine Kernprodukte gar nicht in Eigenfertigung entstehen. Dell zieht es vor, unwesentlich höhere Kosten für die Auslagerung der Kernkomponenten zu bezahlen, weil ihm sein übergeordnetes Business Design durch die Art des Vertriebs eine vielfache Kosteneinsparung beschert.

Im Einzelhandel wirkte ein anderes sehr einfaches Gewinnmuster: der Standort – möglichst nah an Wohnvierteln, eine Plazierung in den besten Einkaufspassagen. Früher gab es weder die riesigen Verbrauchermärkte am Stadtrand noch E-Commerce, keine mobilen Verkaufsstände, wenig Markenartikel und kein Event-Shopping.

Auch Dienstleistungen waren von bestimmten Gewinnmustern geprägt. Guter Service hieß persönliche Bedienung durch Verkaufspersonal, das die einzelnen Kunden namentlich kannte, so daß jede Kaufsituation auch einen zwischenmenschlichen Aspekt enthielt. Es gab weder virtuelles Shopping noch 24-Stunden-Service, keine Selbstbedienung und wenig Maklerfunktionen.

In dem Maße wie sich die neuen Phänomene ausbreiteten, reichte das Wissen über traditionelle Gewinnmuster immer weniger aus, und die Formen der Analyse – linear, logisch, zweidimensional, aufsteigend - begannen zu versagen, und zwar auf geradezu spektakuläre Weise. Viele der etablierten Marktanteilsgiganten haben in den letzten 15 Jahren rund 700 Mrd. Dollar an Shareholder Value an Newcomer verschenkt, weil sie an traditionellen Ansätzen der Strategieanalyse festgehalten haben.

Traditionelle Gewinnmuster müssen nicht unbedingt überholt sein, sie haben nur keinen Anspruch mehr auf Allgemeingültigkeit, sondern sind lediglich weitere Muster, die neben anderen möglichen Mustern existieren, von denen viele besser geeignet sind, die neue Wertgenerierung im heutigen Marktumfeld zu erklären. Einigen Unternehmen ist es gelungen, die alten Regeln außer Kraft zu setzen und von der Aufstellung neuer Regeln zu profitieren. Andere Unternehmen können die neuen Regeln ebenfalls für sich nutzen, wenn sie die dahinterliegenden Muster erkennen und anwenden.

Gewinnmuster und Marktführerschaft

Für die meisten Science-fiction-Fans ist die Lichtgeschwindigkeit, mit der sich Raumschiffe in Filmen wie *Star Wars* und *Star Trek* bewegen, nichts Neues. Auf Knopfdruck entschwinden unsere Helden blitzschnell in andere Galaxien und entkommen den feindlichen Angreifern. Die Zuschauer sehen nur noch einen blendenden Lichtstrahl und sind überwältigt von der Fülle der auditiven und visuellen Eindrücke, die auf sie einwirken.

Jeder aufmerksame Leser der aktuellen Wirtschaftspresse kennt dieses Gefühl der Überwältigung angesichts des immensen Datenstroms, der immer schneller auf uns zukommt. Die psychologischen Effekte sind Konfusion, Überforderung und Chaos. Manager sind mit Hypergeschwindigkeit konfrontiert, aber ihnen fehlt die Orientierung. Neue und alte Kunden ändern ihre Priorität, neue Business Designs schießen wie Pilze aus dem Boden, und ehemalige Konkurrenten treten in völlig veränderter Weise als neue Herausforderer in den Ring. Die Zahl der in strategischen Entscheidungsprozessen zu berücksichtigenden Daten schwillt immer mehr an. Manager fühlen sich oft damit überfordert, die Struktur der Informationsfülle zu analysieren, um die wirklich wertsteigernden Aspekte herauszufiltern. Dieser Informationsüberfluß führt häufig zu unternehmerischem Chaos, an dessen Ende die Vernichtung von Unternehmenswert steht und das einen unschönen Fleck auf einer sonst makellosen Managementkarriere hinterläßt.

Strategische Mustererkennung bedeutet, sicher durch einen Weltraum voller schwarzer Löcher und Erschütterungen zu steuern, indem man die Strukturen unter der unruhigen Oberfläche erkennt. Einem Unternehmen, dem es gelingt, diese strategische Ordnung transparent zu machen, werden sich zukünftige Marktchancen offenbaren, auf die es sein Business Design ausrichten kann. Mustererkennung ist außerdem ein ausgezeichnetes Kommunikationsmittel, für Unternehmen, um potentiellen Investoren und Mitarbeitern zu demonstrieren, daß sie in der Lage sind, Risiken in Chancen zu verwandeln. Die erfolgreiche Unternehmensdarstellung als Marktführer kann erhebliche Vorteile mit sich bringen. Zum einen erhöht es die Loyalität hochqualifizierter Arbeitskräfte, außerdem wird das Unternehmen für Investoren attraktiver.

Bei denjenigen, die in einem Unternehmen arbeiten, in das andere Unternehmen investieren oder von ihm Produkte oder Dienstleistungen beziehen, kann die Informationsflut noch bedrohlichere Gefühle auslösen, weil sie u.U. weniger Steuerungsmöglichkeiten haben als das Top-Management. Um so wichtiger ist die Fähigkeit zur Mustererkennung. Zu verstehen, welche Gewinnmuster in der eigenen Branche greifen, ist eine wichtige Entscheidungshilfe für Kunden, Mitarbeiter und Investoren.

Wie gut beherrschen Sie die Spielstrategie?

Wir befinden uns im Jahr 1999. Es geht um Ihre Branche. Hat Ihr Unternehmen verstanden, worauf es ankommt? Auf die Gewinnmuster, die verdeutlichen, wie sich die Topologie der strategischen Landschaft verändert, welche Business Designs obsolet und welche kundenrelevant – bis zur magnetischen Anziehungskraft – und hochprofitabel werden.

Es gibt eine Vielzahl von Beispielen für Unternehmen, die die Strategieregeln verstanden haben, und solchen, denen das nicht gelungen ist. In Kapitel 4 bis 11 sind einige Fallbeispiele dargestellt, von denen jedes einzelne von der Ausbreitung sehr spezifischer, klar definierter Gewinnmuster geprägt ist. Wie hat es Nokia geschafft, die Muster „Von Produkten zu Lösungen" und „Von Produkten zu Marken" so zu nutzen, daß es als führender Innovator und Wertgenerierer auf dem Gebiet der drahtlosen Kommunikation an Motorola und Ericsson vorbeiziehen konnte? Was haben die Gründer von SAP Jahre früher erkannt als ihre etablierten Wettbewerber, so daß sie in der Lage waren, das sich anbahnende Muster „Von Produkten zu Know-how" zu identifizieren und gewinnbringend für sich zu nutzen? Wie kam es, daß zwei Berater schon früh sahen, daß das Muster „Von Produkten zu Kunden-Know-how" das gesamte Kreditkartengeschäft revolutionieren würde, und wie gelang es ihnen, ein Business Design zu entwickeln, das aus Capital One einen erstklassigen Finanzdienstleister gemacht hat? Wie hat Bang & Olufsen sein Business Design verändert, um auf der Basis des Musters „Von Produkten zu Marken" sowie verschiedener Zielgruppenmuster seinen Gewinn zu steigern? Die Kapitel 4 bis 11 geben die Antworten darauf.

Leider nützt die späte Einsicht wenig. Um sich erfolgreich zu behaupten, müssen Unternehmen *vor* dem Wettbewerb die spielentscheidenden Faktoren begreifen. Jedes erfolgreiche Beispiel macht aufs neue deutlich, daß die Unternehmen, die schneller sind als ihre Wettbewerber, den größten Wertzuwachs erfahren und über die beste strategische Absicherung verfügen.

Der Industriezweig, in dem Ihr Unternehmen aktiv ist, ist wahrscheinlich von zwei bis fünf Gewinnmustern geprägt, die zunächst unauffällig ihre Wirkung entfalten und eine Verschiebung der Gewinnzonen auslösen, die ihrerseits zu Wertabfluß von überholten Business Designs und Wertzufluß zu neuen Unternehmenskonzepten führt. Hat Ihr Unternehmen verstanden, worauf es ankommt? Haben Sie die relevanten Gewinnmuster erkannt und verstanden? Sind Sie in der Lage zu antizipieren, wie sich diese Muster auswirken und welche Chancen bzw. Bedrohungen dadurch entstehen? Haben Ihre Wettbewerber das verstanden? Wer wird schneller und zielsicherer reagieren, um sein Business Design auf die neuen Muster auszurichten?

Gewinnmuster und Fortschritt

Das Erlernen von Gewinnmustern und ihre Nutzung, um nachhaltigen Wertzuwachs zu erzielen, ist keine leichte Aufgabe und braucht seine Zeit. Die Grundregeln kann man sich aber relativ schnell aneignen und so in kurzer Zeit bereits erhebliche Verbesserungen realisieren. Den Leser gleich zu Beginn mit so komplizierten Dingen wie Gewinnmuster zu konfrontieren, mag entmutigend wirken. Man sollte sich jedoch vor Augen halten, daß die Erkennung wiederkehrender Muster auf vielen anderen Gebieten tagtäglich angewendet wird, um zukünftige Entwicklungen berechenbarer zu machen, so z.B. in den Bereichen:

- Seismographie   Wo gibt es Ölvorkommen?
- Meteorologie   Wie wird das Wetter?
- Medizinische Diagnose   Wie wird eine Krankheit verlaufen?

Bei systematischer Anwendung der Mustererkennung lautet die Herausforderung in der Strategieentwicklung:

- Unternehmensstrategie   Wo befinden sich Wertsteigerungspotentiale?

Die sorgfältige Analyse der Datenflut aus einem dynamischen Marktumfeld ist vergleichbar mit der Wettervorhersage oder der Bestimmung von Ölreserven. Meteorologen und Echolot-Experten arbeiten mit hochleistungsfähigen Computerprogrammen, die bestimmte Muster auf eine vorhandene Datenmenge anlegen. Unternehmensstrategen müssen den in Mustererkennung geschulten Intellekt ihres Management-Teams nutzen. Strategische Mustererkennung ist eine Fähigkeit, die man erlernen kann, die aber einen ungewohnten Denkansatz und einen neuen Weg erfordert, sich Erfahrungen anzueignen.

Die Investition in die Entwicklung dieser Fähigkeit wird Ihnen die grundlegenden Kenntnisse zur Identifikation der wichtigsten Muster und deren Auswirkungen auf die Marktbedingungen vermitteln. Mit diesen Fähigkeiten sind Sie besser gerüstet, um Ihr Unternehmen durch das scheinbare Chaos auf einen profitablen Kurs zu steuern. Eine souveräne Beherrschung der Mustererkennung wird Sie darüber hinaus in die Lage versetzen, das Chaos in einen strategischen Wettbewerbsvorteil zu verwandeln.

2

Polarisierung

Wertproportionalität: größer ist gleich besser

Traditionell war die Erzielung der größten Marktanteile einer Branche das Patentrezept für Unternehmenserfolg. Diese Formel basierte auf der Tatsache, daß die Unternehmen mit dem größten Absatz den größten Kostenvorteil hatten. Niedrige Kosten bedeuteten eine höhere Profitabilität, die ihrerseits umfangreiche Investitionen ermöglichte, wodurch die Kosten nochmals gesenkt werden konnten. Durch die exponierte Marktstellung ließen sich Premiumpreise durchsetzen. Außerdem konnten Marktanteilsgiganten den bestqualifizierten Nachwuchs anwerben. Marktführerschaft maß sich an der Größe der Marktanteile.

Die Korrelation zwischen Größe und Marktanteil traf auf die meisten Branchen zu. Von der Computerindustrie über die Automobil-, Stahl- und Konsumgüterindustrie bis zu Finanzdienstleistungen hat die Größe des relativen Marktanteils den Wert des Unternehmens bestimmt.

Wertverschiebung (Value Migration®): Business Redesigner generieren durch die Erkennung und Nutzung von Gewinnmustern zusätzlichen Wert

In den letzten 20 Jahren haben sich grundlegende Merkmale der Wirtschaftslandschaft verändert, so z.B. die Art und Weise, wie Unternehmen ihr Geschäft betreiben sowie dessen erfolgsbestimmende Faktoren. Wir haben alle die Umwälzungen der 80er und 90er Jahre erlebt. Die einst mächtigen Giganten sind ins Taumeln geraten. „Groß" und „monolithisch" wurde gleichbedeutend mit „angeschlagen" und „schwach".

In den letzten 15 Jahren sind mehrere 100 Mrd. Dollar an Marktwert von überholten Business Designs abgeflossen und haben sich auf innovative Business Designs verteilt. Die neuen Sieger sind nicht automatisch auch die größten Unternehmen. Statt dessen haben sie die „Gewinnzonen" ihrer jeweiligen Branche besetzt. Ein hoher Marktwert kann durchaus mit Größe einhergehen, die wirklichen Triebkräfte für Wertsteigerung liegen aber in einem neuen Geschäftsansatz, der neue Spielregeln aufstellt bzw. veränderte Regeln zu seinen Gunsten nutzt. Ein überlegenes Business Design beinhaltet folgende Kernpunkte:

- Hohe Kundenrelevanz
- Ein in sich konsistentes Bündel an Entscheidungen über den Ressourcenfokus (Produktprogramm und die Wertschöpfungsstufen, die ein Unternehmen abdecken will)
- Einen hervorragenden Werterzielungsmechanismus (Gewinnmodell)
- Eine hocheffektive strategische Absicherung der Gewinnströme gegenüber dem Wettbewerb, die Investoren von der Kontinuität des zukünftigen Cashflows überzeugt
- Eine Unternehmensstruktur und -kultur, die das Business Design unterstützen und seine Potentiale verstärken

Das Erkennen von Gewinnmustern ist der effektivste Weg, um vor dem Wettbewerb neue Marktchancen zu identifizieren, die Spielregeln zu verändern und ein innovatives, wertsteigerndes Business Design zu entwerfen.

Für General Electric war das Muster „Lösungen" entscheidend. GE begann, über die reinen Produkte hinaus Komplettlösungen aus Produkten *und* Dienstleistungen wie Finanzierung, Versicherung und Beratung anzubieten.

Für Microsoft waren die Muster „Desintegration" der Wertschöpfungskette, „De-facto-Standard" und „Cornerstoning" (vom Betriebssystem zu Anwendungen zu Browsern zu Inhalt) entscheidend.

Für Coca-Cola war das Muster „Reintegration" ausschlaggebend. Um auf den einzelnen Stufen seiner eigenen Wertschöpfungskette erfolgreich zu sein (Sirupvertrieb und Werbung), mußte Coca-Cola bestimmte Stufen, die es traditionell anderen überlassen hatte (Abfüllunternehmen und Vertriebsgesellschaften), unter seine Kontrolle bringen.

Wodurch entsteht Wertverschiebung? Der Risikokapitalfaktor

In den ausgehenden 40er Jahren gab es in den USA nur wenige Risikofonds. Ende der 90er Jahre sind es fast 1000. Sie sind die wichtigste Triebkraft für Value Migration®. Wo wären ohne das intensive Wirken dieser Fonds heute all die hochqualifizierten Talente und Genies? Vermutlich wären sie in den Strukturen eines Großunternehmens gefangen und würden sich über dessen Schwerfälligkeit und Manager beklagen, die nicht verstanden haben, worauf es wirklich ankommt.

Und wohin sind die herausragenden Begabungen heute abgewandert? Zu den Tausenden von neuen Unternehmen, die zusätzlichen Kundenwert generieren, die die Aktienkurse in die Höhe treiben, die Begeisterung, Arbeitsplätze und kompetitive Instabilität schaffen, etablierte Unternehmen das Fürchten lehren, ein Magnet für Neueinsteiger sind und viele kolossale Zusammenbrüche verursachen.

Der Risikokapitalfaktor tritt in den USA nun in die nächste große Phase ein, da die energiegeladenen Funken von Business-Design-Innovationen und Wertzuwachs vom Risikosektor auf den Unternehmenssektor überspringen. Eine schnell wachsende Zahl von Unternehmen der Fortune 500 investiert Risikokapital und bringt einzelne Unternehmensbereiche an die Börse.

Diese Entwicklung dehnt sich auch geographisch aus. Europa, Asien und Lateinamerika treten in die erste Phase des Risikokapitals ein. In den nächsten Jahren wird sich jede dieser Regionen zu verändern beginnen und eine neue Welle von Unternehmern hervorbringen.

Warum? Weil es sich gar nicht vermeiden läßt. Die aktive Nutzung dieser Dynamik wird ausschlaggebend für die Wettbewerbsfähigkeit jedes größeren Landes sein, das zu globaler wirtschaftlicher Bedeutung und Wettbewerbsfähigkeit gelangen will.

Obwohl sich die geballte Kraft des Risikokapitals in Europa noch nicht bemerkbar gemacht hat, hat sich der Prozeß der Neuausrichtung von Business Designs bereits in Gang gesetzt. In einer kürzlich abgeschlossenen Untersuchung wurde eine Auswahl an europäischen Redesignern identifiziert, die durch die Entwicklung innovativer Business Designs überdurchschnittliche Gewinne realisieren konnten (siehe Abb. „Europäische Redesigner").

In dem Maße, wie sich Europa von seiner „Reengineering- und Restrukturierungsphase" distanziert und Börsenaktivitäten die Regel werden, werden auch die Business-Design-Innovationen in europäischen Ländern erheblich zunehmen. Mit wachsender Zahl an Innovationen beschleunigt sich die Wertverschiebung. Die Risikokapitalwelle, die auf Europa, Asien und Lateinamerika zuschwappt, wird nicht nur eine Wiederholung der Muster mit sich bringen, die in den USA zum ersten Mal aufgetreten sind, sondern auch eine Reihe neuer Muster entstehen lassen. Die Zahl der existierenden Gewinnmuster, die Grundlage strategischer Entscheidungsprozesse sind, wird in den nächsten Jahren stark ansteigen und denjenigen große Wettbewerbsvorteile verschaffen, die sie zu nutzen wissen.

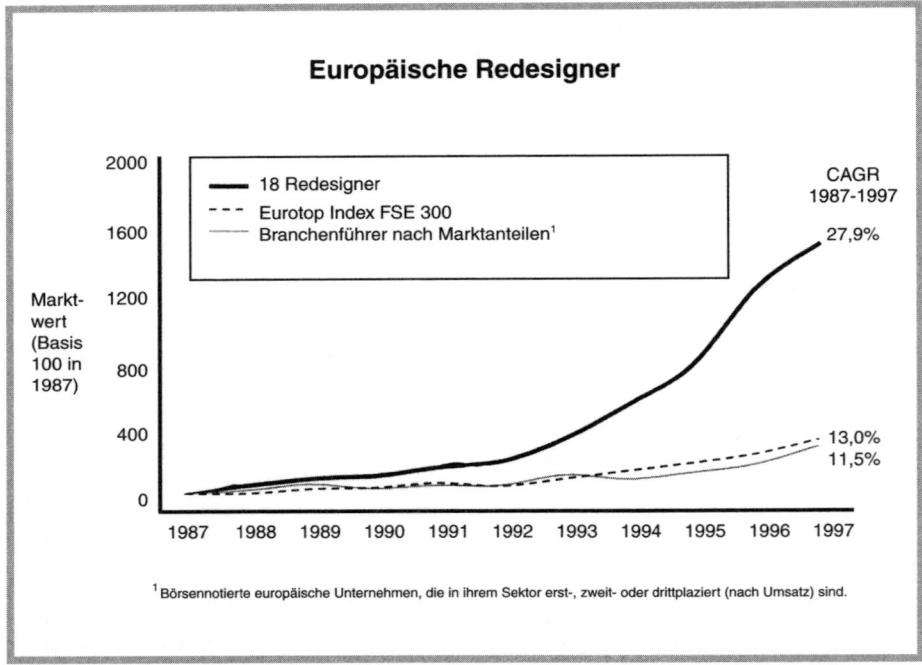

Europäische Redesigner

Marktwert (Basis 100 in 1987)

— 18 Redesigner
--- Eurotop Index FSE 300
— Branchenführer nach Marktanteilen[1]

CAGR 1987-1997

27,9%
13,0%
11,5%

[1] Börsennotierte europäische Unternehmen, die in ihrem Sektor erst-, zweit- oder drittplaziert (nach Umsatz) sind.

Für Nike waren die Muster „Outsourcing" und „Neues Markenimage" entscheidend. Nike verabschiedete sich von den traditionellen 60-Sekunden-Spots für seine Schuhe zugunsten 60-Minuten-Produkt-Demonstrationen (Michael Jordan im Basketball, Tiger Woods im Golfsport, Ronaldo im Fußball etc.).

Aufgrund der durchschlagenden Wirkung von Mustererkennung und Business-Design-Innovationen begann die bewährte Formel der Proportionalität zu versagen. Neue Champions in Wertgenerierung treten auf die Bildfläche. Es hat ein Paradigmenwechsel stattgefunden: Nicht die Größe des relativen Marktanteils, sondern die Höhe des Unternehmenswerts bestimmt über Erfolg oder Mißerfolg. Eine wachsende Zahl von Innovatoren, die sich auf kunden- und wertorientierte Business Designs konzentrieren, und insbesondere auf Werterzielungsmechanismen und strategische Absicherung, haben ihr Unternehmen in eine führende Marktstellung katapultiert.

Wertpolarisierung: das Beste beider Welten

Können Sie die nachfolgende Frage beantworten? Wie hoch ist der Marktwert jedes einzelnen der aufgeführten Unternehmen?

Marktwert (Mrd. Dollar)			**Marktwert (Mrd. Dollar)**	
Microsoft	_____	vs.	Apple	_____
Coke	_____	vs.	Pepsi	_____
Cisco	_____	vs.	Bay Networks	_____
Nike	_____	vs.	Reebok	_____
Yahoo	_____	vs.	Excite	_____
Mattel	_____	vs.	Hasbro	_____

In polaren Beziehungen verbindet der „Sieger" ein innovatives Business Design mit ausgedehnten Marktanteilen, um seinen Erfolg zu potenzieren. Denn Investoren sind davon überzeugt, daß die Kombination eines überlegenen Business Design mit effektiver strategischer Absicherung und einem beherrschenden Marktanteil dem Marktführer nicht nur im laufenden Strategiezyklus hohe Gewinnspannen ermöglicht, sondern das Unternehmen so positioniert, daß seine führende Marktstellung auch im folgenden Zyklus garantiert ist.

Solche Aussichten lassen dem zweitplazierten Unternehmen den Atem stocken. Der Prozeß der Wertpolarisierung tritt üblicherweise in zwei Phasen auf (siehe Abb. „Das Phänomen der Polarisierung"). In Phase I versucht eine Vielzahl von Wettbewerbern, sich eine erfolgversprechende Ausgangsposition zu verschaffen, indem sie investieren und Business Designs entwickeln, die sie für am besten geeignet halten, um die Kundenprioritäten zu erfüllen.

In dieser Situation scheinen alle Wettbewerber die gleichen Voraussetzungen für Marktführerschaft mitzubringen. Hinter der scheinbar gleichen Ausgangsposition verbirgt sich aber eine andere Realität. Ein Wettbewerber erkennt die wenigen entscheidenden Gewinnmuster, die die Branche prägen – im Gegensatz zu seinen Konkurrenten. Dieser Wettbewerber versteht, worauf es ankommt. Er reagiert auf die sich anbahnenden Veränderungen, indem er einige wenige, aber entscheidende Schritte unternimmt, um die Gewinnpotentiale, die das neue Muster birgt, voll auszuschöpfen.

An einem bestimmten Punkt treten alle Auslöser und Bedingungen für Veränderungen gleichzeitig auf (wie Schließzylinder, die gleichzeitig die Tür zum Safe freigeben), und nun beginnt Phase II. Jetzt zahlen sich die strategischen Schritte des vorausschauenden Wettbewerbers aus, der nun versucht, Kunden, Investoren und hochqualifizierte Arbeitskräfte von seiner Vision zu überzeugen (Kapitel 3 wird näher darauf eingehen). Im Ergebnis erzielt der schnellste Wettbewerber eine hohe Eigendynamik, die seinen Marktwert in die Höhe schießen läßt. Marktwert ist nicht länger proportional, sondern polar. Der Unternehmenswert des „Siegers" ist um ein Vielfaches höher als der des Zweitbesten. Beachten Sie die Beispiele auf den folgenden Seiten, und denken Sie daran, daß jeder strategische Schritt, der zu einer herausragenden Marktstellung beigetragen hat, auf Mustererkennung beruht.

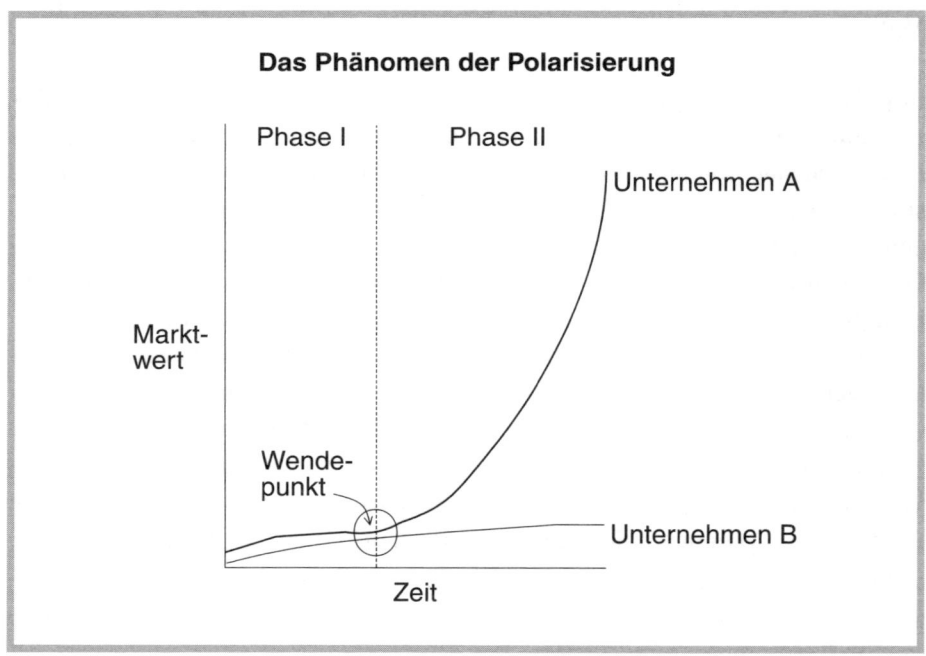

Das Phänomen der Polarisierung

Phase I   Phase II

Unternehmen A

Markt-
wert

Wende-
punkt

Unternehmen B

Zeit

Polarisierung:
Wieviel die frühzeitige Erkenntnis wert ist

In jedem der nachfolgend dargestellten Beispiele konnte der jeweilige Marktführer die Vorteile der Gewinnmuster, die in seiner Branche relevant waren, vollständig ausschöpfen. Die anderen Wettbewerber haben die Muster entweder nicht erkannt oder zu spät reagiert. Ein Muster zu identifizieren, das die Branchenbedingungen verändert, ist wichtiger denn je. Die positive Kraft des Polarisierungseffekts kann nie dagewesene und unvorstellbare Resultate hervorbringen. Das zweitplazierte Unternehmen mag zwar gute Arbeit geleistet haben, wird aber weit abgeschlagen hinter dem Branchenprimus zurückbleiben.

Die Polarisierung hat das Risiko erhöht und verlangt vom Top-Management eines Unternehmens einen veränderten strategischen Denkansatz. Zeit ist zu einem strategischen Faktor geworden. In der früheren von Proportionalität geprägten Wirtschaftswelt wurde der Kampf um Marktanteile über mehrere Jahre ausgetragen. Aufgrund ihrer wenig unterschiedlichen Business Designs konnten sich Unternehmen Planungs- und Investitionszyklen leisten, deren Rhythmus von der Branche bestimmt wurde. Dieser Ablauf hat sich überlebt.

Value Migration® verlangt von Unternehmen eine andere Marktbetrachtung und eine schnelle Antwort auf veränderliche Kundenprioritäten oder neue wettbewerbsfähige Business Designs. Value Migration® zwingt Unternehmen zu einer kontinuierlichen und breitangelegten Wettbewerbs- und Marktbeobachtung und zur systematischen Analyse einer Fülle neuer Daten, um die kausalen Faktoren zu identifizieren, die neue Chancen und Risiken ankündigen.

Die Wertpolarisierung birgt eine neue Dimension der Dringlichkeit. Mit einer schnellen Reaktion auf umwälzende Veränderungen allein ist es nicht getan. Die entscheidende Fähigkeit ist strategische Antizipation, neben einer fokussierten blitzartigen Investition in die nächste Business-Design-Generation. Im Zeitalter der Polarisierung werden diejenigen belohnt, die neue, prägende Gewinnmuster frühzeitig erkennen und ihre Strategie mit einem *Zeitvorsprung von einem Jahr* vor dem Wettbewerb darauf ausrichten. Wer als erster auf Erfolgskurs steuert, wird aus der folgenden Polarisierung als Gewinner hervorgehen.

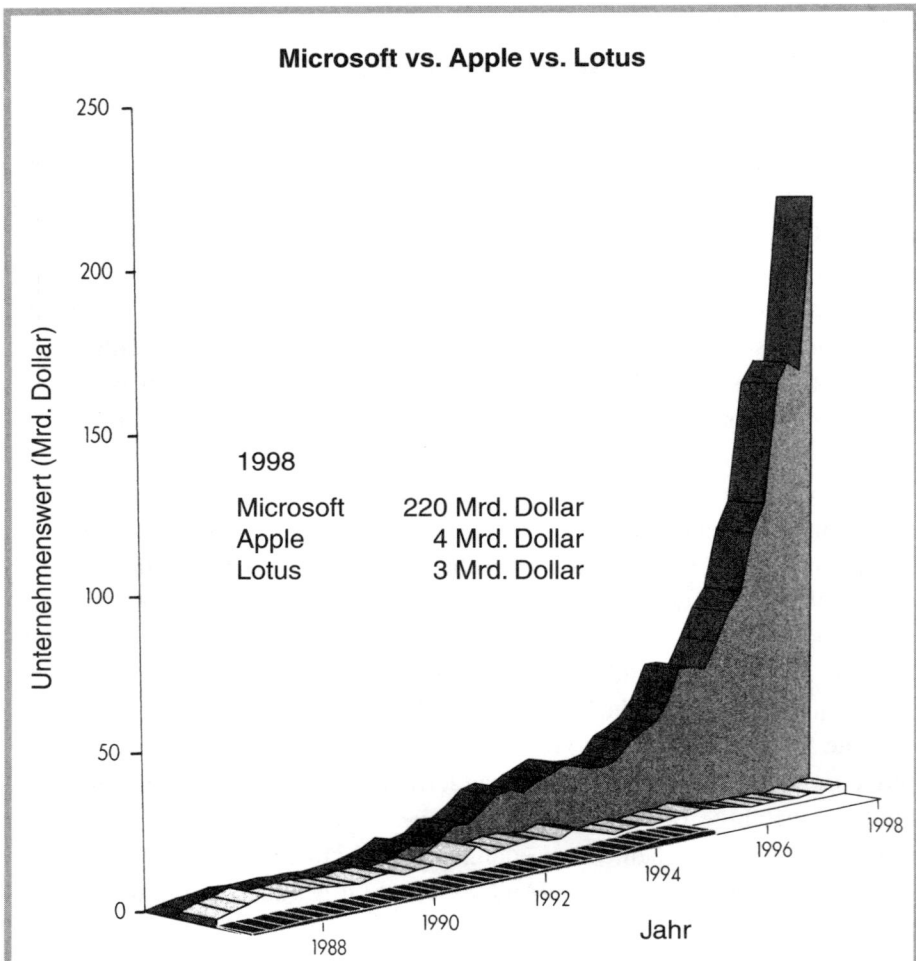

Microsoft vs. Apple vs. Lotus

Unternehmenswert (Mrd. Dollar)

250 —
200 —
150 —
100 —
50 —
0 —

1998

Microsoft	220 Mrd. Dollar
Apple	4 Mrd. Dollar
Lotus	3 Mrd. Dollar

1988 1990 1992 1994 1996 1998

Jahr

Im Jahr 1989 verfügten Microsoft, Apple und Lotus über eine gleichermaßen enge Kundenbindung, hervorragende Produkte und einen vergleichbaren Unternehmenswert. Seitdem hat Microsoft mit wiederholten Business Redesigns die Gewinnpotentiale verschiedener branchenprägender Muster so ausgeschöpft, daß sein Marktwert um ein Vielfaches über dem zweit- bzw. drittbesten Unternehmen der Branche liegt.

Anmerkung: Werte aus Q 3, 1998
Quelle: Mercer Management Consulting, Value-Growth-Datenbank

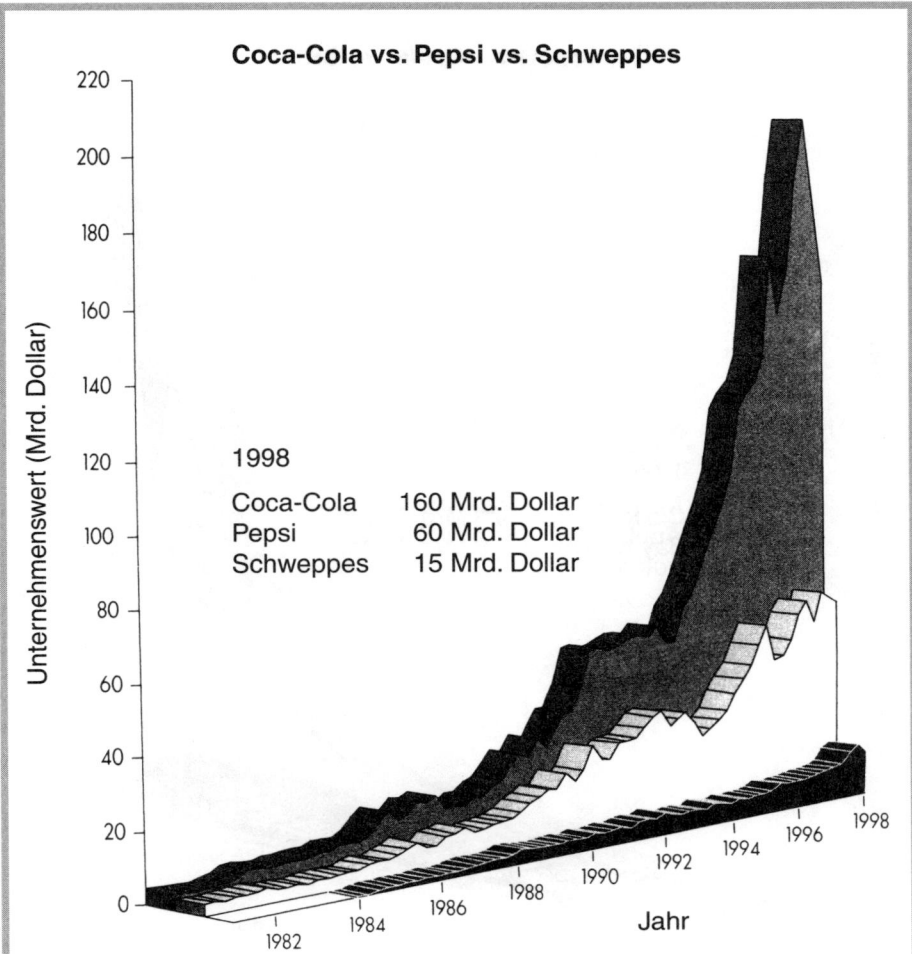

Coca-Cola vs. Pepsi vs. Schweppes

1998

Coca-Cola   160 Mrd. Dollar
Pepsi   60 Mrd. Dollar
Schweppes   15 Mrd. Dollar

Coke verdrängte Pepsi und Schweppes aus Supermärkten. 1986 betrug die Wertdifferenz zwischen Coke und Pepsi als Nummer zwei 7 Mrd. Dollar. Coke erkannte und nutzte mehrere branchenrelevante Muster und führte mehrere Business Redesigns durch, um die Gewinnpotentiale voll auszuschöpfen. Das Ergebnis war ein Wertzuwachs von mehr als 140 Mrd. Dollar, der die Wertdifferenz zu Pepsi auf 100 Mrd. Dollar vergrößerte.

Quelle: Mercer Management Consulting, Value-Growth-Datenbank

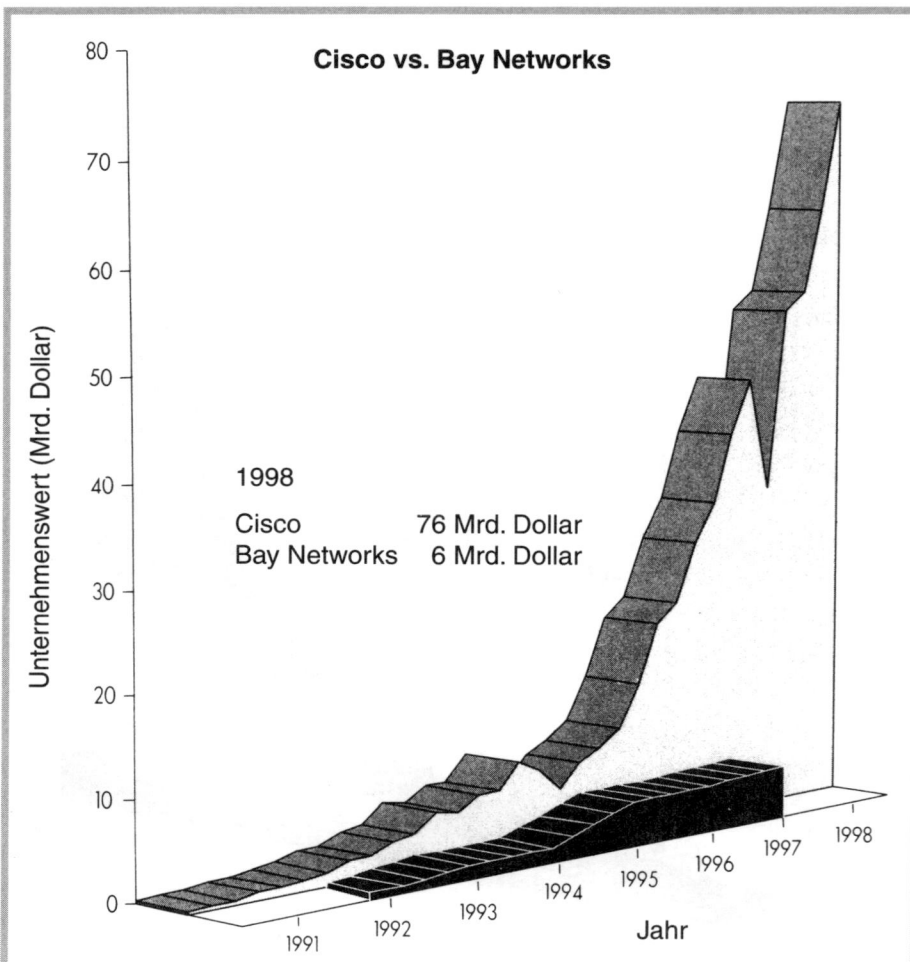

Cisco und Bay Networks haben zusammen die Router-Technologie entwickelt. 1993 betrug die Wertdifferenz zwischen Cisco und Bay Networks
2 Mrd. Dollar. Indem Cisco die Gewinnmuster seines schnell wachsenden
Industriezweigs genutzt hat, konnte das Unternehmen die Wertdifferenz
zu seinem Wettbewerber um ein Vielfaches vergrößern.

Quelle: Mercer Management Consulting, Value-Growth-Datenbank

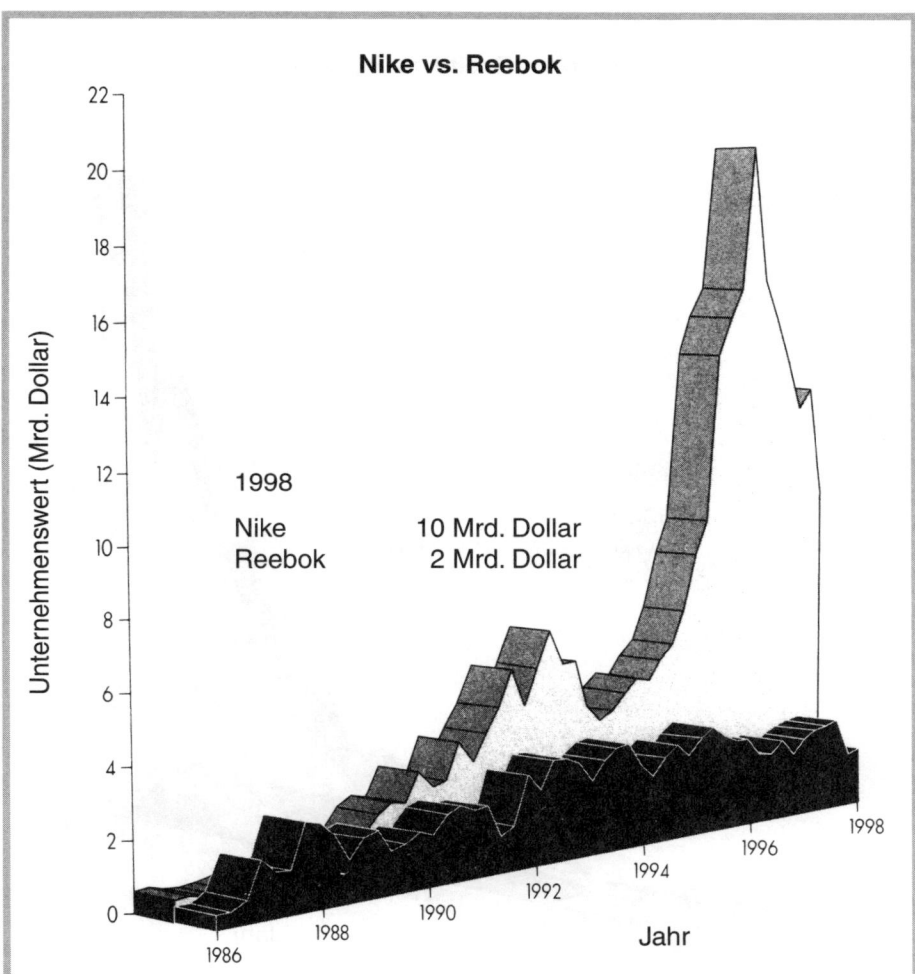

Nike vs. Reebok

1998

Nike   10 Mrd. Dollar
Reebok   2 Mrd. Dollar

Unternehmenswert (Mrd. Dollar)

Jahr

Nike und Reebok haben im Sektor Sportschuhe intensiv um die Marktführerschaft gekämpft. Durch die intelligente Nutzung einer ganzen Reihe von Mustern ist Nike wie ein Wirbelwind an Reebok vorbeigezogen und hat seinen Rivalen weit abgeschlagen hinter sich gelassen.

Quelle: Mercer Management Consulting, Value-Growth-Datenbank

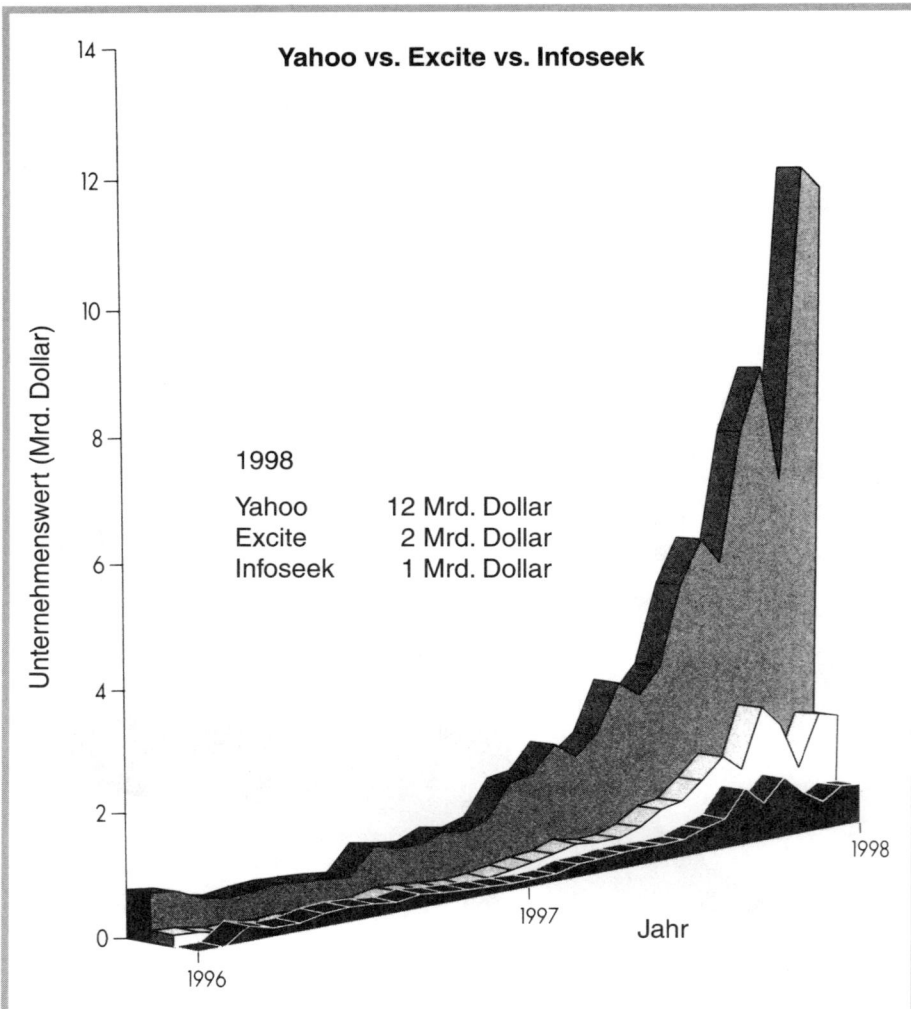

Yahoo vs. Excite vs. Infoseek

1998

Yahoo	12 Mrd. Dollar
Excite	2 Mrd. Dollar
Infoseek	1 Mrd. Dollar

Mit zunehmender Bedeutung des Internet stehen drei Unternehmen im Wettbewerb um die Führungsposition als wichtigste Suchmaschine. Ende 1998 betrug der Marktwert von Yahoo ein Vielfaches des Marktwerts seiner beiden Wettbewerber Excite und Infoseek zusammen.

Quelle: Mercer Management Consulting, Value-Growth-Datenbank

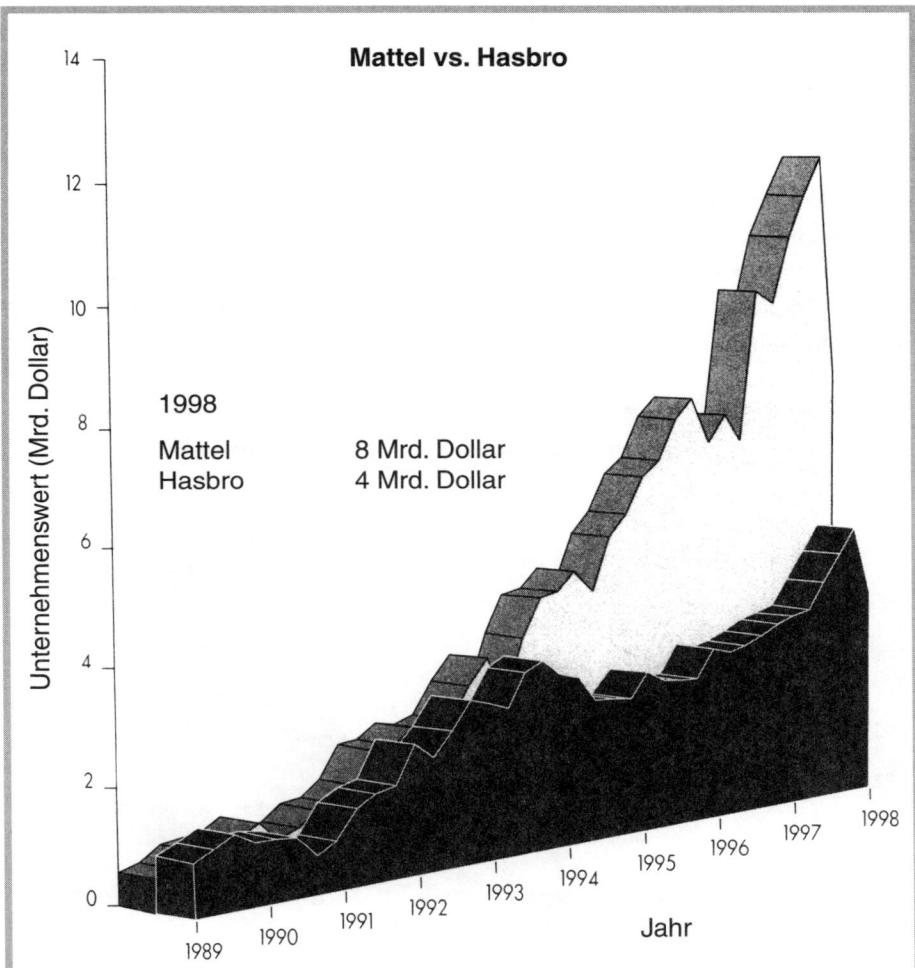

Mattel vs. Hasbro

Unternehmenswert (Mrd. Dollar)

1998

Mattel   8 Mrd. Dollar
Hasbro   4 Mrd. Dollar

Jahr

1989 1990 1991 1992 1993 1994 1995 1996 1997 1998

Anfang der 90er Jahre lieferten sich Mattel und Hasbro ein Kopf-an-Kopf-Rennen im Kampf um die Marktführerschaft in der Spielzeugindustrie. Ende der 90er Jahre hat Mattel durch die Nutzung mehrer Produktgewinnmuster seinen Unternehmenswert gegenüber Hasbro verdoppelt.

Quelle: Mercer Management Consulting, Value-Growth-Datenbank

In fast allen Branchen hat das Phänomen der Polarisierung die Wettbewerbs-
landschaft neu gestaltet. In einigen Fällen – z.B. den in diesem Kapitel erwähnten Beispielen – stehen die Gewinner bereits fest. In anderen ist die zweite Phase noch nicht eingetreten. Überlegen Sie sich bei der Betrachtung der
Branchen, die auf der folgenden Seite dargestellt sind, welche Wettbewerber
aus der Polarisierung als Sieger hervorgehen. Welche Unternehmen werden als
erste erkennen, worauf es ankommt? Sind die zukünftigen Gewinner schon dabei, sich zu positionieren, um die Gewinnpotentiale der sich ausbreitenden
Muster voll auszuschöpfen? Wie werden die Kurven in fünf Jahren verlaufen?
Wie stellt sich *Ihre* Branche dar?

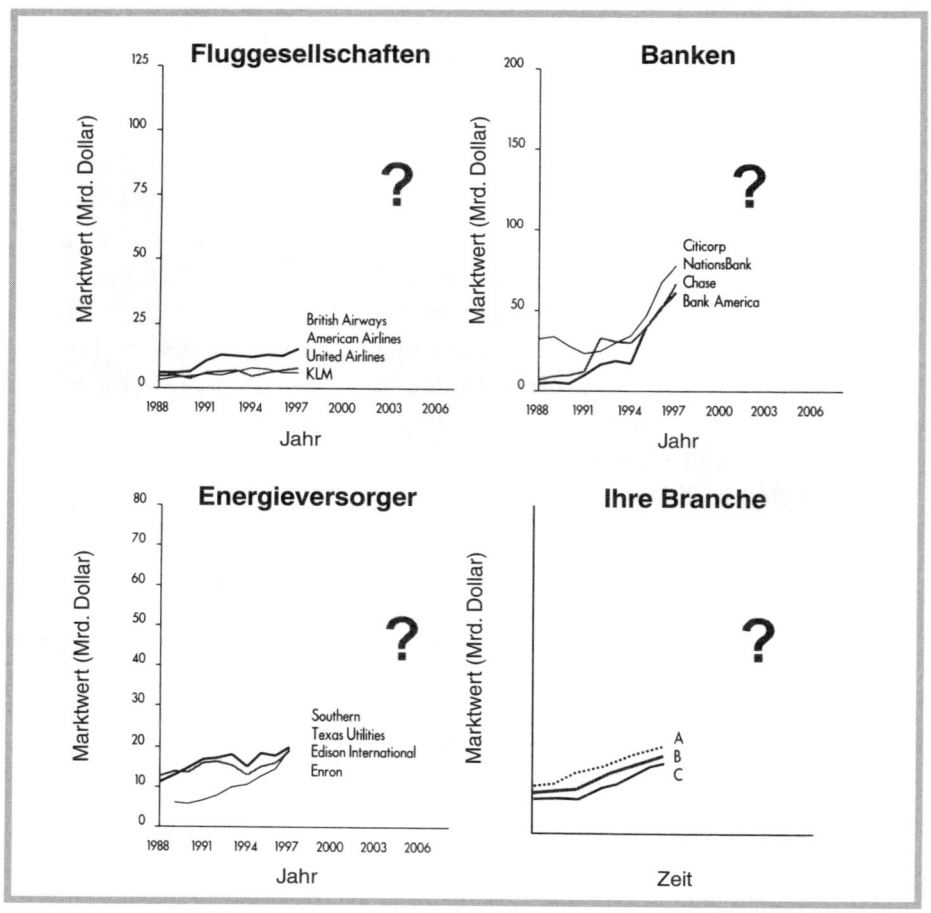

Strategisches Risiko verstehen

Unternehmen sind mit den unterschiedlichsten Risiken konfrontiert: betriebliche Risiken (Maschinenausfälle), finanzielle Risiken (Währungsschwankungen), Produkthaftungsrisiken (unerwartete Haftungsklagen) und die Risiken höherer Gewalt (Naturkatastrophen) sind einige davon.

Darüber hinaus existiert ein neues Risiko, dessen Gefahren das Unternehmen teurer zu stehen kommen kann als alle anderen und das unbedingt in die Liste der Risiken aufgenommen werden muß: *das strategische Risiko*. In einer Welt, die von Wertverschiebung und Wertpolarisierung gekennzeichnet ist, nehmen Kundenrelevanz und Gewinnpotential eines Business Design wesentlich schneller ab als je zuvor. Das strategische Risiko tritt plötzlich und heftig auf. Wertvernichtung, Wertstagnation und die schale Genugtuung, als zweitbestes Unternehmen aus der Polarisierung hervorzugehen, sind das Ergebnis schon einer oder zwei falscher (oder versäumter) Entscheidungen.

In vielen Unternehmen wird als Haupteinwand gegen „handlungsorientierte" Muster das angeblich hohe Risiko einer Neuausrichtung des Business Design angeführt. Häufig befürchten Manager, daß eine grundlegende Veränderung der strategischen Richtung das existierende Geschäft gefährdet. Dabei lauert die wirkliche Gefahr im Nichterkennen der Gewinnmuster bzw. in dem Versäumnis, den Erkenntnissen zügig Handlungen folgen zu lassen. Tatsächlich kann eine fehlende Neuausrichtung des Business Design die vorhandenen profitablen Geschäfte ernsthaft beeinträchtigen und das strategische Risiko in die Höhe schnellen lassen.

Strategisches Risiko ist so ähnlich wie Kapitalintensität: Beides möchte man möglichst gering halten. Kein Unternehmen verfolgt bewußt und freiwillig ein Geschäftskonzept, das eine hohe Kapitalintensität beinhaltet. Und wer geht schon freiwillig ein hohes strategisches Risiko ein?

Paradoxerweise ist ein großer Teil der Risikointensität vieler Unternehmen völlig unnötig. Es existiert, weil *der Kunde für die oberste Führungsebene ein unbekanntes Wesen ist.* Große Geschäftsstrategen wie Bill Gates, Jack Welch oder Percy Barnevik haben das Risiko ihrer Unternehmen gesenkt, indem sie um ein Vielfaches mehr Zeit mit Kunden verbracht haben als ihre Managerkollegen anderer Unternehmen. Jede Stunde, die sie im Dialog mit einem Kunden verbracht haben, reduziert das strategische Risiko. Der Austausch mit den anspruchsvollsten, zukunftsorientiertesten Kunden ist der profitabelste Zeitvertreib eines Top-Managers, von dem er selbst wie auch sein Management-Team profitieren.

Und er prägt den Arbeitsstil. Wenn Sie die Vorteile einer aktiven Umsetzung wertvoller Kundeninformation einmal erlebt haben, wollen Sie nie wieder im Dunkeln tappen und nach dem rechten Weg suchen.

Weitere wichtige Quellen für strategisches Risiko sind:

- Mangelnde Klarheit innerhalb des Unternehmens über das angewendete *Gewinnmodell*. Unternehmen müssen genau wissen, mit welchem Mechanismus der Gewinnerzielung sie arbeiten wollen.
- *Starre Zielfixierung:* die beharrliche Messung der falschen Variablen, obwohl sich der Markt verändert hat und ein neues Gewinnmuster die Branche prägt.
- *Unausgereifte Planung von Szenarien*: die Modellierung von Zukunftsszenarien, bevor die Fakten verfügbar sind und ihre Auswirkungen feststehen. Viele Übungen in der Entwicklung von Szenarien widmen sich dem Entwurf von Konzepten, die auf „Unsicherheiten" aufbauen, die eigentlich bekannte Größen sein sollten. Durch vermehrte Anstrengungen bei der strategischen Detektivarbeit können die richtigen Fakten in den Entscheidungsprozeß eingebracht werden. Das Verhältnis von „unsicher" zu „bekannt" beträgt oft 80 : 20 Prozent. Profunde Kenntnisse der strategischen Landschaft sowie neu auftretender Gewinnmuster können dieses Mißverhältnis beseitigen.
- *Exzessive Planspiele*: Warum wollen Sie an Theorien basteln, wenn Sie viele Innovationen direkt an Kunden testen können? Microsoft verfolgt die Methode „Planen, um Fehler zu machen". Wenn Sie den ersten Schritt unternehmen, gehen Sie davon aus, daß er nicht perfekt ist, oder sogar verfehlt. Halten Sie sich für den zweiten und dritten Schritt bereit. Microsofts magische Schrittfolge sieht folgendermaßen aus:
  – Erster Schritt – Fehlschritt
  – Zweiter Schritt – Fehlschritt
  – Dritter Schritt – der große Sprung
- *Mangelnde Kampfbereitschaft* in der Anfangsphase eines neuen Gewinnmusters. Konkurrenten *frühzeitig* aus dem Feld zu schlagen kostet wenig und birgt ein geringes Risiko. Später den Kampf aufzunehmen kostet große Anstrengungen, und das Risiko einer Niederlage steigt. Die Kombination aus

der frühen Erkenntnis eines neuen Gewinnmusters und intensiver Wettbewerbsbereitschaft von Anfang an minimiert das Risiko für Ihre Marktposition und steigert die Chancen auf überdurchschnittlichen Erfolg.

Um es noch einmal zusammenzufassen: Es ist wichtig zu erkennen, daß Ihr nächster Schritt und Ihr nächstes Geschäftsfeld nicht nur auf Kundenrelevanz und überdurchschnittliche Gewinnerzielung ausgerichtet werden sollten, sondern auch auf Risikominimierung. Wer das versäumt, riskiert das Schattendasein des ewigen Zweiten, Wertstagnation oder sogar Wertvernichtung.

Beantworten Sie sich die folgenden Fragen:

- Befindet sich Ihr Unternehmen kurz vor:
  - einem Aktienkursverfall?
  - einer Wertstagnation?
  - dem undankbaren zweiten Platz im Polarisierungswettstreit?
  - der strahlenden Siegerposition im Polarisierungswettstreit?
- Nimmt das strategische Risiko Ihres Unternehmens mit den Jahren zu oder ab? Warum?
- Wie hoch ist das strategische Risiko Ihres Unternehmens im Vergleich zu Ihrem engsten Wettbewerber?

Strategische Absicherung

Wegen des Phänomens der Polarisierung ist der Wert frühzeitiger Mustererkennung höher als je zuvor. Unternehmen, die neue Muster als erste entdecken und für sich nutzen, indem sie ihr Business Design darauf ausrichten, werden meist mit deutlich höherer Marktbewertung belohnt. Unternehmen, die den richtigen Zeitpunkt versäumen, werden eine erheblich niedrigere Marktbewertung erfahren. Neben der Realisierung von Wertsteigerungen sind Unternehmen, die schneller in der Mustererkennung sind als ihre Wettbewerber, in der glücklichen Position, eine stabile strategische Absicherung zu errichten, um die Profitabilität ihres Business Design zu schützen.

Strategische Absicherung bezieht sich auf die Fähigkeit eines Unternehmens, seine Gewinnströme sowohl gegenüber dem *Wettbewerb* wie auch den *Kunden* zu sichern. Der Grad dieser Absicherung ist ein entscheidender Faktor für die Lebensdauer des Business Design. Die ausgeprägten Business-Design-Innovationen des letzten Jahrzehnts haben ein immer größeres Repertoire an strategischen Absicherungsmöglichkeiten geschaffen:

Strategischer Absicherungspunkt	Beispiele
• Setzen von Standards	• Microsoft, Oracle
• Beherrschung der Wertschöpfungskette	• Intel, Coca-Cola
• Superdominante Positionen	• Coca-Cola international
• Patente	• Pfizer, Merck
• Copyright	• Disney
• Exzellente Kundenbeziehungen	• Schwab, GE
• Kontrolle der Zulieferer	• Debeers
• Hohe Attraktivität für Top-Talente	• Microsoft, Cisco
• Steuerung der Distribution/Liefermechanismen	• AOL
• Markenimage	• Yahoo, Amazon
• Zweijähriger Produktentwicklungsvorsprung	• Intel
• 20 Prozent Kostenvorteil	• Nucor

Wenn ein neues Gewinnmuster ausgelöst wird und ein neuer Wertsteigerungszyklus beginnt, sind die Chancen für eine strategische Absicherung im ersten Jahr am größten. Mit zunehmender Reife des Gewinnmusters schwinden die Chancen, und im dritten oder vierten Jahr des Wertzyklus sind sie gleich Null. Selbst wenn es noch Möglichkeiten zur strategischen Absicherung gibt, ist ihr Wert nur gering, weil der Zyklus sich in einem oder zwei Jahren seinem Ende zuneigt.

Die finanziellen und strategischen Vorteile der frühen Mustererkennung setzen einen positiven Feedback-Kreislauf in Gang. Die Schaffung einer soliden strategischen Absicherung reduziert das Risiko für die Gewinnströme des Unternehmens, die das Verhältnis von Marktwert zu Umsatz positiv beeinflussen, und verstärkt den Polarisierungseffekt. Das Ergebnis ist eine weit auseinanderklaffende Schere zwischen dem Unternehmenswert des Branchenprimus und dem des zweitplazierten Unternehmens, das nicht selten seinen potentiellen Wert buchstäblich an den Goldmedaillisten „verschenkt".

Wir haben mehrere der wichtigsten Ansätze überprüft, die ein Unternehmen dabei unterstützen, Gewinn aus Veränderungen zu ziehen, statt von ihnen überrollt zu werden:

- Das Verständnis für die wahre Natur des strategischen Risikos
- Die konstante Suche nach dem für Ihr Unternehmen geeignetsten Schritt (Multiplizierung der strategischen Optionen)
- Nutzung des Faktors Zeit
- Aufbau und Anwendung eines Handlungsrepertoires an entscheidenden Schachzügen und Gegenzügen
- Aufbau einer strategischen Absicherung der Gewinne

Jetzt sind Sie an der Reihe. Auf der Basis Ihrer Kurzliste an Mustern und Ihrer langen Liste an strategischen Optionen ergreifen Sie die Initiative, entscheiden Sie über mögliche, den Wettbewerb herausfordernde Antworten und Gegenzüge. Führen Sie dieses Planspiel mindestens über drei oder vier strategische Schachzüge fort.

- Welche Muster werden sich mit der größten Wahrscheinlichkeit in Ihrer Branche ausbreiten? Warum?
- Welches sind die größten strategischen Risiken, mit denen Ihr Unternehmen konfrontiert wird?
- Arbeitet die Zeit für Sie oder gegen Sie? Wie können Sie erreichen, daß die Zeit für Sie arbeitet?
- Welches Paket an Entscheidungen verschafft Ihnen die günstigste Position? Warum?
- Wie will Ihr Unternehmen in jeder einzelnen Situation Gewinn erzielen?
- Wie will Ihr Unternehmen in jeder einzelnen Situation eine strategische Absicherung errichten?
- Gibt es eine klare Wahl zwischen den Alternativen, oder hat es den Anschein, als ob Sie Schutz suchten?
- Was müssen Sie noch wissen, damit Sie sich sicherer fühlen?
- Ist Ihr Unternehmen zum Handeln bereit?

Traditionelle Unternehmen haben sich mit produkt- und branchenzentriertem Denken gut eingerichtet. Unternehmen, die heute erfolgreich sind, haben diesen Denkansatz abgeschüttelt und sind zu kunden- und investorenzentriertem Denken übergegangen. Die erfolgreichen Unternehmen von morgen werden auf kunden- und investorenzentriertem Denken aufbauen und darüber hinaus erfolgreich sein in den Kategorien: „Risiken", „Optionen", „Zeit" und „strategischer Absicherung".

Die strategische Abkürzung

Aufgrund hoher Arbeitsbelastung fehlt Top-Managern oft der Freiraum, um genügend Zeit für die Suche nach einer strategischen Abkürzung zu investieren. Wenn Sie einmal verstanden haben, wie Zeit in der Wirtschaft arbeitet, wollen Sie sie unbedingt überlisten. Sie wollen herausfinden, wie Sie das gemächliche Tempo der konventionellen Strategieentwicklung zu Schallgeschwindigkeit steigern können. Die meisten strategischen Initiativen ziehen sich über Jahre hin. Eine Marke aufzubauen, eine installierte Basis, Service-Kompetenzen oder ein neues Produkt zu positionieren, erfordert Zeit, Geld und noch mehr Zeit. Es beinhaltet viel gedankliche Auseinandersetzung, Planung, Investition, Fehler, Korrekturen und Entwicklung. Es kann Jahre dauern und viele Millionen verschlingen, um über traditionelle Pfade von A nach B zu kommen (siehe Abb. „Die strategische Abkürzung").

Gelegentlich können Sie aber eine strategische Abkürzung nehmen – einen einzigartigen, unkonventionellen Weg, der Sie in einem Bruchteil der sonst benötigten Zeit von A nach B bringt. Diese strategische Abkürzung ist selten, aber von unschätzbarem Wert. Es lohnt sich, darüber nachzudenken.

1983 hatte Swatch z.B. weder Zeit noch Geld, über konventionelle Wege ein Markenimage aufzubauen. Das Swatch-Team entwarf statt dessen eine Swatch-Uhr von ca. 160 Meter Länge und hängte sie an der Fassade der Hauptgeschäftsstelle der Commerzbank in Frankfurt auf, einem 259 Meter hohen Gebäude. Swatch nutzte den Presserummel um diese Aktion für intensive PR-Arbeit und verschaffte seinem Produkt in wenigen Wochen allgemeine Bekanntheit.

1992 verfügte Lotus mit Notes über einen potentiellen Hit, aber der Markt war ein E-Mail-Markt. Lotus hätte fünf Jahre mit der Entwicklung eines neuen Produkts und der Schaffung einer installierten Nutzerbasis verbringen können. Statt dessen kaufte Lotus cc:mail und erhielt auf diese Weise Zugang zu dem besten Produkt und einer breiten in-

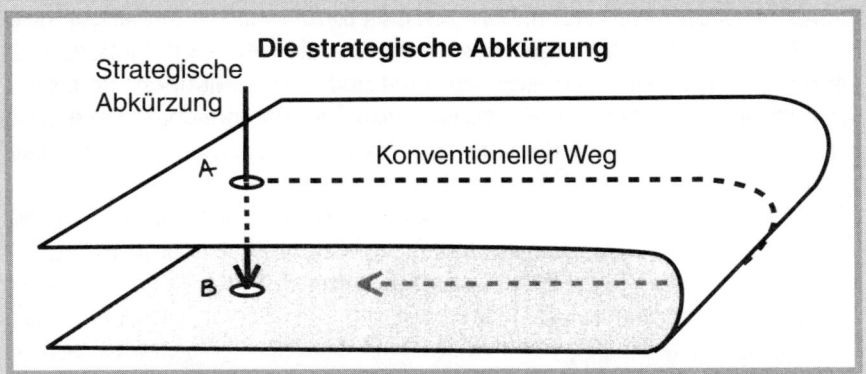

Die strategische Abkürzung

Strategische
Abkürzung

Konventioneller Weg

A

B

stallierten Basis. Lotus *startete von* diesem Punkt aus, statt viele Jahre darin zu investieren, diesen Punkt *zu erreichen.*

1998 brauchte Compaqs Server-Geschäft erstklassige, global verfügbare Service-Kompetenzen. Es hätte Jahre gebraucht, diese selber zu entwickeln. Compaq kaufte Digital Equipment Corporation (DEC) und sparte wertvolle fünf Jahre.

Ende der 80er Jahre baute Charles Schwab einen Markennamen für Finanzdienstleistungen auf, um sich Zugang zu Millionen Kunden zu verschaffen. Das war ein langsamer, stetiger und kumulativer Prozeß. Um das Ganze zu beschleunigen, ging Schwab Allianzen mit Tausenden von Finanzplanern ein, denen er Abwicklungsservice bot. Mit diesem Schritt gewann Schwab in kürzester Zeit Zugang zu Millionen potentieller Kunden.

1983 brachte Microsoft Windows 1.0 auf den Markt. Das Produkt war noch nicht ausgereift, aber Microsoft machte den Schritt trotzdem. Die Markteinführung kam dem Produkt VisiOn zuvor und initiierte einen beschleunigten Lernprozeß bei Microsoft.

Ein anderes Unternehmen hätte drei bis vier Jahre an der Perfektionierung des Produkts gearbeitet, mit zwei Ergebnissen: Zum einen wäre das Produkt trotzdem nicht wirklich „perfekt" gewesen, weil es kein echtes Feedback der Nutzer erhalten hätte, zum anderen hätte VisiOn den Markt in der Zwischenzeit besetzt.

Weitere Beispiele für strategische Abkürzungen entstehen jedes Jahr aufs neue. Notieren Sie sich Ihre eigene Liste, das wird Ihren Intellekt herausfordern und Sie dabei unterstützen, wesentlich profitabler als bisher zu arbeiten.

Gewinnmuster sind eine Form der strategischen Abkürzung. Sie können entweder sechs Monate lang mit induktiver Analyse ganz von unten anfangen, um schließlich den erleuchtenden Moment zu erleben, oder Sie können ein Gewinnmuster als Hypothese nutzen und zwei Monate dafür verwenden, diese zu verifizieren oder zu modifizieren. Die vier eingesparten Monate können genau den Unterschied zwischen der Gold- und der Silbermedaille in Ihrer Disziplin bedeuten.

Strategische Abkürzungen gibt es nicht gratis; sie haben ihren Preis. Swatch bezahlte mit außergewöhnlicher Kreativität. Lotus und Compaq bezahlten für ihre Akquisitionen mit einem entsprechenden Premium und der Mühsal der anschließenden Integration. Microsoft bezahlte, indem es Angriffsfläche für harsche Kritik bis hin zur Lächerlichkeit bot. Aber in jedem einzelnen Fall war der Preis im Vergleich zum Nutzen verschwindend gering.

Strategische Abkürzungen gibt es nicht allein in der Wirtschaft. Sie werden in der Wissenschaft und in so unterschiedlichen Gebieten wie Logistik, Biologie und physikalischen Systemen ebenso genutzt. In der Logistik optimiert der Karmakar-Algorithmus, den Narendra Karmakar von AT&T entwickelt hat, Zeitpläne und Routen in einem Bruchteil der Zeit, in der dies mit konventionellen Methoden möglich gewesen wäre. In der Biologie wird mit der Methode des „Chromosomensprungs", die von Dr. Francis Collins an der University of Michigan entwickelt wurde, die Suche nach krankheitsauslösenden Chromosomen drastisch verkürzt. Bei physikalischen Systemen verbessert die „Fuzzy Logic", die von Lofti Zadeh erfunden und in Japan entwickelt wurde, deutlich das Timing und die Leistung physikalischer Systeme in bezug auf Methoden, die auf binären Algorithmen beruhen.

Diese Abkürzungen sind in der Wissenschaft weit besser entwickelt als in der Wirtschaft. Aber das wird sich in den nächsten Jahren ändern, wenn Manager aus der Praxis die unschätzbaren wirtschaftlichen Vorteile erkennen, die eine strategische Abkürzung bietet. Außerdem macht sie unternehmerisches Planen wieder zu einer lustvollen Angelegenheit. Durch die Entwicklung einer strategischen Abkürzung können Sie Ihr Unternehmen in eine Position manövrieren, die ein bis zwei Jahre Vorsprung bedeutet. Die Energie der gesamten Organisation wächst, das Selbstvertrauen wird gestärkt, und die Erfolge geben sich gegenseitig neue Nahrung. Überflüssig zu betonen, daß es mehr Freude macht, von einer Führungsposition aus zu agieren.

3

Überzeugungskraft

Unternehmen, denen es gelungen ist, durch Mustererkennung überlegene Wertzuwächse zu realisieren, haben gute Chancen, als Gewinner aus der Wertpolarisierung hervorzugehen. Ob sie diese Chancen für sich nutzen können, hängt maßgeblich davon ab, ob sie Schlüsselkunden, Investoren und die Elite der Arbeitskräfte für ihre Strategie gewinnen können.

Aus diesem Grund konzentriert sich der Wettbewerb in fast allen Branchen zunehmend auf die Überzeugungskraft von Unternehmen. Die Firmen mit der größten Überzeugungskraft haben die meisten Kunden, werden weiterempfohlen und setzen auf diese Weise eine Aufwärtsspirale in Gang. Es gibt einen entscheidenden Wendepunkt, an dem dieser Aspekt zur obersten strategischen Priorität des Top-Managements wird.

Den größten Erfolg haben Überzeugungsstrategien, wenn sie dreigleisig angelegt sind:

1. Die Gewinnung von *Kunden* erschwert dem engsten Wettbewerber die Aufholjagd.
2. Die Gewinnung der *Investoren* verschafft dem führenden Unternehmen die nötigen Ressourcen, um seine Position zu behaupten.
3. Die Gewinnung der *bestqualifizierten Arbeitskräfte* vergrößert die Wahrscheinlichkeit einer kurz- und langfristigen Führungsrolle (siehe Abb. „Überzeugungskomponenten").

Die Gewinnung der drei genannten Gruppen auf der Basis eines neuen, überzeugenden Business Design, führt zu einer Kettenreaktion, durch die eine gewaltige wirtschaftliche Energie frei wird. Frühe Erfolge schaffen darüber hinaus eine positive Eigendynamik über einen erhöhten Absatz, Kapitalzufluß und ein größeres Angebot an hochqualifizierten Arbeitskräften. Mundpropaganda und wirtschaftliche Notwendigkeit tun ein übriges.

Kundengewinnung

Wenn es einem Unternehmen gelingt, Kunden von seiner Strategie zu überzeugen, solange diese einzigartig im Markt ist, werden die Kunden sich auch in Zukunft für das Unternehmen entscheiden, wenn andere Anbieter das Business Design des Marktpioniers kopiert haben. Die Kraft der Überzeugung setzt einen eigendynamischen „Kundengewinnungszyklus" in Gang, der die Wertzuwachsrate eines Unternehmens in die Höhe schießen läßt. In vielen Märkten wird auch der Gewinnkreislauf durch hohe Anfangserfolge beschleunigt. Jeder weitere Marktsieg verstärkt die Führungsposition und vergrößert die Distanz zum Wettbewerb. AOL ist das kürzlich gelungen, indem es die kritische Masse erreicht hat, um sowohl den wirtschaftlichen Nutzen seiner Geschäftsaktivitäten wie auch sein Wertangebot anzuheben. Solche Veränderungen haben erhebliche positive Auswirkungen auf den Gewinn und locken Investoren an.

Die Gewinnung der Investoren

Die heutigen Aktienmärkte sind von einer geradezu erschreckenden Transparenz. Erfolg und Mißerfolg offenbaren sich in nie dagewesener Deutlichkeit. Die scharfe Beobachtung durch die Medien, die zunehmende Vielfalt von Analysen aus den unterschiedlichsten Blickwinkeln und der wachsende Appetit auf neue Storys haben viele Wettbewerbssituationen ins öffentliche Rampenlicht gerückt. Die überwältigenden Kursgewinne mancher Anleger haben die Begehrlichkeit von Privatanlegern und institutionellen Investoren gleichermaßen geweckt. Diese Investment-Mentalität hat sich sogar auf den Arbeitsmarkt ausgedehnt. Immer mehr Vergütungssysteme enthalten Aktienoptionen, die vorhandene und potentielle Mitarbeiter dazu anregen, unaufhörlich Ausschau nach dem nächsten großen Deal zu halten.

Diese Psychologie manifestiert sich in der Antwort auf eine Polarisierung. Wenn sich ein Marktteilnehmer von der Masse abzuheben beginnt, setzt sich eine Dynamik nach dem Schneeballsystem in Gang, die die öffentliche Wahrnehmung des Unternehmens entscheidend verändert. Alle Augen richten sich auf den aufstrebenden Erfolgskandidaten, dessen Aktienpreise durch eine sprunghaft ansteigende Nachfrage in die Höhe schießen. Das wiederum verstärkt das Interesse der Medien, die den Newcomer zum Sieger küren.

An dieser Stelle ist ein Hinweis zur Vorsicht angebracht. Ein steigender Aktienkurs ist immer auch ein Vertrauenskredit (siehe Abb. „Wahrnehmung und Realität"), den ein Unternehmen entweder verschleudern oder dazu nutzen kann, die Erwartungen der Investoren Wirklichkeit werden zu lassen. Wenn die Realität den Vorschußlorbeeren nicht gerecht wird (Beispiel A der Abbildung), wenden sich die Anleger schlagartig ab. Wenn Unternehmen das in sie gesetzte Vertrauen erfüllen (Beispiel B), haben sie die Chance, weitere Wertzuwächse zu generieren. Ihre Glaubwürdigkeit und ausgewiesenen Erfolge lassen den Aktienkurs weiter ansteigen.

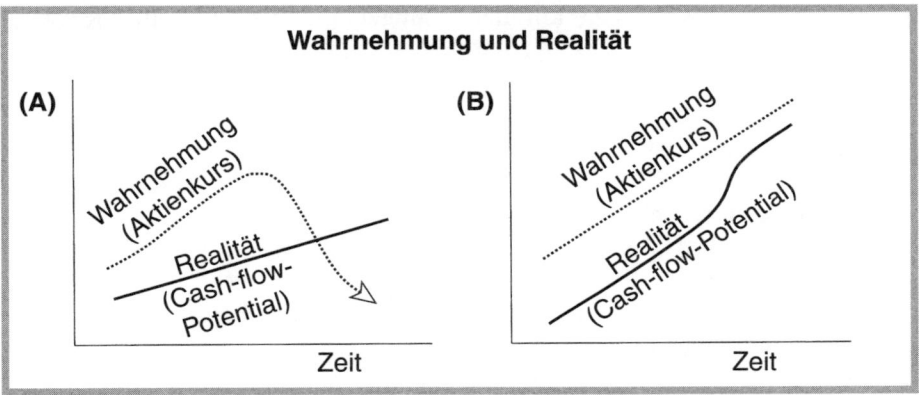

Wahrnehmung und Realität

(A) Wahrnehmung (Aktienkurs) / Realität (Cash-flow-Potential) / Zeit

(B) Wahrnehmung (Aktienkurs) / Realität (Cash-flow-Potential) / Zeit

Gewinnung der bestqualifizierten Arbeitskräfte

Steigende Aktienkurse bergen auch einen anderen unbezahlbaren Vorteil: Sie locken die Elite der Arbeitskräfte an.

Ein Unternehmen, das Kunden und Investoren für sich gewinnen kann, entwickelt eine von Siegermentalität geprägte Unternehmenskultur. Eine herausragende Marktstellung reduziert die Mitarbeiterfluktuation und erhöht die Attraktivität des Unternehmens für High Potentials. Eine erfolgsorientierte Kultur fördert die Identifikation mit den Unternehmenszielen, den Einsatz, die Arbeitsmoral, Produktivität und Hochleistung.

Die Elite unter den Arbeitskräften fühlt sich neben ausgezeichneten Verdienstmöglichkeiten auch von den persönlichen Weiterentwicklungsperspektiven angezogen. Schließlich läßt sich von Gewinnern mehr lernen als von Verlierern. Außerdem tragen sie aufgrund ihrer hervorragenden Qualifikation zur Entwicklung neuer Konzepte bei, die die Prioritäten der Kunden und Investoren noch besser erfüllen.

Die Aufwärtsspirale zieht unaufhörlich weiter ihre Kreise, und kaum sind fünf Jahre vergangen, trennen den Branchensieger Welten vom zweitplazierten Wettbewerber.

Kategorie	Nr. 1	Nr. 2	Abstand zwischen Nr. 1 und Nr. 2
Erfrischungsgetränke			
Internet-Buchhandel			
Internet-Suchmaschinen			
Spielzeugpuppen			
Unternehmersoftware (ERP)			

Wie groß ist die Kraft der Überzeugung?

Sehen Sie sich die Abbildung auf S. 58 an. Schreiben Sie in jedes Feld den Marktführer sowie das zweitbeste Unternehmen der Branche, und notieren Sie, wie groß der Unterschied in der Überzeugungskraft zwischen beiden ist (minimal, mittel, groß).

Mustererkennung und zeitlicher Richtungswechsel

Selbst umfangreiche Anstrengungen in bezug auf die Gewinnung von Kunden, Investoren und bestqualifizierten Arbeitskräften werden keinen Einfluß auf den Unternehmenswert haben, solange das Unternehmen nicht ein spezifisches Muster für strategische Veränderungen identifiziert und nutzt, das die Grundlagen der Wettbewerbsvorteile einer Branche verändern kann.

Die Chancen auf einen Sieg durch Überzeugung sind nur dann gegeben, wenn der nächste Marktumbruch erkannt wird: verändertes Kaufverhalten, ein neues Gewinnmodell, andere Wettbewerbsvorteile. Ein Umbruch, der eine neue Wertzuwachsspirale in Gang setzt. Kurz gesagt: ein neues Muster, das deutlich macht, daß die bisherige Unternehmensausrichtung überholt ist, weil sich der Markt in eine neue Richtung bewegt und neue Marktchancen eine neue Anstrengung zur Gewinnung der zuvor genannten Gruppen verlangen (siehe Abb. „Zeitlicher Richtungswechsel")

Die Zeit wird dabei zu einem strategischen Faktor. Den Richtungswechsel nicht rechtzeitig zu erkennen kann ein Unternehmen teuer zu stehen kommen. Das frühzeitige Erkennen des richtigen Gewinnmusters entscheidet über Erfolg oder Mißerfolg, Kundengewinnung oder -abwanderung und die Treue der wichtigsten langfristigen Investoren.

Betrachten Sie die Abbildung „Zeitlicher Richtungswechsel: den richtigen Moment erkennen". Wieviel Zeit liegt zwischen dem Zeitpunkt, an dem Unternehmen den Richtungswechsel erkennen sollten, und dem Zeitpunkt, an dem sie ihn tatsächlich erkennen?

- Ein bis zwei Jahre?
- Fünf Jahre oder länger?

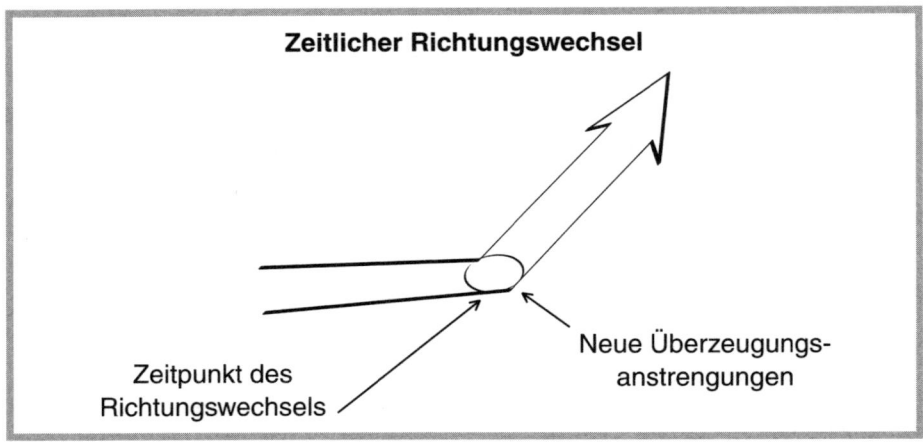

Zeitlicher Richtungswechsel

Zeitpunkt des
Richtungswechsels

Neue Überzeugungs-
anstrengungen

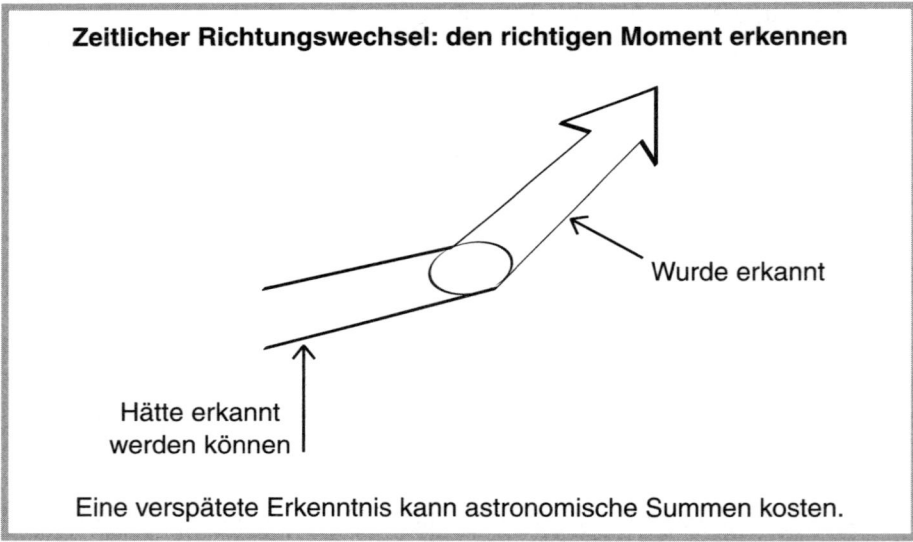

Zeitlicher Richtungswechsel: den richtigen Moment erkennen

Wurde erkannt

Hätte erkannt
werden können

Eine verspätete Erkenntnis kann astronomische Summen kosten.

Manchmal erkennen Unternehmen den Richtungswechsel relativ früh, versäumen aber, rechtzeitig darauf zu reagieren. Zwischen „Erkenntnis" und „Umsetzung" liegt ein Vermögen. Wie können Unternehmen lernen, Marktveränderungen früher zu erkennen? Es gibt verschiedene Verhaltens- und Know-how-Merkmale, die diesen Prozeß unterstützen:

- Seien Sie mißtrauisch.
- Setzen Sie sich mit Meinungen auseinander, die den Ihren widersprechen.
- Suchen Sie engen und direkten Kundenkontakt, um Veränderungen aufzuspüren.
- Entwickeln Sie systematische Suchmechanismen, die sich auf alle Unternehmensbereiche erstrecken und nicht nur auf die oberste Führungsebene.
- Eignen Sie sich mehr Wissen über Muster an als Ihre Wettbewerber.

Je früher Marktveränderungen erkannt werden, desto größer sind die Möglichkeiten, die drei Kerngruppen Kunden, Investoren und hochqualifizierte Arbeitskräfte für die neue Unternehmensstrategie zu gewinnen (siehe Abb. „Die Eigendynamik der Überzeugungskraft").

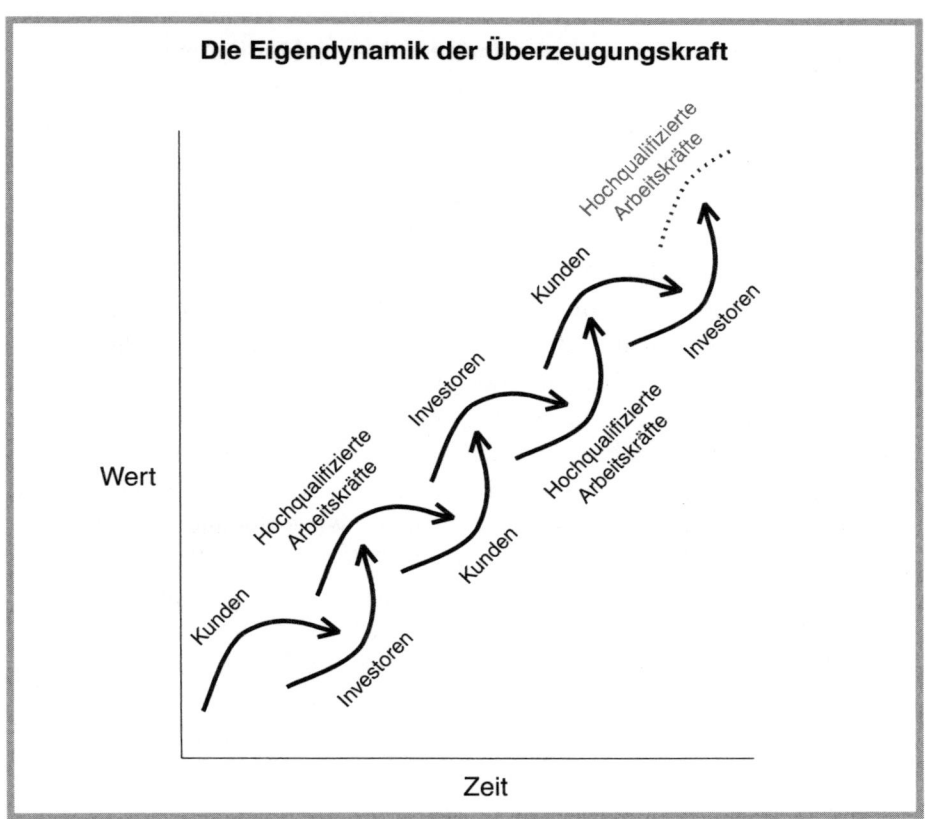

Die Eigendynamik der Überzeugungskraft

Intensive Anstrengungen

Eine frühzeitige Mustererkennung und rechtzeitiges Handeln sind wichtig, aber nicht genug. Die dritte Variable ist die Intensität der Anstrengungen: alles in die Waagschale werfen, alle Anstrengungen parallel laufen lassen, sämtliche Energie auf eine breitangelegte Überzeugungsarbeit und die Absicherung des gewonnen Terrains konzentrieren.

Unternehmen neigen zu dem Fehler, in dieser Phase zuwenig zu investieren. Dafür gibt es viele psychologische Gründe. Es ist durchaus möglich, daß ein Business Design, in das zu diesem Zeitpunkt investiert wird, nach EVA-Standards (Economic Value Added) Unternehmenswert „vernichtet". Auch der Cash-flow kann wegen der Investitionen negativ ausfallen. Um nicht in diese Falle zu tappen, sollten Top-Manager daran denken, daß der EVA ein rückblickender und kein zukunftsweisender Indikator für Unternehmenswert ist. Unternehmen sollten sich das übergeordnete Potential für Wertgenerierung vor Augen halten, das eine Investition in die Gewinnung der drei genannten Kerngruppen birgt, und die immensen Wertzuwächse, mit denen sie im Erfolgsfall belohnt werden. Denken Sie an Oracle und seine aggressive Absatzpolitik, an Starbucks und seine Filialen, die wie Pilze aus dem Boden schießen. Denken Sie an Cisco und seinen aggressiven Akquisitionskurs oder an Worldcom und seine Netzwerkakquisitionen.

„First, fast, furious" sind die Schlagworte, die das notwendige Vorgehen am besten beschreiben und ein Unternehmen bei der Polarisierung auf die richtige Seite plazieren; eine gute Ausgangsposition für den nächsten Strategiezyklus.

Gewinnmuster erweitern unsere Wahrnehmung und unseren Horizont. Sie geben uns wichtige Hinweise auf die Signale, auf die wir achten müssen. Ein strategischer Vorsprung von sieben bis zehn Monaten kann die Weichen für eine Marktführerschaft und überdurchschnittliche Wertgenerierung stellen. Das rechtfertigt sicherlich eine intensive Beschäftigung mit den 30 bisher identifizierten Gewinnmustern, die im zweiten Teil des Buches dargestellt werden.

Teil 2
30 Gewinnmuster

Veränderte Marktbedingungen lösen veränderte Kundenprioritäten aus. Business Designs werden obsolet und machen die Entwicklung neuer Business Designs notwendig, die Kunden neuen Zusatznutzen bieten. Einige Top-Manager haben dieses Phänomen verstanden und richten das Business Design ihres Unternehmens neu aus, um die Marktchancen voll auszuschöpfen. Andere Top-Manager erkennen die Wertverschiebung nicht und verschenken Unternehmenswert an Wettbewerber mit überlegenen Business Designs.

Erfahrene Marktteilnehmer können Ähnlichkeiten zwischen den Wertbewegungen ausmachen, die zu unterschiedlichen Zeiten und in unterschiedlichen Industriezweigen stattfinden. Sie können Muster erkennen. Die meisten Gewinnmuster können in übergeordnete Kategorien zusammengefaßt werden, die sich auf die Kerndimensionen beziehen, nach denen sich die Muster entfalten.

In Kapitel 4 bis 10 werden sieben dieser Kategorien dargestellt: Megamuster, Wertschöpfungsmuster, Kundenmuster, Vertriebsmuster, Produktmuster, wissensbasierte Muster und Organisationsstrukturmuster. Jede Kategorie enthält mehrere Beispiele und hält einen Fragenkatalog bereit, anhand dessen Sie die Relevanz der jeweiligen Muster für Ihre Unternehmenssituation überprüfen können. Für die Lektüre der beschriebenen Gewinnmuster empfiehlt es sich, drei ihrer Merkmale im Hinterkopf zu behalten: Vielfältigkeit, Varianten und Zyklen. Es ist außerdem sinnvoll, sich die Fragen zu merken, weil sie dazu beitragen, das Auftreten von Mustern und ihre gewinnbringende Nutzung besser zu verstehen.

Vielfältigkeit

Nur wenige Marktveränderungen gehen auf die Wirkung eines einzigen Musters zurück, die meisten sind multidimensional, komplex und von der Ausbreitung mehrerer Muster geprägt, die gleichzeitig aktiv werden. So wie Unternehmen üblicherweise drei bis vier Gewinnmodelle kombinieren, ändert sich das Wettbewerbsumfeld häufig aufgrund des Zusammenwirkens von drei bis vier Gewinnmustern. Die Computerindustrie ist dafür exemplarisch. In den letzten zehn Jahren ist diese Branche von den folgenden Mustern verändert worden:

- Desintegration der Wertschöpfungskette
- Polarisierung
- Multiplikation der Vertriebskanäle (Vertriebspartner, Direct Mail, Internet, Systemintegratoren, Einkaufszentren)
- Eine Verschiebung von Produkten zu Lösungen
- Komprimierung der Vertriebskanäle (Dell)
- De-facto-Standard

Jedes Muster beleuchtet eine andere Facette der komplexen strategischen Landschaft, in die die Computerbranche eingebettet ist, definiert exakt ein bestimmtes strategisches Thema und bietet eine bestimmte Zahl an Optionen, die mit bestimmten Handlungen verbunden sind. Es ist nicht leicht, so viele verschiedene Muster gleichzeitig zu verfolgen und jedesmal die richtige Entscheidung zu treffen. Deshalb gibt es in dieser Branche so viele Mißerfolge, Irrtümer und Zusammenbrüche.

Die Stahlindustrie ist wesentlich einfacher strukturiert. Aber auch hier werden mehrere Gewinnmuster aktiv:

- Konvergenz
- Eine Verschiebung von Produkten zu Lösungen
- Desintegration der Wertschöpfungskette

Vielleicht trifft es zu, daß Branchen mit geringem Wachstum weniger komplex sind. Wir würden diese These jedoch mit einem Fragezeichen versehen. Wesentlich wahrscheinlicher ist, daß selbst Branchen, die scheinbar „langsam" und „übersichtlich" sind, von mehreren Mustern gleichzeitig verändert werden. Jedes Gewinnmuster ist ein strukturierter Blick durch ein anderes Fenster, hinter dem sich eine komplexe Realität verbirgt, der uns hilft, diese besser zu verstehen. Jedes Muster sensibilisiert uns für einen anderen Aspekt der strategischen Herausforderungen, mit denen unsere Unternehmen konfrontiert sind, unterstützt uns dabei, die Kernbewegungen zu erkennen, mehr Optionen zu definieren und schneller zu profitablen Entscheidungen zu kommen.

Es ist keine Überraschung, daß die Zahl der gleichzeitig auftretenden Muster mit der Größe und Komplexität eines Industriezweigs wächst. Der amerikanische Healthcare-Sektor mit einem Volumen von mehreren Bill. Dollar ist von weit mehr Gewinnmustern geprägt als die Pharmaindustrie, ein Teilausschnitt des Healthcare-Sektors mit einem Marktvolumen von 200 Mrd. Dollar. Die amerikanische Computerindustrie mit einem Volumen von einer halben Bill. Dollar weist mehr Gewinnmuster auf als der Teilbereich PC-Industrie mit 200 Mrd. Dollar.

Der große Wert der Muster liegt darin, daß sie uns dazu anregen, unser Blickfeld zu erweitern, über die Pharmaindustrie hinaus auf die gesamte Healthcare-Industrie zu achten, den Blick vom Bankwesen auf Finanzdienstleistungen zu lenken und von PCs auf Computertechnologie, Kommunikation, Inhalt etc.

Diese Erweiterung der Perspektive ist so wichtig, weil die Zahl der Branchen, die völlig unberührt von den Veränderungen einer benachbarten Branche bleiben, immer kleiner wird. Das ist eine völlig andere Situation als vor 20 Jahren. Damals war das Wissen, über das ein Banker verfügen mußte, zu 90 Prozent bankbezogen. Das gleiche galt für Versicherungen oder Makler. Heute reicht das nicht mehr aus. Der durchschnittliche wettbewerbsrelevante Bereich hat sich in den letzten 20 Jahren um den Faktor 10 vergrößert. Das hat scheinbar chaotische Folgen. Und genau deshalb sind Gewinnmuster so wichtig. Mit Hilfe von Mustern kann man den Weg durch das vermeintliche Chaos abkürzen.

Dabei sollte man nicht die Erwartung hegen, die meisten Situationen könnten mit der Anwendung eines einzigen Musters gelöst werden. Manchmal müssen fünf oder sechs Gewinnmuster angelegt werden, um die strategischen Herausforderungen in ihrer Gesamtheit zu erfassen. Muster enthalten immer auch Perspektiven, Hinweise und Antworten. Sie fordern unsere Kreativität heraus, indem sie neue Optionen oder eine unkonventionelle Lösung bieten.

Gibt es eine strukturierte Vorgehensweise, um Gewinnmuster gewinnbringend für sich zu nutzen? Der erste und naheliegendste Weg ist, die Branchensituation zunächst auf Muster zu untersuchen, die in der Datenbank des eigenen Unternehmens bereits erfaßt sind. Ein anderer Weg ist die Entwicklung von Instrumenten, mit denen Gewinnmuster effektiver analysiert werden können. Kapitel 12 und 13 gehen auf diesen Prozeß näher ein.

Varianten

Muster entfalten ihre Wirkung nicht alle auf ein und dieselbe Weise. Ein Gewinnmuster kann mehrere umfangreiche Varianten aufweisen, die durch unterschiedliche Entwicklung oder durch kreative Leistung während ihrer Nutzung durch vorausschauende Marktteilnehmer entstanden sind.

Das Muster „Von Produkten zu Marken" weist zahlreiche Varianten auf, je nach Kunden, Produkten und der Kreativität der Anbieter. Das gleiche gilt für die Zwischenschaltung einer Mittlerfunktion. Der von Charles Schwab generierte Wert unterscheidet sich deutlich von dem Wert, den Rosenbluth geschaffen hat (siehe S. 175).

Es gibt z.B. auch viele Varianten in dem Muster „Von der organisatorischen Pyramide zum Netzwerk". Die Erfahrungen von ABB, Virgin und Thermo Electron bei der Nutzung dieses Musters sind völlig unterschiedlich. Der Kern der Muster ist jedoch stets derselbe. Im Netzwerkmuster liegt der Fokus auf einer maximalen Nähe aller Mitarbeiter zu Kunden und Investoren sowie auf Gewinnverantwortung. Bei der Zwischenschaltung einer Mittlerfunktion liegt der Fokus auf der Schaffung einer neuen Stufe in der Wertschöpfungskette, die allen Beteiligten einen wertvollen Zusatznutzen bietet. Das Muster „Von Produkten zu Marken" konzentriert sich auf Gewinnchancen durch die Nutzung eines Markennamens über das Produkt hinaus.

Die Varianten sind wichtig, weil sie die Strategie und Kreativität erfolgreicher Unternehmen spiegeln. Die Beschäftigung mit diesen Varianten, ihren Ähnlichkeiten und Unterschieden, wird auch zur Erweiterung Ihres strategischen Repertoires beitragen und Sie dabei unterstützen, herauszufinden, welche Optionen in Ihrer Unternehmenssituation realisierbar sind.

Zyklen

Einige Muster gleichen großen Rädern, die sich langsam drehen, andere kleinen Rädern mit hoher Umdrehungszahl. Desintegration, Reintegration und Konvergenz sind eher Muster mit langen Zyklen. Die Muster „Multiplikation der Vertriebskanäle", „Marken statt Produkte" oder „Neue Fähigkeiten" können sich schneller herausbilden.

Die Geschwindigkeit, mit der sich Muster entwickeln, wird nicht nur von der Art der Muster bestimmt, sondern auch vom Branchen- und Kundenkontext. In der Luft- und Raumfahrt wird sich die Ausbreitung des Musters „Neue Fähigkeiten" über ein Jahrzehnt hinziehen, in der Computerindustrie dauert es vielleicht nur drei bis vier Jahre.

Denken Sie bei der Lektüre der Kapitel 4 bis 10 jeweils über den Lebenszyklus der beschriebenen Muster nach. Wie schnell werden diese Muster üblicherweise aktiv? Wie schnell werden sie sich in der Branche Ihres Unternehmens ausbreiten?

Fragen

Wenn Sie sich mit den in Teil 2 dargestellten Mustern beschäftigen, sollten Sie sich jedes Mal folgende Fragen beantworten:

* Wodurch wird dieses Muster ausgelöst?
* Wie schnell breitet es sich aus?
* Welche Optionen bietet es den Marktteilnehmern?
* Welcher strategische Schritt ist der beste?

4

Megamuster

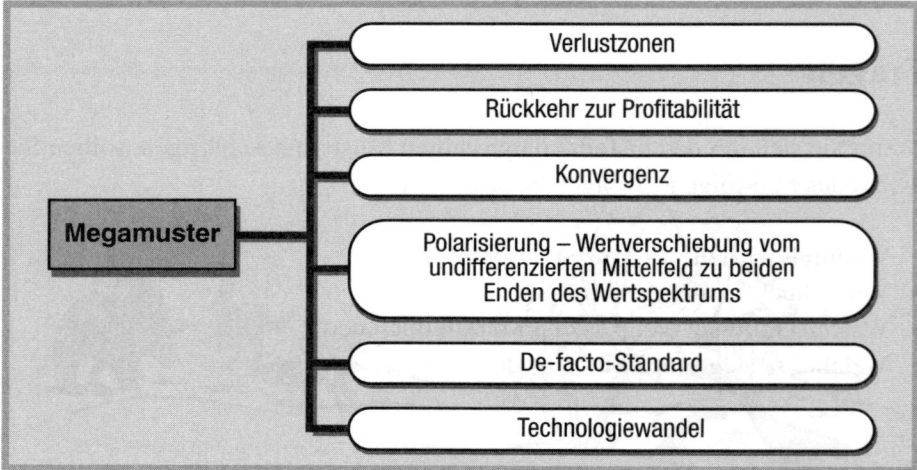

Viele Muster hängen mit spezifischen Bereichen der Unternehmensaktivitäten zusammen – der Wertschöpfungskette, Kunden, Vertriebskanälen etc.

Bestimmte Muster treten jedoch völlig unabhängig von solchen Faktoren auf und sind sowohl in zahlreichen Einzelbranchen wie auch in großen branchenübergreifenden Wirtschaftsbereichen zu finden. Aufgrund ihrer Reichweite und Auswirkung verdienen sie die Bezeichnung „Megamuster". Sie treten oft über lange Zeiträume bis zu mehreren Jahrzehnten auf. Die klassischen Beispiele, die hier vorgestellt werden, sind Konvergenz, Polarisierung, die Schaffung eines De-facto-Standards und Technologiewandel.

Wir beginnen mit dem vielleicht heimtückischsten aller Muster, der Entstehung einer Verlustzone. Dann beschäftigen wir uns mit der Kehrseite der Ver-

70

lustzone, der Rückkehr zu Profitabilität – ein Muster, bei dem ein ausgelaugter Wirtschaftsbereich dank strategischer Kreativität und innovativer Geschäftskonzepte wieder zu einer Gewinnzone wird.

Megamuster Nr. 1
Verlustzonen
Aus Mangel an stategischer Kreativität versiegen die Gewinne

Dieses Muster macht aus ehemals profitablen Geschäften Verlustgeschäfte, aus denen sich kein Wert mehr erzielen läßt. Selbst die Branchenführer bekommen die Auswirkungen zu spüren. Ihre Verluste sind nur etwas geringer als die ihrer Wettbewerber. Das Muster Verlustzone entsteht nicht durch ein schlechtes Jahr. Es tritt auf, wenn die Summe der Gewinne der „guten" Jahre einer Branche abzüglich der Summe der Verluste aus „schlechten" Jahren null oder eine negative Zahl ergibt, und wird über den gesamten Konjunkturzyklus von Spitze zu Spitze gemessen.

Zwei Bedingungen liegen der Verlustzone zugrunde. Die erste Bedingung ist gegeben, wenn die Branche von einheitlichen Business Designs gekennzeichnet ist und die Art des Wettbewerbs dadurch einheitlich ist. Das führt zwangsläufig zur Austauschbarkeit der angebotenen Produkte und Dienstleistungen und verschlechtert die Gesamtwirtschaftlichkeit der beteiligten Unternehmen. Die einzige Form der Differenzierung gegenüber den anderen Wettbewerbern ist der Preis. Um größere Marktanteile zu erzielen, werden die Preise immer weiter gesenkt, anstatt daß sich Unternehmen aus der Abwärtsspirale lösen, indem sie ihr Business Design neu ausrichten.

Die zweite Bedingung ist das plötzliche und unerwartete Verschwinden von Stützpfeilern zur Gewinnerzielung, mit der Unternehmen ihre Unfähigkeit zur Business-Design-Innovation kompensiert haben. Solche Hilfsmechanismen haben unterschiedliche Formen angenommen.

Zum einen gibt es den Mechanismus „Die Flut erfaßt alle Boote", der eintritt, wenn z.B. die gesamte Bauindustrie auf eine Zinssenkung wartet oder die gesamte Branche der Unterhaltungselektronik auf die nächste große Produktneuheit wartet oder die Bekleidungsindustrie Ausschau nach einem neuen Modetrend hält.

Ein anderer Stützpfeiler ist die Hoffnung auf „sinkende Kosten". Die Bankindustrie hofft, daß die nächste Elefantenhochzeit von der Kartellbehörde genehmigt wird, die zu Kostensynergien führen soll, oder ein Unternehmen hofft nach der dritten Reengineeringwelle, daß es an irgendeiner Stelle noch mal Kosten einsparen kann, ohne die Substanz anzugreifen.

Der dritte Stützpfeiler ist die „Vermeidung echten Wettbewerbs". Unternehmen hoffen darauf, daß ein weiteres Jahr der Preissenkungen, Einfuhrzölle oder Subventionen die Profitabilität der Branche aufrechterhält.

Eine vierte Scheinstütze ist die Hoffnung, ein Wettbewerber möge aufgeben. Das gibt den anderen Wettbewerbern vorübergehend Zeit zum Luftholen.

Der fünfte und letzte Stützpfeiler ist der „einsichtige Kunde". In der Vergangenheit konnten Unternehmen auf die Zustimmung der Kunden zu der Aussage bauen, daß Unternehmen im Gegenzug für erstklassige Produkte und ausgezeichneten Service nachhaltige Gewinne zustehen.

Heute ist die Zustimmung dazu nicht mehr gesichert. Wal-Mart scheint diese Auffassung keineswegs zu teilen, und Volkswagen ebensowenig. (Zumindest verhalten sich diese beiden Kunden nicht so, als ob sie der Ansicht wären, ihren Zulieferern stünden Gewinne zu, die ihren Unternehmenswert nachhaltig stützen oder die ihnen eine Existenz als unabhängige Unternehmen sichern.)

Wenn all diese Stützpfeiler wegfallen, entfaltet sich die natürliche Wirkung der standardisierten Business Designs. Profitabilitätsschwund ist die Folge.

Während der überwiegenden Zeit dieses Jahrhunderts gaben diese Stützpfeiler vielen Branchen Stabilität, und das Muster Verlustzone trat so gut wie nie auf.

In den USA erwies sich die Landwirtschaft als die erste große Verlustzone. Mit zunehmender Effizienz der Produktionsmethoden wurden immer weniger Farmer gebraucht, um die Nachfrage nach landwirtschaftlichen Erzeugnissen zu befriedigen. Vielen Farmern gelang die Umstellung auf die neuen Branchenerfordernisse nicht, und sie widmeten sich weiterhin dem Getreideanbau und der Viehzucht. Trotz der wachsenden Kapazitäten blieb das Ackerland dasselbe, und die ständige Überproduktion endete schließlich in einem völligen Preisverfall, der die ganze Landwirtschaft schädigte.

Da waren keine bösen Mächte im Spiel. Trotz sinkender Nachfrage wurden einfach weiter Überschüsse produziert. Es gab allerdings nur wenige, die damit rechneten, daß dieses Muster auch auf andere Branchen übergreifen würde. In den 50er und 60er Jahren war in den USA nicht nur die Landwirtschaft unprofitabel, auch der Personenzugverkehr wurde zu einer Verlustzone. Und wie in der Landwirtschaft kamen staatliche Subventionen zu Hilfe.

In den 80er Jahren verlor eine der klassischen Strategieregeln ihre Gültigkeit: „Jede Branche macht Gewinn, und die Branchenführer machen den größten Gewinn." Verlustzonen traten immer häufiger auf.

Der Flugverkehr war das nächste eindrucksvolle Beispiel. In den vergangenen Zyklen über 10, 20 oder 30 Jahre wurden im Flugverkehr keine Gewinne erwirtschaftet, geschweige denn Überschüsse, die die Kapitalkosten decken würden. Von 1990 bis 1993 verlor die amerikanische Luftverkehrsindustrie mehr Geld, als sie in den vorhergehenden Jahrzehnten verdient hatte. Die Liberalisierung des Flugverkehrs heizte den Preiswettbewerb an, der die Profitabilität der gesamten Branche auf den Nullpunkt brachte.

Das Muster „Verlustzone" ist manchmal ziemlich paradox: Es ist eine Mischung aus modernsten Technologien, immensen Investitionen und einem absoluten Mangel an Erträgen.

Denken Sie an die Herstellung von Computerchips. Dafür sind hochentwickelte Technologien erforderlich, ausgefeilte Qualitätskontrollen, absolut sterile Arbeitsräume und hochkomplexe Fertigungstechniken. Der gesamte Prozeß erfordert einen ungeheuren Investitionsaufwand. Die Branche ist mit ihren Kosten von 1 bis 2 Mrd. Dollar für die Errichtung einer einzigen neuen Anlage äußerst kapitalintensiv.

Und trotzdem ist sie eine Verlustzone. Alle fünf bis sechs Jahre kommt es zu Versorgungsengpässen, dann erscheint ein Silberstreif am Horizont. Aber die Wolken verdunkeln jedesmal wieder die Aussicht auf Profit, und die Branche erwirtschaftet weitere Jahre Verluste, ohne daß auch nur der Ansatz einer strukturellen Aufwärtsbewegung in Sicht wäre.

Manchmal ist die Situation so ausweglos, daß man der Branche am besten ganz den Rücken kehrt. Das hat Intel 1985 gemacht, als es aus der Herstellung von Speicherchips ausstieg. Intel erkannte die bittere Realität und setzte sich mit ihr aktiv auseinander. Das Unternehmen verfügte über technisch hervorragend qualifizierte Mitarbeiter, die überdurchschnittliches Engagement zeigten und es erfolgreich mit den Japanern aufgenommen hatten, und Intel hatte große Summen in Speicherchips investiert – aber der Gewinn blieb aus. Im Gegenteil, 1985 betrugen die Verluste 200 Mio. Dollar. Das Schlimmste war, daß Intel gegen die Situation völlig machtlos war, und es keinerlei Zeichen für Verbesserungen gab. Intel traf die schwerwiegendste Entscheidung seiner Unternehmensgeschichte: Es kehrte der Branche den Rücken.

Heute gibt es eine lange Liste drohender Verlustzonen. Sie beinhaltet weite Bereiche der Unterhaltungselektronik und der PC-Branche, Speicherchips, Umweltschutz und eine wachsende Zahl anderer Industriezweige. Von Verlustzonen bedroht sind auch die Automobilindustrie, viele Bereiche chemischer Erzeugnisse, das traditionelle Bankwesen und viele Energieversorger.

Warum breitet sich dieses Muster immer weiter aus? Bestimmte Kräfte haben mit nie dagewesener Wucht die Stützpfeiler, die viele Branchen mit austauschbaren Business Designs stabilisiert haben, zum Einsturz gebracht:

- Die Globalisierung des Wettbewerbs hat eine der Hauptwaffen, die Fertigungsunternehmen in diesem Jahrhundert zum Management unprofitabler Rahmenbedingungen eingesetzt haben, unbrauchbar gemacht: die Preispolitik. Solange nur zwei bis drei große Wettbewerber aus dem gleichen Kulturkreis geographisch um die gleichen Kunden warben, war die Preisdisziplin eine relativ einfache Sache. Heute, da 10 bis 15 Wettbewerber aus Industrienationen wie aus Entwicklungsländern um die gleichen Kunden kämpfen und die Preise über Internet und Fax verglichen werden können, gestaltet sich die Preispolitik viel schwieriger.

- Kunden sind wesentlich aggressiver geworden. Firmengroßkunden betreiben ein professionelles, internationales, IT-getriebenes Beschaffungsmanagement.
- Unternehmen mit neuen, innovativen Business Designs greifen die Branchenführer an, indem sie sich unter den profitablen Kundengruppen die Rosinen herauspicken, die häufig den Unterschied zwischen Gewinn und Verlust bedeuten.

Dennoch finden Unternehmen, die sich bisher stets auf die traditionellen Stützpfeiler verlassen haben, vielleicht Trends, die neue „Krücken" bereithalten und diejenigen hoffen lassen, die sich nicht der Mühsal eines umfassenden Business Redesign unterziehen wollen:

- In den letzten Konjunkturzyklen hat sich das Verhältnis der schlechten zu den guten Jahren verbessert, und viele glauben daran, daß dieser Trend anhält.
- Unternehmen in Industriezweigen, die von Verlustzonen bedroht sind, neigen immer öfter zu sogenannten „Swaps", um der Wettbewerbsintensität zu entgehen. Flughäfen tauschen Drehkreuze aus, es gibt Swaps bei Chemiefabriken, und alle diese Tauschbewegungen zielen darauf ab, das Auftreten von Verlustzonen zu verzögern, ohne daß die Grundlagen des Geschäfts neu interpretiert würden.
- Die kürzliche Asienkrise hat möglicherweise eine Reihe neuer asiatischer Wettbewerber, die von ihren jeweiligen Regierungen protegiert wurden, aus der Bahn geworfen. Bisher hatten sie eine ernstzunehmende Bedrohung für traditionelle Marktführer dargestellt.

Sich auf irgendeinen dieser Stützpfeiler zu verlassen, um der Verlustzone zu entgehen, mag eine Versuchung sein, die aber ein hohes Risiko bedeutet. Sie unterstützt nur die Beibehaltung der produktzentrierten Mentalität, die die Entstehung von Verlustzonen erst ausgelöst hat. Außerdem ist die Existenz eines Unternehmens sofort in Gefahr, wenn die Stützpfeiler aus irgendeinem Grund einbrechen.

Gibt es einen Ausweg aus der Verlustzone?

Kehren Sie der Branche den Rücken.
Oder finden Sie einen völlig neuen Geschäftsansatz.

- Ist die Branche, in der Ihr Unternehmen aktiv ist, von einer Verlustzone bedroht?
- Haben alle Wettbewerber das gleiche Business Design? Wenn ja, welche Stützpfeiler haben die Profitabilität der Branche bisher gewahrt?
- Ist ein größeres Segment oder ein Großkunde in Ihrer Branche eine Verlustzone?
- Welche Bereiche Ihrer Branche ermöglichen Ihrem Unternehmen, Gewinne zu erzielen?
- Wie sehen die Veränderungen der Kundenprioritäten aus, die neue Marktchancen entstehen lassen?
- Wie muß das Business Design beschaffen sein, das Ihr Unternehmen entwickeln muß, um Gewinne zu erzielen und diese zu schützen?

Rückkehr zur Profitabilität
Innovative Business Designs führen aus der Verlustzone

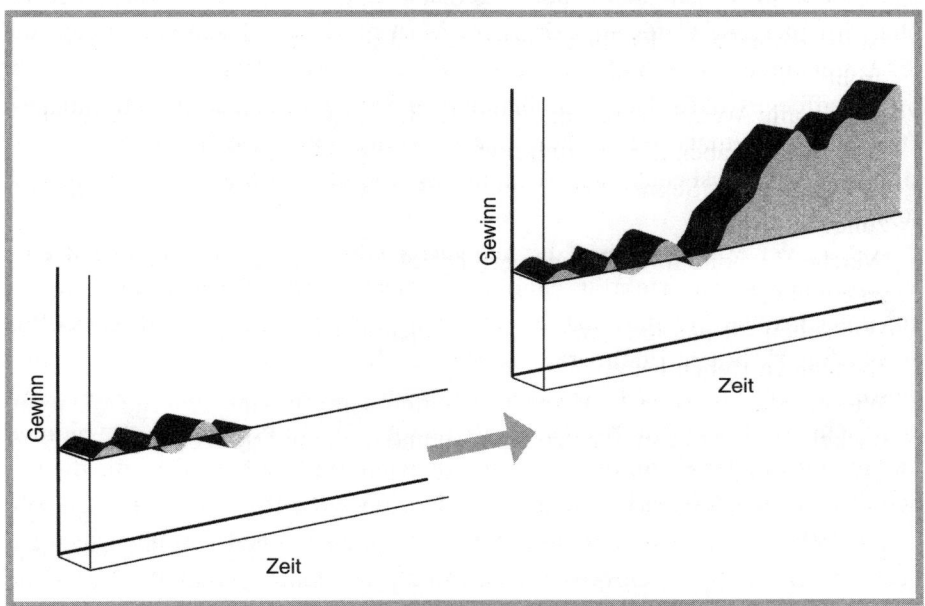

In den letzten zehn Jahren ist die Zahl der existierenden und potentiellen Verlustzonen dramatisch angewachsen. Dieser Anstieg wurde durch einen zunehmenden wirtschaftlichen Druck auf solche Branchen begünstigt, die von austauschbaren Business Designs geprägt waren und deren Stützmechanismen ihre Wirkung eingebüßt hatten.

Das Muster Rückkehr zu Profitabilität ist bisher weitaus seltener gewesen als das Muster Verlustzone. Das könnte sich im kommenden Jahrzehnt aber ändern und die Ausbreitung von Verlustzonen eindämmen. Ob das passiert, hängt allerdings von den strategischen Entscheidungen der Branchenteilnehmer ab. Die Industriezweige Kaffee, Uhrenherstellung, Lebensmittelhandel und Filmproduktion sind inzwischen wieder profitable Branchen. Grund dafür waren neue, innovative Business Designs. Mindestens ein Unternehmen der jeweiligen Branche hat die althergebrachten Regeln verändert, um neue Wege der Wertgenerierung zu beschreiten.

Im Kaffee-Einzelhandel interpretierte Starbucks die Bedeutung des Produkts Kaffee neu und machte aus dem reinen Getränk ein Erlebnis. Auf Basis dieses Konzepts richtete Starbucks sein überholtes Business Design, das aus Kaffee ein austauschbares Produkt gemacht hatte, neu aus. Starbucks baute über firmeneigene Cafés ein exklusives Markenimage auf und verzichtete auf die Unterstützung durch klassische Werbespots, die das Herzstück des ehemaligen Kaffeegeschäfts dargestellt hatten (siehe S. 180 ff., Neues Markenimage). Dieses Markenimage nutzte Starbucks, um die hohen Gewinnpotentiale bestimmter Vertriebskanäle wie Restaurants, mobile Kaffeestände etc. auszuschöpfen.

Anfang der 80er Jahre war die Schweizer Uhrenmanufaktur nicht nur eine Verlustzone, sie war bankrott. Nicolas Hayeks brillantes Business Design, das auf einer Produktpyramide basiert, die von preisgünstigen Swatch-Uhren bis zu prestigeträchtigen Edelmarken reicht, brachte die Profitabilität zurück und bescherte der Schweizer Uhrenmanufaktur für mehr als zehn Jahre zweistellige Wachstumsraten. Die Marke Swatch sorgt für ein breites Absatzvolumen und fungiert in der Pyramide als Eintrittsbarriere für Wettbewerber, die die hohen Gewinnspannen der Edelmarken an der Spitze der Pyramide schützen soll.

Der Lebensmittelhandel hatte notorisch geringe Margen von höchstens ein Prozent, bis mehrere clevere Lebensmittelproduzenten erkannten, daß die Kundenprioritäten (Bequemlichkeit, Qualität und Auswahl) von den herrschenden Business Designs weitgehend ignoriert wurden. Also entwickelten sie neue, innovative Business Designs, die darauf ausgerichtet waren, die unerfüllten Kundenprioritäten zu bedienen. Gleichzeitig erhöhten sich dadurch die Margen der Supermärkte.

In allen drei Beispielen ging der Großteil der Anbieter von der irrtümlichen Annahme aus, daß alle Kunden gleich sind, und vernachlässigten die erheblichen Differenzen und unterschiedlichen Ausprägungen der Bedürfnisse unterschiedlicher Kundengruppen. Im Kaffeegeschäft gab es nicht nur Konsumenten, die nur auf den Preis achteten, sondern auch qualitätsbewußte Kunden, die genügend Zeit hatten, eine halbe Stunde in einem Café zu verbringen, sowie anspruchsvolle, aber eilige Kunden, die bereit waren, etwas mehr für einen richtig guten Kaffee auf dem Weg zur Arbeit zu bezahlen.

In der Uhrenindustrie gab es nicht nur Luxuskäufer und solche, die besonders viel Wert auf handwerkliche Präzision legten. Bedürfnisse wie Spaß, modisches Design und die Bereitschaft, sich eine ganze Sammlung an Uhren zuzulegen, wurden überhaupt nicht abgedeckt.

Im Lebensmittelhandel gab es neben den preisbewußten Käufern auch solche, für die Bequemlichkeit, Service und Zeitersparnis wichtiger waren. In allen angeführten Beispielen bot die Fülle an unterschiedlichen Bedürfnissen riesige Marktchancen außerhalb der eingeengten Perspektive herkömmlicher Business Designs.

Der Erfolg des Musters Rückkehr zu Profitabilität hängt entscheidend von der Fähigkeit ab, brachliegende Prioritäten aufzudecken und durch innovative und kosteneffiziente Business Designs zu erfüllen. Echte Innovatoren entwickeln völlig neue Geschäftsansätze, durch die sie zusätzlichen Wert generieren können und den Kunden (und Vertriebskanälen) gleichzeitig wertvollen Zusatznutzen bieten.

Dieses Muster breitet sich immer weiter aus. Man denke nur an Coca-Cola und die Plastikflaschen mit 0,5 l Inhalt. Im Lebensmittelhandel sind Cola-Getränke ein riesiges Verlustgeschäft sowohl für den Einzelhändler wie für die Abfüllunternehmen und die Hersteller. Coca-Cola erneuerte sein Business Design, um dieser Jahrzehnte währenden Situation ein Ende zu setzen, und erfand die Plastikflasche mit 0,5 l Inhalt. Diese Neuerung basiert auf drei Elementen: eine größere Verpackung mit mehr Inhalt, die im Gegensatz zur Dose wiederverschließbar und nur in Kühlfächern an der Kasse erhältlich ist. Dosen, die in den übrigen Regalen stehen, kosten weniger als die gekühlten Plastikflaschen an der Kasse, die sowohl den Einzelhändlern wie auch den Abfüllunternehmen höhere Gewinne bescheren.

Schließlich und endlich wird auch die Digitalisierung der Business Design die Rückkehr der Profitabilität beschleunigen (siehe Kapitel 10). Digitale Business Designs haben stagnierenden Bereichen wie Zement, LKWs (siehe dazu auch das Fallbeispiel Cemex auf S. 253 ff.) bereits enorme Gewinnsteigerungen ermöglicht und können die Profitabilität vieler ausgedehnter Verlustzonen der Vergangenheit wiederherstellen.

Welche Richtung wird die Zukunft einschlagen? Die Verlustroute? Den Wachstumspfad? Das hängt ganz allein von der Innovationskraft der Branchenteilnehmer ab, und das gilt für Industriezweige wie die Automobilindustrie, Flugverkehr, PCs, Unterhaltungselektronik etc. gleichermaßen.

Machen Sie ein gedankliches Experiment: Entwerfen Sie ein Business Design, das die eben genannten Bereiche wieder auf nachhaltigen Wachstumskurs bringt. Welche weiteren Verlustzonen sind Kandidaten für das Muster Rückkehr zu Profitabilität? Welche Art der Innovation von Business Designs könnte zu einer Ausbreitung dieses Musters in den identifizierten Verlustzonen führen?

Wie läßt sich mit diesem Muster Gewinn erzielen?

Beschäftigen Sie sich intensiv mit der Kundenbasis, um unerfüllte
Bedürfnisse aufzudecken. Entwerfen Sie ein Business Design,
das auf der Erfüllung dieser Bedürfnisse basiert.

- Wieviel unterschiedliche Ausprägungen von Kundenbedürfnissen existieren in Ihrer Branche?
- Welches sind die wichtigsten unerfüllten bzw. unentdeckten Bedürfnisse der Kundenbasis?
- Wie muß ein neues Business Design beschaffen sein, um diese Bedürfnisse effektiv zu erfüllen, und zwar so kostengünstig, daß die Profitabilität gewährleistet ist?

Megamuster Nr. 3

Konvergenz

Branchengrenzen verwischen – Die Wettbewerbsbedingungen
verändern sich

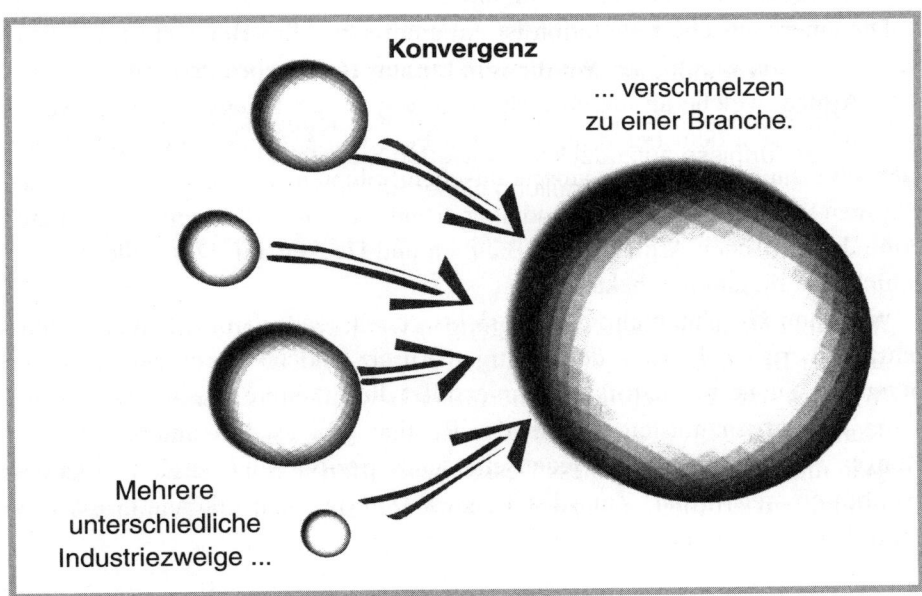

Die früher deutlich ausgeprägten Wettbewerbsgrenzen zeigen immer größere Auflösungserscheinungen. Das betrifft alle Branchen, von Werkstoffen, Finanzdienstleistungen und Gesundheitswesen bis zum Einzelhandel etc. Das entscheidende Merkmal des Konvergenzmusters ist der zunehmende Wettbewerb von Unternehmen unterschiedlicher Branchen um die gleichen Kunden.

Ein Unternehmen, das von diesem Muster betroffen ist, wird mit mehreren strategischen Herausforderungen konfrontiert. Zunächst muß es seine Wettbewerbsbeobachtung auf andere Branchen ausdehnen, um alle möglichen Wettbewerber ins Visier zu nehmen. Das Ergebnis ist eine wesentlich höhere Zahl an potentiellen Rivalen, als eine auf die eigene Branche beschränkte Perspektive ergeben hätte.

Zweitens muß eine neue Formel für Unternehmenserfolg gefunden und umgesetzt werden. Diese Herausforderung ist besonders anspruchsvoll, weil der Erfolg in einem von Konvergenz geprägten Marktumfeld auf anderen Kriterien basiert als der Erfolg in der angestammten Branche. Viele Unternehmen werden in ihrer Geschichte nur ein- oder zweimal mit Konvergenz konfrontiert, folglich ist nur wenig Wissen vorhanden. Außerdem neigen die meisten Unternehmen dazu, neue Phänomene mit alten Mitteln zu bekämpfen.

Die amerikanische Revolution ist ein eindrucksvolles Beispiel für die Wirkung von Konvergenz auf Wettbewerbsstrategien. Die besser gerüstete britische Armee, welche an die europäischen Regeln der Kriegsführung gewöhnt war, stellte sich dem Feind auf offenem Feld wie auf einem Präsentierteller. Die schlechter bewaffneten amerikanischen Soldaten waren aufgrund der unzähligen Schlachten gegen die Indianer erfahrener im Partisanenkrieg und lauerten der britischen Armee hinter Bäumen und Hecken auf. Das Ende der Geschichte ist hinlänglich bekannt.

Wie kann ein Unternehmen angesichts zunehmender Branchenkonvergenz ohne vorherige Erfahrung den richtigen Ansatz finden? Durch Mustererkennung. Die Suche nach Strukturen unterstützt die Erkenntnis, daß es kein statisches Konvergenzmuster gibt. In der Realität gibt es drei unterschiedliche Konvergenztypen, von denen jeder seine ganz spezifischen Charakteristika und Wettbewerbsregeln hat. Zunächst müssen Unternehmen erkennen, mit welchem Konvergenztypus sie konfrontiert sind:

- Anbieterkonvergenz
- Produktkonvergenz
- Komplementärkonvergenz

Anbieterkonvergenz

Dieses Konvergenzmuster tritt auf, wenn regulatorische Veränderungen oder Kundenbedürfnisse nach Leistungsbündelung (hinter denen oft der Wunsch nach vereinfachter Abwicklung steht) Anbieter in die Lage versetzen, Komplettlösungen aus einer Hand zu bieten. Dann versuchen alle Anbieter gleichzeitig, ihre bisherigen Teilleistungen auf das gesamte Leistungsspektrum auszudehnen. Das Ergebnis ist ein Überangebot an Unternehmen, die auf einem bestimmten Teilsektor aufgrund ihrer Vergangenheit sehr kompetent sind, in den übrigen Bereichen aber eher Schwächen haben.

Ein klassisches Beispiel dafür ist der Sektor Finanzdienstleistungen. Früher unterhielten Kunden ihre Konten bei Banken, tätigten ihre Aktiengeschäfte über Börsenmakler und schlossen Versicherungen bei Versicherungsinstituten ab. Bargeld wurde auf Sparkonten angelegt, und die Banken hatten das gesamte Privatvermögen unter Kontrolle.

Dann kam die Liberalisierung der Finanzgeschäfte. Privatbanken standen immer öfter im Wettbewerb mit Versicherungsinstituten, Börsenmaklern und Investmentfonds. Chase, First Chicago und Citibank konkurrierten um Privatvermögen mit Unternehmen wie Schwab, Fidelity, Merrill Lynch und Prudential.

Drei Faktoren sind für den Erfolg in einem Umfeld, das von Anbieterkonvergenz geprägt ist, ausschlaggebend:

1. Das Leistungsangebot muß korrekt definiert werden, und zwar nach den unterschiedlichen Kundensegmenten. Wer das versäumt, wird von den Kunden komplett ausgeschlossen und nicht einmal Teilgeschäfte realisieren.
2. Aus dem gesamten Leistungsspektrum müssen die hochprofitablen Bereiche herauskristallisiert werden, in denen sich Unternehmen eine solide Marktstellung und eine deutliche Differenzierung gegenüber dem Wettbewerb erarbeiten müssen. Nicht alle Aktivitäten eines Anbieters sind in den Augen der Kunden gleich beschaffen. Aus ihrer Sicht gibt es im allgemeinen ein Gebiet, das besonders schwierig, aber auch besonders wichtig ist, weil sie davon am meisten profitieren, und nicht alle Anbieter sind auf diesem Gebiet gleich gut. Das Abschneiden eines Anbieters in diesem Bereich ist das K.O.-Kriterium für alle anderen Finanzdienstleistungen.
3. Unternehmen müssen an der Verbesserung von Basisleistungen arbeiten.

Wer ist wohl am besten positioniert, um den Konvergenzkampf im Sektor Finanzdienstleistungen für sich zu entscheiden? Überraschenderweise hat Charles Schwab – einer der kleinsten Branchenteilnehmer – es am besten verstanden, sich eine gute Ausgangsposition zur Erfüllung zukünftiger Kundenbedürfnisse zu verschaffen. Zum einen bietet Schwab das gesamte Spektrum an Makleraktivitäten, vom Internet über Investmentfonds und Kreditkarten bis zum klassischen Bankgeschäft, aus denen Kunden die Leistungen auswählen, die sie individuell benötigen. Außerdem ist Schwab für seine Exzellenz in hoch-profitablen Bereichen berühmt, indem er seine Kunden beim Management ihrer Aktieninvestitionen unterstützt, und zwar entweder durch sein eigenes System oder über das dem Unternehmen angeschlossenen Finanzplanungs-netzwerk. (Wertvolle Kunden sind solche, die 60 bis 70 Prozent ihres Vermö-gens in Aktien investiert haben und damit überdurchschnittlich zur Gewinner-zielung in der Finanzdienstleistung beitragen.)

Drittens bietet Schwab auch überzeugende Basisleistungen wie Bank- und Versicherungsservice. Und sein Investmentfond-Programm beinhaltet nicht nur hauseigene Fonds, sondern darüber hinaus 1400 Fonds anderer Unterneh-men über eine gebührenfreie Vermittlung.

Produktkonvergenz

Dieses Konvergenzmuster löst eine ganz andere Wettbewerbsdynamik aus: Zwei unterschiedliche Produkte oder Technologien entwickeln mit der Zeit so große Ähnlichkeit in ihren Funktionen, daß sie anfangen, sich zu überschnei-den und dieselben Kunden anzusprechen. Dabei geht es nicht darum, einen Anbieter zu ersetzen; beide werden weiterhin gebraucht. Die Kernfrage lautet: Welches Produkt hat in Zukunft welchen Stellenwert in den Kaufentscheidun-gen der Kunden?

Die Werkstoffindustrie ist ein ausgezeichnetes Beispiel für Produktkonver-genz. 1960 war Stahl der weltweit führende Werkstoff, und das Konzept „Inte-grierte Stahlwalzwerke" war 60 Mrd. Dollar wert. Stahl war das bevorzugte Material für einen Großteil gewinnträchtiger Anwendungen. Innerhalb von drei Jahrzehnten sank der Wert integrierter Stahlwalzwerke mit zunehmendem Auftritt besserer Konzepte auf 12 Mrd. Dollar.

Während Stahl der große Verlierer der Produktkonvergenz war, gingen Kunststoffe (Autos) und Aluminium (Dosen) als strahlende Sieger hervor. Kunststoff und Aluminium sind wesentlich leichter als Stahl. Das Gewicht war für Kunden, die auf Treibstoffverbrauch achten mußten, ein wichtiger Aspekt. Hätte die Stahlindustrie auf diese Entwicklung reagieren können?

Stahlunternehmen hätten die Möglichkeit gehabt, Strategien zu entwerfen, die in einem von Produktkonvergenz geprägten Markt wettbewerbsfähig gewe-sen wären. Dazu gehören die direkte oder indirekte Beeinflussung der Kundenperspektive über den Stellenwert der verschiedenen Kriterien sowie eine Wandlung der Unternehmen zu Experten in möglichen Anwendungen, um einen erhöhten wirtschaftlichen Kundennutzen besser messen und den Kunden vermitteln zu können. Außerdem gehören dazu Investitionen in signifikante Produktverbesserungen und die Bereitschaft, Wettbewerb zuzulassen, um die Steuerung der Kundenbeziehungen nicht aus der Hand zu geben. Tatsächlich aber unternahm die Stahlindustrie nicht einen der genannten Schritte. Ein wenig mehr Existenzängste, Phantasie und Handlungsorientierung hätten die immensen Verluste der Stahlunternehmen möglicherweise in Grenzen gehalten.

Stahlunternehmen wirkten nicht aktiv auf die Auswahlkriterien der Automobilhersteller ein, deren oberste Priorität ein möglichst geringes Gewicht war. Dabei hätten sie das u.U. verhindern können, wenn sie sich um Unterstützung aus anderen Bereichen bemüht hätten. Autokäufer legen im allgemeinen großen Wert auf Unfallsicherheit, insbesondere bei Autos, in denen regelmäßig Kinder mitfahren. Was hätte Stahlunternehmen davon abgehalten, Autokäufern die Bedeutung von Stahl für maximale Sicherheit nahezubringen, indem sie ein z.B. ein Label „X Prozent Stahlanteil" kreiert hätten, um bei Konsumenten das Bewußtsein für Stahl zu wecken. Warum haben sie sich nicht an Krankenversicherungen gewandt, um nach der Materialfestigkeit des Autos gestaffelte Beitragssätze zu erreichen? (Zur Unterstützung ihres Anliegens hätten sie die Untersuchungen auf eigene Kosten durchführen lassen können.) Statt dessen sahen sie tatenlos zu, wie der Gewichtsaspekt für drei Jahrzehnte die nie revidierte Top-Priorität der Kunden blieb.

Die Untersuchung möglicher Anwendungsbereiche kombiniert mit neuen Produkten und Prozessen hätte Stahlunternehmen außerdem in die Lage versetzt, bestimmte Autoteile, die später aus Kunststoff gefertigt wurden, zu verteidigen. Tatsächlich war es aber der Angreifer Kunststoff, der erhebliche Summen in die Erforschung möglicher Anwendungsbereiche investierte. Die Stahlbranche stagnierte in einer produkt- und fertigungsorientierten Mentalität.

Dazu kam, daß Stahlunternehmen in der entscheidenden Phase zuwenig in die Verbesserung der Produkte und Prozesse investierten. Aluminium und Kunststoff hatten keine überragende technologische Ausgangsposition, erreichten diese aber schließlich durch zielgerichtete Investitionen und signifikante Produktverbesserungen. In den 80er Jahren hatte Stahl noch den höchsten Cash-flow. Aber Aluminium und Kunststoff verbesserten sich bis zu einem Niveau, an dem sich der Wert von Stahl zu alternativen Werkstoffen verschob.

Nicht ein führendes Stahlwalzwerk hat die Herstellung einer größeren Bandbreite von Materialien erwogen, um Mischanwendungen zu entwickeln. Wenigstens ein Unternehmen – wenn nicht mehr – hätte seine Kundenbeziehungen zu Beginn des Konvergenzzyklus durch ein solches Business Design besser nutzen und pflegen können.

Komplementärkonvergenz

Der dritte Konvergenztypus ist die Komplementärkonvergenz, die manchmal nichts anderes ist als die Zusammenführung zweier Produkte. (In der Lichtleitfaserelektronik akquiriert Uniphase z.B. Hersteller von Telekommunikationskomponenten aus Lichtleitfaser. Uniphase integriert diese Komponenten in Module und erspart damit seinen Kunden – hoch ausgelastete Telekommunikationssystemhäuser – die Integrationsarbeit).

Meistens verbindet die Komplementärkonvergenz jedoch einen übergeordneten mit einem untergeordneten Aspekt: Biotechnologie mit Pharmaprodukten, strategische Managementberatung mit Informationssystemen, Investmentbanking mit globalem Firmenkundengeschäft und intelligente Kartenchips mit Bankkarten, die über einen Magnetstreifen gelesen werden. In diesen Beispielen werden weder Produkte noch Anbieter wegrationalisiert. Der Schlüssel in diesem Konvergenzmuster liegt in der Schaffung positiver Synergien.

Der Unternehmenserfolg wird hier von zwei Grundsätzen bestimmt. Beide finden Anwendung auf den „untergeordneten" Partner, weil dieser normalerweise die Ressourcen hat, den „übergeordneten" Partner aufzukaufen und weil er letztlich für die Wertgenerierung verantwortlich ist. Erstens sollten Unternehmen frühzeitig handeln und einen Partner auf der nächsthöheren Stufe suchen, solange die Konvergenz noch nicht eingesetzt hat. Wer den richtigen Zeitpunkt versäumt, läuft Gefahr, daß schließlich nur noch unattraktive Optionen übrigbleiben.

Der zweite Grundsatz ist, daß dem ranghöheren Partner wichtige Bereiche übertragen werden. Sonst werden hochqualifizierte Mitarbeiter an Schlüsselpositionen wenig Anreiz zu Hochleistung verspüren, geschweige denn länger als notwendig beim Unternehmen bleiben.

In den Sektoren Finanzdienstleistung und Unternehmensberatung hat es viele abschreckende Beispiele gegeben, bei denen Konvergenzbemühungen zwischen einem übergeordneten und einem untergeordneten Partner in einem Massenexodus der qualifiziertesten Arbeitskräfte geendet haben, die für teures Geld eingekauft worden waren.

Die Konvergenzkurve

Nicht alle Branchen wachsen mit der gleichen Geschwindigkeit zusammen, noch befinden sie sich in der gleichen Konvergenzphase. Das Diagramm der Konvergenzkurve zeigt den Status der verschiedenen Industriezweige. Unternehmen, die am unteren Ende der Kurve angesiedelt sind, konkurrieren hauptsächlich in ihren angestammten Branchen und sind noch weit entfernt von dem Chaos und der Ungewißheit, die sie am oberen Ende der Kurve erwartet.

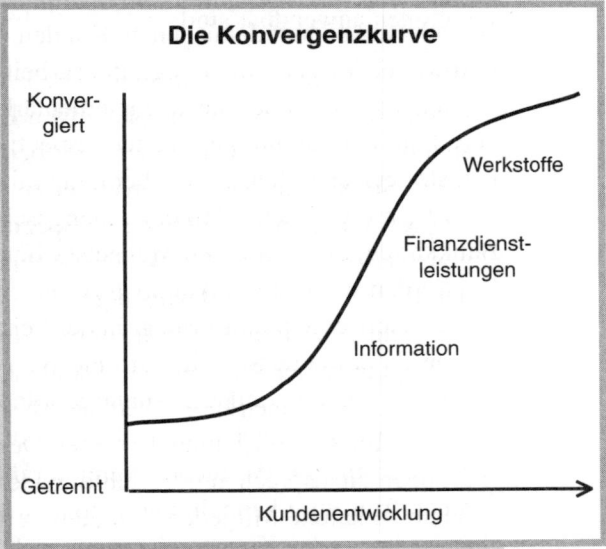

In dem Maße, wie Branchen beginnen, die Kurve hinaufzuwandern, tauchen immer mehr unerwartete Wettbewerber aus anderen Branchen auf und werben um dieselben Kunden. Mit zunehmendem Anstieg auf der Kurve fangen die Medien an aufzuhorchen. Die Unternehmen erkennen, daß der Aufstieg sowohl Probleme als auch neue Marktchancen mit sich bringt. Wenn das Unternehmen an der Spitze der Kurve angelangt ist, befindet es sich in einem völlig veränderten Wettbewerbsumfeld. Auch wenn es bisher in seiner Branche führend war, muß es nun gegen mächtige und aggressive Rivalen aus anderen Branchen antreten, die der Konvergenzprozeß in den Ring gebracht hat.

Im allgemeinen liegt der Schlüssel zum Unternehmenserfolg in einem postkonvergenten Markt in einer radikalen Erneuerung des Business Design. In einem von Konvergenz geprägten Umfeld findet immer aggressiver Verdrängungswettbewerb statt, aus dem nur eine Seite als Gewinner hervorgeht. Denken Sie an den zunehmenden Wettbewerb zwischen der Computer-, TV- und Telekommunikationsindustrie. Die Entwicklung des digitalen Fernsehens wird mit 50 Mrd. Dollar pro Jahr aus Unternehmenswerbung und Kabelanmeldungen gesponsert. Die Entwicklung der Computerbranche wird mit jährlich 300 Mrd. Dollar von den IT-Budgets von Unternehmen unterstützt. Die Telekommunikation liegt irgendwo in der Mitte.

Konvergenz und Unternehmensdynamik

Bisher wurden drei situationsspezifische Wettbewerbsansätze dargestellt, die sich auf verschiedene Konvergenzmuster beziehen. Es gibt aber auch mehrere wichtige Unternehmensperspektiven, die auf eine Vielzahl von Konvergenzsituationen anwendbar sind.

1. Wenn Ihr Unternehmen in seinem Selbstverständnis sowohl einer Kernkompetenz wie auch seiner unabhängigen Existenz verpflichtet ist, machen Sie sich darauf gefaßt, daß Sie eine der beiden Überzeugungen opfern müssen, wenn Sie sich in einem konvergierten Markt behaupten wollen. Nur ganz wenige dominante, unabhängige Spezialisten entfalten sich in der Konvergenzphase zur vollen Größe. Die Wahrscheinlichkeit spricht eher dagegen, daß Ihr Unternehmen dazugehört.

2. Der richtige Zeitpunkt für die aktive Nutzung des Konvergenzmusters liegt zu Beginn seiner Ausbreitung. Dann ist die Auswahl möglicher Partner am größten. Sie können Ihren Wettbewerbern zuvorkommen, haben Zeit zu reagieren, Ihr grundlegendes Business Design neu auszurichten, andere Zielgruppen anzusprechen oder schlimmstenfalls nach anderen Bereichen Ausschau zu halten. Mit jedem Jahr, das vergeht, werden die Optionen weniger, bis zu dem Punkt, an dem die Summe der nicht getroffenen Entscheidungen die Zukunftsperspektiven auf eine einzige Option verengen: den unaufhaltsamen Abstieg, der in einer feindlichen Übernahme zum Schleuderpreis oder im Konkurs endet. Einer der Hauptgründe für Wertvernichtung ist, daß Unternehmen die Wirkung eines Konvergenzmusters nicht erkennen, bis es zu spät ist.

3. Sie müssen mit schonungsloser Offenheit analysieren, ob die bisherigen Aktivitäten Ihres Unternehmens in einem zukünftigen konvergierten Umfeld

„höherwertiger" oder „grundlegender" Natur sein werden. Viele etablierte Branchenführer könnten der Gefahr erliegen, sich selbst zu belügen.

4. Wenn Sie Akquisitionen als mögliche Option in Betracht ziehen, um auf zunehmende Konvergenz zu reagieren, überschätzen Sie die Überlebensfähigkeit Ihres Unternehmens als eigenständige Organisation nicht. Viele Unternehmen haben notwendige Akquisitionen abgelehnt, weil sie sich nicht eingestehen wollten, wie steinig der Weg ohne zukunftsträchtige kundenrelevante Fähigkeiten sein würde. Sie klammerten sich weiterhin an ihre internen Budgets oder ihre bisherige Börsenentwicklung, statt zuzugeben, daß die Konvergenz ihren Wert bereits untergraben hatte. AT&T wurde vorgehalten, einen zu hohen Preis für Teleport und TCI bezahlt zu haben. IBM wurde wegen der hohen Summe kritisiert, die es für Lotus Notes hingelegt hatte. Und Nortel wurde angeprangert, weil es für Bay Networks angeblich zu viel bezahlt hatte.

Achten Sie aber auf deren Aktienkurse sechs bis zwölf Monate nach den konvergenzbedingten Zusammenschlüssen, und überlegen Sie dann noch einmal, ob die Kritik wirklich berechtigt ist. Am aufschlußreichsten ist vielleicht der Vergleich der Aktienkursbewegungen dieser Unternehmen mit denen anderer Organisationen, die ihre eingefahrenen Gleise nicht verlassen haben, statt auf die Erfordernisse des Konvergenzmusters zu reagieren.

Die gute und die schlechte Nachrichten über Konvergenz ist, daß die Risiken aufgewogen werden durch ebenso viele Chancen. Wer sich schnell auf die neuen Spielregeln einstellt, die sich grundlegend von den alten Regeln unterscheiden, die in der Vergangenheit zum Unternehmenserfolg geführt haben, wird durch das enge Zukunftsfenster schlüpfen und in der Lage sein, an der nächsten Runde noch weitreichenderer und noch komplexerer konvergierter Märkte teilzunehmen.

Wie läßt sich mit diesem Muster Gewinn erzielen?

Identifizieren Sie die neuen Wettbewerbsregeln.
Definieren Sie, wo Ihre größten Marktchancen liegen,
und werden Sie auf diesem Gebiet Marktführer.
Sichern Sie diese Position ab, indem Sie Ihr Wertangebot
an Ihre Zielkunden kontinuierlich verbessern.
Signalisieren Sie Ihren Wettbewerbern unmißverständlich,
daß sie sich auf einen anderen Bereich konzentrieren sollen.

- Breitet sich in Ihrer Branche ein Konvergenzmuster aus? Um welchen Konvergenztyp handelt es sich?
- Wie hoch ist in Ihrer Industrie die Konvergenzkurve?
- Wie würden Kunden Ihre Branche nach ihren eigenen Bedürfnisse definieren?
    - Wenn Sie Ihre Wettbewerbsbeobachung ausdehnen, sehen Sie dann Unternehmen, die um Ihre Kunden werben?
    - Haben Ihre Kunden plötzlich eine größere Auswahl, die sie dazu bewegt, sich einem anderen Anbieter zuzuwenden?
    - Werden sie diese Auswahl in der Zukunft auch noch haben?
- Wachsen die benachbarten Branchen schneller als Ihre eigene? Ziehen sie von Ihrem Unternehmen Kunden oder Gewinn ab?
- Wächst Ihre Branche schneller als die benachbarten Industriezweige?
- Wollen die benachbarten Industriezweige an Ihrer Profitabilität teilhaben?
- Können Sie Ihre Position zum eigenen Vorteil nutzen, oder sind Sie verwundbar?
    - Mit welchen Wettbewerbsvorteilen greifen Sie den konvergierten Markt an?
    - Mit Ihren herkömmlichen Wettbewerbstaktiken oder mit Strategien, die auf zunehmende Konvergenz ausgerichtet sind?
- Sehen Sie fünf Jahre in die Zukunft und denken Sie an die Konvergenzkurve. Was können Sie jetzt schon vorhersehen? Wie können Sie dieses Wissen einsetzen, um Ihrem Unternehmen neue Quellen für Profitabilität zu erschließen?

Megamuster Nr. 4

Polarisierung

Wert verschiebt sich von den undifferenzierten Produkten und Informationen des Mittelfelds zu den jeweiligen Extremen des Wertspektrums

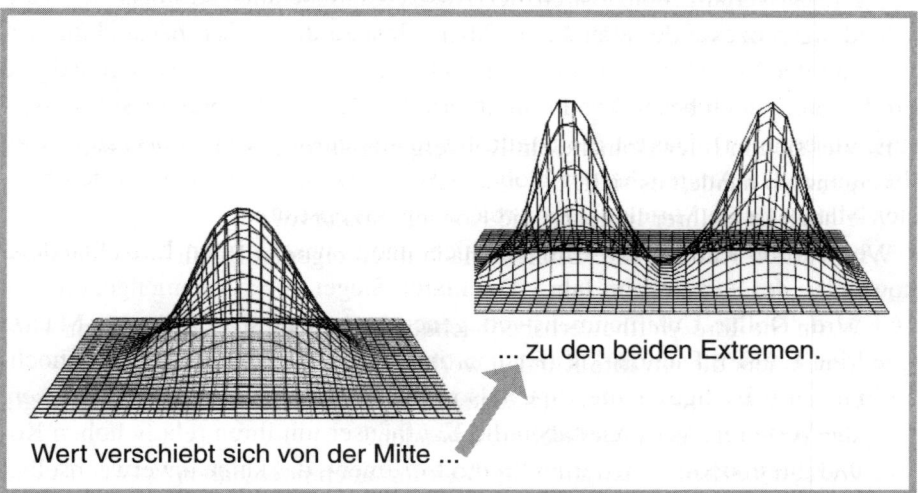

... zu den beiden Extremen.

Wert verschiebt sich von der Mitte ...

Polarisierung aus der Produktperspektive

Bis vor wenigen Jahren basierten Business Designs auf dem wirtschaftlichen Nutzen der Produktfertigung. Innerhalb der Grenzen dieses Konzepts gab es drei Wertangebote, die Hersteller und Vertrieb ihren Kunden anboten:

- Eine akzeptable Produktqualität zu möglichst niedrigem Preis. Die niedrige Kostenposition wurde durch Fertigungsstätten mit hohem Produktausstoß, einen hohen Marktanteil, ein breites Produktprogramm und umfangreiche Investitionen in das Anlagevermögen erreicht.

- Erstklassige Produktqualität zu Premiumpreisen. Der einzigartige Kundennutzen bestand in herausragenden Produktvorteilen, exklusivem Design und einem starken Markenimage.
- Spezialprodukte zu üblichen oder Premiumpreisen. Unternehmen gewannen Kunden durch eine Anpassung der Produkte an Kundenbedürfnisse und ein herausragendes Wertangebot an ein sehr spezifisches Marktsegment bzw. einen Nischenmarkt.

Diese drei Wertangebote waren der Ausgangspunkt aller strategischen Entscheidungsprozesse der 80er Jahre. Aber selbst zu dieser Zeit bestand die Gefahr, „in der Mitte" steckenzubleiben (d.h. weder besonders kostengünstig zu produzieren, noch besondere Produktvorteile oder eine besondere Spezialisierung zu erzielen). Das ist die ungünstigste strategische Lage überhaupt, weil die steigenden Ansprüche der globalen Wirtschaftsgemeinschaft in den meisten Märkten eine Mittelposition erbarmungslos abstrafen.

Denken Sie z.B. an die Wertverschiebungen zwischen den Einzelhandelskonzepten der letzten zehn Jahre. Die klaren Sieger, die zusammengenommen 163 Mrd. Dollar Unternehmenswert generiert haben, sind Discount-Märkte (niedrige Preise), Fachmärkte (Fachsortiment und niedrige Preise) und hochspezialisierte Fachgeschäfte (Spezialsortiment zu Premiumpreisen) gewesen. Und die Verlierer? Verloren haben die Kaufhäuser mit ihren relativ hohen Kosten und ihrem undifferenzierten Produktsortiment, das keine unverwechselbaren Vorteile bietet.

Polarisierung aus der Informationsperspektive

Für alle Unternehmen, die strategische Kontinuität zu schätzen wissen, ist die gute Nachricht, daß alle drei zuvor genannten Wertangebote weiterhin gültig sind, vorausgesetzt, das Marktumfeld ist weiterhin ausschließlich produktzentriert.

Die schlechte Nachricht ist, daß immer weniger Märkte von produktzentrierter Sichtweise bestimmt werden. Die unaufhaltsame Entwicklung von Mikroprozessoren und eine wachsende Informationsfülle, die die Kaufentscheidungen beeinflußt, haben die Spielregeln dahingehend verändert, daß die drei klassischen strategischen Positionen an Wert eingebüßt haben. Der Grund dafür ist, daß die traditionellen strategischen Konzepte zwar von großer Relevanz für fertigungsgetriebene Märkte und Kundennutzen, aber völlig untauglich für informationsgetriebene Märkte und Kundennutzen sind. Und die Bedeutung von Informationsmanagement für die Entwicklung überlegener Wertangebote nimmt immer mehr zu.

Häufig wird die Fertigung mit der physischen Verarbeitung von Materialien gleichgesetzt: Metallformung, Kunststoffguß, Verkabelung, Chipkodierung, Integration von Komponenten und Montage. Dabei beinhalten Fertigungsprozesse die Übertragung riesiger Datenströme : Beschaffungsdaten, Werkflußdaten, werksbezogene Daten sowie Daten über Kundenwert und -selektion. Mit zunehmender Datenverarbeitungskapazität zur Verfolgung und Steuerung dieser Informationen erhalten Wettbewerbsvorteile neue Dimensionen. Daraus ergeben sich zwangsläufig zwei neue Trends:

• Die Differenzierung über unterschiedliche Produktqualität nimmt ab.
• Die Differenzierung über unterschiedliche Informationsqualität nimmt zu.

Nach unserer These gibt es in der heutigen informationsgeprägten Wirtschaftswelt mindestens zwei herausragende Wertangebote:

• Überlegene Kundenausrichtung (auf Kundenprioritäten ausgerichtetes Informationsmanagement)
• Überlegene Lösungen (auf Kundenprozesse ausgerichtetes Informationsmanagement)

Wegen der wachsenden Bedeutung eines erstklassigen Informationsmanagements begeben sich Manager, die Wertangebote nur unter produkt- und preisorientierten Gesichtspunkten betrachten, auf gefährliches Glatteis. Sie werden von Wettbewerbern ausmanövriert, die auf der Basis eines professionellen Informationsmanagements neue Wertangebote erstellen.

Am meisten sind davon Unternehmen bedroht, die den Informationsfluß zwischen der eigenen Organisation und ihren Kunden traditionell über den einfallslosen Mittelweg steuern, nämlich den reinen Produktvertrieb. Die Vertriebsmechanismen sind für den Informationstransfer das, was Kaufhäuser im Einzelhandel sind: ein undifferenziertes Sortiment für eine undifferenzierte Kundenbasis, das mit hohen Kosten, aber nur mäßigem Nutzen verbunden ist.

Unabhängig davon, ob der Vertrieb eines Unternehmens sich aus Außendienstlern, Kommissionären, Vertriebsgesellschaften oder Handelsvertretern zusammensetzt, ist der wirtschaftliche Nutzen des Vertriebs als Instrument des Informationsaustauschs derselbe: Diese relativ gut bezahlten Mitarbeiter generieren kaum Mehrwert in bezug auf Informationsgewinnung. Vertriebskräfte erklären Produkteigenschaften, vergleichen die Leistung ihrer Produkte mit der des Wettbewerbs (wobei sie selten objektiv sind) und nennen mögliche Anwendungsbereiche (auch hier mangelt es meistens an Objektivität). Und anschließend nehmen sie Aufträge entgegen.

Viele Fertigungsunternehmen sind heute in Märkten aktiv, in denen die Produktunterschiede längst kein Geheimnis mehr sind, weder für Kunden noch für Wettbewerber. Das bedeutet, daß der wirtschaftliche Nutzen von Informationen den wirtschaftlichen Produktnutzen in den Hintergrund drängt und der Vertrieb als Informationsmittler ein unbezahlbarer Luxus wird. Produktzentrierte Business Designs haben gegen kosteneffiziente, kundenorientierte Business Designs auf der einen Seite und überlegene Lösungen auf der anderen Seite überhaupt keine Chance, egal wie solide ihre Produktpositionierung ist. Die Positionierung an einem der beiden Enden des Informationsspektrums ist der undifferenzierten Mittelposition immer überlegen.

In der Computerbranche hat bei der PC-Herstellung eine Wertverschiebung zu Dell (niedrige Kosten, hohe Kundenausrichtung) stattgefunden, zu Herstellern, die Lösungen anbieten (IBM, HP), und zu Unternehmen, die Lösungen

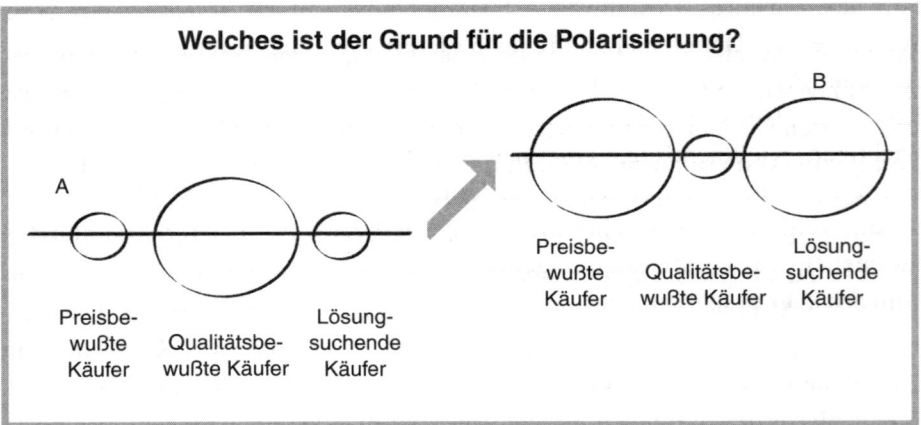

auslagern (EDS, Andersen). Compaq, der klare Sieger in kosteneffizienter Fertigung, hat sich mit der Akquisition von DEC kürzlich zum Anbieter von Lösungen gewandelt.

Bei Druckformularen hat sich der Wert vom weltweiten Marktführer Moore Companies (mit dem größten Vertrieb) zu Wallace verschoben, das ein kundenspezifisches Formulardesign und Auftragseingangssysteme anbietet (niedrige Kosten, hohe Qualität), sowie zu Jet Forms, das Unternehmens-Software für elektronische Formulare und Work-flow-Systeme (Lösungen) bietet.

Bei industriellen Wiegesystemen hat sich der Wert von Marktführern in Produktforschung und -entwicklung zu Unternehmen verschoben, die kostengünstige Commodity-Produkte im indirekten Vertrieb zu niedrigen Preisen anbieten, und Unternehmen, die schlüsselfertige Werksanlagen mit integrierten Wiegesystemen als Komplettlösung bieten.

Mit der Polarisierung entstehen neue Herausforderungen

Die Versuchung liegt nahe, die Wertabwanderung von der undifferenzierten Mitte als reines Vertriebsproblem zu betrachten, das durch einige taktische Veränderungen behoben werden kann (z.B. indem der Außendienst durch kostengünstigere Vertriebskanäle und einen Lösungsberater ersetzt wird). Tatsächlich jedoch erfordert die Wertpolarisierung eine vollständige Neuausrichtung des Business Design eines Unternehmens auf informationsgetriebene Wertangebote. Damit sind häufig auch die Entwicklung neuer Produktentwürfe, neuer Produktlinien, Kompetenzen (wie Entwicklung und Umsetzung von Lösungen), Gewinnmodelle, Informationssysteme, Anreizsysteme und – noch wichtiger – vielleicht sogar einer neuen Unternehmenskultur verbunden.

Die Polarisierung erzwingt bei Unternehmen, die von ihr betroffen sind, eine kulturelle und strategische Erneuerung, weil der Gewinn, der von einem traditionellen Business Design abgedeckt werden konnte, sich nun in drei Gewinnarten aufgespalten hat:

Ausprägung des Business Design	Traditioneller Gewinnmix	Polarisierung
Produktzentriert	100 %	?%
Lösungsorientiert	0	?
Niedrige Kosten, hohe Kundenorientierung	0	?

In der Konsequenz müssen sich produktzentrierte Unternehmen, von denen aufgrund zunehmender Polarisierung Wert abfließt, zwei Kernfragen beantworten:

- In welche unterschiedlichen Richtungen müssen sie sich bewegen, um Wert zurückzugewinnen? Wieviel unterschiedliche Business Designs müssen sie dafür entwickeln?
- Welchen Marktanteil wollen sie im neuen, von Polarisierung gekennzeichneten Marktsegment erzielen?

Herausforderungen in der Umsetzung

Unternehmen, die aus jedem der drei werthaltigen Bereiche Gewinn erzielen wollen, müssen drei unterschiedliche Kulturen entwickeln und steuern. Wenn sie sich nur auf einen Bereich konzentrieren, müssen sie sich dort eine wesentlich dominantere Position erarbeiten, als sie bisher auf dem ungeteilten Markt hatten.

Die kulturelle Erneuerung kann wegen der Verwurzelung eingeschliffener Denk- und Verhaltensmuster sowie der Schwierigkeit, neue Mitarbeiter mit den richtigen Qualifikationen anzuwerben, eine schwer zu bewältigende Herausforderung sein. Unternehmenskulturen, die ihren produktzentrierten Ansatz seit Jahrzehnten mit Überzeugung verfolgen, sind oft von Technikern geprägt, die sich vehement dagegen wehren, Informationsmanagement als gleichwertigen Ersatz für die alten Erfolgsfaktoren zu akzeptieren. Auch auf dem Arbeitsmarkt hat die Polarisierung ihre Spuren hinterlassen, indem sie einen globalen Nachfrageüberhang nach Arbeitskräften ausgelöst hat, die herausragende Qualifikationen im Projektmanagement und in der Entwicklung und Umsetzung von Lösungen mitbringen. Ein produktzentriertes Unternehmen wird sich schwertun, hochqualifizierte Mitarbeiter mit Erfahrung in diesen Bereichen anzuwerben und zu halten.

Dell hat gelernt, sich auf eine Kultur zu konzentrieren, aber mehr als ein werthaltiges Gebiet auszuschöpfen. Dell besetzt nur eine Goldader in seinem von Polarisierung geprägten Umfeld, und zwar eine kosteneffiziente und gleichzeitig sehr kundenspezifische Position. Dell verkauft aber auch Computer an Partner wie Price Waterhouse, Arthur Andersen oder KPMG, die virtuelle IT-Lösungen entwickeln und damit Unternehmen wie IBM sowie dessen Sparte Computing Solutions Konkurrenz machen. Insgesamt profitiert Dell von dem wirtschaftlichen Nutzen beider werthaltigen Gebiete, muß dabei aber nur eine Unternehmenskultur pflegen.

Welches ist der nächste Schritt?

Egal für welchen Weg sich Ihr Unternehmen entscheidet, die Wertabwanderung von der undifferenzierten Mitte – d.h. die Austauschbarkeit von Produkten und die zunehmende Bedeutung der Differenzierung über Know-how – ist eine unabänderliche Tatsache. Es gibt keine Wahl zwischen den drei klassischen produktzentrierten strategischen Optionen. Sie käme dem Vorhaben gleich, die Möbelanordnung auf der Titanic zu verändern. Die Herausforderung an das Top-Management eines Unternehmens besteht nicht in der Verbesserung seiner produktzentrierten Strategie, sondern in der Positionierung hinsichtlich seiner Produkte und seines Informationsmanagements an einem der beiden Enden des Wertspektrums, weit weg von der undifferenzierten Mitte. Das gelingt nur durch die Entwicklung eines neuen, wertsteigernden Business Design.

Wie läßt sich mit diesem Muster Gewinn erzielen?

Besetzen Sie vor dem Wettbewerb eine der beiden lukrativen Positionen am Ende des Wertspektrums.

- Findet in Ihrer Branche eine Wertabwanderung vom undifferenzierten Mittelfeld statt? Bahnt sie sich vielleicht an? Auf Produkt- oder Informationsebene, oder vielleicht auf beiden Ebenen?
- Welche Alternative bietet Ihrem Unternehmen die größeren Erfolgschancen: niedrige Kosten oder Lösungen?
- Können Sie beides bewältigen? Welche internen Veränderungen sind für eine zweigleisige Neuausrichtung notwendig?

Megamuster Nr. 5

De-facto-Standard

Kunden verlangen Kompatibilität. Wer das gewährleisten kann, erfährt eine hohe Wertsteigerung

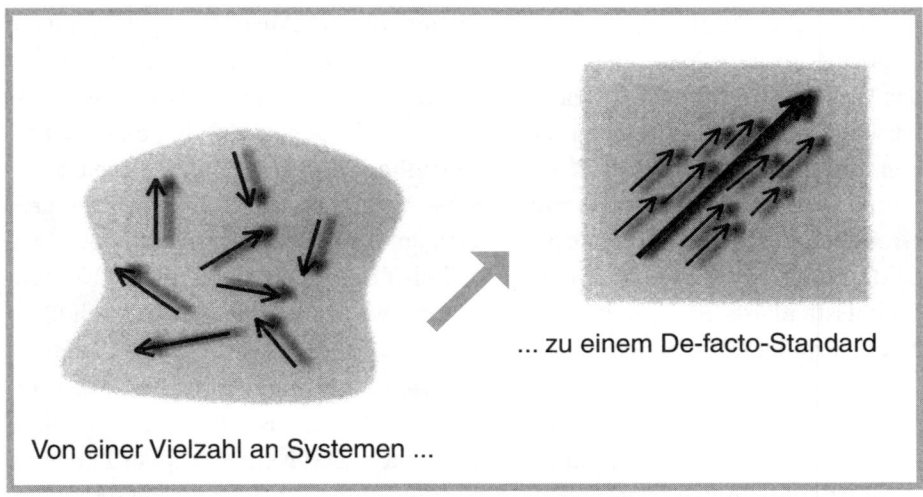

... zu einem De-facto-Standard

Von einer Vielzahl an Systemen ...

In den letzten Jahren haben die Kämpfe um Standardisierung vermutlich mehr Schlagzeilen gemacht als jedes andere Thema. Das ist sozusagen die Seifenoper der Wirtschaftsgemeinde – wer tut sich mit wem zusammen, wer trennt sich von seinem Partner, weil er eine bessere Partie gefunden hat, wer zieht vor Gericht, um eine bestehende Verbindung zu lösen?

Die Bedeutung von Standards für die Wirtschaft hat sich verändert. Standards wurden bisher eingeführt, um Wettbewerbern den Marktzutritt zu verwehren (länderspezifische Steckdosen etc.). Heute spielen sie eine wesentlich nützlichere Rolle für Kunden:

- Die Gewährleistung einer bestimmten Qualität (Arznei- und Lebensmittelgesetz, ISO 9000, Referenzprodukte, deren Qualität Maßstäbe setzt)

- Die Gewährleistung einer bestimmten Produktleistung (Standardenergieverbrauch von Kühlschränken, Temperaturstandards, Datenverarbeitungsgeschwindigkeit, Klangqualität etc.)
- Gewährleistung der Kompatibilität von Geräten unterschiedlicher Hersteller (VHS-Videos, IBM-Klone)
- Die Existenz eines Mediums, das Produktivität und Kommunikation fördert (Microsoft Windows, Nutzergemeinde von America Online)

In einer „gerechten" Welt würden Anbieter für ihre Anstrengungen, rigorose Standards zu erfüllen, entsprechend belohnt. Tatsächlich passiert aber genau das Gegenteil – Standards machen aus Anbietern, die sich daran halten, austauschbare Produktlieferanten. Qualitätsstandards geben Kunden eine Sicherheit, die sie nichts extra kostet. (Früher erfüllten Markenprodukte diese Garantiefunktion, für die Kunden Premiumpreise bezahlt haben.) Leistungsstandards ermöglichen Kunden einen aussagekräftigen Vergleich unterschiedlicher Produkte und legen die Qualität des Preis-/Leistungsverhältnisses offen. Kompatiblitätsstandards ermöglichen einen Anbieterwechsel, ohne daß dadurch technische Probleme entstehen.

Kurz gesagt, Standards führen dazu, daß die „Leistungsseite" der Preis-Leistungs-Gleichung zu einer Grundvoraussetzung für eine Kaufentscheidung wird und Kunden in erster Linie auf den Preis achten. Die weitverbreitete Zunahme von Standards in den letzten 20 Jahren ist ein Beweis für wachsende Kundenmacht und die damit einhergehende Bedrohung der Profitabilität der Anbieter.

Wenn das Muster De-facto-Standard zum ersten Mal in einer Branche auftritt, hängt die Maximierung der Wertsteigerung eines Unternehmens von der Fähigkeit ab, selbst einen Branchenstandard oder Teilstandard zu etablieren, statt sich darauf zu beschränken, vorgegebene Standards zu erfüllen.

Das verlangt eine neue Fähigkeit, nämlich die Fähigkeit zur Bildung optimaler Koalitionen. Daran dürfen nicht zuwenig Partner teilnehmen, weil sonst die Durchsetzungskraft für einen neuen Standard nicht gegeben ist. Aber es dürfen auch nicht zu viele Partner sein, weil die Entwicklung sonst zu schleppend vorangeht und zu viele unterschiedliche Interessen in Einklang gebracht werden müssen. Außerdem verteilt sich der potentielle Gewinn auf zu viele Parteien.

In einem Markt, der von einem De-facto-Standard geprägt ist, können Hersteller auf zwei Arten Gewinn erzielen: erstens, indem sie eine Differenzierung über die technologischen Leistungsmerkmale ihrer Produkte erreichen und darüber ihre Marktanteile ausbauen oder zweitens, indem sie auf der Stufe der Wertschöpfungskette einen Standard einführen, auf der sie über den größten Wettbewerbsvorteil verfügen. Letztere Alternative war in der Vergangenheit nicht so oft anzutreffen wie heute. In vielen Branchen eröffnet sich diese Möglichkeit erst seit kurzem, nämlich seit sich Kompatibilitätsstandards etabliert haben und Spezifikationen für die Entwicklung von Software allgemein zugänglich gemacht werden.

Zwei Beispiele machen die Abwägungen deutlich, die das Top-Management eines Unternehmens unter diesen Umständen vornehmen muß. Nellcor Puritan Bennett, ein Unternehmen für medizinische Diagnose, erzeugte Mitte der 90er Jahre einen Markt für Meßgeräte für Spezialsauerstoff, mit denen der Sauerstoffgehalt des Bluts ohne Blutabnahme über winzige Elektroden gemessen wird, die an den Fingerspitzen der Patienten angebracht werden. Als ein Krankenhaus, das dieses Gerät nicht verwendet hatte, einen Prozeß über einen ärztlichen Kunstfehler verlor, wurde klar, daß sich der neue Sauerstoffmesser von Nellcor in der medizinischen Industrie als Standard etablieren würde.

Als nächstes kurbelte Nellcor die Produktion an, um die wachsende Nachfrage befriedigen zu können. Darüber hinaus unternahm Nellcor einen Schritt, der die bis dahin geltenden Regeln der Industrie für medizinische Geräte außer Kraft setzte. Nellcor lizenzierte die proprietären Algorithmen, die dadurch zum Standard für Meßtechnik als Bestandteil der Sauerstoffmesser wurden.

Nellcors Markanteil betrug über 50 Prozent; sein geistiges Eigentum verschaffte ihm ein ausgezeichnetes Renommée – ein zusätzlicher Wettbewerbsvorteil. Die Schaffung eines De-facto-Standards führte zu einer erheblichen Gewinnsteigerung. Die Begeisterung des Aktienmarkts für garantierten zukünftigen Cash-flow (unabhängig von der Größe der Marktanteile) führte zu Kurssteigerungen und neuen strategischen Optionen, die Nellcor sonst nicht gehabt hätte.

Das bekannteste Beispiel für den negativen Ausgang einer Produktinnovation ist Apple. Während eines Großteils der 80er Jahre und der ersten Hälfte der 90er Jahre besaß Apple eine grafische Benutzeroberfläche, die der von Microsoft weit überlegen war. Apple entschied sich, diesen Vorteil dazu zu nutzen, mehr Computer zu höheren Preisen zu verkaufen, statt mit verschiedenen Wettbewerbern eine Koalition zu bilden, die aus der überlegenen Benutzeroberfläche einen branchenweiten Standard hätte machen können. Das Ende ist bekannt – eine Wertverschiebung in der Größenordnung von 100 Mrd. Dollar

Shareholder Value zu Microsoft, das seine gesamten Energien darauf verwendet hatte, seine Benutzeroberfläche als Branchenstandard zu etablieren.

Diese beiden Beispiele sollen nicht heißen, daß die Schaffung eines Standards eine Allzweckwaffe ist. Manchmal kann durch eine Differenzierung über Leistungsmerkmale, die zu einem größeren Marktanteil oder höheren Preisen führen, mehr Wert generiert werden. Aber den meisten Unternehmen wird jetzt erst bewußt, daß die strategische Möglichkeit eines Standards nicht nur in der Computerbranche und der Unterhaltungselektronik existiert.

Denken Sie intensiv darüber nach, ob und mit wem Sie eine Koalition zur Schaffung eines Standards bilden könnten, um

- eine Produktleistung zu entwickeln, die zum branchenweiten Referenzwert wird und die nur Ihr Produkt bietet,
- Intellectual Capital über die Kompatibilisierung von Produkten unterschiedlicher Hersteller zu entwickeln,
- einen Standard zu setzen, der die Produktivität und Kommunikation der Nutzer untereinander erleichtert (eine Kundensprache, die auf jeden Fall der durchsetzungsstärkste Standard ist).

Wenn Sie davon überzeugt sind, daß die Strategie zur Schaffung eines Standards eine realisierbare Option ist, wägen Sie die Finanzkonzepte ab, die sich für Ihr Unternehmen als Eigner eines Standards ergeben (Gewinn aus den Rechten am geistigen Eigentum, aber möglicherweise geringere Margen aus dem Produktverkauf), und vergleichen Sie diese mit ihren grundlegenden Gewinn- und Verlustannahmen. Überlegen Sie sich, wie Wertpapieranalysten Ihre neue Strategie bewerten würden. Vergessen Sie nicht, daß die Aktienkurse steigen, wenn Unternehmen einen hohen Cash-flow mit geringem Kapitaleinsatz generieren und der nachhaltige Cash-flow in der Zukunft als relativ sicher angesehen wird. Ein De-facto-Standard könnte beide Faktoren zu Ihren Gunsten verändern.

Denken Sie außerdem darüber nach, wie Sie eine Koalition zur Schaffung eines Standards bilden könnten. Müssen Sie Anbieter aus anderen geographischen Regionen oder benachbarten Branchen ansprechen, um Begeisterung für Ihre proprietäre Innovation auszulösen, oder sind etablierte Wettbewerber daran interessiert? Wenn Sie einen Standard setzen wollen, müssen Sie dafür die Endverbraucher auf Ihr Produkt aufmerksam machen, um ein Markenbewußt-

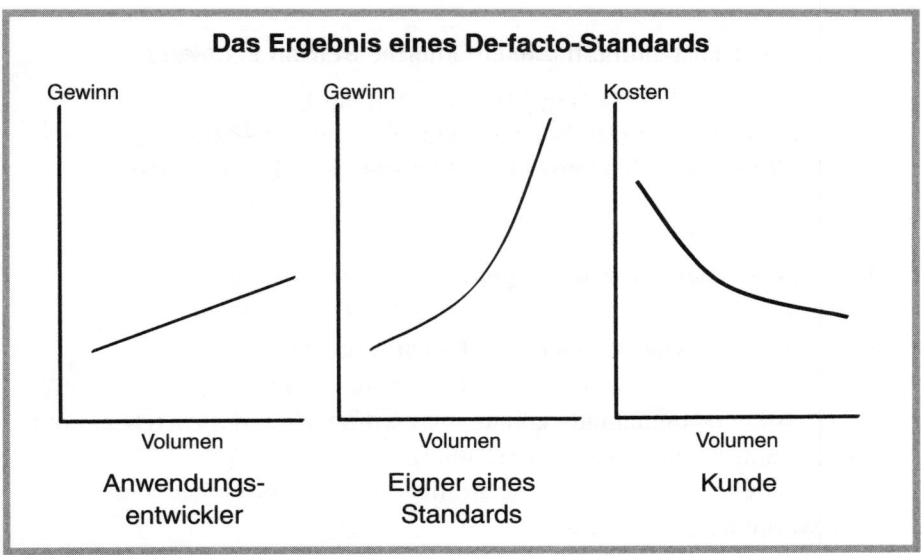

Das Ergebnis eines De-facto-Standards

Gewinn	Gewinn	Kosten
Volumen	Volumen	Volumen
Anwendungs-entwickler	Eigner eines Standards	Kunde

sein zu wecken (Bsp. „intel inside")? Noch etwas: Wenn Kunden über eine Vielzahl nicht kompatibler Produkte unterschiedlicher Hersteller unzufrieden sind, kann das dazu führen, daß eine einfache Handhabung zur obersten Kundenpriorität wird. Wenn Sie also nicht rechtzeitig reagieren, wird ein anderer Wettbewerber möglicherweise einen Standard setzen. Wenn ein Unternehmen seine Technologie als branchenweiten Standard durchsetzt, passieren wundersame Dinge. Kunden profitieren vom wirtschaftlichen Nutzen der Kompatibilität. Vergangene Investitionen sichern künftigen Wert. Und Wettbewerber beginnen, ihre Geschäftspläne nach der Strategie desjenigen Unternehmens auszurichten, das den Standard gesetzt hat. Überlegen Sie sich, wie Ihr Top-Management sein strategisches Repertoire um das Muster De-facto-Standard und die damit verbundene Fähigkeit zur Bildung einer Koalition erweitern kann.

Wie läßt sich mit diesem Muster Gewinn erzielen?

Setzen Sie einen Standard.
Oder richten Sie sich frühzeitig auf einen neuen Standard aus.
Oder arbeiten Sie daran, den nächsten Standard zu setzen.

Beantworten Sie sich folgende Fragen:

- Wird sich dieses Muster in meiner Branche ausbreiten?
- Wie wird sich ein De-facto-Standard auf mein Unternehmen auswirken?
- Wenn ich es vorwegnehmen könnte, was würde ich anders machen, um die Position meines Unternehmens zu schützen:
  - als Kunde?
  - als Wettbewerber?
  - als Anwendungsentwickler?
- Könnte mein Unternehmen einen De-facto-Standard setzen?

Megamuster Nr. 6
Technologiewandel

**Ein Erdbeben erschüttert die Branche und führt zu einer
veränderten Machtverteilung**

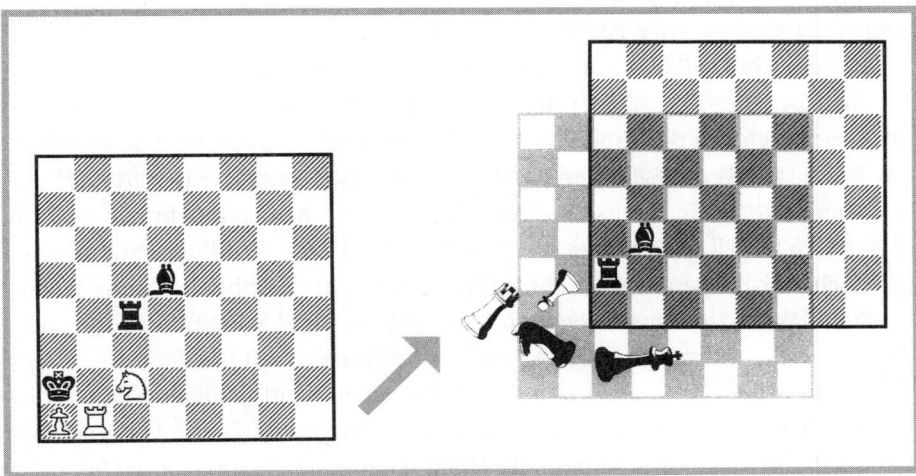

Fast jeden Tag gibt es technologische Neuerungen. Sie verbessern die Funktionalität, senken die Kosten, verkürzen die Produktzyklen und bergen weitere
technologische Vorteile für Hersteller und Kunden gleichermaßen.

Nur sehr wenige neue Technologien führen zu aufsehenerregenden Ergebnissen. Solche Neuerungen verändern die strategische Landschaft, weil sie
quasi als Nebenprodukt zu unbeabsichtigten Konsequenzen führen, die nichts
mit Leistungsverbesserung zu tun haben. Sie führen zu einer grundlegenden
Umstrukturierung der Machtverteilung innerhalb einer Branche. Manche Unternehmen werden von ihrem angestammten Platz gefegt oder scheiden ganz
aus dem Spiel aus. Andere stellen fest, daß sich ihre grundlegenden Beziehungen zu Wettbewerbern, Kunden und Anbietern verschoben und neu formiert
haben.

Die Erfindung des Fernsehers, des Videorecorders, des Autos und des PCs sind gute Beispiele für die Erschütterung, die das Technologiemuster auslösen kann. Der Einzug des Fernsehers in die Wohnzimmer brachte Millionen von Menschen dazu, ihre Abende vor dem Bildschirm zu verbringen und Dramen, Unterhaltungssendungen und Nachrichten zu verfolgen, ohne dafür bezahlen zu müssen. Das führte zu einer grundlegenden Veränderungen der Freizeitgewohnheiten. Aber das Fernsehen hat auch andere Konsequenzen, die in einer Reihe von Industriezweigen dramatische Wertverschiebungen und Veränderungen der strategischen Absicherung auslösten.

Der Fernseher selbst wurde zu einem technologischen Äquivalent des Goldfiebers. Mit jedem Zuschauer, der eine Fernsehsendung sehen wollte, konnte ein „Vermögen" an der Produktion der Sendungen verdient werden. Hunderte von Produktionsgesellschaften entstanden, die sich gegenseitig verbissen bekämpften. Durch die Intensität ihrer Wettbewerbsschlachten nahmen zwar die Aktivitäten zu, sie waren aber nicht von großer Dauer. Zahllose Produktionsgesellschaften gingen in den 70er Jahren pleite. Am Ende blieben einige wenige große Produktionsgesellschaften übrig (Matsushita, Sony und einige andere), die wieder Ordnung in die verwilderte TV-Landschaft brachten.

Das Fernsehen löste auch in anderen Branchen weitreichende Veränderungen aus. In den 50er Jahren hielten in der Konsumgüterindustrie Unternehmen wie A&P und Sears die Fäden in der Hand. Diese und einige andere Unternehmen besaßen den Schlüssel zur Macht: eine großflächige Distribution und ein starkes Markenimage bei Haushaltswaren. Vor der TV-Ära mußten Anbieter aus der Konsumgüterindustrie (z.B. Procter & Gamble, Kellogg's und Philip Morris) auf Zeitungen, landesweite Magazine, Reklametafeln und Radiowerbung zurückgreifen, um ein landesweites Markenimage aufzubauen. Da aber nur wenige Werbekanäle eine nationale Reichweite hatten, waren ihren Bemühungen, die Markenloyalität zu stärken, Grenzen gesetzt.

Das änderte sich mit dem Fernsehen. Als effizientes, hoch wirksames, beinahe alles durchdringendes Medium wurde das Fernsehen das wichtigste Instrument zur Bildung von Markenbewußtsein, das es je gegeben hatte.

Das ließen sich die Hersteller von Konsumgütern nicht zweimal sagen. Das Fernsehen war eine Reklametafel im Miniformat, die Zugang zu allen Wohnzimmern landesweit hatte. Und die Kosten waren verschwindend gering. Der Wert begann sich zu Unternehmen wie Procter & Gamble, Kellogg's und Philip Morris zu verschieben, die sich auf das Fernsehen stützten, um ihren

Bekanntheitsgrad zu steigern. Die Fernsehwerbung verhalf ihnen zu überwältigenden Produkterfolgen, beispielsweise für den Weichspüler „Lenor", Kellogg's Corn Flakes und Marlboro Zigaretten. Diese Marken erfuhren einen Wertzuwachs in Milliardenhöhe, der das Wachstum von Unternehmen anheizte, die viele Milliarden Dollar Umsatz machten.

Das hatte noch weitere Auswirkungen. Als sich herumsprach, daß das eigentliche Geld im TV-Geschäft mit Werbung verdient wurde, verlagerte sich das Zentrum des Unterhaltungsgeschäfts von Hollywood nach New York, wo die drei größten Fernsehstationen und die Werbeindustrie ihren Hauptsitz hatten. Um den Herzschlag der Fernsehindustrie zu messen, war Madison Avenue der wesentlich geeignetere Ort als Tinseltown.

Der nächste folgenschwere Technologiewandel wurde von der Erfindung des Videorecorders ausgelöst. Der reißende Absatz schwächte die Kontrolle der großen Fernsehstationen über die besten Sendezeiten und führten zu einer Rückverlagerung der Machtzentrale von New York nach Hollywood. Japanische Technologie, insbesondere das VHS-System von Matsushita, verschaffte Hollywood den perfekten Gewinnerzielungsmechanismus. Es war, als ob der Flußverlauf eines breiten Stroms plötzlich umgeleitet worden wäre. Die Filmproduktion, die an sich kein einträgliches Geschäft war, schwamm plötzlich in Geld, das aus einer ständig wachsenden Nachfrage nach Videoverleih und -verkauf stammte. Für Hollywood lohnten sich sogar Kassenflops, weil der anschließende Verkauf bzw. Verleih von Videokassetten den Filmeinnahmen mächtigen Auftrieb gab.

Videorecorder schufen auch einen neuen Einzelhandelsmarkt. Noch 1980 gab es nicht ein Videogeschäft. Bis 1990 hatten sie sich überall ausgebreitet. Innerhalb von zehn Jahren generierten sie jährliche Umsätze von 10 Mrd. Dollar, von denen ein Großteil zurück nach Hollywood floß. 1980 hatten Fernsehstationen durch Videos noch keinerlei Schaden erlitten. 1990 saßen zwar immer noch viele Familien während der besten Sendezeiten vor dem Bildschirm – allerdings sahen sie Videofilme statt Fernsehsendungen.

Auch den Elektroeinzelhändlern eröffneten sich neue Gewinnchancen. Neben dem Verkauf der begehrten Videogeräte boten sie lukrative Reparatur- und Wartungsverträge.

Und was passierte mit den Elektrounternehmen, die diesen Geist aus der Flasche gelassen hatten? Ihre Geschichte ist das klassische und zugleich tragische Beispiel für ein obsoletes Business Design. Die Hersteller, die den heißbegehrten Videorecorder erfanden, investierten große Summen in die Fertigung, begingen aber den fatalen Fehler, keinen geeigneten Gewinnerzielungsmechanismus in ihr Business Design zu integrieren. Es gelang ihnen nicht, die Scheuklappen des klassischen Geschäftsansatzes in der Unterhaltungselektronik abzulegen. Je mehr sich die Videorecorder durchsetzten, desto mehr sanken die Preise. Schließlich machten die Hersteller überhaupt keinen Gewinn mehr. Derweil wurden in Hollywood die Scheine gezählt, Elektrogeschäfte verdienten an hochprofitablen Wartungsverträgen, und selbst bei den Videogeschäften klingelten die Kassen. Die Hersteller befanden sich in der Situation, daß sie eine Cash Cow erfunden hatten, die aber merkwürdigerweise nur von anderen gemolken wurde. Sie hatten das Kapital aufgebracht und alle Risiken auf sich genommen, aber von dem Geldsegen profitierten andere.

Fernseher und Videorecorder lösten wahre Erdbeben aus. Aber der größte Technologiewandel des 20. Jahrhunderts wurde wahrscheinlich von der Erfindung des Automobils ausgelöst. Bis dahin dominierten Kohle, Fuhrunternehmen mit Kutschenbetrieb und Schienenfahrzeuge die Transportindustrie. Ab 1910 hielten der Automobilhersteller Henry Ford und der Ölproduzent John D. Rockefeller den Schlüssel zum neuen Imperium fest in der Hand.

Diese beiden Branchenbegründer waren visionäre Unternehmer von grimmiger Entschlossenheit. Sie wurden von sehr unterschiedlichen Gegnern besiegt. Rockefeller scheiterte an den Kartelljägern, und Ford unterlag Alfred Sloan, seinem cleversten Wettbewerber. In dem Maße, wie die Vorgängertechnologien (Kohle und Kutschen) der Vergangenheit angehörten, wuchs der Reichtum beider Männer. Das war nur ein Maßstab für die Bedeutung der Rolle, die Ford und Rockefeller für die Entwicklung der Transportindustrie gespielt hatten.

Der Verbrennungsmotor legte nicht nur den Grundstein für das Vermögen von Ford und Rockefeller, er war auch der Beginn einer Einzelhandelsgesellschaft, die damals noch Sears, Roebuck & Company hieß. General Woods (CEO von Sears), dessen Lieblingsbeschäftigung die Lektüre des U.S. Statistical Abstracts war, verfügte über außerordentliche Fähigkeiten zur Mustererkennung und war in der Vorhersage sich anbahnender Veränderungen anderen Unternehmern weit überlegen. In der ersten Hälfte des 20. Jahrhunderts wanderten immer mehr Menschen vom Land in die Stadt. Zu dem Zeitpunkt hatte sich Sears bereits etabliert. Später gab es dank der Automobile eine weitere Umzugswelle von der Stadt in die Vororte. Wieder war Sears zur rechten Zeit am rechten Ort. Sears kaufte Grund und Boden am Stadtrand, errichtete Verbrauchermärkte mit Parkplätzen und konnte so von der Migration der Bevölkerung in die Vororte profitieren. (40 Jahre später wandte Sam Walton die gleiche Strategie an. Er errichtete Wal-Mart-Märkte in der Peripherie der Großstädte, deren Gewinne in dem Maße stiegen, wie sich die demographischen Grenzen der Städte aufgrund wachsender Einwohnerzahlen immer weiter ausdehnten. Sam Walton hat die Erfahrung von Sears verinnerlicht, so wie Bill Gates seine Lektionen aus den Erfahrungen von IBM gezogen hat.)

Das Fernsehen löste eine Machtverschiebung zu den Fernsehstationen und den Unternehmen aus, die ihren Bekanntheitsgrad über Fernsehwerbung steigerten. Der Videorecorder wurde für Hollywood und seine Partner im Videovertrieb eine wahre Goldgrube. Die Erfindung des Automobils führte zu einer Machtverschiebung zugunsten Rockefeller, Ford (dann Sloan) und Woods. Was geschah mit den PCs?

Der PC hatte die gleiche Bedeutung (1975 bis 1995) wie das Automobil in der Zeit von 1900 bis 1920. Er verhalf Andrew Grove, Steve Jobs, Bill Gates und Michael Dell zu ungeheurem Reichtum. Innerhalb von 20 Jahren entstand der PC-Markt für 100 Mio. Geräte und ein Marktvolumen von 200 Mrd. Dollar. Die Macht verschob sich von IBM und DEC zu Intel, Microsoft und preisgünstigen Herstellern wie Dell, Compaq oder Gateway. Dann entstand eine neue breite Infrastruktur (zunächst finanziert von den IT-Budgets der Unternehmen), die die Voraussetzungen für den Aufstieg des Internet schuf.

Es wird neue technologische Quantensprünge geben; das nächste Muster wird vom Internet ausgelöst. Die Machtverschiebungen, die daraufhin entstehen, werden mindestens so groß – wenn nicht größer – sein als die der Vergangenheit.

Wie läßt sich mit diesem Muster Gewinn erzielen?

Leiten Sie rechtzeitig ein Business Redesign ein,
um von der neuen Machtverschiebung profitieren zu können.

- Gibt es andere Muster für technologischen Wandel, die in Ihrer Branche zu Machtverschiebungen führen werden?
- Wer wird am meisten davon profitieren? Wer wird am meisten Schaden erleiden?
- Was kann Ihr Unternehmen tun, um
    - von der Machtverschiebung zu profitieren?
    - die negativen Auswirkungen auf Ihr Unternehmen möglichst gering zu halten?

5

Wertschöpfungsmuster

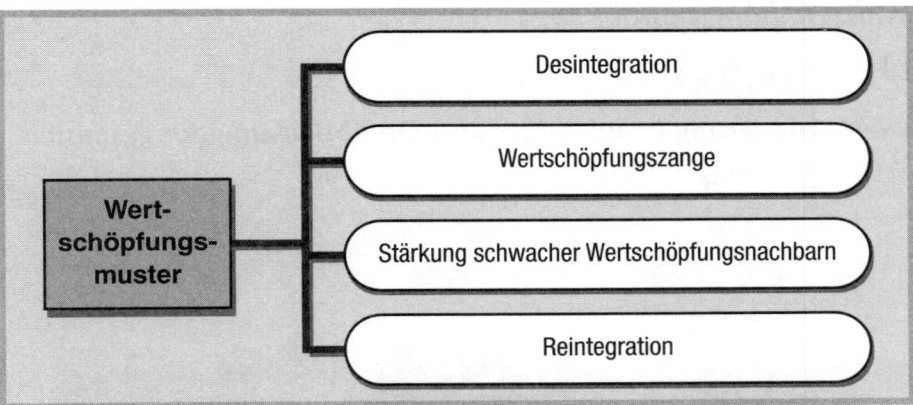

Industrielle Wertschöpfungsketten waren früher sehr stabil. Heute jedoch sind sie komprimiert, brechen auseinander und schließen sich wieder zusammen. Gleichzeitig verschieben sich Gewinn und Macht öfter und schneller entlang der Wertschöpfungskette als je zuvor. Auch ist diese Dynamik nicht auf eine industrielle Wertschöpfungskette begrenzt. Einst unterschiedliche Wertschöpfungsketten beginnen sich zu überschneiden, miteinander zu konkurrieren oder zu verschmelzen (siehe die Beschreibung der Konvergenzmuster in Kapitel 4). Einige Wertschöpfungsketten verschwinden völlig von der Bildfläche.

In diesem Umfeld wenden Unternehmen neue, unkonventionelle Kriterien für strategische Schritte in der Wertschöpfungskette an, die von verbesserter Kapitalrendite, größerer strategischer Absicherung, innovativen Business Designs und engen Kundenbeziehungen getrieben sind. Untersuchungen, die die

Gewinn- und Wertverschiebungen innerhalb der Wertschöpfungskette eines Unternehmens sowie seiner Wirtschaftsnachbarn unter die Lupe nehmen, werden zu wichtigen Quellen für strategische Konzepte.

Wir haben versucht, die Bedeutung hinter diesen Schritten anhand der vier folgenden Muster darzustellen: Desintegration, Wertschöpfungszange, Stärkung schwacher Wertschöpfungsnachbarn und Reintegration.

Wertschöpfungsmuster Nr. 1

Desintegration

Die Fokussierung ist wichtiger als eine Abdeckung der gesamten Wertschöpfungskette

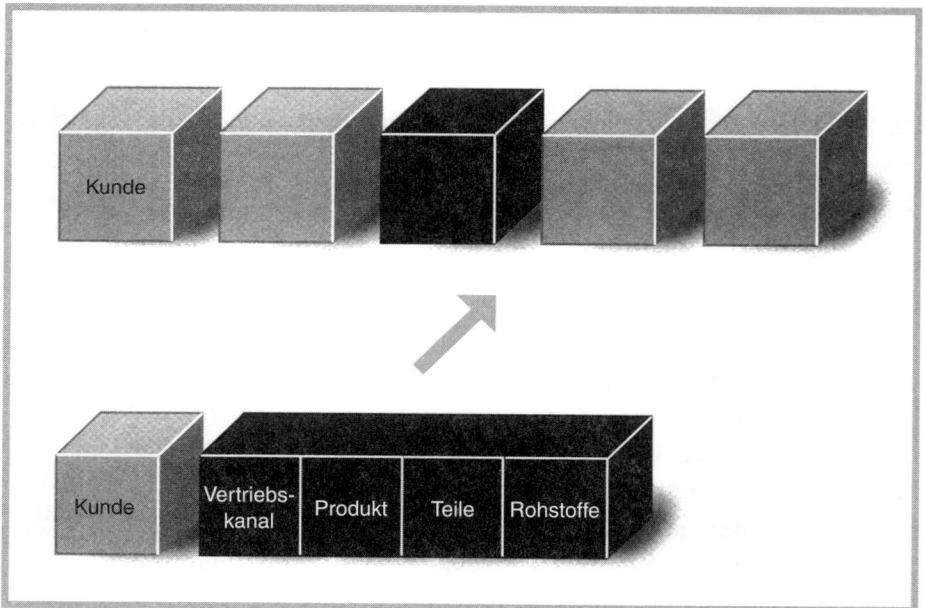

Während der letzten Jahrzehnte waren viele große Industriezweige von vertikal vollintegrierten Business Designs beherrscht. Im allgemeinen lag die Steuerung der Kapazitäten und der strategischen Landschaft in den Händen einiger weniger Unternehmen, die die gesamte Wertschöpfungskette abdeckten. Zu diesen Branchen gehörten u.a. Stahl, Chemie, Autos, Flugzeuge, Computer, Textil, Kunststoff, Raumfahrt, Bankwesen, Verlagswesen, Öl und Gas, Zellstoff und Papier.

Die Erfolgsformel hieß „integrierter Oligopolist". Newcomer hatten aufgrund der integrierten Wertschöpfungskette wenig Chancen, und die Kundenmacht wurde über Preispolitik in Grenzen gehalten.

Doch dann traten plötzlich neue Wettbewerber in Erscheinung, die auf eine bestimmte Stufe der Wertschöpfungskette spezialisiert waren. Intel wurde 1968 gegründet, Creative Artists Agency (CAA) 1975. Niemand schenkte diesem neuen Phänomen besondere Aufmerksamkeit. Wer hätte schon gedacht, daß die Newcomer in der Lage wären, die Wertschöpfungskette einer ganzen Branche neu zu ordnen?

Der erste Schritt in Richtung Desintegration begann mit zunehmendem Outsourcing. Unternehmen erkannten, daß sie auf einigen Wertschöpfungsstufen sehr kompetent waren, aber nicht auf allen. Die Unternehmen, die sich verzettelten, waren schließlich auf keinem Gebiet wirklich gut und schafften es nicht, ihr Wertangebot stetig zu verbessern, um sich in einem immer wettbewerbsintensiveren und dynamischeren Umfeld erfolgreich zu behaupten. Die Bedingungen für Outsourcing verschärften sich, als eine kleine Gruppe von Unternehmen begann, sich zu spezialisieren und aggressiven Marktteilnehmern dadurch ermöglichte, maximalen wirtschaftlichen Nutzen aus dem Outsourcing zu ziehen.

Nike ist seit über zehn Jahren Marktführer der US-amerikanischen Sportschuhindustrie. Sein Erfolg wird im allgemeinen einem intensiven Marketing und innovativen Designs zugeschrieben. Aber hinter den Kulissen hat noch ein anderer Faktor mitgewirkt: Nike hat seine gesamte Fertigung ausgelagert. Das Unternehmen behält zwar die Kontrolle über eine Reihe Schlüsseltechnologien, die von grundlegender Bedeutung für sein Markenimage und die Differenzierung gegenüber dem Wettbewerb sind, aber die Fertigungsstätten für seine Produkte gehören ihm nicht. Sein Intellectual Capital und seine Finanzen werden für gewinnbringendere Aktivitäten eingesetzt. Nike bleibt ein Hersteller von Sportschuhen, stützt sich aber im Fertigungsprozeß auf externe Partner.

Erkennen, auf welcher Stufe der Wertschöpfungskette die strategische Absicherung am höchsten ist, die Aktivitäten des eigenen Unternehmens auf diese Stufen ausrichten und die Auslagerung der übrigen Aktivitäten an Drittunternehmen – das sind die Kernelemente des Outsourcing. Nike erkannte den Wert von Design und Marketing und überließ die Fertigung wesentlich kostengünstigeren Partnern. Wenn sich Nike dagegen entschieden hätte, eine der Aktivitäten auszulagern, mit denen es die strategische Absicherung aus der Hand gegeben hätte, wäre ihm die signifikante Wertsteigerung, die es in den 90er Jahren erfahren hat, wahrscheinlich nicht gelungen.

Outsourcing ist nur ein Beispiel für die Desintegration der Wertschöpfungskette. In vielen Fällen lösen veränderte Umfeldbedingungen nicht nur die Fragmentierung einer Wertschöpfungsstufe aus, sondern spalten die gesamte Wertschöpfungskette in einzelne, voneinander getrennte Abschnitte. Bei einer solchen Aufspaltung ziehen sich Unternehmen komplett aus einer oder mehreren Stufen zurück.

Als IBM Anfang der 80er Jahre mit seinem vollintegrierten Business Design unangefochtener Marktführer war, konzentrierten sich Microsoft und Intel auf bestimmte Stufen der Computerwertschöpfung. Dieser Fokus auf eine einzige Stufe, auf der sie die absolute Vorherrschaft erlangen wollten, trug zur völligen Desintegration der Wertschöpfungskette in der Computerherstellung bei und löste eine Wertexplosion in Höhe von 600 Mrd. Dollar aus.

In einer vom Desintegrationsmuster geprägten Branche verschiebt sich der Wert von wenigen integrierten Herstellern, die dadurch die gesamten Branchenaktivitäten steuern, auf eine aufstrebende Gruppe von Spezialisten, die eine oder zwei Wertschöpfungsstufen beherrschen. Meistens wird dieses Muster von veränderten Kundenprioritäten, neuen Kundengruppen, Liberalisierung oder einer bis dahin unbekannten Technologie ausgelöst, die neue Chancen für eine umfassende Branchenrestrukturierung und die Entwicklung neuer, innovativer Business Designs eröffnen.

Die Deregulierung sorgte in der Telekommunikationsindustrie für eine veränderte strategische Landschaft und löste damit das Desintegrationsmuster aus. Vor nicht allzu langer Zeit hatte AT&T in den USA noch alle Telefondienstleistungen ortsansässiger Kunden unter Kontrolle. AT&T stellte alle Telefone selbst her, verfügte über ein eigenes Telefonnetz und wickelte Orts- und Ferngespräche ab. Die Deregulierung der Telekommunikationsindustrie ließ neue Unternehmen entstehen, die ebenfalls Orts- und Ferngespräche anboten.

Andere Wettbewerber betrieben Telefonnetze, richteten lokale Schleifen ein und sorgten für die nationale Flächenabdeckung. Ein rapider Technologiewandel hat die Desintegration weiter beschleunigt. Inwischen gibt es Unternehmen, die sich auf Hard- oder Software oder auf unterschiedliche Übertragungsstandards wie ISDN, ADSL etc. spezialisiert haben.

Qwest Communications ist ein gutes Beispiel für eine stark fokussierte Wertschöpfungsspezialisierung. Als neuer Marktführer auf der Stufe der Fernübertragung der Telekommunikationswertschöpfung verfolgt Qwest eine simple Kernstrategie: Das Unternehmen ist der Datenüberträger anderer Datenüberträger. Qwest hat ein national flächendeckendes Telefonnetz aus Lichtleitfaser aufgebaut und verkauft Übertragungskapazitäten an lokale Anbieter wie GTE und US West, die ihren Service an Endverbraucher weitergeben. Mit dieser Strategie konnte Qwest einen erheblichen Wertzuwachs generieren. Der Marktwert des Unternehmens, das 1988 gegründet wurde, betrug Mitte 1998 fast 8 Mrd. Dollar.

Die Deregulierung zeigt allmählich auch in anderen Branchen ihre Wirkung. Neue, innovative Business Designs konkurrieren nun um Marktlücken, die früher besetzt waren. Der Wettbewerb hat sich auf jede Stufe der Wertschöpfungskette ausgedehnt. Integrierte Business Designs sind heute oft ein erheblicher Nachteil.

Das Desintegrationsmuster kann auch von anderen strategischen Marktbedingungen und Veränderungen verursacht werden. Innovative Business Designs und neue Technologien wirken manchmal zusammen und generieren hohe Wertzuwächse für Unternehmen, die sich auf einen eng umgrenzten Teil der Wertschöpfung beschränken. Nucor, ein Newcomer der Stahlindustrie, befreite sein Geschäftskonzept von den kosten- und kapitalintensiven Prozessen der Weißblech- und Eisenherstellung. Sein Business Design basierte auf Mini-Stahlwerken, die ihr Rohmaterial (Schrottstahl) auf dem offenen Markt kauften. Nucors Geschäftskonzept führte zu einer partiellen, aber hochprofitablen Aufspaltung der Wertschöpfungskette. Das Unternehmen erhöhte dadurch seine Kundennähe und konnte besser auf deren Bedürfnisse eingehen. Darüber hinaus konnte Nucor seinen Kapital- und Kosteneinsatz erheblich senken.

Heute breitet sich das Desintegrationsmuster in vielen Industriezweigen aus. Angreifer mit ausgeklügelten Business Designs und breiter Kapitaldecke nutzen offene Systeme, schnellwachsende Segmente, technologische Fortschritte und andere Wettbewerbslücken, um sich auf kleine, aber hochprofitable Teile der Wertschöpfungskette zu spezialisieren. Diese Entwicklung könnte die zukünftige Desintegration in der Chemie-, Kunststoff- und Aluminiumbranche sowie vielen anderen bisher vollintegrierten Industriezweigen beschleunigen.

Wie läßt sich mit diesem Muster Gewinn erzielen?

Spezialisieren Sie sich auf eine wichtige Stufe
der neuen, aufgespaltenen Wertschöpfungskette.

- Ist Ihre Branche von integriertem Business Design gekennzeichnet?
- Welche wirtschaftlichen oder kundenrelevanten Gründe haben ursprünglich zu dieser Integration geführt?
- Haben diese Gründe heute noch Gültigkeit?
- Falls nicht, besteht die Chance, hohe Wertzuwächse zu generieren, indem Ihr Unternehmen zum Katalysator für das Desintegrationsmuster wird?
- Welche Stufen der Wertschöpfungskette sind in Ihrem Industriezweig am profitabelsten? Wie kann Ihr Unternehmen auf diesen Stufen die Marktführerschaft erlangen? Welches Gewinnmodell müssen Sie anwenden, um von dieser Veränderung zu profitieren? Worauf gründet Ihr Unternehmen seine neue strategische Absicherung?

Qwest Communications: ein zukunftsweisender Carrier

Was haben die Kommunikation per Lichtgeschwindigkeit und die dieselgetriebene Transportgeschwindigkeit im Schienenverkehr gemeinsam? Die Rechte, Transportwege zwischen mehreren Verkehrspunkten einzurichten. Qwest wurde 1988 vom ehemaligen Eigner der Southern Pacific Railroad gegründet, die zu Qwests großem Vorteil über das Wegerecht im gesamten Westen der USA verfügten. Das neue Kommunikationsunternehmen nutzte diesen Vorteil zur flächendeckenden Verlegung von Lichtleitfaserkabeln. Der Börsengang im Juni 1997 bescherte Qwest einen Kapitalzufluß von 320 Mio. Dollar. Heute investiert Qwest 1,4 Mrd. Dollar in den Aufbau eines hochmodernen Netzwerks aus Lichtleitfaser, das die Hochgeschwindigkeitsübertragung von Daten- und Sprachmitteilungen ermöglichen soll. Um die Kosten für den Netzaufbau gering zu halten, hat Qwest neben seinen eigenen Kabelnetzen auch Lichtleitfaserkabel für GTE, Worldcom und Frontier verlegt und mit dieser Strategie 1 Mrd. Dollar Umsatz erwirtschaftet. Nach seiner Fertigstellung wird das Netzwerk von Qwest 115 amerikanische Städte verbinden und 75 Prozent der nationalen Datenfernübertragung abdecken. Damit ist Qwest der schnellste Carrier des Informationszeitalters.

Sein Erfolg basiert auf der erfolgreichen Nutzung des Desintegrationsmusters, das sich in der Telekommunikationsindustrie ausgebreitet hat. Qwest hat sich mitten in der Gewinnzone plaziert, indem es sich auf den Verkauf von Kapazitäten seines Netzwerks an lokale Telefongesellschaften, ISPs und Carriers für Datenfernübertragung spezialisiert. Währenddessen bemühen sich die etablierten Netzwerkbetreiber, deren Systeme noch auf die reine Übertragung von Sprachmitteilungen ausgerichtet waren, ihr Angebot der wachsenden Nachfrage nach Datenservice anzupassen. Die Datenübertragung wächst im Vergleich zur Sprachübertragung mit 20facher Geschwindigkeit. Die existierenden Lichleitfasernetzwerke arbeiten am Rande ihrer Kapazitäten. Noch vor zehn Jahren betrug die Auslastung nur 30 Prozent. 1998 dagegen erreichte sie 90 Prozent.

Qwest hat das Mißverhältnis (ausgelöst von dem Ungleichgewicht zwischen dem starken Anstieg des Datenverkehrs und der vorhandenen Netzkapazität) zu seinen Gunsten genutzt, indem es sich als Anbieter von Netzwerkkapazitäten für Daten- und Sprachübertragung etabliert hat. Diese Strategie hat sich äußerst positiv auf seinen Unternehmenswert ausgewirkt. Qwest verfügt über das viertgrößte Lichtleitfasernetzwerk der USA und ist damit für fast alle Internetanbieter sowie Anbieter von lokalen und Fernübertragungsdiensten mit hohem Kapazitätsbedarf zum bevorzugten Carrier geworden. Qwest ist seinen Wettbewerbern weit überlegen, weil seine Technologie auf dem neuesten Stand der Entwicklung ist und damit eine wesentlich höhere Sicherheit und Zuverlässigkeit bietet. Aufgrund dieser Vorteile ist es Qwest gelungen, Gewinnströme und Einfluß von traditionellen Telekommunikations- und lokalen Telefongesellschaften auf das eigene Unternehmen umzulenken.

Qwest hat seine Marktstellung dazu genutzt, eine neue Gewinnquelle mit erheblichem Wertpotential zu erschließen. 1997 wurde das Unternehmen von der amerikanischen Regierung als Carrier für Internet2 ausgewählt, die zweite Generation eines Datennetzwerks, an das 130 Universitäten angeschlossen werden. Dadurch erhalten Wert und Bedeutung des Lichtleitfasersystems weiteren Auftrieb.

Qwests Wertsteigerung übertrifft die der etablierten Telekommunikationsanbieter bei weitem: 1998 betrug der Index Marktwert zu Umsatz 9,7. Der Marktwert des Unternehmen erreichte beinahe 8 Mrd. Dollar. Durch die Vorherrschaft in der Fernübertragung als Teil der gesamten Wertschöpfung in der Telekommunikation hat Qwest die besten Voraussetzungen, um einen großen Teil des zukünftigen Wertpotentials zu realisieren. Wenn der Bedarf an Netzwerkkapazität weiterhin so rapide steigt wie bisher, hat Qwest mit seinem stark fokussierten Business Design die besten Chancen, auch in der Zukunft vom Desintegrationsmuster in der Telekommunikation zu profitieren.

Ob ihm das gelingen wird, hängt von der Fähigkeit ab, auch in Zukunft neue Branchenmuster frühzeitig zu erkennen und Antworten auf folgende Fragen zu finden:

- Sind drahtlose Netzwerk- und Serviceanbieter eine größere Bedrohung als Kabelnetzwerke?
- Entstehen möglicherweise neue Chancen für innovative Unternehmen, die Wertschöpfungskette zu reintegrieren und Kunden integrierte Daten- und Sprachdienste sowie Lösungen anzubieten?

Desintegration, Phase II

Um die Desintegration einer Branche oder eines Geschäftsfeld besser zu verstehen und die nächste Stufe wirtschaftlicher und kundenrelevanter Details deutlicher hervorzuheben, wechseln wir von der Gesamtperspektive über die Wertschöpfungskette als Ganzes zur wirtschaftlichen Betrachtung der einzelnen Stufen. In dem Maße, wie eine Desintegration neue Gewinnzonen und Wertpotentiale entstehen läßt und den Wettbewerb auf jeder Wertschöpfungsstufe intensiviert, werden die einzelnen Aktivitäten genau auf ihren wirtschaftlichen Nutzen hin untersucht.

Augenfällig ist bei der mikroskopischen Betrachtung der einzelnen Wertschöpfungsele-mente, daß Wert- und Marktpotentiale nicht gleichmäßig verteilt sind. Bei eingehender Betrachtung lassen sich Chancen für eine weitere Desintegration sowie Auslöser für an-dere Gewinnmuster entdecken. Selbst der kleinste Schritt in der Wertschöpfungskette kann möglicherweise in noch kleinere Abschnitte segmentiert werden.

Die Halbleiterherstellung ist z.B. von einer zweiten Desintegration betroffen, die ur-sprünglich von Intels Konzentration auf Mikrochips ausgelöst wurde. Die zunehmende Komplexität der Chipherstellung hat neue Wettbewerber auf den Plan gerufen. Sie ha-ben sich auf bestimmte Elemente der Chipherstellung spezialisiert und eine weitere Desintegration in Gang gesetzt, indem sie sich auf Design und Vertrieb konzentriert und die eigentliche Chipherstellung ausgelagert haben. Diese Entwicklung geht soweit, daß einige Unternehmen nur noch virtuell zur Chipproduktion beitragen, indem sie innovati-ve Designs entwickeln, die von anderen Unternehmen umgesetzt und vertrieben wer-den. Die mikroskopische Betrachtung der einzelnen Wertschöpfungsschritte kann für Unternehmen mit vollintegrierten Wertschöpfungsketten, die von Aufspaltung bedroht sind, äußerst wertvoll sein (z.B. für US-amerikanische Energieversorger) bzw. für sol-che, die bereits in einem desintegrierten Markt agieren (z.B. die PC-Branche).

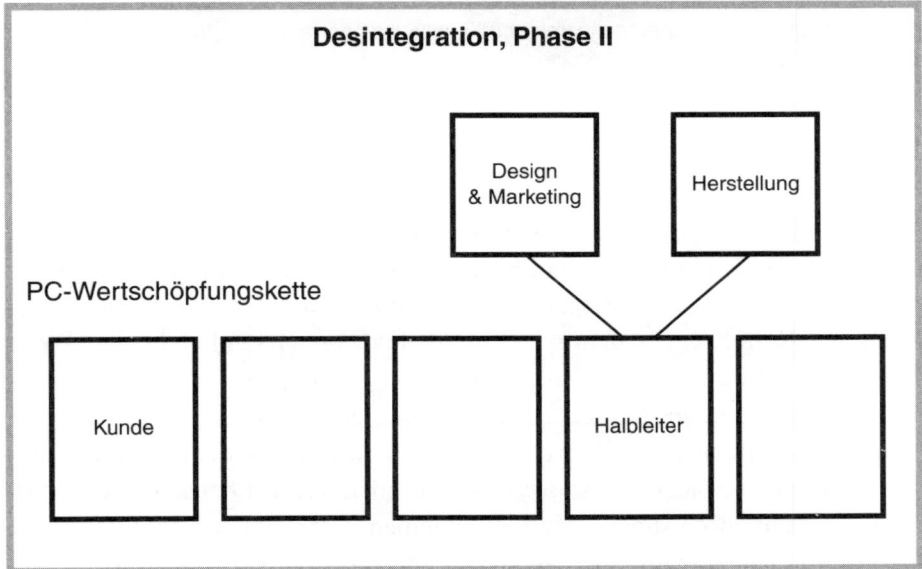

Wertschöpfungsmuster Nr. 2

Wertschöpfungszange

Achten Sie darauf, nicht eingeklemmt zu werden

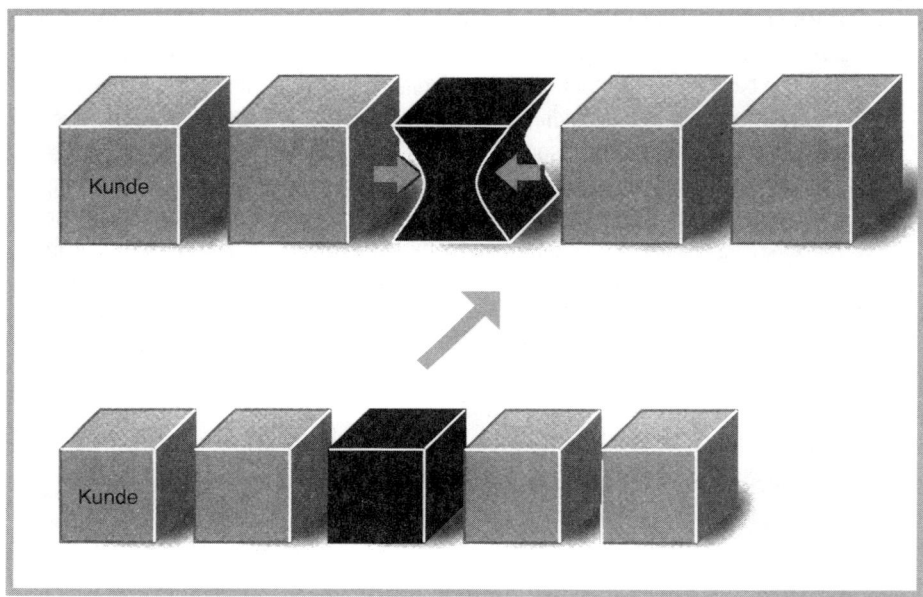

Der schlimmste Alptraum eines Feldherrn des vergangenen Jahrhunderts war, mit seinem Heer in einer weiten Ebene festzusitzen und von feindlichen Truppen auf den umliegenden Bergen eingekesselt zu sein – eine absolut aussichtslose Lage. Kein Kommandeur würde seine Soldaten wissentlich in eine solche Falle laufen lassen. Für eine solche Situation gibt es nur einen Grund: mangelnde Voraussicht des Befehlshabers der unterlegenen Seite.

In einem dynamischen Wertschöpfungsumfeld kann ein derartiges Szenario mit wachsender Macht der Anbieter und Kunden auf den benachbarten Wertschöpfungsstufen entstehen, die Unternehmen einer anderen Stufe unter so massiven Druck geraten läßt, daß keine Gewinne mehr realisiert werden können. Wie kommt ein solcher Druck zustande, und wie ist es möglich, daß seine Opfer nicht vorgewarnt waren? Im allgemeinen sind drei Faktoren für die Ausbreitung dieses Musters verantwortlich:

- Relative Knappheit (z.B. an qualifizierten Fachkräften)
- Ein höheres Entwicklungstempo auf den benachbarten Wertschöpfungsstufen
- Eine Konsolidierung auf den benachbarten Stufen, die den Wertschöpfungsnachbarn eine größere Machtfülle verleiht (z.B. Automobilindustrie)

Diese Veränderungen können sich über ein oder zwei Jahrzehnte hinziehen. Die Opfer sind sich der Bedrohung, die sich zusammenbraut, oft bis zuletzt gar nicht bewußt, weil ihre Aufmerksamkeit von anderen Themen abgelenkt ist.

Ein gutes Beispiel für eine Wertschöpfungszange sind die amerikanischen Fernsehstationen NBC, CBS, ABS und Fox, die sich in einer echten Sandwich-Position befinden. Auf der einen Seite setzen ihnen lokale TV-Tochterunternehmen zu, die in ihrem jeweiligen Einzugsgebiet eine hohe Publikumsbindung haben und den größten Teil des lokalen Werts abschöpfen. Auf der anderen Seite befinden sich die Programmgestalter wie The National Football League (NFL), Hollywood Studios und eine Reihe unabhängiger Programmanstalten, die immer höhere Gebühren verlangen, abhängig von der Qualität der Akteure und der Beliebtheit von Unterhaltungsshows, die hohe Einschaltquoten und lukrative Werbeplätze bieten. Die kürzlichen Kämpfe um die Live-Übertragungsrechte für die Footballspiele der NFL, das zähe Ringen in den abschließenden Vertragsverhandlungen für die erfolgreiche Sitcom-Serie *Seinfeld* und der Preis für *ER* sind Anzeichen für die Verwundbarkeit der Fernsehstationen durch die Programmanstalten. Darüber hinaus verlagern sich die Werbeumsätze zunehmend auf Kabelkanäle. Insgesamt drohen die einst mächtigen nationalen Fernsehstationen zu einer Verlustzone zu werden.

Die Automobilindustrie und der Profisport weisen vergleichbare Merkmale einer Sandwich-Position zwischen zwei mächtigen Wertschöpfungsnachbarn auf. In der Automobilbranche sehen sich die Hersteller zunehmend eingeklemmt zwischen der wachsenden Macht der Zulieferer auf der einen Seite und der Macht der Großhändler auf der anderen Seite. Im Leistungssport befinden sich professionelle Vereine in der Zange zwischen Athleten, die astronomische Gagen kassieren, und einer Flut von Zulieferern, Sportstadien und

Drittanbietern. In beiden Fallbeispielen fließen die Gewinne in die Taschen der Unternehmen, deren Machtposition eine Seite der Zange darstellt, während die Branche, die dazwischen eingeklemmt ist, ihre Umsätze schwinden sieht.

Ein weiteres Beispiel ist die Computerindustrie, in der Microsoft und Intel seit 1987 traditionelle PC-Hersteller in die Zange nehmen. 1997 betrug das Marktvolumen der gesamten PC-Branche ca. 400 Mrd. Dollar. 70 Prozent davon entfielen auf Microsoft und Intel.

Unternehmen, die dieser Zange entgehen wollen, haben vier Möglichkeiten. Erstens können sie ihre Aktivitäten bereits in der Entstehungsphase dieses Musters auf benachbarte Wertschöpfungsstufen ausdehnen. Zweitens können sie Markteinsteiger darin unterstützen, in benachbarten Wertschöpfungsstufen aktiv zu werden, um ihre Wertschöpfungsnachbarn zu schwächen (Intel hat die PC-Hersteller systematisch geschwächt, indem es Baukasten- und Montagesysteme geschaffen hat, die kostengünstige Newcomer nutzen können, um den OEM-Markt zu erobern). Eine dritte Alternative ist die Entwicklung eines Business Design, das auf die Nutzung von weiter entfernten Wertschöpfungsstufen ausgerichtet ist. Eine vierte und letzte Möglichkeit ist der tapfere Widerstand – in der Hoffnung, daß Rettung durch mächtigere Helfer oder Produktinnovationen nahen möge, um das Unternehmen aus seiner mißlichen strukturellen Lage zu befreien. Leider erweist sich diese Hoffnung meist als trügerisch.

Wie läßt sich mit diesem Muster Gewinn erzielen?

Verbessern Sie Ihr Leistungsangebot schneller als Ihre Wertschöpfungsnachbarn (Zulieferer und Kunden). Verhindern bzw. bremsen Sie eine Ausdehnung ihrer Machtposition, indem Sie Markteinsteiger unterstützen.

Versetzen Sie sich in die Lage eines Vorstands einer großen Fernsehstation im Jahr 2005. Das Internet hat sich rapide weiterentwickelt, und das Breitbandsystem überträgt TV-Shows ohne Ihr Zutun in alle Wohnzimmer landesweit. Alle Haushalte sind mit ultramodernen Fernsehgeräten ausgerüstet, die 500 Fernsehkanäle empfangen. Fernsehgebühren und Werbegelder fließen von Ihrem

Fernsehkanal ab. Die Programmanstalten wenden sich zunehmend dem Internet und Kabelkanälen mit Spezialprogrammen zu, die von Wettbewerbern, Programmgestaltern und einzelnen Medienstars gegründet wurden. Sie sind eingeklemmt in der Zange zwischen immer einflußreicheren Zuschauern und Programmanbietern.

- Was können Sie unternehmen, um Ihrem Fernsehkanal zu größerer Bedeutung zu verhelfen und die Abwanderung der Werbegelder aufzuhalten?
- Wie müssen Sie das Business Design Ihres Unternehmen erneuern, damit aus dem Abwärtstrend eine neue lukrative Marktchance wird?

Wertschöpfungsmuster Nr. 3
Stärkung schwacher Wertschöpfungsnachbarn

Unterstützen Sie Unternehmen aus benachbarten Wertschöpfungsstufen, deren Schwäche Ihre eigene Wertschöpfung beeinträchtigt

In den 60er Jahren unternahm McDonald's große Anstrengungen, um ein Markenimage aufzubauen, das eng mit gleichbleibend hoher Qualität verbunden war, aber die Beschaffungsgrundlagen der Lebensmittelindustrie boten dafür nicht die notwendigen Voraussetzungen. Die Garantie für gleichmäßige, goldbraune, knusprige Pommes frites, auf der McDonald's sein Imperium gründen wollte, wurde von einer Bandbreite unterschiedlicher Prozesse der amerikanischen Farmer unmöglich gemacht. Sie waren das schwache Glied in der Wertschöpfungskette, das verhinderte, daß McDonald's seinen Kunden gleichbleibende Qualität bieten konnte. Ähnlich verhielt es sich mit den Lieferanten anderer Bestandteile der Speisekarte: Brötchen, Muffins, Fleisch und Milchprodukte.

Manchmal beeinträchtigt die schwache Leistung der Unternehmen auf der benachbarten Wertschöpfungsstufe die Wertgenerierung eines stärkeren Unter-

123

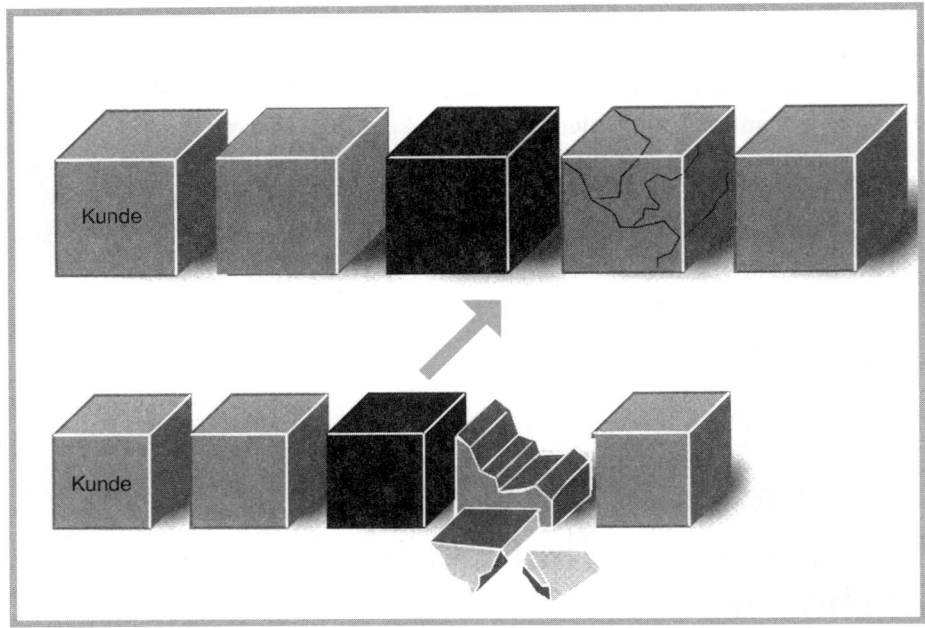

nehmens. Diese Funktionsstörung kann ein neues Gewinnmuster auslösen: die Stärkung des schwachen Wertschöpfungsnachbarn. Clevere Unternehmen unterstützen schwächere Partner, um Qualität und Leistung des gesamten Systems zu erhöhen.

In den letzten Jahrzehnten haben sich sehr viele Wertschöpfungsstufen als leistungshemmend für die benachbarten Stufen erwiesen. In Extremfällen haben die stärkeren Unternehmen diese Stufen unter ihre Kontrolle gebracht, um eine entsprechende Qualität zu gewährleisten. In weniger ausgeprägten Fällen haben sie ihren schwächeren Partnern aufgrund des Wettbewerbsdrucks und wirtschaftlicher Aspekte unter die Arme gegriffen.

McDonald's wurde von der fragmentierten Kartoffelanbau-Industrie und deren fehlenden Lagerstandards ausgebremst, arbeitete aber fieberhaft an der Stärkung des schwachen Verbindungsglieds, indem es die kompetentesten und kooperativsten Unternehmen an sich band. Es dauerte Jahre, bis McDonald's seine Zulieferer dazu gebracht hatte, sich an sein System zu halten und seine Prioritäten und Bedürfnisse zu verstehen. McDonald's zog dabei alle Register: Zulieferer wurden konsolidiert, geschult und beraten und die Systeme standardisiert. Als die Fastfood-Kette den russischen Markt eroberte, wiederholte sie diese Taktik in eindrucksvoller Weise. Zehn Jahre vor der Eröffnung des wegweisenden dreistöckigen Restaurants in Moskau begann McDonald's bereits, Einfluß auf Rinderzucht und Kartoffelanbau zu nehmen, um später das Versprechen stets gleichbleibender Qualität einlösen zu können.

In beiden Fällen verwandelte McDonald's mangelnde Effizienz in Wettbewerbsvorteile, indem es seine schwachen Wertschöpfungsnachbarn *auf exklusive Weise* gestärkt hat.

Die „Exklusivität" der Stärkung ist mindestens so wichtig wie die Stärkung selbst. Wenn die neu formierten Zulieferer nach Jahren der Investition durch McDonald's die Wahl gehabt hätten, auch Burger King oder Wendy's zu beliefern, wäre McDonald's durch seine Anstrengungen ein neuer Wettbewerber erwachsen – statt einer neuen Quelle für Wettbewerbsüberlegenheit.

Toyota hatte ein ähnliches Problem, als es in den 60er Jahren sein einzigartiges Toyota Produktionssystem entwickelte. Das Unternehmen erkannte, daß es ohne die Stärkung seiner Zulieferer niemals eine schlanke Produktion erreichen würde. Zwar war das ein äußerst zeitraubender Prozeß, aber Toyota gelang es schließlich, ein Programm ins Leben zu rufen, das die bestqualifizierten, hochwertigsten und flexibelsten Zulieferbetriebe der Automobilindustrie hervorbrachte.

Wie McDonald's verwendete auch Toyota eine Vielzahl unterschiedlicher Taktiken, um die Leistung der Zulieferer zu verbessern. Konsolidierung der Zulieferbetriebe, Verlagerung des Produktionsvolumens, Schulung, Unternehmensbeteiligungen und Informationsaustausch gehörten unter anderem dazu. Toyotas erklärtes Ziel war, eine große Verantwortung in einen wichtigen Vermögenwert zu verwandeln. Anfang der 80er Jahre war das Ziel erreicht.

Unternehmen sind nicht automatisch gezwungen, sich die schwächeren Glieder der Wertschöpfungskette einzuverleiben, um sie zu stärken. Wal-Mart begegnete diesem Dilemma vor zehn Jahren, indem es eine strategische Allianz einging. Wal-Mart verlangte von seinen Zulieferern nicht nur niedrige Preise. Um seinen Kunden den angestrebten Wert bieten zu können, mußte Wal-Mart die Beziehungen zu seinen Zulieferern hinsichtlich Zielanpassung, Koordination und Informationsaustausch neu definieren.

1987 unternahmen Wal-Mart und Procter & Gamble die ersten Gehversuche. Es dauerte noch Jahre, bis die neue Verbindung eingespielt war und die gewünschten Resultate hervorbrachte, aber schließlich profitierten beide Seiten außerordentlich von dem gemeinsamen Vorgehen. Wal-Mart erreichte, daß

Bestandslücken reduziert wurden, sich der Lagerumschlag erhöhte und Procter & Gamble seine Produktplanungsentscheidungen auf eine breitere Informationsbasis stellen konnte.

Auch Procter & Gamble zog großen Nutzen aus den Veränderungen. Neben dem erhöhten Lagerumschlag nahmen Schwund und Warenrückläufe ab, außerdem wurden die Produktion und die Distributionssysteme modernisiert.

Diese Allianz war eine exemplarische Vorlage für die Schaffung von Wettbewerbsvorteilen, und sowohl die Konsumgüterindustrie wie der Einzelhandel bemühen sich intensiv, dem nachzueifern. Unternehmen, die ihre Produkte bei Wal-Mart plazieren wollten, mußten ihre Geschäftskonzepte verändern und diverse Systemverbesserungen, EDI (Electronic Data Interchange) und Just-in-time-Lieferung einführen. Diese Veränderungen verbesserten die Effizienz der Zulieferer und stärkten ihre Position in der Wertschöpfungskette.

Die Schwachpunkte in der Wertschöpfungskette können sich sehr schnell verlagern. Mitte der 80er Jahre war IBM in der PC-Wertschöpfung das starke Verbindungsglied und Intel der schwache Partner. IBM enschloß sich, in Intel zu investieren (indem es 19 Prozent der Intel-Aktien kaufte) und dem Unternehmen intensive technische Unterstützung zu gewähren. Dieser Schritt lag in IBMs eigenem Interesse, weil es auf einen aggressiven, kosteneffizienten Chip-Hersteller angewiesen war, um seine eigenen strategischen und finanziellen Ziele erreichen zu können. (Später verkaufte IBM seine Beteiligung an Intel, die heute 30 Mrd. Dollar wert wäre. Das entspricht 30 Prozent des Unternehmenswerts von IBM.)

Innerhalb weniger Jahre verlagerte sich die Schwachstelle von Intel auf IBM und andere OEMs. Die Computerhersteller waren nicht in der Lage, die Merkmale ihrer Geräte in der gleichen Geschwindigkeit zu verbessern, wie Intel mit neuen Produkten aufwartete. Als Antwort darauf dehnte Intel seinen Ressourcenfokus auf die Produktion von Chipsets und Motherboards aus und senkte so die Eintrittsbarrieren in den OEM-Markt. Das lockte aggressivere Newcomer an.

Wenn schwache Wertschöpfungsstufen zu lange ignoriert werden, verlängern sie die Funktionsstörungen der gesamten Wertschöpfungskette. Sie blockieren Veränderungen, werden für benachbarte Wertschöpfungsstufen zu einem erheblichen Risiko und bieten damit Neueinsteigern gute Marktchancen. Ein klassisches Beispiel für eine solche Entwicklung ist die Automobilindustrie. Autohändler, die es versäumen, ihren Kunden einen gleichbleibend guten Service und angenehme Kauferlebnisse zu bieten, sind die Schwachstellen der gesamten Wertschöpfung. Darunter leidet die Profitabilität der Automobilhersteller, das bietet gleichzeitig eine Angriffsfläche für Newcomer wie CarMax und AutoNation, die große Anstrengungen unternehmen, um den traditionellen Autohandel als hauptsächlichen Absatzkanal zu verdrängen.

Wie läßt sich mit diesem Muster Gewinn erzielen?

Stärken Sie Ihren schwachen Wertschöpfungsnachbarn so, daß er an Ihr Unternehmen gebunden ist. Machen Sie seinen Erfolg von dem Erfolg *Ihres* Business Design abhängig.

Betrachten Sie Ihre eigene Situation:

- Werden Ihre Anstrengungen, Wert zu generieren, von einer Schwachstelle in der Wertschöpfungskette unterminiert? Wer ist diese Schwachstelle: Ihre Kunden, Ihre Zulieferer oder beide?
- Wie können Sie dieser Situation begegnen? Welche Ansätze haben die größten Gewinnaussichten und das geringste Risiko?
- Können Sie das schwache Verbindungsglied so stärken, daß es Ihrem Unternehmen zu einem entscheidenden Durchbruch verhilft?

Reintegration

Reintegrieren Sie die Wertschöpfungskette, um Gewinn aus dem Gesamtsystem zu erzielen

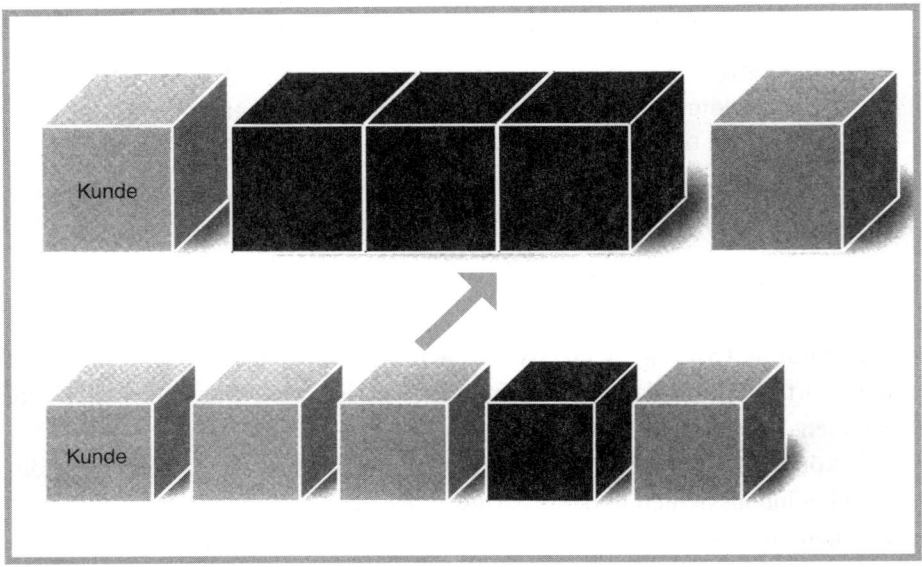

Über lange Zeiträume können kleine, inkrementelle Veränderungen des wirtschaftlichen Nutzens, einer Technologie, der Kundenrelevanz, des Investitionsumfangs und der Wettbewerbsfähigkeit große Profitabilitätsschwankungen entlang der Wertschöpfungskette nach sich ziehen. Eine Wertschöpfungskette, die aus 10 bis 15 Stufen besteht, weist unter Umständen Gewinnmargen zwischen 2 und 20 Prozent auf. Die Kapitalrendite kann noch unterschiedlicher ausfallen.

Mit zunehmend unterschiedlichen Gewinnaussichten verändert sich die relative Bedeutung der verschiedenen Stufen. Das Verhalten einiger Kundengruppen erhält einen größeren Einfluß auf das gesamte System. Die Prioritäten

einer Hauptkundengruppe bestimmen maßgeblich den Erfolg anderer Marktteilnehmer mit. Die größte Herausforderung für Unternehmen ist die mikroskopische Betrachtung jeder einzelnen Wertschöpfungsstufe, um nach
Gewinn- *und* Machtverschiebungen Ausschau zu halten und den Ressourcenfokus des Business Design auf die werthaltigsten Wertschöpfungsstufen auszudehnen.

In der Pharmaindustrie hat eine Verschiebung im Machtgefüge und in den
Kundenbeziehungen entlang der Wertschöpfungskette zu einer Reintegration
geführt. Merck war der erste Pharmakonzern, der die Ausbreitung dieses Musters erkannt und sich zunutze gemacht hat. Als Roy Vagelos, Vorstandsvorsitzender von Merck, die Wertschöpfungskette auf neue Schwachstellen und
Chancen untersuchte, traf er eine Entscheidung, die die gesamte Pharmaindustrie schockierte. Merck akquirierte Medco, einen Pharmavertrieb, der im Bereich Pharmacy Benefits Management (PBM)[1] tätig ist. Durch diesen Schritt
gelang es dem Arzneihersteller Merck, einen größeren Teil der Wertschöpfungskette unter seine Kontrolle zu bringen.

Zwar erzielte Merck immer noch hohe Gewinnspannen mit seinem traditionellen Business Design, aber der Bereich Managed Care[2] veränderte die Dynamik der Gesundheitsfürsorge. Die sich anbahnenden Veränderungen hatten
das Potential zur Machtverschiebung von Pharmaherstellern zu großen Einkaufsverbänden. Ärzte und Krankenhäuser verliehen den sogenannten Health
Maintenance Organisations (HMO)[3] und Managed-Care-Organisations immer
größeren Einfluß, und es kam zu einer signifikanten Veränderung der Ein-
kaufspraktiken für medizinische Präparate. Die HMOs handelten zunehmend
umfangreiche Verträge mit den PBMs aus, um die Administration der Arznei-
mittelverschreibung für ihre Kunden auszulagern. Merck erkannte, daß sich
die Kunden zu verändern begannen. Die Akquisition von Medco diente der
Wiederherstellung des Machtgleichgewichts und war darüber hinaus Teil der
übergeordneten Strategie, durch die Merck seinen Ressourcenfokus auf nach-

---

[1] Pharmacy Benefits Management: Mittler zwischen Ärzten und Pharmaunternehmen mit dem Ziel der Kostensenkung.
PBMs handeln mit Pharmaunternehmen günstige Preise für eine Reihe von Medikamenten aus und erstellen auf dieser
Basis verbindliche Arzneilisten für Ärzte, die nur diese Medikamente verschreiben dürfen.

[2] Managed Care: Rahmenkonzepte für die Organisation einer kosteneffektiven und qualitativ hochwertigen Krankenversor-
gung.

[3] Health Maintenance Organisations: Amerikanisches Krankenkassensystem. HMOs schließen auf der einen Seite Verträge
mit Unternehmen zur Versicherung der Angestellten und auf der anderen Seite Verträge über medizinische Versorgung mit
Polikliniken bzw. niedergelassenen Ärzten.

gelagerte Wertschöpfungsstufen ausdehnen wollte, um eine möglichst hohe Kundennähe zu erreichen, unabhängig davon, ob es sich dabei um Ärzte, branchenübliche Verfahren, Krankenhäuser, Einkaufsverbände oder Managed-Care-Organisations handelte.

In den 80er Jahren wurde Fresenius, ein Unternehmen, das medizinische Geräte vertreibt, mit Herausforderungen konfrontiert, die ebenfalls Auslöser für das Reintegrationsmuster waren. Der Markt für medizinische Ausrüstung und Pharmaprodukte hatte sich verändert, und der Wettbewerb hatte sich hauptsächlich auf die Distribution verlagert.

Zu Beginn der 80er Jahre hatten die meisten Hersteller medizinischer Geräte Fresenius den Rücken gekehrt und das Unternehmen damit gezwungen, die gesamte Wertschöpfungskette in Augenschein zu nehmen. Auf der Suche nach einer geeigneten Antwort baute Fresenius sein unternehmenseigenes Programm an Dialyseprodukten aus und entschloß sich, seine Aktivitäten auf nachgelagerte Wertschöpfungsstufen auszudehnen und Dialysezentren Managementleistungen anzubieten.

Inzwischen entwickelt Fresenius eigene Dialyse- und Pharmaprodukte sowie entsprechende Technologien und vertreibt sie an Krankenhäuser, Dialysezentren und andere medizinische Einrichtungen. Die wachsende Zahl gesetzlicher Regelungen auf dem deutschen Markt veranlaßten Fresenius, nach neuen potentiellen Marktchancen Ausschau zu halten. Fresenius ist inzwischen mit eigenen Einrichtungen in über 20 Ländern vertreten.

Das Unternehmen hat sich immer stärker auf die nachgelagerten Schritte entlang der Wertschöpfungskette konzentriert. Der Konzern verfügt über eine eigene Produkt- und Servicegruppe, die auf der ganzen Welt Dialysezentren errichtet, mit unternehmenseigenen Geräten ausrüstet, die lokalen Fachkräfte schult und das Management der Einrichtungen übernimmt. Fresenius wendet die gleiche Reintegration früher separater Wertschöpfungsschritte nun auch im Transfusionsgeschäft an.

Ein weiteres Beispiel für eine erfolgreiche Reintegration der Wertschöpfungskette ist The Gap, ein führendes Einzelhandelsunternehmen für Freizeitbekleidung.

1969 bestand The Gap aus einem einzigen Jeansgeschäft. Innerhalb von drei Jahrzehnten ist es dem Unternehmen gelungen, eine Führungsposition in der Bekleidungsindustrie zu erklimmen. Heute gehören zu The Gap über 2000 Geschäfte, die attraktive und qualitativ hochwertige Freizeitbekleidung verkaufen und sich in folgende Kategorien aufteilen: Gap (mittleres Segment), Gap Kids/Baby Gap (Kinderbekleidung), Banana Republic (hochpreisiges Segment) und Old Navy (preisgünstig, gute Qualität).

Das rapide Wachstum des Bekleidungsunternehmens während der letzten zehn Jahre basierte zwar auf der Entwicklung eines starken Markenimages, aber das Kernelement der Unternehmensstrategie war die erfolgreiche Reintegration der Wertschöpfungskette. Ausgehend von seinen Wurzeln als traditionelles Einzelhandelsunternehmen und Einkäufer von Freizeitbekleidung unterschiedlicher Anbieter und Hersteller hat The Gap seine Aktivitäten systematisch vertikal ausgedehnt (die Fremdfertigung wurde allerdings beibehalten). The Gap beschäftigt ein eigenes Designerteam, das durch ganz Europa reist, um neue Modetrends aufzuspüren, die jedes Jahr in hauseigenen Kollektionen umgesetzt werden.

Das Reintegrationsmuster hat sich unter anderem auch in der Erfrischungsgetränkeindustrie ausgebreitet. In den 70er Jahren erstreckte sich die Wertschöpfungskette von Verpackungsherstellern (Dosen und Flaschen) über Siruphersteller (Cola, Pepsi, Seven Up, Schweppes etc.) bis zu Abfüllunternehmen. Manchmal deckten sich die Interessen der verschiedenen Unternehmen, meistens jedoch klafften sie auseinander, was zu Reibungsverlusten und Ineffizienz in der gesamten Wertschöpfungskette führte.

In den 80er Jahren erneuerte Roberto Goizueta, damaliger Vorstandsvorsitzender von Coca-Cola, das Business Design seines Unternehmens und begann, die Aktivitäten auf Bereiche auszudehnen, die Coca-Cola bis dahin anderen Unternehmen überlassen hatte, um die Kontrolle über die Wertschöpfungskette zurückzugewinnen. Allerdings verfolgte Goizueta nicht den traditionellen Reintegrationsansatz. Coca-Cola beabsichtigte keineswegs, alle Stufen selbst abzudecken. Sein Ziel war, das gesamte System auf maximale Verfügbarkeit der Produkte und eine maximale Durchsetzung der angestrebten Preise bei niedrigstmöglichem Kapital- und Kosteneinsatz auszurichten.

Coca-Cola arbeitet noch daran, hat aber in den letzten zehn Jahren die Beherrschung der Wertschöpfungskette von 20 Prozent (Sirupherstellung und Werbung) auf 80 Prozent (vom Rohstoff bis zur Distribution) steigern können.

Das Reintegrationsmuster greift auch auf andere Branchen über, insbesondere auf kapitalintensive Fertigungsbereiche. Fertigungsunternehmen sehen sich immer öfter in einer Situation, in der eine partielle Reintegration der einzige Weg zu einer vernünftigen Kapitalrendite ist. Wenn eine Wertverschiebung zwischen den Wertschöpfungsstufen stattfindet, sind Unternehmen gezwungen, die werthaltigen Bereiche in ihre Aktivitäten zu integrieren, um ihre strategische Absicherung zu wahren.

Ironischerweise beginnt das Reintegrationsmuster nun ausgerechnet in der Computerbranche seine Wirkung zu entfalten, einem Industriezweig, der die letzten 20 Jahre von einer Zersplitterung in die kleinsten Bestandteile gekennzeichnet war. Microsoft und Intel haben die Desintegration damals ausgelöst und von ihr am meisten profitiert. Jetzt arbeiten beide Unternehmen intensiv daran, diese Entwicklung zurückzudrehen und die einzelnen Wertschöpfungsschritte wieder zusammenzuführen.

Über seine sogenannten Architecture Labs fördert Intel eine Reihe von Initiativen, die die Ausdehnung seiner Aktivitäten definieren und vorantreiben soll. Microsoft hat damit begonnen, in nachgelagerte Wertschöpfungsstufen zu expandieren, um näher an die Endnutzer heranzukommen. Traditionell setzen sich seine Kunden aus Unternehmen zusammen, die die Software von Microsoft im Rahmen des Fertigungsprozesses auf den Computern vorinstalliert, sowie aus Anwendungsentwicklern, die plattformkompatible Programme schreiben. Mit seiner neuen Strategie wird Microsoft nun auch in den Bereichen inhaltliche Gestaltung und Abwicklungsservice aktiv und kann auf diese Weise einen größeren direkten Kontakt zu Endnutzern herstellen.

Wie läßt sich mit diesem Muster Gewinn erzielen?

Reintegrieren Sie die werthaltigen Stufen der Wertschöpfungskette, die Profitabilität, Kundeninformation oder strategische Absicherung versprechen. Nehmen Sie Abstand von Akquisitionen, es sei denn, es läßt sich nicht vermeiden. Greifen Sie statt dessen auf Vereinbarungen, Allianzen oder Minderheitsbeteiligungen zurück.

• Welche Bedingungen und Auslöser führen zu Reintegration? Welche Möglichkeiten zur Reintegration von Wertschöpfungsstufen existieren in Ihrer Branche?

- Ist eine Reintegration notwendig, damit Ihr Unternehmen Gewinnzuwächse erreichen bzw. vorhandene Gewinne absichern kann?
- Welche Stufe der Wertschöpfungskette bietet das höchste Gewinnpotential und die beste strategische Absicherung?
- Welche Schritte müssen Sie unternehmen, um über eine partielle oder vollständige Reintegration ein wertsteigerndes Business Design zu entwickeln?
- Wie können Sie die Risiken mindern, die mit diesen Schritten verbunden sind?

Reintegration von Kunden

In der Vergangenheit war die Reintegration naturgemäß *rückwärts* gerichtet. Mit zunehmendem Wachstum eines Unternehmens ergaben Make-or-Buy-Analysen, daß es oft günstiger war, bestimmte Aktivitäten selbst abzudecken. Zulieferer wurden aufgekauft oder ersetzt, und die Gewinne stiegen; die Kapitalintensität allerdings ebenfalls.

Unternehmen, die heute über eine strategische Reintegration nachdenken, haben ihren Blick um 180 Grad gewendet und blicken nun entlang der Wertschöpfungskette *nach vorne* in Richtung Kunden. Das hängt damit zusammen, daß strategischer Erfolg immer weniger mit Produkten und immer mehr mit Zugang zu (und Information über) profitablen (profitable) Kunden und ihrer Akquisition zu tun hat. Es gibt viele überzeugende Gründe für die Reintegration von Kunden in das Business Design Ihres Unternehmens. Denken Sie an die Beispiele, die hier bereits dargestellt wurden:

- Coca-Cola kaufte seine Kunden auf, um deren Beitrag zur gesamten Wertschöpfung zu steigern und sich Zugang zu dem hochprofitablen Vertriebsinstrument Getränkeautomaten zu verschaffen.
- AutoNation integrierte Autohändler in der Erkenntnis, daß sich über den Autoverkauf hochprofitable Finanzierungslösungen, Versicherungen und Kundendienst verkaufen lassen.
- Fresenius steigerte entscheidend den wirtschaftlichen Kundennutzen der Krankenhäuser, indem es seinen intravenösen Präparaten bis dahin ausgelagerte Patientenversorgungseinrichtungen hinzufügte. Die Integration von nachgelagerten Dienstleistungen ermöglichte Fresenius außerdem, seine hochprofitablen Produkte „durchzusetzen".

Zwei weitere strategische Motivationen dürfen an dieser Stelle nicht unerwähnt bleiben: Internet und E-Commerce. Wie viele Gründe könnte Ihr Unternehmen für die engere Einbindung des Endkunden in das Business Design anführen? Diese Überlegung verdient eine sorgfältige Abwägung, auch wenn Ihr Unternehmen diese Wertschöpfungsstufen noch nie abgedeckt hat.

Wenn Sie in Zukunft enge Kundenbeziehungen pflegen, können Sie höchstwahrscheinlich die richtigen Produkte beschaffen, die die Wünsche Ihrer Kunden erfüllen. Wenn Sie das Gewicht aber auf Produkte legen, bleibt dahingestellt, ob es Ihnen gelingt, die profitabelsten Kunden zu erreichen. Es ist ungewiß, ob Sie diese Kunden davon abhalten können, sich Wettbewerbern zuzuwenden, die die Kunden stärker in ihr Business Design integriert haben.

Der große Bruch in der Wertschöpfungskette

Den aufmerksamen Lesern der Wertschöpfungsmuster wird nicht entgangen sein, daß es einen Trend gibt, der sich durch viele Muster zieht. Unternehmen, die an der Spitze der Desintegrationsbewegung stehen, machen sich von *vorgelagerten* Wertschöpfungsschritten frei; Unternehmen, die frühzeitig auf das Reintegrationsmuster reagieren, expandieren in *nachgelagerte* Wertschöpfungsschritte. Newcomer sind unter den Spezialisten auf vorgelagerten wie auf den nachgelagerten Stufen zu finden. Was geht hier eigentlich vor?

Wir erleben eine Aufspaltung der wirtschaftlichen Aktivitäten entlang einer Verwerfungslinie: Auf der einen Seite befindet sich das *Management immaterieller Vermögenswerte* und auf der anderen Seite das *Management physischer Vermögenswerte*. Noch decken die meisten Unternehmen beide Bereiche ab. In Zukunft werden sie sich entscheiden müssen. Daraus entstehen zwei Cluster an Wertschöpfungsaktivitäten – das wissensbasierte Cluster und das physische Cluster –, die den Wertschöpfungsbruch ausmachen.

Viele Unternehmen achten zum ersten Mal auf den ROCE (Return on Capital Employed) und beginnen – zum Wohlgefallen der Investoren –, ihr Handeln danach auszurichten. Diese Unternehmen decken eine Mischung aus wissensbasierten, immateriellen sowie physischen Vermögenswerten ab. Mit der detaillierten Analyse des ROCE auf jeder Wertschöpfungsstufe kommt jedes Unternehmen zur selben Schlußfolgerung: Der ROCE wissensbasierter Wertschöpfungsstufen ist um ein Vielfaches höher. Der aktuelle Aktienkurs des Unternehmens ist ein ungeordneter Durchschnittswert beider Cluster.

Unternehmen, die sich ihren Aktionären verpflichtet fühlen, werden das Offensichtliche in Angriff nehmen und die kapitalintensiven Aktivitäten, die nicht zu ihrem Kerngeschäft gehören, auslagern. Gleichzeitig werden sie den steigenden Wert von Kundeninformationen und neuesten wissensbasierten Aktivitäten erkennen und diese in ihr Business Design reintegrieren. Dadurch entsteht ein Unternehmen, dessen Ressourcenfokus sich auf das wissensbasierte Cluster ausrichtet und folgende Aktivitäten beinhaltet: Produktforschung und -entwicklung, Produktentwurf, produktbezogene Software, Pilotwerke, Daten über aktuelles und prognostiziertes Kundenverhalten, Markenmanagement, Kundeneinkaufsdaten und Produkt-/Servicedaten.

Unternehmen, die den Kampf um die wissensbasierte Führungsposition verlieren, müssen möglicherweise unfreiwillig wieder zu vorgelagerten Schritten der Wertschöpfungskette zurückkehren. Die meisten der heute existierenden Unternehmen würden versuchen, das zu vermeiden, da das unweigerlich zu Wertvernichtung führt.

„Heute existierend" ist das Schlüsselwort. Der große Bruch in der Wertschöpfungskette wird mit aller Wahrscheinlichkeit unternehmerische Chancen für neue Unternehmenstypen schaffen, die sich exklusiv auf die Fertigung konzentrieren. Bereiten Sie sich darauf vor, daß einige neue Unternehmen auf Sie zukommen und daß börsennotierte, branchenübergreifende Fertigungskonglomerate in der globalen Wirtschaftsgemeinde eines Tages eine große Rolle spielen werden.

Auf welcher Seite der Trennungslinie wird sich Ihr Unternehmen wiederfinden? Wird es seine Position frei wählen, oder wird es von der Initiative solcher Wettbewerber, die sich auf das Management wissensbasierter Aktivitäten konzentrieren, auf eine Seite gedrängt werden?

6

Kundenmuster

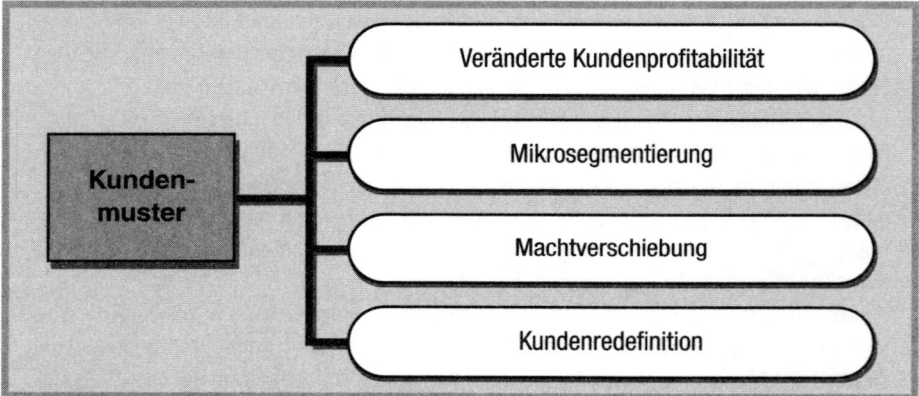

Kunden sind die höchste Instanz für Wertgenerierung. Sie sind es, die täglich mit ihrer Zeit, ihrem Geld und ihrer Kundentreue diejenigen Business Designs belohnen, die ihre Wünsche am besten erfüllen. Das Ergebnis ihrer wechselnden Entscheidungen sind Wertgenerierung und Wertvernichtung.

Unternehmen beginnen die Muster für kundengetriebene Gewinnverschiebungen erst jetzt allmählich zu begreifen. Die Veränderungen im Kundenverhalten wiederholen sich auf ähnliche Weise in fast allen Branchen, lösen zahlreiche Muster aus und werden die strategische Landschaft auch in Zukunft maßgeblich bestimmen. Die Chancen (und Verluste), die dadurch entstehen, wiederholen sich ebenfalls. Die Machtbalance zwischen Kunden und Anbietern hat sich zugunsten der ersteren Gruppe verschoben. Sie sind im Besitz der Information (häufig unwissentlich) über zukünftige Gewinnzonen.

Mangelndes Wissen über die Komplexität des Kundenverhaltens ist das größte strategische Risiko, mit dem sich Unternehmen heute auseinandersetzen müssen. Veränderte Kundenprioritäten, Kundenpräferenzen, Kaufkraft und unbefriedigende Erfahrungen mit bestimmten Produkten oder Dienstleistungen sind vielleicht die wichtigsten Auslöser für neue Gewinnmuster. Kundenmuster sind daher wahrscheinlich von allen Mustern die grundlegendsten – mit den größten Konsequenzen. Die hier dargestellten Varianten sind ein kleiner Ausschnitt der Kundenmuster, die in den nächsten drei bis fünf Jahren auftreten werden.

Kundenmuster Nr. 1
Veränderte Kundenprofitabilität

Früher waren alle Kunden profitabel – heute sind es die wenigsten

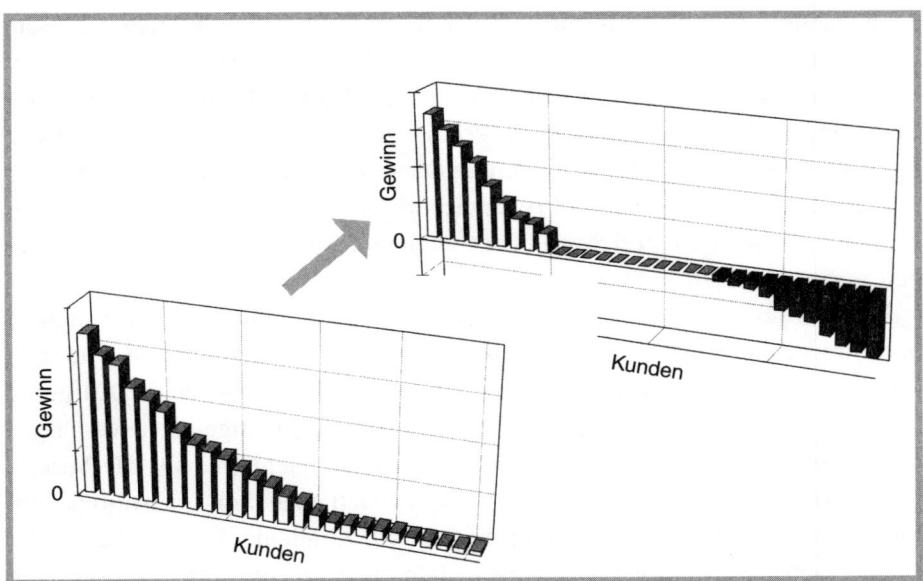

Noch vor einer Generation war Profitabilität kein Mysterium. Unternehmen verkauften Produkte, Kunden kauften sie. Wenn der Verkaufspreis über den Herstellungs- und Verkaufskosten lag, war der Geschäftsabschluß profitabel.

Heute ist dieser Geschäftsansatz sehr gefährlich, weil in vielen Märkten beileibe nicht alle Kunden profitabel sind. Ein eingehender Vergleich der Preise mit den tatsächlichen Kosten der Kundenbedienung kann u.U. ergeben, daß ein Unternehmen mit bestimmten Kunden Verluste erwirtschaftet. In diesem Fall wäre es ratsam, die unprofitablen Kunden möglichst auf Wettbewerber umzulenken.

Die Verschiebung von „Alle Kunden sind profitabel" zu „Viele Kunden sind unprofitabel" wurde durch sinkende Bruttogewinnspannen und wachsende Kostenunterschiede in der Kundenbedienung ausgelöst. Anbieter werden heute für eine wesentlich strengere Messung des aktuellen und zukünftigen Wertpotentials jedes einzelnen Kunden, für eine zielgerichtete Selektion vielversprechender Kunden und für die Entscheidung über den Investitionsumfang in die selektierten Kunden belohnt.

Im Bereich Investmentfonds haben veränderte demographische Kundenmerkmale und wachsende Einkommensunterschiede das Muster der veränderten Kundenprofitabilität ausgelöst. In der Vergangenheit dominierten in diesem Markt wohlhabende Investoren, die eigentlich alle profitabel waren, weil ihr Wert über den gesamten Lebenszyklus außerordentlich hoch war. Der Markt für Investmentfonds ist inzwischen kräftig gewachsen und deckt eine breite Basis neuer Kunden ab. Insbesondere in der zweiten Hälfte der 90er Jahre war ein regelrechter Ansturm von Privatanlegern der gehobenen Mittelklasse auf Investmentfonds zu verzeichnen (siehe auch den Kapitelabschnitt „Kundenredefinition", S. 153 ff.).

Viele dieser neuen Kunden absorbieren in großem Umfang Aufmerksamkeit und Service bei einer vergleichsweise geringen Investitionshöhe, die auch in Zukunft wenig Aussicht auf eine substantielle Aufstockung bietet. Aufgrund des geringen Investitionsvolumens im Vergleich zu den angelegten Vermögen wohlhabenderer Kunden können auch nur geringe Gebühren für die Vermögensverwaltung erhoben werden (deren Höhe sich nach dem Investitionsvolumen richtet), so daß es sich kaum lohnt, diesen Kundenkreis zu bedienen. Infolgedessen sind die Gewinnspannen vieler Investmentfonds gesunken, obwohl die von ihnen verwalteten Vermögen insgesamt erheblich an Umfang gewonnen haben.

Wenn eine Gewinnverschiebung stattfindet, erhält die Kundenprofitabilität plötzlich eine außerordentliche Bedeutung. So erwirtschaftet z.B. Kanthal, ein schwedischer Hersteller von Elektrogeräten, mit 40 Prozent seiner Kundenbasis 150 Prozent des Unternehmensgewinns. Mit weiteren 20 Prozent erreicht Kanthal eine Kostendeckung. Die letzten 40 Prozent verursachten Verluste, die 50 Prozent der Unternehmensprofitabilität vernichteten.

Im Bankwesen ist diese Arithmetik mindestens ebenso beeindruckend. Einige Banken erwirtschaften mit 30 Prozent ihrer Kunden 130 Prozent Gewinn. Weitere 30 Prozent der Kunden decken die Kosten ihrer Bedienung, und die

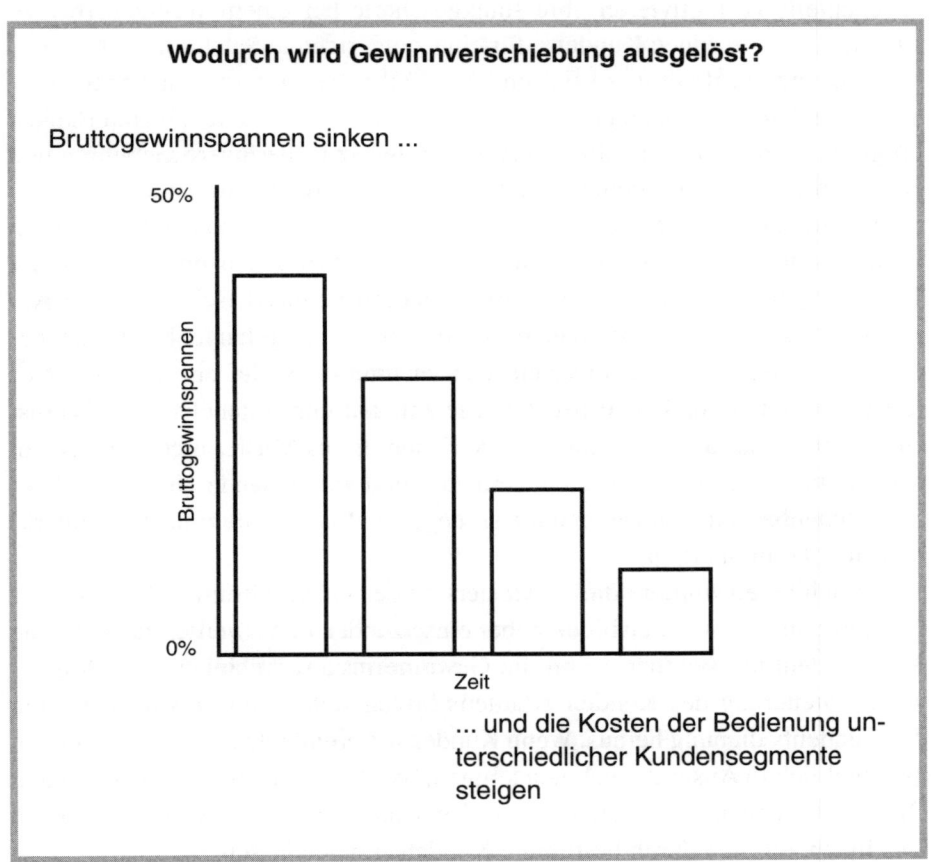

Wodurch wird Gewinnverschiebung ausgelöst?

Bruttogewinnspannen sinken ...

... und die Kosten der Bedienung unterschiedlicher Kundensegmente steigen verbleibenden 40 Prozent verursachen Verluste in Höhe von 30 Prozent des Gewinns.

Mehrere Banken haben diese Gewinnverschiebung erkannt und frühzeitig entschieden, sich von unprofitablen Kunden zu trennen, die sie möglicherweise zu einer Zeit akquiriert haben, als der Wettbewerb noch über die Höhe der Marktanteile ausgetragen wurde. Einige Banken setzen schon sehr früh im Marketingprozeß Softwaresysteme ein, um Kundendaten zuzuordnen, zu analysieren und Profitabilitätsanalysen je Kunde zu erstellen. Durch diese Methode finden neue Technologien und Informationsmanagement-Systeme Eingang in den Marketingprozeß. Auf Basis der gewonnenen Kundenprofile stellen Banken Produktpakete zusammen, die für Basisdienstleistungen wie Sparkonten und Scheckeinreichungen Gebühren erheben, um unprofitable Kunden gegebenenfalls zu motivieren, ihre Bankgeschäfte bei einem Wettbewerber zu tätigen.

Mangelnde Profitabilität kann im Einzelfall auch ein vorübergehendes Problem sein. Um Kunden zu größeren Investitionen zu motivieren, bieten Banken Programme mit unterschiedlichen Anreizstufen (z.B. geringere Gebühren und eine größere Zahl gebührenfreier Transaktionen an Bankautomaten).

Das Kundenprofitabilitätsmuster breitet sich in den unterschiedlichsten Branchen aus – z.B. in der chemischen Industrie, bei Konsumgütern, in der Telekommunikation, der Papierindustrie, in der Energiewirtschaft und der Automobilindustrie. Allerdings dauert es meistens ziemlich lange, bis es sichtbare Auswirkungen zeigt. So war ein Unternehmen z.B. tief erschüttert, als es feststellen mußte, daß 60 Prozent seiner Kunden unprofitabel waren. Wie ist eine solche Überraschung möglich? Weil sich dieses Muster nicht über Nacht herausbildet. Verändertes Kundenverhalten und zunehmende Unterschiede in der Kundenbasis transformieren die strategische Landschaft zunächst unmerklich, aber kontinuierlich.

Ein Schlüsselsymptom dieses Musters ist der unaufhaltsame Rückgang der Gewinnspannen. Wie Felsbrocken bei einsetzender Ebbe werden unprofitable Kunden deutlich sichtbar, wenn die Gewinne insgesamt sinken. Durch mangelnde Steuerung des Kundenverhaltens bilden sich unterschiedliche Kosten der Kundenbedienung heraus. Wenn Kunden differenzierte Service-Leistungen unentgeltlich in Anspruch nehmen können, werden sie auch danach verlangen. Die resultierenden Kosten stehen unter Umständen in keinem Verhältnis zu den Gewinnen, die sich durch bestimmte Kunden erzielen lassen.

Kundenprofitabilität ist ein relatives Konzept. Wenn ein Unternehmen eine schlechte Kapazitätsauslastung hat, ist selbst ein unprofitabler Kunden noch willkommen, weil das inkrementelle Geschäftsvolumen kurzfristig zur Kostendeckung beiträgt. Langfristig bleibt die Herausforderung dieselbe: Entweder dem Unternehmen gelingt es, die „schlechten" Kunden durch profitable Kunden zu ersetzen, oder es baut Kapazitäten ab – oder beides.

Viele Unternehmen schaffen den Übergang von der kurzfristigen zur langfristigen Perspektive nicht und bleiben in der ungemütlichen Lage stecken, daß kurzfristige Entscheidungen (die unprofitablen Kunden beizubehalten) langfristig zu mittelmäßigen Ergebnissen führen (Verluste durch ständige Subventionierung unprofitabler Kundengruppen).

Der Schlüssel zu einer Umkehrung dieser Abwärtsspirale liegt in der Fähigkeit zur kontinuierlichen Resegmentierung der Kundenbasis und einer regelmäßigen Profitabilitätsanalyse. Die Entwicklung eines exakten und dynamischen Profils über die Art und Weise, wie sich die Profitabilität je Kunde verschiebt, ermöglicht eine strategische Kundenselektion und -entwicklung, die den größten langfristigen Wertzuwachs verspricht. Außerdem ist dieser Prozeß ein geeignetes Instrument zur Steuerung unprofitabler Kunden. Über eine Neuausrichtung des Konditionen- und Preisgefüges sowie der Investitionsentscheidungen können Unternehmen ihr Ertragsmanagement verbessern. Mangelnde Kundenprofitabilität läßt sich also durchaus beheben.

Untersuchen Sie die Profitabilität Ihrer Kunden alle sechs bis zwölf Monate (auf der Basis des aktuellen Entwicklungsstadiums, des zukünftigen Gewinnpotentials etc.), und leiten Sie Schritte ein, mit denen Sie den Wert des Segments mit der niedrigsten Profitabilität steigern können (über veränderte Konditionen, Preisdifferenzierung, unterschiedlichen Service). Sollte sich seine Profitabilität trotzdem nicht verbessern, verändern Sie die Konditionen so lange, bis dieses Kundensegment freiwillig zu einem Wettbewerber wechselt. Sonst müssen Ihre profitablen Kunden letztlich die unprofitablen Kunden mitfinanzieren – und daran hat keiner der Beteiligten ein Interesse.

Wie läßt sich mit diesem Muster Gewinn erzielen?

Investieren Sie Zeit und Mühe, um ein System zu entwickeln,
das Aufschluß über die Kundenprofitabilität gibt.
Bringen Sie es vierteljährlich auf den neuesten Stand.
Differenzieren Sie Preisgefüge, Serviceangebot und
Investitionen auf der Basis der gewonnen Daten.

- Welche Faktoren (Verhalten, demographische Merkmale, wirtschaftlicher Nutzen, Produktprogramm) bestimmen die Kundenprofitabilität und sind Auslöser für Gewinnverschiebungen in Ihrer Branche?
- Hat Ihr Unternehmen verstanden, wie sich Kundenprofitabilität in seinem Geschäftszweig definiert?
- Mit welchen Taktiken kann Ihr Unternehmen die profitabelsten Kunden halten und entwickeln?
- Wie können Sie die Profitabilität kostendeckender bzw. unprofitabler Kunden durch veränderte Konditionen, Investitionen oder sonstige Instrumente der Gestaltung der Kundenbeziehung steigern? Wenn das nicht gelingt, wie können Sie unprofitable Kunden dazu bewegen, zum Wettbewerb abzuwandern?
- Wie können Sie mit Ihrem neugewonnenen Verständnis der Definition von Kundenprofitabilität in Ihrer Branche die nächste profitable Kundengruppe gewinnen?

Kundenmuster Nr. 2
Mikrosegmentierung

*Von der undifferenzierten Kundenbasis über die Differenzierung
zur Einzigartigkeit*

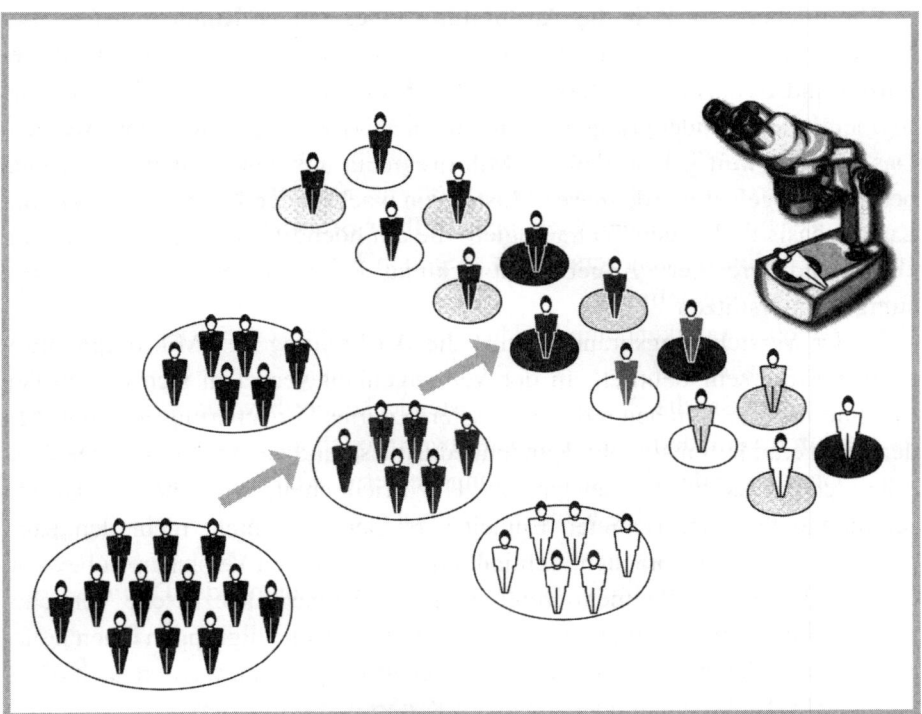

Mit zunehmender Marktreife wachsen auch Heterogenität und Ansprüche der
Kunden. Das führt wiederum zu grundlegenden Marktveränderungen. Zu Beginn der Branchenentwicklung sind die meisten Kunden mit Standardprodukten zufrieden. In dem Maße, wie die Vertrautheit mit den neuen Produkten und
ihren Anwendungsmöglichkeiten wächst, verändern sich auch die Ansprüche
der Kunden an das Produkt in unterschiedliche Richtungen. Anbieter reagieren

darauf mit Produktmodifikationen, um den verschiedenen Kundengruppen gerecht zu werden.

Eines der Ergebnisse einer guten Segmentierung ist eine Marktvergrößerung. Kunden sind bereit, für ein maßgeschneidertes Produkt oder eine Dienstleistung höhere Preise zu bezahlen. Unternehmen, die ihr Angebot am besten an Kundenbedürfnissen ausrichten, gehen aus dieser Entwicklung als Sieger hervor.

Wir erleben zur Zeit die Ausbreitung eines neuen Kundenmusters, der Mikrosegmentierung. Anbieter identifizieren immer unterschiedlichere Präferenzen und Bedürfnisse unterschiedlicher Kundengruppen, so daß die bereits segmentierten Kundengruppen nochmals in Mikrosegmente unterteilt werden. Das kann so weit gehen, daß ein Mikrosegment aus einem einzigen Kunden besteht. Ausgelöst wurde dieses Muster von wachsenden Unterschieden in der Kundenbasis und neuen Technologien, die ein hochdifferenziertes Marketing, eine hochdifferenzierte Angebotsentwicklung, Kommunikation und Dienstleistungen unterstützen.

In der Versicherungsbranche wird die Ausbreitung des Mikrosegmentierungsmusters sehr deutlich. In der Vergangenheit verließen sich die großen Institute im wesentlichen auf ein undifferenziertes Versicherungsangebot. Mit der Zeit veränderten sich die Kundenbedürfnisse und zeigten spezifische Ausprägungen. Das führte meistens zu Unzufriedenheit, weil die am Durchschnittskunden ausgerichteten Einheitsversicherungen nicht mehr den Kundenbedürfnissen entsprachen. Schließlich wurde einigen Versicherern bewußt, daß sie durch eine Segmentierung ihrer Kundenbasis spezifische Versicherungsangebote entwickeln und so aus bestimmten Kundengruppen einen höheren Wert erzielen konnten. Auch die Versicherungsprämien wurden nach Alter, Geschlecht, Einkommen oder sonstigen Kriterien differenziert.

Mit der Zeit unterteilten sich diese Segmente in Mikrosegmente, so daß Unternehmen immer differenziertere Leistungen und Steuerungsmechanismen für die unterschiedlichen Kundentypen entwickelt haben. USAA ist einer der Vorreiter der Mikrosegmentierung in der Versicherungsbranche gewesen und konzentriert sich nur auf einige wenige Kunden, denen es paßgenaue Leistungen bietet. Das steigert den Umsatz, reduziert Kosten, erhöht die Kundenbindung und führt zu signifikanter Wertsteigerung.

Eine Sensibilisierung für die Existenz dieses Muster befähigt Manager, neu entstehende Mikrosegmente schon zu Beginn ihres Auftretens zu identifizieren, gezielt nach ihnen zu suchen und sie gewinnbringend zu nutzen. Dabei liegt der Fokus immer auf den profitabelsten Mikrosegmenten, deren Beitrag zur Werterzielung am höchsten ist.

Eines der herausragendsten Beispiele für Mikrosegmentierung ist Levi Strauss. 1994 führte das Unternehmen ein „Personal Pair"-Programm für weibliche Jeansträgerinnen ein, die es leid waren, jedesmal 10 bis 15 verschiedene Modelle anprobieren zu müssen, bis sie eine passende Jeans fanden. Levi Strauss fand heraus, daß Kundinnen gewillt waren, eine Wartezeit von mehreren Wochen sowie höhere Preise in Kauf zu nehmen, wenn ihnen dadurch perfekter Sitz garantiert würde. Nur drei Jahre später machte „Personal Pair" bereits 25 Prozent des Jeansverkaufs in amerikanischen Original Levis Stores aus.

1998 ersetzte Levis „Personal Pair" durch „Original Spin", ein Programm, das auf „Personal Pair" aufbaute, aber auch Jeans für Männer beinhaltete. Zusammen mit einem Verkaufsberater stellen Kunden ihre individuellen Jeansmerkmale wie Farbe, Form und sogar die Bezeichnung zusammen. Diese Merkmale werden zusammen mit den persönlichen Maßen wie Taillenumfang, Beinlänge etc. in ein Internet-Terminal eingespeist und an die Levi-Herstellungsbetriebe weitergeleitet. Wenn die Jeans zwei bis drei Wochen später im Geschäft eintrifft, ist sie mit einem Barcode versehen, der bei einer Nachbestellung nur noch eingelesen werden muß.

Dieses Programm hat unbegrenzte Auswahlmöglichkeiten für alle Kunden geschaffen. Die produktzentrierten Jeansgeschäfte bieten eine Auswahl an ca. 130 verschiedenen fertigen Modellen für alle möglichen Körpermaße. „Personal Pair" hat die Zahl der Modelle auf 430 gesteigert. Mit „Original Spin" wird sie auf 750 anwachsen. Viele Einzelhandelsunternehmen sind auf das Programm von Levi Strauss aufmerksam geworden und beobachten, ob es sich langfristig bewährt. Man kann sich durchaus eine Zukunft vorstellen, in der Geschäfte keine fertige Kleidung mehr verkaufen (Kleidungsstücke werden bestellt und maßgeschneidert vom Hersteller in das Geschäft geliefert), sondern als Bekleidungsberater fungieren, die die neuesten Trends im Angebot haben.

Drei entscheidende Marktbedingungen müssen vorhanden sein, damit das Mikrosegmentierungsmuster sich erfolgreich ausbreiten kann. Die erste Voraussetzung ist eine wachsende Kundenheterogenität. Zweitens müssen die Ansprüche der Kunden wachsen. Mit zunehmenden Erwartungen an Funktionalität und Individualität eines Produkts oder einer Dienstleistung verlangen Kunden größere Auswahlmöglichkeiten. Wenn diese beiden Voraussetzungen gegeben sind, wird die Erfüllung der dritten Bedingung – ein technologischer Fortschritt durch Systeminfrastruktur – Unternehmen in die Lage versetzen, viele Segmente effizient zu bedienen.

Die dazu notwendige Technologie ist bereits vorhanden. Das Internet und moderne Datenbanktechnologien, insbesondere solche mit Zielansteuerungsfunktionen, bieten allen Unternehmen enorme Potentiale. Die Herausforderung liegt darin, die ersten beiden Faktoren ausfindig zu machen und ein neu entstehendes profitables Mikrosegment und seine Bedürfnisse überhaupt zu erkennen. Dieses Muster, das sich immer weiter ausbreitet, läßt für Unternehmen, die darauf vorbereitet sind, neue Quellen der Wertsteigerung entstehen.

Wie läßt sich mit diesem Muster Gewinn erzielen?

Unterteilen Sie die Kundenbasis in immer kleinere homogene Segmente. Nehmen Sie das profitabelste Mikrosegment heraus, und entwickeln Sie paßgenaue Angebote für die Bedürfnisse dieser Kunden. Sorgen Sie außerdem für ein unsichtbares Schutzschild, das Wettbewerber davon abhält, dieses Segment abzuwerben.

- Ist das Mikrosegmentierungsmuster in Ihrer Branche bereits aktiv, oder sind die Bedürfnisse und Präferenzen der Kunden noch relativ einheitlich?
- Welche frühen Signale zeigen das erste Auftreten dieses Musters an?
- Angenommen, dieses Muster ist bereits aktiv oder beginnt gerade sich auszubreiten, ist Ihr Unternehmen mental und technologisch darauf vorbereitet, es für sich zu nutzen?

Kundenmuster Nr. 3

Machtverschiebung

Die Machtbalance verlagert sich mal auf die eine, mal auf die andere Seite

Zwischen Anbietern und Kunden herrscht immer ein gewisses Spannungsverhältnis. Die Machtverteilung zwischen Käufern und Verkäufern spielt bei jedem Geschäftsabschluß eine Rolle und hat insbesondere auf die Gewinn- und Wertverteilung großen Einfluß. Wenn Kunden in der mächtigeren Position sind, können sie in Form von niedrigen Preisen und/oder einem höheren Nutzen Wert erzielen. Anbieter müssen sich dann mit einer Werterzielung zufriedengeben, die in keinem Verhältnis zu ihren Anstrengungen steht. Andersherum haben Kunden bei hohen Preisen wenig Auswahl, wenn die Macht bei den Anbietern liegt.

Ein großes Machtgefälle kann sich schnell entlang der Wertschöpfungskette ausbreiten. Herstellern von Plastikflaschen, die Unternehmen wie Coca-Cola und PepsiCo beliefern, ist es gelungen, ein beinahe perfektes Wissen über die Gesamtwirtschaftlichkeit der Rohstofflieferanten zu gewinnen, das ihnen ermöglicht, erheblichen Druck auf die Plastikhersteller auszuüben und deren Gewinne zu begrenzen.

Mehrere Faktoren können der Auslöser für das Machtverschiebungsmuster sein: z.B. die Konsolidierung von Kunden, die große professionelle Einkaufsgemeinschaften bilden und ihr gesamtes Expertenwissen in den Beschaffungsprozeß einbringen. Außerdem haben Kunden heute Zugang zu einer immensen Fülle von Informationen über die Kosten und Leistungen der Anbieter. Und die Anbieter tragen ihrerseits nicht selten durch undifferenzierte Produkte und Business Designs selber zu wachsender Kundenmacht bei.

Die amerikanische Pharmaindustrie der 90er Jahre ist ein gutes Beispiel für Machtverschiebung. In den 70er und 80er Jahren lag die Macht in den Händen der Pharmaunternehmen. Sie verkauften einzigartige, patentierte Produkte, für die es nur selten Ersatz gab. Auf der anderen Seite der Gleichung befand sich eine unstrukturierte, fragmentierte Masse von Kunden (Einzelkunden, Versicherer und medizinische Einrichtungen, die Arzneimittel kauften). Außerdem wurde die eigentliche Kaufentscheidung von einer noch fragmentierteren Kundenbasis getroffen: den Ärzten. Pharmaunternehmen erwirtschafteten außerordentlich hohe Gewinne und hatten unangefochten das Sagen.

Mit wachsender Zahl und Größe der Managed-Care-Organisations in den 90er Jahren begann sich die Machtverteilung allmählich zu verändern. Nachdem sich immer mehr Mitglieder der einst unstrukturierten Kundenbasis unter dem Dach des Rahmenkonzepts Managed Care zusammenfanden, hatten es die Pharmaunternehmen nicht mehr länger mit einzelnen Ärzten zu tun, sondern mit wenigen großen und durchsetzungsfähigen Organisationen: HMOs, Einkaufsverbänden oder sonstigen Managed-Care-Organisations. Das hatte zur Konsequenz, daß die Pharmaunternehmen die Freiheit in der Preisgestaltung einbüßten, die so viele Jahre satte Gewinne produziert hatte. Die mächtigen Einkaufsgemeinschaften verlangten bessere Konditionen.

Das Managed-Care-System veränderte die Machtstruktur. Das verlangte nach einer Antwort. Insgesamt hat sich die Pharmaindustrie hervorragend behauptet. Aufgrund der neuen Konzentration der Kundenbasis haben viele Unternehmen ihren Marktauftritt grundlegend überdacht und große Anstrengungen unternommen, sich bei Großkunden vorteilhaft zu positionieren. Einige Pharmakonzerne sind noch wesentlich weiter gegangen. Die Akquisition von Medco Containment Systems durch Merck spiegelt die Erkenntnis des Pharmakonzerns wider, daß er eine wesentlich stärkere Position in der Wertschöpfungskette aufbauen muß (andere Pharmaunternehmen sind dem Beispiel prompt gefolgt, allerdings ohne den gleichen Erfolg).

Darüber hinaus haben sich die Pharmahersteller intensiv auf die Steigerung ihrer Innovationsrate konzentriert, und zwar nicht nur auf umfangreiche Investitionen in die interne F&E, sondern auch auf vermehrte Lizenznahme, um neue Zusammensetzungen von Arzneistoffen, die von anderen Unternehmen entwickelt wurden, nutzen zu können. Desweiteren fand eine Branchenkonzentration statt, teils um Entwicklung und Vertrieb wirtschaftlicher zu machen, teils um der Macht der konsolidierten Kundenbasis entgegenwirken zu können.

Die meisten großen Pharmakonzerne konnten dadurch eine deutliche Produktverbesserung und eine verstärkte Produktentwicklung erreichen. Die wachsende Zahl profitabler neuer Produkte machte die Gewinnerosion, die durch die größere Verhandlungsmacht auf Käuferseite entstanden war, mehr als wett.

In der hochdynamischen Konsumgüterindustrie ist die andauernder Machtverschiebung zwischen Kunden und Anbietern das reinste Tauziehen. In den ersten Jahrzehnten nach dem 2. Weltkrieg lag die Macht in den Händen der Anbieter. Die Nachfrage wuchs wesentlich schneller als das Angebot, der Einzelhandel war stark fragmentiert, und die Kunden hatten großen Respekt vor mächtigen Markennamen.

Doch dann wurden die Hersteller einer Reihe unterschiedlicher Branchen das Opfer einer dramatischen Machtverschiebung zugunsten großer Einkaufsmärkte wie Wal-Mart, Aldi etc. Letztere nutzten ihre Position als Gatekeeper und setzten den Herstellern in den letzten 10 bis 15 Jahren die Daumenschrauben an, um die Preise zu drücken. Die Gewinnspannen der Hersteller sind dadurch auf die Hälfte geschrumpft. Die Macht der Einkaufsketten geht so weit, daß sie erheblichen Einfluß auf die Produktentwicklung und die Produktionsabläufe nehmen, die eher den Verkaufserfordernissen ihrer Märkte angepaßt sind als der Wirtschaftlichkeit der Hersteller.

In den letzten zehn Jahren hat es eine nachhaltige Verschiebung der Macht von Anbietern zu Kunden gegeben. Ohne Gegensteuerung wird diese Entwicklung dazu führen, daß die Gewinnquellen der Anbieter versiegen und sich die grundlegenden Bedingungen der Beziehungen zwischen Kunden und Anbietern verzerren.

Führende Hersteller haben darauf mit Globalisierung, Kostenreduzierung, Beschneidung der Werbeetats und dem Einsatz von Category Management geantwortet, um ihren Wert für den Einzelhandel zu erhöhen. Um dem Druck des Einzelhandels zu entgehen, haben einige Hersteller in den Markeneinzelhandel expandiert. Andere investieren große Summen in den Direktabsatz über Versandhandel und Internet. Die erfolgreichsten Hersteller konnten ihre Gewinnspannen halten und bei einigen Großkunden das Machtgefüge wieder zu ihren Gunsten verändern.

Der Kampf zwischen den beiden Seiten geht in allen Branchen weiter. Jede Veränderung im Business Design, jede wirtschaftliche Veränderung und jede Änderung im Informationsfluß kann das Zünglein an der Waage in die eine oder andere Richtung ausschlagen lassen und Gewinnströme und Wertzuwachs in die Gegenrichtung umlenken. Bereiten Sie sich frühzeitig darauf vor.

Wie läßt sich mit diesem Muster Gewinn erzielen?

Versuchen Sie, das Machtgleichgewicht wiederherzustellen.
Sollte das nicht möglich sein, redefinieren Sie Ihre Kundenbasis.

- Welche Marktbedingungen bestimmen und verändern die Machtbeziehungen in Ihrer Branche?
- Welche Veränderung könnte in Ihrer Branche eine überproportionale Machtverschiebung von Kunden zu Anbietern oder umgekehrt auslösen?
- Wie sieht die Machtverteilung zwischen Ihrem Unternehmen und seinen Kunden aus?
- Wie hat sich diese Machtverteilung in den letzten drei Jahren verändert? Wie wird sie sich in den nächsten drei Jahren verändern?

- Falls sich die Macht zuungunsten Ihres Unternehmens verschiebt, welches sind die besten Optionen, um das Gleichgewicht wiederherzustellen?
  - Innovation?
  - Übergang von Produkten zu Lösungen?
  - Verbessertes Wissen über den wirtschaftlichen Kundennutzen?
  - Redefinition der Kundenbasis?

Wiederherstellung des Machtgleichgewichts

Was kann ein Unternehmen tun, wenn seine Schlüsselkunden die Oberhand gewonnen haben? Viele Unternehmen reagieren darauf mit Strategien zur Produktinnovation – in der Hoffnung, daß die nächste bahnbrechende Produktidee ihnen die verlorene Macht wieder zurückbringt.

Leider schlagen diese Ansätze meistens fehl. Produkte, die so einzigartig sind, daß sie die Machtbalance zwischen unterschiedlichen Marktteilnehmern verändern könnten, sind dünn gesät.

Im Gegensatz dazu hat eine wachsende Anzahl von Unternehmen mit grundlegenderen Strategien mehr Erfolg gehabt. Wenn die Produktinnovation kein erfolgversprechendes Mittel ist, ziehen Sie die folgenden Veränderungen Ihres Business Design in Erwägung:

- *Konsolidieren Sie sich noch stärker als Ihre Kunden.* Wenn Ihre Schlüsselkunden sich konsolidieren, schlagen Sie sie mit ihren eigenen Waffen. Zwar kann das nur eine vorübergehende Lösung sein, hinter der meistens ein strategisches Defizit steckt (und eine drohende Verlustzone), manchmal kann sie jedoch die Macht der Anbieter deutlich verstärken. Pharmahersteller machen sich so für große amerikanische Managed-Care-Organisationen und anspruchsvolle staatliche Einkäufer aus Europa unentbehrlich. Eine machtorientierte Konsolidierung führt oft zu einer Führungsposition in bestimmten Segmenten. Chemieunternehmen, Flug- und Kabelgesellschaften tauschen in sogenannten „Swaps" so viele ihrer schwachen Positionen untereinander aus, wie es das Kartellgesetz zuläßt, um ihre Führungsposition im jeweiligen Fokusgebiet – Drehkreuze, Chemie und Ballungszentren – zu stärken.

- *Verändern Sie Ihr Angebot und Ihren Ansprechpartner.* Wenn GE Plastics mit der Einkaufsabteilung eines Kunden zu tun hat, bei der die Erfolgsaussichten gering sind, tritt „Plan B" in Kraft. GE setzt seine Solutions Engineering Group darauf an, systemweite Kosteneinsparungskonzepte für die Bereiche Kunststoff, Beleuchtung und elektrische Systeme zu entwickeln. So mit einem neuen, erweiterten Wertangebot gerüstet, tritt Jack Welch persönlich auf die Bildfläche und führt ein Verkaufsgespräch von Vorstandsvorsitzendem zu Vorstandsvorsitzendem. Einkaufsabteilungen haben nicht mehr länger die alleinige Entscheidungsgewalt.
- *Zwingen Sie Absatzmittler durch Direktvertrieb zur Kooperation.* Unternehmen können ihre nächsten Kunden überspringen, indem sie ein starkes Markenimage beim Endverbraucher aufbauen, sich auf Direktvertrieb konzentrieren und innovative Strategien entwickeln, um die Reaktionsmöglichkeiten der nächsten Kunden zu beschränken.

  Levis's hat große Anstrengungen unternommen, um mit seinem Direktabsatzprogramm „Personal Pair" einflußreiche Einzelhandelsketten unter seine Kontrolle zu bringen. Auf der einen Seite zögern diese, Levi's Jeans aus dem Sortiment zu nehmen, weil Kunden diese Marke verlangen. Außerdem tragen die maßangefertigten Jeans zu höheren Umsätzen in den Geschäften bei. Levi's ist es gelungen, seine nächsten Kunden zu überspringen, ohne Vergeltungsmaßnahmen fürchten zu müssen.

  Die sechs weltgrößten Schallplattenverlage wollten ebenfalls unbedingt einen Direktabsatz aufbauen, aber keiner traute sich, den ersten Schritt zu machen, weil alle die Reaktion der Plattenläden fürchteten. Schließlich taten sie sich zusammen und entwickelten zeitgleich ihren Direktvertrieb. Gemeinsamkeit macht stark. Tower Records und Virgin Megastores werden diese Initiative kaum verhindern können.
- *Werden Sie Ihr eigener Kunde.* Der radikalste Schritt ist die Übernahme Ihres größten Kunden (oder mehrerer). Um die Wertgenerierung zu sichern, sollten Sie diesen Schachzug just vor der beginnenden Machtverschiebung zu Kunden ausführen und nicht nachdem die Machtverschiebung bereits stattgefunden hat. Merck hat den Arzneimittelvertrieb Medco gerade zur rechten Zeit akquiriert und konnte von der wachsenden Kundenmacht profitieren, statt sie bekämpfen zu müssen.

Kundenmuster Nr. 4
Kundenredefinition

Welche Kunden wollen Sie ansprechen?

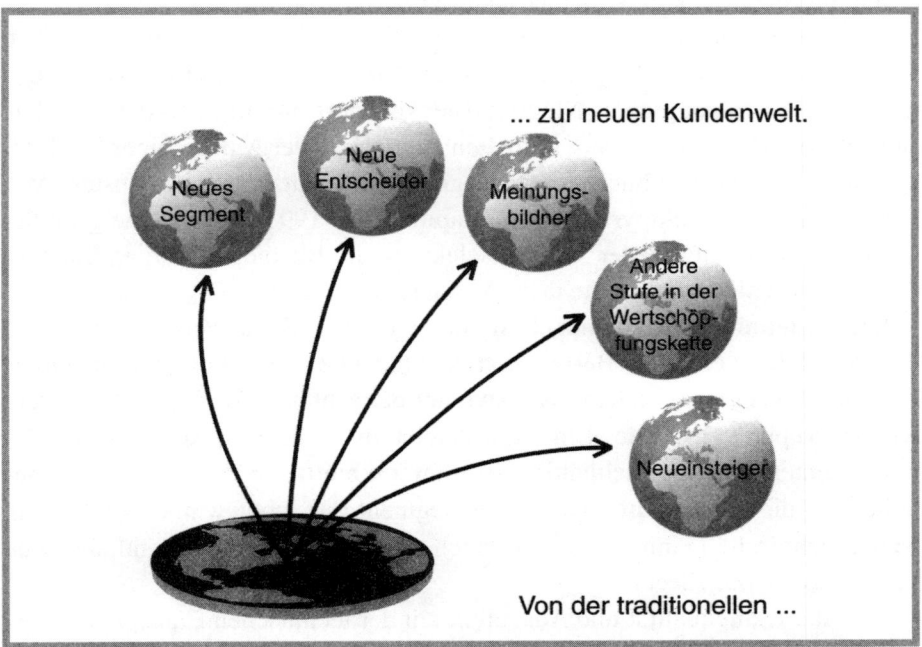

Manchmal ist der einzige Weg aus einer strategischen Sackgasse eine grundlegende Redefinition der Kundenbasis. Ihr Unternehmen ist möglicherweise von einer unwiderruflichen Machtverschiebung von Anbietern zu Kunden betroffen oder hat eine Stagnationsphase in der Wertgenerierung erreicht. Oder Ihre Branche befindet sich in einer gesättigten Kundensituation. Unter Umständen können Sie Ihre aktuellen Kunden nicht wirklich zufriedenstellen, weil eine andere potentielle Kundengruppe dazwischen steht. Wenn diese strategischen Marktbedingungen zutreffen, ist das oft der Auslöser für das Muster Kundenredefinition.

Bang & Olufsen (B&O) befand sich in den 80er Jahren in einer solchen Sackgasse. Seine traditionellen Kunden waren fachlich versierte Audio-Freaks, die sich mit dem Innenleben ihrer Stereoanlagen genau auskannten und die technischen Feinheiten sowie das extravagante Design der B&O-Anlagen schätzten. Das Angebot des Hifi-Unternehmens war auf diese Kundengruppe zwar perfekt ausgerichtet, trotzdem wurde B&O von der allgemeinen Misere der Unterhaltungselektronik in Mitleidenschaft gezogen.

Als Gegenmittel zu den sich stetig verschlechternden wirtschaftlichen Branchenbedingungen zog B&O mehrere strategische Alternativen in Betracht: die Verfolgung eines Niedrigkostenkonzepts, um mit den übrigen Herstellern von Massenelektronik mithalten zu können, der Aufbau einer Produktpyramide, um das profitable Spitzensegment zu schützen (siehe Muster „Von Produkten zur Produktpyramide" in Kapitel 8, S. 199 ff.), oder eine grundlegende Neuausrichtung der Kundenselektion im Business Design. Bang & Olufsen entschied sich für die dritte Variante.

Die Redefinition der Kundenbasis brachte wesentliche Veränderungen. In den 90er Jahren erkannte B&O ein großes brachliegendes Potential, indem es den Markt aus einem anderen Blickwinkel betrachtete und eine völlig andere Kundengruppe selektierte. Eine, die Anbietern traditionell komfortable Gewinnspannen und eine nachhaltige, überdurchschnittliche Profitabilität ermöglicht hat – die Luxuskäufer. Um dieses Segment für sich gewinnen zu können, waren technische Feinheiten immer noch ein Muß. Aber der eigentliche neue Erfolgsfaktor war Eleganz.

Statt die Klangqualität und Ausgefeiltheit der technischen Einzelheiten hervorzuheben, arbeitete B&O daran, seinen Produkten Statussymbolcharakter zu verleihen. Denn genau darauf kam es seiner neuen Kundengruppe an. Markenbewußte Käufer geben mehr für Luxusgüter aus. Das alte Business Design war auf Kunden ausgerichtet, die in Stereoanlagen komplizierte, technisch hochanspruchsvolle Geräte sahen. Das neue Business Design legte den Schwerpunkt auf Eleganz und dezentes Unterstatement seiner Produkte, die in erster Linie etwas über seinen Besitzer aussagen sollten.

Die Kundenredefinition hat sich ausgezahlt. B&O kann deutlich höhere Preise für seine Audio- und Videogeräte, Telefone, Lautsprecher und Minitower verlangen. Es ist ihm gelungen, einen Großteil des neuen Markts zu absorbieren, obwohl einige seiner Produkte vier- bis fünfmal so teuer sind wie die seiner Wettbewerber. Das drückt sich auch in der Börsenbewertung aus. Der

Index Marktwert zu Umsatz stieg von 0,2 in 1989 auf 1,5 in 1997 (während die meisten Unternehmen der Unterhaltungselektronik sich um die 0,5-Marke bewegen).

Die Strategie von B&O demonstriert die Effektivität der Kundenredefinition. Folgende Fragen sollten sich Entscheider immer wieder stellen: Welche Kunden sind am profitabelsten? Welche Kunden werden nicht ihren Bedürfnissen gemäß zufriedengestellt? Welche Kunden können eine Reihe neuer Chancen eröffnen?

Wie viele andere Redesigner hat B&O bei der Beantwortung dieser Fragen ein hohes Maß an strategischer Kreativität bewiesen. Diese Fragen sollten in einen breiteren Kontext gestellt werden, da eine Redefinition über mehrere Dimensionen erreicht werden kann.

Unterschiedliche Segmente

B&O kehrte über eine neue Kundenselektion zurück auf den Wachstumspfad. Manchmal ist die Lösung jedoch viel einfacher. Betrachten Sie Ihre aktuelle Kundenbasis, und überlegen Sie, in welche potentiellen Segmente sie unterteilt werden könnte. Profisportvereine haben das in den letzten zehn Jahren vermehrt getan, als ihre Kundenbasis immer heterogener wurde. Schon immer haben Unternehmen Eintrittskarten für wichtige sportliche Ereignisse gekauft. Aber nie haben die Vereine sich die Mühe gemacht, zwischen Unternehmen und den Fan-Massen zu unterscheiden. Die meisten Branchenvertreter konzentrierten sich sogar eigentlich nur auf letztere.

Die seit Jahren vernachlässigten Firmenkunden haben völlig andere Bedürfnisse und Motive für den Kauf der Eintrittskarten. Sie möchten eine Gelegenheit für angenehme Unterhaltung wahrnehmen. Dabei macht das Spiel nur einen Teil – manchmal sogar den geringeren – der Unterhaltung aus. Die Chancen, die sich durch die Befriedigung dieser Wünsche auftun, wurden den Sportvereinen klar, als sie sahen, mit welcher Begeisterung Firmenkunden Luxusplätze und Ehrenlogen kauften. Inzwischen sind Unternehmen hochprofitable Kunden, die sowohl den Stadionbetreibern wie den Sportvereinen wesentlich höhere Wertzuwächse garantieren als die privaten Fans. Firmenkunden sind offenbar so lukrativ, daß in vielen Städten ganze Stadien umgebaut werden, um den Ansprüchen dieser gewinnträchtigen Kundengruppe gerecht zu werden.

Unterschiedliche Wertschöpfungspartner

Wie zuvor erwähnt, ist der traditionelle Kunde nicht unbedingt der wichtigste Kunde im System. DuPont, ein Hersteller von Teppichfasern, ging eine Allianz mit Stainmaster ein, einem Produkt, das Teppiche fleckenunempfindlicher macht. DuPont erkannte, daß der Endverbraucher das stärkste Glied in der Wertschöpfungskette war, und richtete sein Programm daran aus. Die Zugkraft, die von den Endverbrauchern ausging, veranlaßte die Teppichhersteller schließlich dazu, die präparierten Fasern von DuPont zu kaufen.

Indem DuPont die Endverbraucher davon überzeugen konnte, daß seine Produkte durch Stainmaster noch attraktiver wurden, kurbelte es die Nachfrage am Ende der Wertschöpfungskette an. Statt die Mühsal auf sich zu nehmen, die Unternehmen aller Wertschöpfungsstufen zu Stainmaster zu bekehren, erkannte DuPont, daß es weit effektiver sein würde, sich direkt an die Endverbraucher zu wenden. Ihre Nachfrage würde für den notwendigen Druck auf die anderen Wertschöpfungsstufen sorgen.

Intel redefinierte seine Kunden auf ähnliche Weise. Es wäre nur logisch gewesen, wenn Intel die OEMs als seine Schlüsselkunden betrachtet hätte. Aber Intel löste sich von der konventionellen Sicht und richtete seine Anstrengungen auf die Definition bzw. Schaffung neuer Kunden. In einem ersten Schritt begann Intel, Chipsets und Motherboards herzustellen. Damit beschränkte es sich nicht auf die Fertigung einzelner Chips, sondern stellte sozusagen das Gehirn des Computersystems her. Durch die Gewährleistung hoher Qualität und Zuverlässigkeit konnte Intel neue Hersteller von seinen Produkten überzeugen.

Damit hörte die Redefinition jedoch nicht auf. Intel nahm ganz richtig vorweg, daß die wichtigsten Kunden die Endverbraucher waren und nicht die PC-Hersteller. Also veränderte das Unternehmen seine Marketing- und Markenstrategie, um die Endverbraucher direkt anzusprechen. Das Label „intel inside" sollte die Aufmerksamkeit der Käufer auf das Innenleben des Computers richten. Diese Botschaft reichte weit über die Montagebänder der PC-Hersteller hinaus und verbreitete sich in unzähligen Büros und Privathaushalten.

Coca-Colas früherer CEO, Roberto Goizueta, unternahm den visionärsten Schritt in der langen Geschichte seines Unternehmens, als er die Abfüller als Schlüsselkunden definierte. Das bedeutete eine radikale Veränderung für ein Unternehmen, das den größten Teil seiner Zeit und seiner Investitionen auf den

Endverbraucher verwendet hatte. Goizuetas Beitrag war die Umsetzung der Erkenntnis, daß die Abfüllunternehmen den Gewinn bestimmten, weil sie die Kontrolle über die Plazierung der Produkte auf dem Markt hatten sowie über die Investitionen in Ausschank und Getränkeautomaten – die beiden lukrativsten Gewinnzonen in der Erfrischungsgetränkeindustrie. Die Verlagerung des strategischen Schwerpunkts auf eine andere, wichtigere Kundengruppe innerhalb der Wertschöpfungskette brachte Coca-Cola viele Milliarden Dollar Wertsteigerung ein.

Meinungsbildner

Die wichtigsten Kunden sind häufig nicht ein Teil der wirtschaftlichen Wertschöpfungskette eines Produkts. Oft sind es Berater oder andere Autoritäten, die ausschlaggebend für Erfolg sind. Die offensichtlichsten Meinungsbildner sind Menschen, die Produkt- und Leistungsangebote für einen breiteren Markt prüfen und bewerten. Unabhängig davon, ob es sich um eine kreative Branche wie die Film- oder Buchindustrie handelt oder um einen technischen Markt wie Computer, werden Rezensenten immer als Gatekeeper für Gewinnerzielung angesehen. Walter Mossberg, Kolumnist des Wall Street Journal, der technische Produkte für Nutzer prüft und beurteilt, ist einer der wichtigsten Kunden des gesamten Markts geworden. High-tech-Unternehmen nehmen die Entwicklung und Pflege der Beziehungen zu wichtigen Meinungsbildnern sehr ernst.

Eines der herausragenden Beispiele für das Redefinitionsmuster ist Texas Instruments (TI) und sein Taschenrechnergeschäft. TI hat ebenfalls eine Kundenredefinition vorgenommen und konzentriert sich nun vorrangig auf Lehrer. Das Unternehmen hat eine Reihe von Programmen entwickelt, um mit Lehrkräften zu kommunizieren, ihre Anliegen und Anregungen aufzunehmen und diese in seinen Produkten umzusetzen. Durch die veränderte Betrachtung seiner Kunden konnte TI sich weit von dem Mittelfeld der anderen Anbieter absetzen. Die Empfehlungen der Lehrer an ihre Studenten sowie Einkaufsgemeinschaften sind der Hauptmotor für den außerordentlichen Unternehmenserfolg von TI.

Der Chemiekonzern Bayer hat sich bei seinen Anstrengungen, die Marke Baygon als führendes Insektizid in Europa gegen S.C. Johnsons weltweit führende Marke Raid durchzusetzen, mit großer Kreativität auf die Meinungsbildner gestützt. Statt sich nur auf die Käufer zu konzentrieren, hat Bayer auch Appartmentverwalter europäischer großstädtischer Appartmentanlagen angesprochen, die in ihren Hausmeisterfunktionen eine gewisse Autorität genießen. Wann immer sie zu Hilfe gerufen werden, rücken sie den ungebetenen Gästen mit Baygon zu Leibe. So hat Bayer seinem Produkt Baygon den Ruf des effizientesten Produkts für alle Arten von Ungeziefer verschafft.

Neue Entscheider

Innerhalb eines selektierten Kundenkreises kann der Schlüssel zu neuen Gewinnen in einer Redefinition der Entscheider liegen. In der Industrie kann das die Verlagerung von der Einkaufsabteilung auf die Führungsebene bedeuten. GE hat das erfolgreich vorgemacht und konnte signifikante Gewinnsteigerungen erzielen, indem es sein Marketing auf CEO-Level angehoben hat. Oder es kann bedeuten, daß ein Unternehmen seine Aufmerksamkeit von den Einkäufern auf die Anwender lenkt. Parametric Technology Corporation hat auf diese Weise sehr schnell den Markt für CAD/CAM erobert, indem es seine Strategie an der Unzufriedenheit der Anwender ausgerichtet hat, statt sich auf den Preispoker der Einkäufer einzulassen.

Neueinsteiger

Manchmal ergibt sich eine Redefinition durch das Auftreten einer neuen Kundengruppe. Die meisten Branchen haben eine stabile Basis an Kundengruppen, deren Bedürfnisse und Prioritäten sich mit der Zeit verändern. Unternehmen, deren Fokus stets kundenorientiert bleibt, werden in der Lage sein, ihr Business Design an diese Änderungen anzupassen. In bestimmten Branchen reicht es jedoch nicht aus, den aktuellen Kunden in ihren Bedürfnissen zu folgen, weil das Auftreten neuer Kundengruppen eine radikale Wertverschiebung in Gang setzt.

Die Gründe für die Entstehung neuer Kundengruppen sind zahlreich: Deregulierung, grundlegende Kosten- und Preisänderungen, technologische Innovationen oder abrupte Wendungen in der Entwicklung der Kundenprioritäten.

Die Bedürfnisse der neuen Kundengruppen sind meistens völlig anders als die der traditionellen Kunden. Anfang der 80er Jahre verwandelte sich z.B. eine große Zahl von sparfreudigen Konsumenten in risikofreudige Investoren. Diese Flut neuer Kunden ließ ungeahnte Gewinnchancen für diejenigen Investmentgesellschaften entstehen, denen es gelang, die Gelder dieser Kundengruppe anzulocken und den Bedürfnissen ihrer neuen Kunden so zu entsprechen, daß sie auf Loyalität und Weiterempfehlung bauen konnten.

IBMs PC-Kunden entstammen einer grundlegenden Redefinition seiner traditionellen Kundengruppe, den IT-Leitern großer Unternehmen, die für Großrechnersysteme verantwortlich sind. Die neue Kundengruppe der Endverbraucher beschleunigte die dezentrale PC-Revolution.

Die Verlagerung des Schwerpunkts von traditionellen auf neue Kunden ist eine Chance, die in allen strategischen Situationen regelmäßig geprüft werden sollte. Schon die Untersuchung potentieller Redefinitionsmöglichkeiten entfacht eine neue Form des Dialogs innerhalb des Unternehmens.

Wie läßt sich mit diesem Muster Gewinn erzielen?

Richten Sie Ihren Blick über die aktuellen Kundengruppen hinaus. Untersuchen Sie das gesamte System auf die wichtigsten und profitabelsten Kunden, und richten Sie Ihr Business Design danach aus.

- Welche Möglichkeiten können Sie – ähnlich den von B&O wahrgenommenen Chancen – nutzen?
- Wie hoch ist das Wertpotential, das Sie mit der Redefinition Ihrer Kunden realisieren können?
- Wie viele Ihrer Wettbewerber redefinieren ihre Kunden und damit auch sich selbst?
- Wird Ihr Unternehmen mit neuen Wettbewerbern konfrontiert, wenn Unternehmen anderer Branchen ihre Kunden so redefinieren, daß diese neu selektierten Kunden gleichzeitig die profitabelsten Kunden Ihres Unternehmens sind?

7

Vertriebsmuster

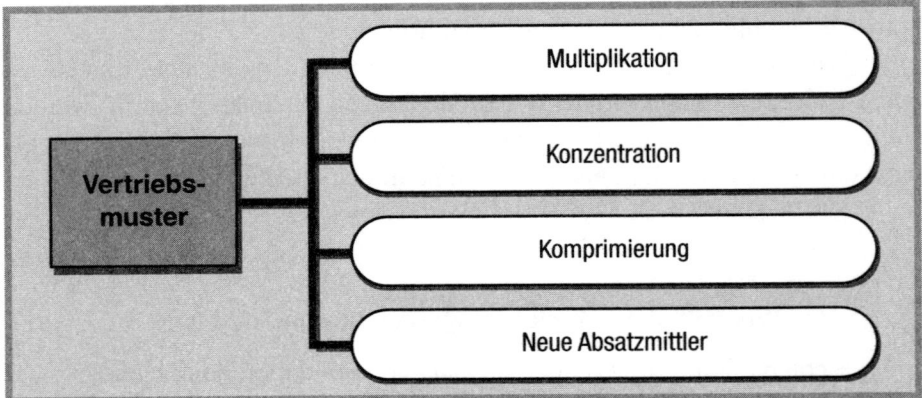

In dem Maße, wie sich Macht und Einfluß auf die nachgelagerten Schritte der Wertschöpfungskette verschoben, wurden Unternehmen, deren Aktivitäten sich auf Vertriebskanäle konzentrierten, immer wichtiger. Sie traten in direkten Kontakt mit Kunden und hatten Zugang zu Informationen über veränderte Präferenzen. Es traten neue Vertriebsunternehmen auf, die spezialisierte Vertriebswege eröffneten, während etablierte Vertriebsunternehmen ihr Repertoire erweiterten, um den Kundenbedürfnissen besser zu entsprechen. Dadurch multiplizierte sich die Zahl der neuen Wege, über die Produkte an ihre Käufer gelangten.

Aber nicht alle Absatzmittler konnten davon profitieren. Diejenigen, die Wert aus der Spezialisierung (Multiplikation) oder Größe der Vertriebskanäle (Konzentration) erzielten, wuchsen und prosperierten. Die anderen Vertriebsunternehmen gerieten zunehmend unter Druck. In vielen Branchen wurden die Vertriebswege komprimiert (weniger Schritte im Vertriebsprozeß), und schließlich wurden Absatzmittler sogar ganz ausgeschaltet.

Kaum waren Anbieter und Kunden durch die Komprimierung in direkten Kontakt getreten, traten neue kreative Unternehmen auf die Bildfläche, die unerfüllte Kundenbedürfnisse aufspürten und sich zwischen Anbieter und Kunden positionierten, um als neue Absatzmittler den Vertrieb mitzubestimmen.

Vertriebskanäle sind ständigen Machtverschiebungen unterworfen. Die Turbulenzen werden auch die nächsten fünf Jahre anhalten und die Ausbreitung von Vertriebsmustern beschleunigen sowie das Auftreten völlig neuer Vertriebskanäle begünstigen.

Vertriebsmuster Nr. 1
Multiplikation

Aus wenigen Vertriebskanälen werden unendlich viele

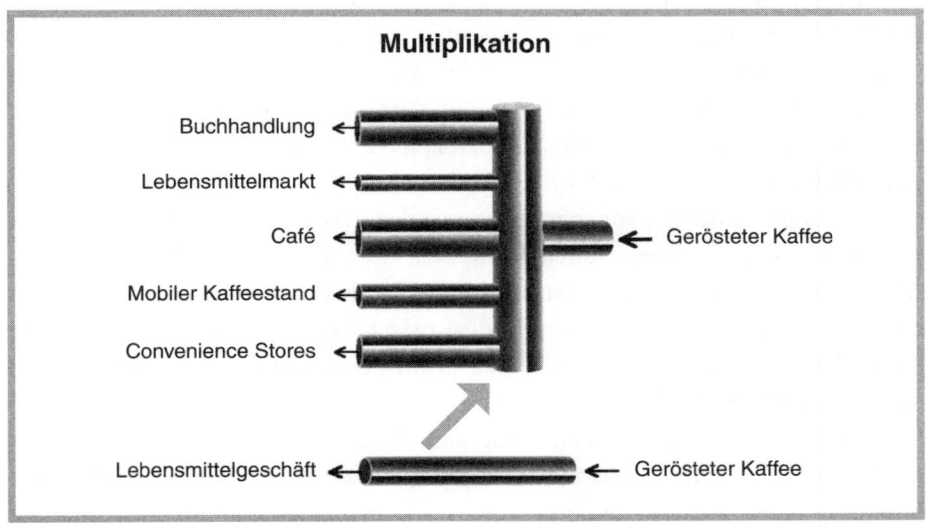

Wo haben Sie vor zehn Jahren Ihren Kaffee gekauft? Haben Sie je an *Espresso Macchiato*, *Latte Macchiato* oder *Cappuccino* gedacht, geschweige denn diese Kaffeevarianten getrunken? Normalerweise wurde Kaffee abgepackt im Supermarkt gekauft. Oder man bestellte in einem Restaurant einfach eine Tasse Kaffee. Heute finden Sie in Großstädten und selbst in kleineren Orten an jeder Ecke Gaststätten oder Geschäfte, die Kaffee in allen Variationen anbieten, Arabica-Bohnen frisch mahlen und abpacken und Espressomaschinen verkaufen, damit jeder sich in der eigenen Küche seine Kaffeegenüsse selbst zubereiten kann. Aus der Standard-Tasse Kaffee ist eine Palette an Auswahlmöglichkeiten geworden, die man in Stehcafés, Cafés, mobilen Verkaufsständen und Restaurants zu sich nehmen kann.

Wenn Sie vor zehn Jahren ein Buch kaufen wollten, sind Sie in eine Buchhandlung gegangen. Vielleicht haben Sie sogar einen längeren Weg in eine Einkaufspassage auf sich genommen, um den aktuellsten Thriller oder Bestseller oder ein praktisches Handbuch zu erwerben. Heute können Sie wählen, ob Sie Ihr Buch in einem Buchclub, am Flughafen, im Supermarkt, am Zeitungskiosk, per Telefon, Post oder über das Internet kaufen. Die Zahl der Vertriebswege hat sich um ein Vielfaches multipliziert.

Die Vertriebswelt war früher von einigen wenigen großen Kanälen geprägt: der Vertriebsabteilung eines Unternehmens, Distribuenten, Kaufhäusern, dem Massenvertrieb und dem Tante-Emma-Laden. Inzwischen vermehren sich die Vertriebskanäle immer weiter. Der Grund für diese Multiplikation hängt mit einer Reihe verschiedener Marktbedingungen zusammen.

Die erste Voraussetzung ist eine Multiplikation der Kundentypen. In der Vergangenheit waren die meisten Kunden damit zufrieden, ihre Produkte über einen oder zwei Vertriebskanäle zu beziehen. Heute wollen Kunden auf unterschiedliche Weise einkaufen. Früher waren sie bereit, für allgemeine Funktionalität Kompromisse einzugehen. Heute sind sie wesentlich anspruchsvoller in ihrer Forderung nach speziellen Produkten oder Leistungen. Kunden haben sehr konkrete Vorstellungen, wann sie das Produkt brauchen und wie sie es kaufen wollen. Diese veränderten Bedürfnisse haben sich in einer wachsenden Unzufriedenheit mit den existierenden Vertriebskanälen ausgedrückt und so neue Vertriebsmöglichkeiten eröffnet.

Ein weiterer Auslöser sind einschneidend neue Technologien. Ein ausgefeiltes Voice-Mail-System oder ein Werbespot auf einem Kabelkanal für Home Shopping kann heute Hunderte von Vertriebsrepräsentanten ersetzen. Die schnelle Entwicklung des Internet hat einen neuen Vertriebskanal eröffnet. Auch die Verschlechterung der Gesamtwirtschaftlichkeit vieler Vertriebskanäle, die aufgrund mangelnder Effizienz zu Kundenunzufriedenheit geführt haben, ist ein Auslöser für das Multiplikationsmuster. Wenn ein Vertriebskanal die Kundenbedürfnisse nicht erfüllt, sind hohe Kosten und eine niedrige Profitabilität die Folge.

Der Einzelhandel bietet ein eindrucksvolles Beispiel für die eben genannten Marktbedingungen und die darauffolgende Multiplikation der Vertriebswege. Früher nahmen die Einkäufe meist mehrere Stunden am Tag in Anspruch. In dem Maße, wie Kunden ihre knappe Zeit besser nutzen wollten, wurde ihnen der Zeitaufwand für Einkaufsgänge zu „teuer". Als erste Reaktion darauf entstanden Einkaufspassagen, in denen eine Familie alle ihre Einkäufe auf einmal erledigen konnte. Einkaufspassagen förderten außerdem die Ausbreitung von Einzelhandelsketten wie The Gap, Douglas, Wolford etc. Inzwischen muß man nicht einmal mehr das Haus verlassen. Sie können über diverse Telefonnummern, die mit 0180 beginnen, Waren bestellen, Bestellformulare ausfüllen oder auf die entsprechende Website der Versandhändler zugreifen. Alba Moda, Otto Versand, Heine und viele weitere Einzelhändler leben von der Bestellung per Katalog. Selbst Fluggesellschaften wie z.B. LTU bieten einen bordunabhängigen Versandhandel. Und weil es der Wettbewerb erfordert, kann man bei den meisten Versandhändlern auch per Internet bestellen.

Viele Hersteller sehen die Multiplikation mit Mißbehagen, weil sie ihre etablierte Marktstrategie durcheinanderbringt und Sand in das Getriebe der existierenden Vertriebsbeziehungen streut. Einige Unternehmen sträuben sich, neue kundenfreundlichere Vertriebskanäle zu erschließen, aus Angst, ihre traditionellen Vertriebspartner zu verärgern. Diese Ängste sind durchaus berechtigt. Niemand läuft in so große Gefahr, ausgeschaltet zu werden, wie traditionelle Vertriebsunternehmen, vor allem wenn sie keinen besonderen Mehrwert bieten. Kurzfristig bleibt durch die Aussparung dieses Themas der Friede zwischen Herstellern und Vertriebsgesellschaften gewahrt. Langfristig schwächt eine Vermeidungsstrategie jedoch die Wettbewerbsfähigkeit beider Seiten.

Es gibt Hersteller, die das Thema Multiplikation mit anderen Augen betrachten. Nach ihrer Auffassung führt eine größere Zahl an Vertriebskanälen zu mehr Umsatz. Sie wissen zwar, daß der Übergang zu neuen Kanälen Spannungen und Konflikte hervorruft, aber sie wissen auch, daß das eine unausweichliche Begleiterscheinung jeder Neuerung ist. Um den Konflikten wirksam zu begegnen, verfolgen sie eine zweigleisige Strategie: Sie entwickeln neue Programme, die sich mit den Hauptanliegen der existierenden Vertriebskanäle auseinandersetzen, und sie nutzen gleichzeitig verstärkt die Chancen neuer Kanäle.

Wie läßt sich mit diesem Muster Gewinn erzielen?

Wenn Sie sich auf der Herstellerseite befinden, machen Sie frühzeitig von neuen Vertriebswegen Gebrauch. Werden Sie zum *bevorzugten* Hersteller für die neuen Absatzkanäle. Wenn Ihr Unternehmen eine traditionelle Vertriebsgesellschaft ist, entwickeln Sie neue Absatzwege, die die Bedürfnisse der vorhandenen und potentiellen Kunden erfüllen.

- Welche Auswirkungen hat die Vervielfältigung der Absatzwege auf die Macht-, Gewinn- und Wertverteilung in Ihrer Branche?
- Welchen Grad der strategischen Absicherung können Sie durch eine frühzeitige Nutzung des Multiplikationsmusters erreichen?
- Welche spezifischen Chancen/Risiken stellt das Internet für Ihr Unternehmen dar? Welche Ihrer Wettbewerber nutzen diese Chance (oder entschärfen die Bedrohung)?

Vertriebsmuster Nr. 2
Konzentration

Eine Vielfalt von Absatzwegen konsolidiert sich zu wenigen großen Vertriebskanälen

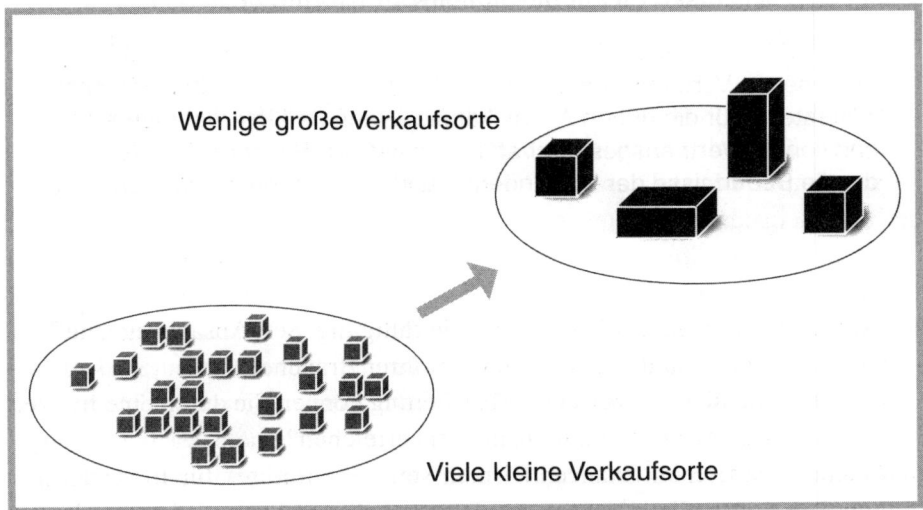

Viele Branchen sind von zahlreichen traditionellen, kleinen Einzelhandelsfilialen gekennzeichnet. Wegen ihrer guten Erreichbarkeit und der persönlichen Bedienung lokaler Kunden erfüllen sie viele Einkaufskriterien. Auf der anderen Seite leiden kleine Geschäfte unter einem hohen Verwaltungsaufwand und hohen administrativen Kosten. Das schlägt sich in höheren Preise für ein begrenztes Warenangebot nieder. Oft müssen Kunden diverse Geschäfte aufsuchen, bis sie die gewünschten Waren und Leistungen finden. Die zahlreichen Fehlfunktionen dieses fragmentierten Systems (mangelnde Effizienz, Unbequemlichkeit und Zeitaufwand) sind ideale Voraussetzungen für das Auftreten des Konzentrationsmusters.

In dem klassischen Konzentrationsmuster verschiebt sich der Wert, wenn ein Newcomer von Größenvorteilen in einem fragmentierten, kostenintensiven Markt profitieren kann. Die Innovatoren konsolidieren kleine Geschäfte und Dienstleistungszentren zu größeren Einheiten. Natürlich bedeutet diese Entscheidung die Aufgabe anderer Vorteile, aber Kunden sehen in einer geringeren Zahl an Geschäften keinen Nachteil, da sie dadurch einen besseren Service für weniger Geld erhalten.

Das Konzentrationsmuster kann die strategische Landschaft einer Branche völlig verändern. 1963 eröffnete das französische Einzelhandelsunternehmen Carrefour seinen ersten Verbrauchermarkt am Stadtrand von Paris. Innerhalb von drei Jahrzehnten hat sich Carrefour zu einer internationalen Verbrauchermarktkette mit einem Jahresumsatz von ca. 29 Mrd. Dollar und einem Börsenwert von 20 Mrd. Dollar entwickelt. Bevor Carrefour seinen erfolgreichen Feldzug antrat, bestand das französische Absatzsystem aus einem Mosaik kleiner und kleinster Geschäfte. Jeder Häuserblock hatte seine eigene *Boucherie* und seine eigene *Boulangerie*, die ein Teil des französischen Charmes ausmachten. Aus kommerzieller Sicht waren sie allerdings sowohl für Kunden wie für Anbieter höchst ineffizient. Kunden verbrachten Stunden, bis sie alle Einkäufe beisammen hatten, und für die Vertriebsunternehmen bedeutete die Fragmentierung ein höchst aufwendiges Lieferverfahren. Carrefour brachte das Warenangebot der unterschiedlichen Geschäfte unter einem Dach zusammen und bietet in seinen Verbrauchermärkten von Lebensmitteln über Kinderkleidung bis zu Autoreifen alles, was das Herz begehrt.

Das Konzentrationsmuster beschränkt sich aber nicht nur auf das Verbrauchermarktkonzept. Einige Vertriebsgesellschaften sind gar nicht daran interessiert, die sogenannten Tante-Emma-Läden vom Markt zu verdrängen, sondern verschaffen sich eine führende Marktposition, indem sie die Kleingeschäfte aufkaufen, sie aber weiter bestehen lassen. Nach außen hat die Konsolidierung dadurch ein anderes Gesicht, die Vorteile sind aber dieselben: Skaleneffekte und besserer Kundenservice.

Es gibt auch Bereiche, in denen Kunden Großmärkte ablehnen. Oder können Sie sich einen Bestattungsgroßmarkt vorstellen? Dennoch ist es dem amerikanischen Unternehmen Service Corporation International (SCI) gelungen, die Bestattungsindustrie der Vereinigten Staaten zu konsolidieren. Als größte Ak-tiengesellschaft für Bestattungsservice und Friedhofsbetrieb hat SCI seine Expansion in den letzten 15 Jahren über Akquisitionen aktiv vorangetrieben.

Inzwischen gehören zu SCI 3.900 Bestattungsinstitute, Friedhöfe und Krematorien in 18 Ländern. Das Unternehmen hat die vielen kleinen Bestattungsinstitute, die es aufgekauft hat, unangetastet gelassen, aber die Hintergrundaktivitäten konsolidiert. Der durchschlagende Erfolg geht vor allem auf die Effizienz in der Abwicklung und auf eine einheitliche Preisstruktur zurück, die sich von 1980 bis heute in einem Betriebsgewinn von 15 Prozent ausdrückt und damit weit über dem Branchenschnitt liegt. Als Ergebnis eines effizienteren Ressourceneinsatzes, einer Senkung der Betriebskosten und gesteigerter Umsatzkraft hat sich der SCI-Index Marktwert zu Umsatz vom Ausgangswert 0,8 auf 4,8 versechsfacht. SCI setzt seinen internationalen Expansionskurs durch unverminderte Akquisitionstätigkeit weiter fort.

Republic Industries, ein in Florida ansässiger Automobil-Einzelhändler, nutzt über seine duale Konsolidierungsstrategie Automobilgroßmarkt/Automobilvertrieb sowohl die Vorteile der Konzentration wie auch der Konsolidierung. Seit 1996 hat Republic USA-weit 25 AutoNation-Megastores eröffnet und gleichzeitig 9,5 Mrd. Dollar in die Akquisition von 268 Vertriebsgesellschaften investiert. Republic erreicht eine regionale Marktvorherrschaft durch die Organisation der Vertriebsgesellschaften in Vertriebsgruppen. In Süd-Florida hat Republic z.B. zusätzlich zu den drei AutoNation-Märkten 32 Vertriebsgesellschaften akquiriert. Diese Konsolidierung, die sieben Prozent des regionalen Markts entspricht, ermöglicht Republic eine bessere Erschließung der Produktquellen, senkt die Kosten für Flächenbedarf, ermöglicht die Verkleinerung der Ersatzteillager und des Fuhrparks um 20 Prozent und reduziert die Lieferfrist für Neuwagen auf 45 Tage. Trotz gewisser Schwankungen des Marktwerts seit 1996 ist Republic eine Wertsteigerung von über 6 Mrd. Dollar gelungen.

Blockbuster Video hat sich das Konzentrationsmuster im Videoverkauf und -verleih zunutze gemacht. Barnes & Nobles hat selbiges im Buchhandel getan. Jedes Beispiel ist davon geprägt, daß die Gewinner veränderte strategische Marktbedingungen – Kundenunzufriedenheit mit dem vorhandenen Angebot (und die lauter werdende Forderung nach niedrigen Preisen bei großer Auswahl) und die Lethargie existierender Business Designs – wahrgenommen und die Gewinn- und Wertpotentiale einer Vertriebskonzentration erkannt haben.

Breit angelegte Vertriebsaktivitäten sorgen für eine überdurchschnittliche Profitabilität – zumindest so lange, bis sich die nächste Verschiebung im System ankündigt (z.B. Video on demand oder Online-Verkauf).

167

Wie läßt sich mit diesem Muster Gewinn erzielen?

Stellen Sie sich an die Spitze des Konzentrationsprozesses.
Vergessen Sie nicht, sich immer schon Gedanken
über die *nächste* Konzeptgeneration zu machen.

- Können Sie in Ihrer Branche eine Konzentration der Vertriebskanäle feststellen? Wenn ja, worauf führen Sie das zurück?
- Wie lange wird dieses Muster die Vertriebspolitik bestimmen?
- Was wird der Auslöser für das nächste Muster sein?

Vom produktorientierten Vertriebskanal zum Vertrieb nach Kaufanlässen

In der Vergangenheit wurden Einzelhändler in erster Linie über ihre Produkte bekannt, die im Mittelpunkt der gesamten Organisation standen. In den letzten 20 Jahren haben neue Einzelhandelskonzepte den produktzentrierten Angeboten neue Vorteile in Form von Auswahlmöglichkeiten, Zeitersparnis und niedrigen Preisen verschafft. Die Ergebnisse waren so überwältigend, daß Einzelhändler heute oft aufgrund ihres Konzepts zu Bekanntheit gelangen: sogenannte Convenience Stores (Geschäfte mit 24-Std.-Service), Supermärkte, Verbrauchermärkte oder Megamärkte.

Das hat dazu geführt, daß Kunden die Entscheidung, wo sie einkaufen, nicht mehr unbedingt vom Produkt abhängig machen, sondern von Kriterien der Einkaufsbequemlichkeit: sei es eine große Auswahl, die geographische Nähe, das Preisniveau oder geringer Zeitaufwand und angenehme Kaufatmosphäre. Von den 163 Mrd. Dollar an zusätzlichem Shareholder Value, der in den USA zwischen 1986 und 1994 von Einzelhandelsunternehmen geschaffen wurde, entfallen 144 Mrd. Dollar auf innovative Vertriebskonzepte.

Ein neues Vertriebsmuster verspricht die „nächste Verbesserung" für eilige Kunden zu sein, die denjenigen Unternehmen, die es frühzeitig gewinnbringend für sich nutzen, eine neue Welle der Wertgenerierung bescheren wird. Wir nennen es „Kaufanlaßkonzept". Es basiert auf dem Verständnis für die wichtigsten Kaufanlässe und Aktivitäten, die Kunden in ihrem Tages- bzw. Wochenablauf gern zusammenlegen würden. In der Zusammenführung dieser Aktivitäten wird ihre Kombination und Reihenfolge abgebildet. Dieses Muster ist noch relativ jung, die ersten Beispiele sind jedoch schon sichtbar.

- Wie soll der Absatzkanal aus der Perspektive der Kaufanlässe heißen, der alle Angebote, von Lebensmitteln, Kinderkleidung, Videoverleih, Fotoentwicklung, Reinigung, Tankstelle bis zur Apotheke unter einem Dach bietet? Die Bezeichnung „Verbrauchermarkt" kann das Konzept in seiner Gesamtheit eigentlich nicht erfassen, das von großen Einzelhandelsketten wie Carrefour (Frankreich) und Sainsbury (England) schon praktiziert wird. Es könnte als „Weekly Chores" bezeichnet werden, was in etwa einem „Regelmäßige-Einkaufspflichten-Konzept" entspricht.

- Wie lassen sich die Geschäfte am Flughafen in einer Bezeichnung zusammenfassen, die immer mehr gehobenen Ladenpassagen gleichen und drei- bis viermal schneller wachsen als reguläre Geschäfte? Aus der Sicht des Kaufanlasses müßte die Bezeichnung so etwas wie ein „HINTS-Konzept" sein (high income, no time for shopping).

- Wie geht Sears – eines der größten Einzelhandelsunternehmen der Welt – bei der Suche nach neuen Einzelhandelskonzepten vor? Sears hat Kaufanlässe untersucht und dabei herausgefunden, daß Kunden ihre Wohnung am liebsten Zimmer für Zimmer einrichten. Der Einkauf von Wohnungsdekoration war bisher ein völlig separater Kaufanlaß, der ein neues Konzept erforderte. Ähnliches fand Sears über kleinere Renovierungsarbeiten in der Wohnung heraus, die nach nahegelegenen Geschäften für entsprechenden Handwerks- und Einrichtungsbedarf verlangen. Sears hat nun damit begonnen, solche Geschäfte einzurichten. Beide Konzepte bestehen aus einem unkonventionellen Mix an Produkten, Beratung und Dienstleistungen, der exakt das Bedürfnisprofil der Kunden wiedergibt, denen die produktzentrierten Konzepte der Vergangenheit nicht gerecht wurden.

Vertriebskanalstrategien nach Kaufanlässen sind nichts anderes als ein Prozeß-Reegineering zum Nutzen der Kunden. Sie untersuchen, welche Prozesse Kunden gerne zusammenlegen würden, und richten ihr Angebot daran aus.

Diese Strategien machen den Wert der Kundensegmentierung deutlich, indem sie Schnittstellen zwischen Verhaltensmustern nach Kundentypen und Verhaltensmustern nach Kaufanlässen identifizieren. Nicht die Zahl der Kunden ist der Ausgangspunkt, sondern die Zahl der Einkäufe, die nach der Kombination von unterschiedlichen Kundentypen und Anlässen segmentiert werden. Dieser Segmentierungsansatz könnte durchaus zur nächsten größeren Vertriebskanalinnovation führen.

Komprimierung/Ausschaltung von Absatzmittlern

Überflüssige Vertriebsstufen werden eliminiert

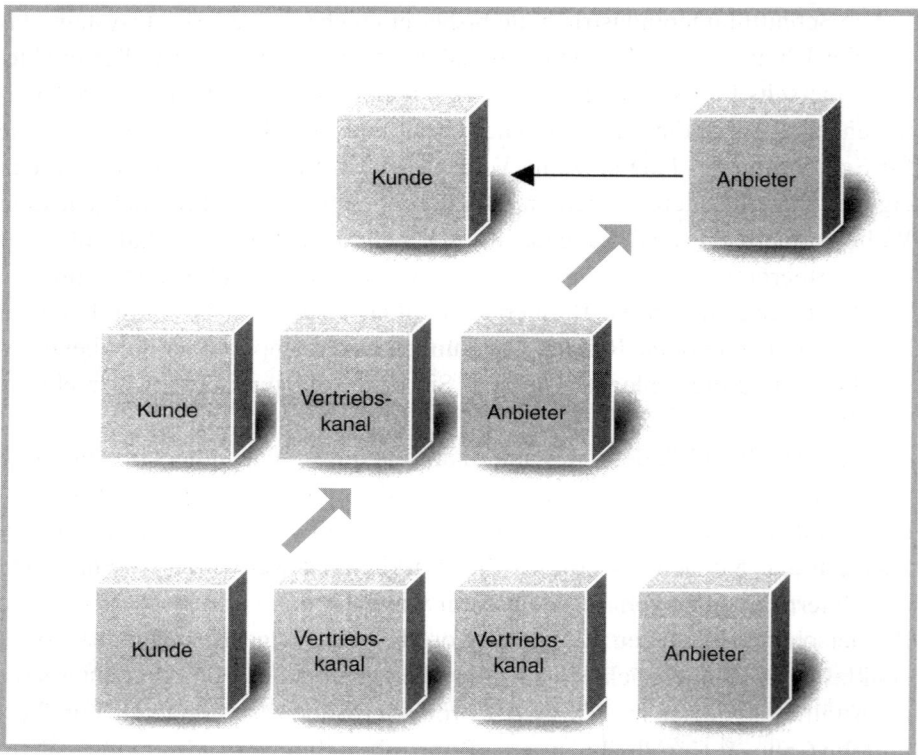

Vielstufige Vertriebssysteme (Großhändler, Distribuent, Einzelhändler) waren bisher weit verbreitet. Sie sollten über eine stufenweise Produktweitergabe mehr Übersichtlichkeit in das System bringen. Diese Funktion hatte allerdings ihren Preis: lange Zyklen, hohe Kosten und geringe Anpassungsfähigkeit an veränderte Bedingungen. Zwei Kräfte üben nun Druck auf das traditionelle mehrstufige System aus: der Wunsch nach niedrigeren Preisen und größerem Komfort auf Kundenseite und der Wunsch nach größerer Vertriebseffizienz auf Herstellerseite.

Die Schere zwischen diesen beiden Prioritäten klaffte immer weiter auseinander und löste schließlich in vielen Branchen das Komprimierungsmuster aus. Die Komprimierung ging in manchen Fällen bis zur völligen Ausschaltung von Absatzmittlern.

Die Schnittblumenindustrie hatte bisher ein mehrstufiges Absatzsystem, das von der Blumenzucht über den regionalen Vertrieb zum Großhändler reichte, der seinerseits Floristen und Supermärkte belieferte. In den meisten Großstädten entstand durch die Interaktion der Groß- und Einzelhändler eine Art Börse für Schnittblumen. Jede einzelne Vertriebsstufe verteuerte den Preis, um den eigenen Gewinnanteil zu sichern. Bis der Blumenstrauß schließlich auf dem Wohnzimmertisch stand, hatte der Käufer mehr als 800 Prozent Aufschlag auf den Gärtnerpreis bezahlt. Und weil der Absatzprozeß häufig länger als eine Woche dauerte, waren die Blumen schließlich nicht mehr frisch und zeigten bereits im Laden braune Ränder. Die Kunden waren empört über die überzogenen Preise und die schlechte Qualität. Sie hatten für ihr Geld etwas mehr erwartet.

Ruth Owades, Gründerin des amerikanischen Blumenhändlers im Direktabsatz, Calyx & Corolla, erkannte die Crux des althergebrachten Vertriebssystems und entwickelte die Vision einer direkten Verbindung zwischen Blumenzüchtern und Kunden. Um dieses Ziel Wirklichkeit werden zu lassen, mußte das Unternehmen sowohl mit Anbietern wie auch mit Vertriebsgesellschaften Partnerschaften eingehen. Calyx & Corolla baute enge Beziehungen zu 30 erstklassigen Blumenzüchtern auf und überzeugte sie davon, Computernetze zu installieren, die sie mit Calyx & Corolla verbanden. Zweimal am Tag übermittelte Calyx & Corolla ihnen seine Blumenbestellungen und versorgte sie im Gegenzug mit Material wie Schachteln, Karten, Vasen und Aufklebern. Die Blumenzüchter wurden darin geschult, schnell auf die Nachfrage nach fertig gebundenen Sträußen zu reagieren (anstatt darauf zu warten, daß die Vertriebsfirmen ihre traditionelle Bestellung über Kartons mit verschiedenen Blumensorten abgaben), wodurch der Bestellzyklus weiter verkürzt werden konnte.

Calyx & Corolla arbeitete eng mit den Blumenzüchtern bei der Auswahl des am besten geeigneten Verpackungsmaterials zusammen, das die Blumen möglichst lange frisch hielt. Die Züchter informierten das Unternehmen ihrerseits über vorhandene Sorten und Mengen. Im Falle eines Engpasses konnte Calyx & Corolla kurzfristig auf einen anderen Zulieferbetrieb zurückgreifen oder bei einem Überangebot Sonderaktionen starten.

Darüber hinaus bildete das Unternehmen eine Allianz mit Federal Express. Die Verbindung mit dem Transport- und Datennetzwerk von FedEx erleichterte Calyx & Corolla die Gewährleistung einer schnellen und pünktlichen Auslieferung. Die Zuverlässigkeit und Reaktionsschnelligkeit des Express Services haben Calyx & Corolla ermöglicht, seine Blumen per Katalog, Telefon und Internet zu verkaufen. Durch die Komprimierung der Vertriebskanäle vergehen lediglich zwei Tage von dem Zeitpunkt, an dem die Blumen geschnitten werden, bis zur Auslieferung an den Kunden, die den zusätzlichen Vorteil genießen, daß sie von zu Hause aus bestellen können. Dieses Konzept hat sich so bewährt, daß Calyx & Corolla zu einem führenden Unternehmen der Gartenbauindustrie geworden ist, deren Marktvolumen 10 Mrd. Dollar beträgt.

Die Komprimierung eliminiert überflüssige Vertriebsstufen und trägt entscheidend zu Kundenzufriedenheit und reibungslosem Lieferservice bei. Calyx & Corolla reduzierten den Vertrieb von sieben auf drei Stufen. In seiner extremsten Ausprägung führt die Komprimierung zu einer völligen Ausschaltung von Absatzmittlern zwischen Anbietern und Kunden.

Die wachsende Nutzung des Internet (durch Anbieter und Kunden gleichermaßen) wird die Komprimierung bzw. Ausschaltung von Absatzmittlern noch beschleunigen. Cisco wickelt bereits fast die Hälfte seiner Verkäufe direkt über das Internet ab.

Andere aggressive Marktteilnehmer haben schon mit der Aufholjagd begonnen. In Zukunft werden elektronische Absatzwege zum Hauptvertriebskanal werden. Die durch eine Komprimierung der Vertriebskanäle bedingte Wertverschiebung wird noch zunehmen, denn immer weniger Kunden und Anbieter sind bereit, die zusätzlichen Kosten eines nicht notwendigen Absatzmittlers zu tragen.

Wie läßt sich mit diesem Muster Gewinn erzielen?

Ob Sie Anbieter oder Käufer sind, versuchen Sie, so früh wie möglich in direkten Kontakt mit der anderen Seite zu treten. Wenn Ihr Unternehmen ein „traditioneller Vertriebskanal" ist, entwickeln Sie Angebote, die einen zusätzlichen Mehrwert bieten, oder senken Sie Kosten, bevor es Ihre Wertschöpfungsnachbarn tun – und Ihr Unternehmen ausschalten.

Angenommen, Sie leiten ein Reisebüro. Kunden bezahlen Sie dafür, daß Sie ihre Reisen organisieren:

- Wer sind Ihre gefährlichsten Wettbewerber?
- Gibt es Unternehmen in Ihrer Branche, die an einer Komprimierung der Vertriebskanäle arbeiten?
  - Wer sind diese Unternehmen?
  - Welche Vor- und Nachteile hat Ihr Unternehmen im Vergleich?
- Wenn die Zahl der „Komprimierer" wächst, können Sie die zukünftige Profitabilität Ihres Unternehmens sicherstellen?

Neue Absatzmittler

Schaffen Sie neue Vertriebsstufen, die echten Mehrwert bieten

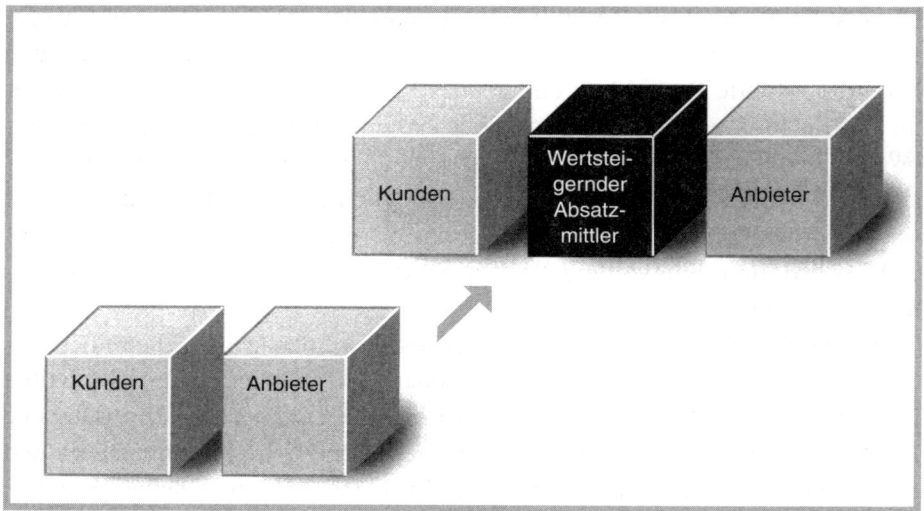

Durch das Komprimierungsmuster werden traditionelle Absatzmittler ausgeschaltet und direkte Beziehungen zwischen Anbieter und Kunden hergestellt. Von der Kostensenkung profitieren beide Seiten.

In einer kleinen, aber wachsenden Zahl von Beispielen folgt darauf jedoch ein Muster der Reintegration von zuvor eliminierten oder neue Distribuenten, die mit einem neuen Wertangebot aufwarten. Häufig hat die direkte Verbindung zwischen Anbietern und Kunden bei aller Effizienz den Nachteil, daß sie sich lediglich auf die Geschäftsabwicklung beschränkt, während der persönliche Service oder andere wichtige Kundenbedürfnisse zu kurz kommen. Nun richtet sich die Kundenunzufriedenheit auf die fehlenden Serviceaspekte im Direktabsatz. Unternehmen, die diese Marktlücke erkennen, können als Mittler wieder in das System einsteigen. Dabei konzentrieren sie sich auf zwei Dinge:

Entweder sie bieten Kunden einen neuen Service, der einen echten Zusatznutzen darstellt, oder sie bieten eine noch bessere Geschäftsabwicklung.

Rosenbluth International, ein Reisebüro mit gut hundertjähriger Tradition, sah dieses Muster bereits vor zehn Jahren voraus und suchte nach Wegen, seinen Kunden wertsteigernde Dienstleistungen zu bieten. Hal Rosenbluth, CEO des gleichnamigen Unternehmens, veränderte daraufhin das Business Design: „Wir sind nicht mehr länger in der Reisebranche, sondern in der Informationsbranche tätig." Statt die Reservierungssysteme der unterschiedlichen Fluggesellschaften zu verwenden, von denen jedes in erster Linie die eigenen Flüge hervorhob, führte Rosenbluth ein eigenes Reservierungssystem ein, in das er die Information zahlreicher Fluggesellschaften einspeiste. Durch sein neues proprietäres System konnte Rosenbluth jeweils die für seine Kunden günstigsten Tarife heraussuchen. Außerdem ermöglichte Rosenbluth International seinen Firmenkunden, sich als strategische Partner direkt in das Netz einzuwählen und ihren Flugverbindungen nach speziellen geschäftlichen Erfordernissen zusammenzustellen.

Rosenbluths Kunden können ihr eigenes Reisemanagement betreiben, indem sie auf der Basis von Tarifinformationen, bevorzugten Fluggesellschaften und Sonderangeboten ihr individuelles Reisepaket schnüren. Als zusätzliche Leistung prüft der „Trip Monitor" die getroffenen Reisearrangements und bucht automatisch um, wenn günstigere Tarife zur Verfügung stehen. Kunden, die das Reservierungssystem „Dacoda" von Rosenbluth verwenden, erhalten 10 bis 20 Prozent mehr Rabatt als der Standard-Firmendiscount, der im Direktabsatz gewährt wird.

Indem Rosenbluth bisher nicht vorhandene Leistungen anbot, konnte das Unternehmen dem Schicksal entgehen, das viele Reiseveranstalter in der neuen Welt der Online-Buchungen ereilen wird – die Eliminierung. Rosenbluths Business Design bietet mehr als die reine Abwicklung von Reisebuchungen; es bietet ein komplettes Reisemanagement-System, das niedrige Preise und Buchungskomfort garantiert. Kunden können ohne jede Unterstützung online Hotel- oder Flugbuchungen vornehmen. Rosenbluth unterstützt sie aber dabei, die jeweils günstigsten Alternativen herauszusuchen.

Diese Strategie war deswegen erfolgreich, weil Rosenbluth die Chancen frühzeitig erkannt und bereits ein neues Business Design entwickelt hat, als das alte noch profitabel war.

Neue Technologien lassen auch Möglichkeiten für neue Absatzmittler entstehen. Priceline ist ein Internet-Service, der eine neue Absatzstufe zwischen Anbietern und Kunden eingeführt hat. Priceline bietet beiden Seiten Mehrwert, indem es für Kunden die günstigsten Reisepreise heraussucht und Reiseanbietern zu einer höheren Auslastung verhilft. Interessenten geben ihre Wünsche bezüglich des Zielgebiets, der Hotelkategorie und des Preises in das System ein, den sie dafür bezahlen wollen. Priceline leitet diese Information an Fluggesellschaften, Hotelketten und Autovermieter weiter. Bei Nichtauslastung wird ein Anbieter eher einen niedrigen Preis akzeptieren, bevor Sitzplätze, Hotelbetten oder Autos leer bleiben.

Eine andere Form der Reintegration einer Vertriebsstufe findet statt, wenn Newcomer die Effizienz der Geschäftsabwicklung erheblich steigern können. Das gilt insbesondere für Branchen, die von einer unübersichtlichen Menge an Käufern auf der einen Seite und einer ebenso unübersichtlichen Menge an Verkäufern auf der anderen Seite gekennzeichnet sind. In einem solchen Umfeld müssen Kunden viel Zeit damit verbringen, sich die notwendige Information über die zahlreichen Anbieter zu beschaffen und dann mit ihnen in Kontakt zu treten. Auf der Anbieterseite bedeuten zahlreiche fragmentierte Kunden hohe Marketingausgaben, Vertriebsbarrieren und eine komplizierte Logistik.

Hier bietet sich die Schaffung einer perfekt organisierten Schaltzentrale an, die eine hohe Anziehungskraft auf Kunden ausübt und die zähneknirschende Akzeptanz der Anbieter erreicht. Ein vorausschauender Marktteilnehmer nutzt die Effizienzlücke, um als Makler beiden Seiten zu mehr Profitabilität zu verhelfen und gleichzeitig Gewinn aus diesem Service zu erzielen. Die Position einer Schaltzentrale kann darüber hinaus eine strategische Machtstellung innerhalb einer Branche bedeuten.

Die Gründung von Creative Artists Agency (CAA) 1975 ist ein frühes Beispiel für dieses Muster. CAA ist eine Schauspieleragentur in Hollywood, die zwischen Filmstudios und Schauspielern, Drehbuchautoren und Regisseuren vermittelt. CAAs einzigartiger Ansatz bestand im Schnüren von kompletten Paketen. Statt sich darauf zu beschränken, einen Schauspieler für einen Film zu vermitteln, erkannte CAA den Wert, der in der Kombination von Stars, Drehbuchautoren und Regisseuren in einem Komplettpaket liegt. Jeder der Beteiligten konnte durch den Wert, der das Gesamtpaket für das Filmstudio darstellte, seine eigene Verhandlungsposition verbessern. Außerdem stieg damit die Wahrscheinlichkeit, daß die Schauspieler für den Film engagiert würden.

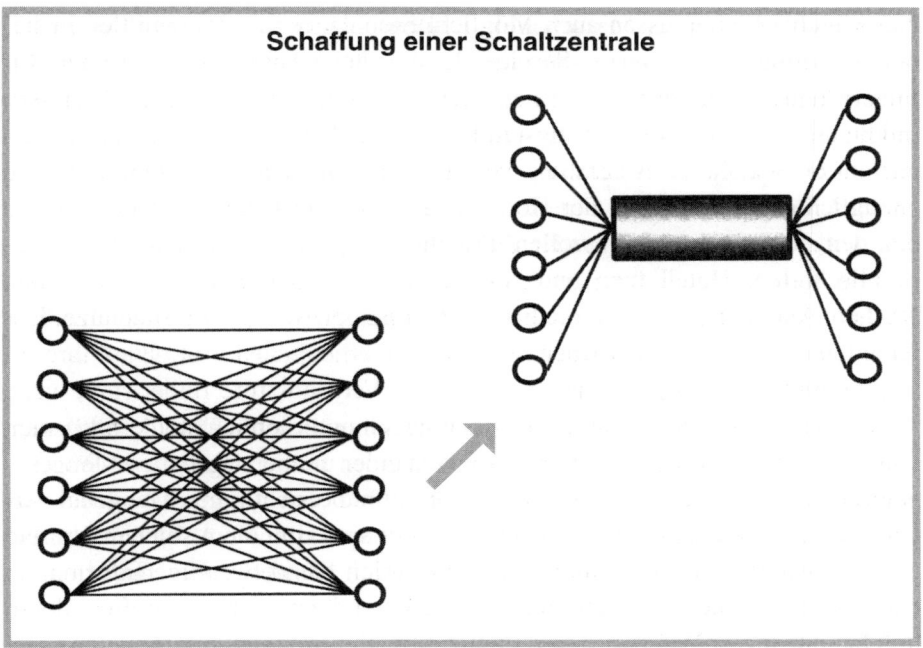

Schaffung einer Schaltzentrale

Die Ineffizienz der traditionellen Investmentmakler hat das gleiche Muster auch im Bereich Finanzdienstleistungen ausgelöst. Früher verhandelten individuelle Anleger direkt mit Maklern von Investmentfonds bzw. Investmentgesellschaften. Wenn jemand Anteile an sechs verschiedenen Investmentfonds erwerben wollte, mußte er sechs verschiedene Depots eröffnen und die Kosten ihrer Verwaltung tragen. Wollte der Anleger die vereinfachte Darstellung auf einem einzigen Depotauszug, war er auf die wenigen Alternativen zurückgeworfen, die ein Makler zu bieten hatte.

Charles Schwab erkannte die Unzufriedenheit, die Kunden aufgrund der zunehmenden Komplexität von Investitionen verspürten, und schaltete sich als Vermittler dazwischen. Mit seinem innovativen Angebot OneSource unterbreitete Schwab seinen Kunden ein Wertangebot mit erheblichem Zusatznutzen. Schwabs Schaltzentrale verband eine Vielzahl von Asset-Management-Firmen mit Millionen Investoren. Eine Telefonnummer und ein Konto genügten, um Zugang zu mehreren Tausend Investmentfonds zu erhalten. Schwab vereinfachte die Investitionsprozesse und schuf gleichzeitig erheblichen Wert.

Die Finanzdienstleister Marschollek, Lautenschläger und Partner (MLP) haben sich dieses Muster ebenfalls zunutze gemacht. MLP begann als Makler für Finanzdienstleistungen, die sich speziell an Studenten und Jungakademiker mit hohen Einkommensaussichten richteten. MLP ging von der Annahme aus, daß dieser Kundenkreis relativ unerfahren im Finanzmanagement war, und entwarf maßgeschneiderte Finanz- und Versicherungskonzepte, indem es aus den Angeboten verschiedener Kreditinstitute und Versicherer neue Pakete zusammenstellte. Dabei fungiert MLP als Mittler zwischen aussichtsreichen Nachwuchskunden und zahlreichen Finanzdienstleistern. Mit zunehmendem Alter und Vermögen seiner Kunden kann MLP erheblichen Einfluß auf ihre Investitionsentscheidungen nehmen.

eBay hat eine Schaltzentrale für die unterschiedlichsten Produktkategorien von Antiquitäten – von Ausrüstungsgegenständen bis zu allgemeinen Waren – gegründet. Statt in der Zeitung zu inserieren und sich mit einer Vielzahl von Kaufinteressenten auseinandersetzen zu müssen, können Anbieter sich bei eBay registrieren. Unter dem Motto „Wir helfen Kunden dabei, mit allem zu handeln, was es auf der Welt gibt" führt eBay elektronische Auktionen durch und hat auf seiner Webpage über 1 Mio. Artikel. Es erwirtschaftet bereits Gewinn – eine der wenigen „Internet-Börsen", denen das gelingt. Das ist mit ein Grund dafür, daß ihre Marktkapitalisierung in weniger als drei Monaten nach der Börseneinführung bereits 7 Mrd. Dollar erreicht hat.

Die Ausbreitung des Internet hat viele Möglichkeiten für neue Absatzmittler eröffnet, die allerdings nicht frei von Risiko sind. Auto-by-Tel konnte zunächst davon profitieren, zum Teil dank der Kooperation mit Microsoft. Dann allerdings verwandelte sich diese Kooperation in eine Last, weil Microsoft sich entschloß, selbst in das Geschäft einzusteigen.

Als Auto-by-Tel 1995 gegründet wurde, beabsichtigte das Unternehmen, als Mittler zwischen Autohändlern und Käufern zu fungieren. Auto-by-Tel wuchs schnell und wickelte in 21 Monaten 387.000 Kauf- bzw. Leasingverträge ab und wurde bis 1996 für 1.715 Autohändler tätig, von denen es bezahlt wurde. Das taten sie zwar nur widerwillig, aber sie sahen ein, daß sie es sich gar nicht leisten konnten, nicht an dem System teilzunehmen.

Trotz (oder vielleicht gerade wegen) des Erfolgs stutzte Microsoft seinem Partner Auto-by-Tel 1997 die Flügel. Der Software-Gigant beschloß, selbst in dem lukrativen Geschäft aktiv zu werden, und gründete zu diesem Zweck das Unternehmen CarPoint. Dieser Schritt deutet an, welche Zukunftspläne Microsoft bezüglich seiner Vertriebsaktivitäten verfolgt.

Das Wertpotential einer Schaltzentrale hat einige intensive Wettbewerbskämpfe ausgelöst. Jeder Ringkampf wird von zwei Vorreitern bestritten, die sich gegenseitig die Führungsposition in der Mittlerfunktion streitig machen:

- Schwabs OneSource konkurriert gegen Fidelity.
- Auto-by-Tel konkurriert gegen Microsofts CarPoint.
- Travelocity konkurriert gegen Microsoft Expedia.

Mit wachsenden Nutzungsmöglichkeiten des Internet werden noch mehr Wettbewerbskämpfe ausgetragen werden. Jeder will die hochwertigste Schaltzentrale für E-Commerce und andere Internet-Geschäfte sein.

Wie läßt sich mit diesem Muster Gewinn erzielen?

Als Käufer oder Verkäufer sollten Sie diesen Vertriebskanal
so früh wie möglich nutzen; er wird Ihnen viel Geld sparen.
Wenn Ihr Unternehmen selbst als neuer Vertriebskanal auftritt,
maximieren Sie den Mehrwert, und beschleunigen Sie den
Ausbau Ihres Investmentprogramms, um möglichst keine
Lücken zu lassen, die Neueinsteiger nutzen können.

- Denken Sie an die Mittler, mit denen Sie zu tun haben:
  - Bieten sie mehr Effizienz in der Geschäftsabwicklung oder einen Mehrwert durch neue Leistungen?
- Wie hoch ist die Wahrscheinlichkeit, daß dieser zusätzliche Mehrwert von
  - etablierten Unternehmen oder
  - Markteinsteigern geschaffen wird?
- Gibt es in Ihrer Branche Raum für eine Schaltzentrale als Absatzmittler, der die Effizienz und die Kostenposition der Branchenteilnehmer verbessern kann?
- Wer bringt für die Schaffung und das Management einer Schaltzentrale die besten Voraussetzungen mit?

8

Produktmuster

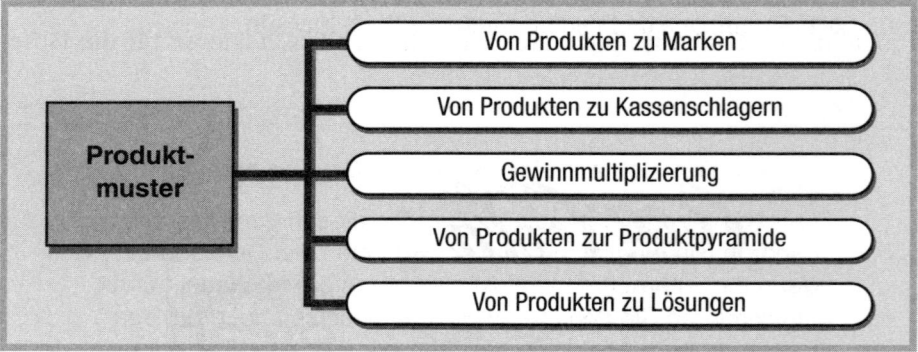

Bis Mitte der 80er Jahre stand das Produkt im absoluten Mittelpunkt. Profita-
bilität maß sich direkt am Produkt und der Bedeutung oder Einzigartigkeit
seiner Funktionen. Ob es sich um Fernseher in den 60er Jahren handelte, um
Autos und Stahl in den 60er bis 70er Jahren oder um Softwareprogramme und
Pharmaprodukte ein Jahrzehnt später, stets war das Produkt die Quelle der
Wettbewerbsmacht und der Gewinne.

In letzter Zeit hat jedoch eine Wertverschiebung von Produkten zu anderen
Faktoren stattgefunden, und zwar entlang verschiedener Dimensionen und Gewinnmuster. Allen gemeinsam ist, daß der Wert, den das Produkt an sich dargestellt hat, zu neuen knappen Gütern wie Marken, Kassenschlagern und Lösungen gewandert ist.

Die Gesetze dieser knappen Güter haben jedoch wenig gemeinsam. Die
Strategien, die ein Unternehmensplaner entwerfen muß, um von der Verschiebung „Von Produkten zu Marken" zu profitieren, unterscheidet sich grundle-

gend von den Strategien zur Nutzung des Musters „Von Produkten zur Produktpyramide" oder „Von Produkten zu Lösungen". Jedes Muster gehorcht seiner eigenen Logik, und jede Logik will verstanden sein.

Produktmuster Nr. 1

Von Produkten zu Marken

Das greifbar Spürbare

Produkte und Funktionalität waren einst die Schlüsselfaktoren für die Diffe-

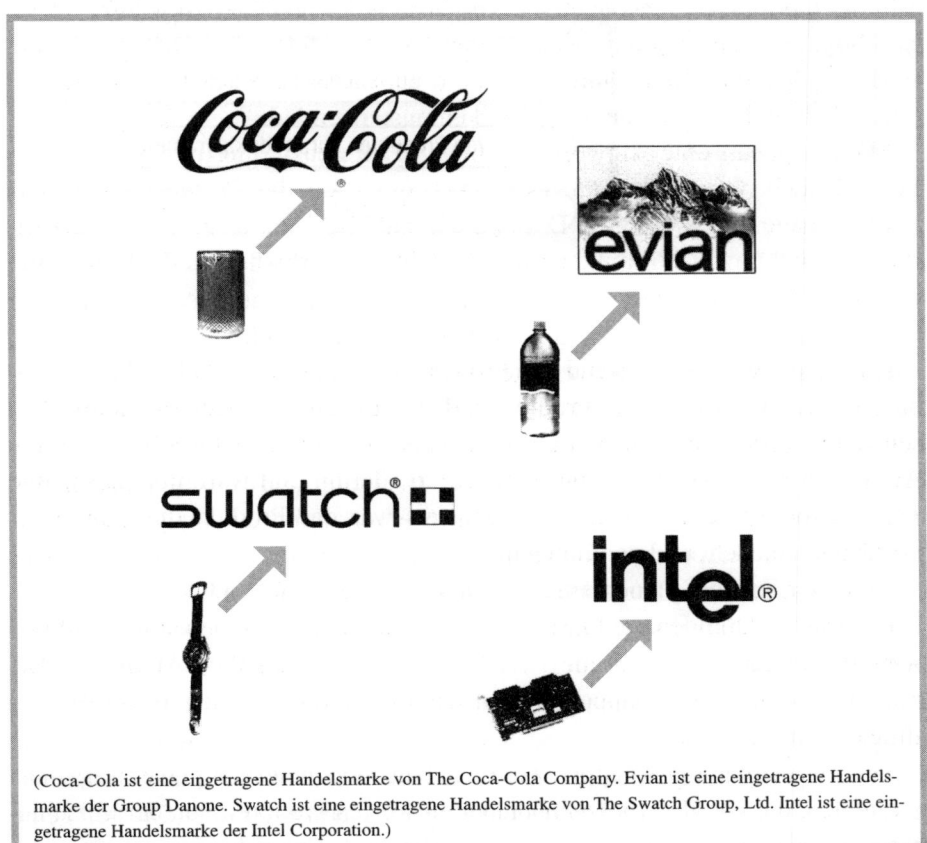

(Coca-Cola ist eine eingetragene Handelsmarke von The Coca-Cola Company. Evian ist eine eingetragene Handelsmarke der Group Danone. Swatch ist eine eingetragene Handelsmarke von The Swatch Group, Ltd. Intel ist eine eingetragene Handelsmarke der Intel Corporation.)

181

renzierung eines Unternehmens vom Wettbewerb. Wurden Konsumenten einzigartige Produkte oder Leistungen angeboten, war das Unternehmen profitabel.

Heute jedoch steht den Konsumenten eine unendliche Vielfalt von Produkten zur Verfügung, die sich nicht wesentlich durch ihre Funktionen unterscheiden. Viele Produkte sind sich auch in Qualität und Preis sehr ähnlich. Je mehr Konsumwerbung es gibt, desto enger ist das Angebotsfenster für jedes einzelne Produkt. Die Zeit ist knapp. Konsumenten wollen Produkte, bei denen sie sichergehen können, daß sie ihre Erwartungen erfüllen. Und sie wollen sie sofort.

In diesem Umfeld der extremen Angebotsbreite geschehen merkwürdige Dinge. Konsumenten wird die Auswahl zu groß. Analog zur wachsenden Anzahl der Optionen wächst auch die Verwirrung der potentiellen Käufer. Diese Kombination von Produktüberschwemmung und fehlender Differenzierung zwischen den einzelnen Alternativen führt zu wachsender Frustration, die sich schließlich in der Entstehung des Markenmusters entlädt.

Marken geben eine Antwort. Sie bieten Differenzierung und versprechen Zufriedenheit. Oftmals achten Kunden weniger auf das Produkt als auf das Markenimage, das es umgibt. Durch die Schaffung einer zweiten wirtschaftlichen Realität um das Produkt herum, entsteht eine virtuelle Kundenbeziehung, wird eine Botschaft über die Bedeutung des Produkts ausgesendet und eine Vertrauensbasis zwischen Käufer und Verkäufer hergestellt.

Die Marke wird zum Stellvertreter des Produkts und entscheidet binnen Sekunden über Kauf oder Nichtkauf. Die Folge: Gewinn- und Werterzielung haben sich von Produkten zu Marken verschoben, die Kunden eine unausgesprochene „Qualitätsgarantie" geben. Clevere Hersteller und Einzelhändler haben das erkannt und sich darauf eingestellt. Sie verkaufen ein Image, eine Botschaft und ein Versprechen und nicht so sehr ein Produkt. Der Verkauf ist mehr als eine geschäftliche Transaktion, er ist Teil einer Beziehung.

Im Ergebnis haben sich Marken in Bereichen etabliert, wo sie die traditionelle Marketingtheorie eher nicht vermuten würde: Evian-Tafelwasser, Jacobs-Kaffee, Stainmaster-Teppiche, Swatch-Uhren, Assugrin-Süßstoff. Eigentlich alles austauschbare Produkte – aber jetzt nicht mehr! Ein Unternehmer, eine Firma oder ein Management-Team haben um ein Produkt mit einer Basisfunktion (sei es Wasser, Kaffee, Fußbodenbelag, ein Zeitmesser oder Süßstoff) eine Aura aus Überzeugungen, Wahrnehmungen und Antworten geschaffen, die

Kunden von dem für austauschbare Güter typischen Kaufkriterium abgelenkt hat („Welches Produkt ist am günstigsten?").

Wenn man 1994 zwei Computer nebeneinander stellte, konnte man keinen Unterschied zwischen den Prozessoren, der Speicherkapazität und sonstigen Leistungsmerkmalen feststellen. Der einzige Unterschied war, daß auf dem einen Gerät Compaq stand und auf dem anderen IBM. Der Computer von Compaq kostete gut 200 Dollar mehr.

Anfang der 90er Jahre rollten zwei Autos von den Montagebändern des NUMMI-Werks, ein Joint Venture zwischen GM und Toyota in Fremont, Kalifornien. Die beiden Autos waren in jeder Hinsicht gleich. Sie wurden von denselben Facharbeitern in denselben Prozessen montiert. Der einzige Unterschied war die Marke. Auf einem Auto stand GM, auf dem anderen Toyota. Der Toyota kostete 400 Dollar mehr und verkaufte sich schneller.

Als Nicolas Hayek den Uhrenmarkt für das Swatch-Modell testete, stellte er fest, daß Kunden bereit waren, bei der Wahl zwischen zwei absolut identischen Produkten für den kleinen Zusatz „Made in Switzerland" 20 Dollar Preisaufschlag gegenüber „Made in Hongkong" zu bezahlen.

Markennamen können nicht nur über Preise, sondern auch über Präferenzen entscheiden. In einem kürzlichen Test wurde zwei Zuschauergruppen derselbe Film gezeigt. Einer Zuschauergruppe wurde das echte Filmstudio genannt, das den Film gedreht hatte, der anderen Gruppe wurde gesagt, es handele sich um einen Disneyfilm (was nicht den Tatsachen entsprach). Letztere Gruppe war wesentlich begeisterter von dem Film als die erste Zuschauergruppe. Das gleiche Produkt. Der gleiche Kundentyp. Eine andere Marke.

Moët Hennessy Louis Vuitton (LVMH) nutzt die wachsende Nachfrage nach Marken- und Luxusgütern, indem es sein hart erarbeitetes Image als Produzent hochmodischer Luxuswaren kultiviert. Louis Vuitton ist allseits für seine teuren Ledertaschen und -koffer bekannt. Moët Hennessy ist berühmt für seine hochwertigen Spirituosen. Auch internationale Designermarken wie Christian Dior und Givenchy gehören zu LVMH.

Im Gegensatz zu vielen anderen Designerhäusern, die ihren Bekanntheitsgrad um eine Kultfigur aufbauen, konzentriert sich LVMH ausschließlich auf die Pflege und Weiterentwicklung der Marke und wird sicher nicht zögern, Designer und Manager auszuwechseln, wenn es dadurch den Markenerfolg steigern kann. Durch seine aggressive Akquisition von Markennamen und deren Entwicklung und Expansion konnte LVMH sowohl Konsumenten von Luxusgütern wie langfristige Investoren überzeugen. Statt sich auf die Kraft einer einzigen Marke zu verlassen, hat LVMH ein breites Portfolio an weltbekannten, teuren Markenartikeln aufgebaut, die instinktiv mit Eleganz, Stil und Luxus assoziiert werden.

Auf den ersten Blick scheint das Muster „Von Produkten zu Marken" mehr als offensichtlich zu sein. Tatsächlich ist es etwas komplizierter. Trotz der Wertverschiebung bleiben viele Chancen, ein Markenimage zu kreieren, ungenutzt, weil viele Unternehmen die Investitionen scheuen. Andere glauben, sie hätten ein Markenimage, allein weil ihre Marke bekannt ist. Markenbewußtsein ist aber nur eine Meßgröße. Viel wichtiger sind Einzigartigkeit und die Bevorzugung vor anderen Alternativen, die so ausgeprägt ist, daß sie das Kaufverhalten deutlich steuert. Und das wichtigste Kriterium ist, einen Premiumpreis durchsetzen und halten zu können. Es gibt viele bekannte Marken, aber nur wenige Premium-Marken.

Auch wenn noch so große Anstrengungen zur Schaffung eines Markenimages unternommen werden, sind die Beispiele für eine schnelle Ausbreitung ziemlich rar (siehe S. 185). Das größte Hindernis bei der Ausschöpfung der Potentiale dieses Gewinnmusters liegt in unterentwickeltem Kundenverständnis und der dadurch bedingten Unfähigkeit, eine kundenrelevante Marke aufzubauen, die eine hohe Kaufmotivation auslöst.

Wie läßt sich mit diesem Muster Gewinn erzielen?

Erkennen Sie, daß Kunden hochwertige Marken *wollen* und *brauchen*.
Entwickeln Sie ein Markenimage.
Lassen Sie sich nicht entmutigen, und halten Sie durch.

- Welche Veränderungen, mangelnde Erfüllung von Kundenbedürfnissen und/oder Unterschiede der Kundenpräferenzen könnten das Muster „Von Produkten zu Marken" in Ihrer Branche auslösen?
- Welche Markennamen werden in den Bereichen Finanzdienstleistungen, Telekommunikation, Buchhandel, Einzelhandel und Computer wirklich von Bedeutung sein? Und in Ihrer Branche?
- Was könnte Ihr Unternehmen mit einem starken Markenimage erreichen?

- Wie stark ist der Bekanntheitsgrad Ihres Markenimages? Wie ausgeprägt ist die Präferenz der Kunden für Ihr Produkt? Wie hoch ist das Preispremium?

Anmerkungen zum beschleunigten Aufbau eines Markenimages

Amazon.com ist der größte Buchhandel weltweit und hat den gleichen Bekanntheitsgrad erlangt wie sein nichtvirtueller Rivale Barnes & Nobles (A.d.Ü: In Deutschland ist die süddeutsche Buchhandelskette Hugendubel mit den mehrstöckigen Buchkaufhäusern nach amerikanischem Stil am ehesten vergleichbar), obwohl es nur ein Zehntel der Umsätze erwirtschaftet. Wie ist es Amazon gelungen, seinen Bekanntheitsgrad so schnell zu steigern? Hat Amazon mehr investiert als seine Wettbewerber, oder hat es erfolgreich das neue Muster der beschleunigten Markenausbreitung genutzt?

Drei plötzliche Marktveränderungen – die Ausbreitung einer neuen Technologie, die Bildung von Netzwerken und Nutzergruppen und neue Formen des Käuferverhaltens –, die alle durch das Internet entstanden sind, haben die strategischen Rahmenbedingungen für den Aufbau einer Marke neu definiert und völlig neue Wege eröffnet. Amazon hat von Anfang an erkannt, daß das Internet ein außerordentlich gutes Medium für die Schaffung eines Markenimages ist. Das Unternehmen bot „Internet-Partnern", über deren Websites Kaufinteressenten zu Amazon gelangten, Provisionen, wenn sie einen Link von ihrer Webpage zu Amazon herstellten.

Der letzten Zählung zufolge hat Amazon 25.000 Partner im Programm. Das bedeutet, daß 25.000 Webpages ein Amazon-Banner enthalten. Das Unternehmen hat den großen Wert dieser Verbreitungsmöglichkeit erkannt und arbeitet intensiv daran, sich über das gesamte World Wide Web auszudehnen. Auch der Pressearbeit mißt Amazon große Bedeutung zu. Der rasante Aufstieg dieses Internet-Buchhandels hat die breite Aufmerksamkeit der Medien auf sich gezogen, und Amazon hat keine Gelegenheit ausgelassen, die Entstehungsgeschichte wieder und wieder zu erzählen. Auch das hat zu Markenbekanntheit, einem hohen Wiedererkennungswert und Anziehungskraft auf Kunden beigetragen.

Wenn Kunden sich einmal entschlossen haben, Amazon auszuprobieren, unternimmt das Unternehmen seinerseits alles, um erstklassigen Service, Information und maximalen Einkaufskomfort zu bieten. Das spricht sich herum. Begeisterte Kunden empfehlen Amazon gerne weiter (Amazons Kundenakquisition und Erfolgsmanagement sind ausführlich in Kapitel 11 dargestellt).

Inzwischen tritt der Online-Buchhandel in den traditionelleren Markenwettbewerb ein. Sowohl Amazon wie auch seine Rivalen investieren große Summen in Werbekampagnen. Bis zu diesem Punkt hat Amazon jedoch große Vorteile aus der Beschleunigungsstrategie gezogen, die dem Unternehmen für ein Bruchteil der Kosten den gleichen Bekanntheitsgrad und Wiedererkennungswert wie seinen Wettbewerbern verschafft hat.

Was zählt, ist nicht allein die Höhe der Investitionen, sondern das Gesamtsystem, in das die Ausgaben eingebettet sind. Dieses System kann negativ, neutral oder als Multiplikator wirken. In diesem konkreten Beispiel ist letzteres der Fall.

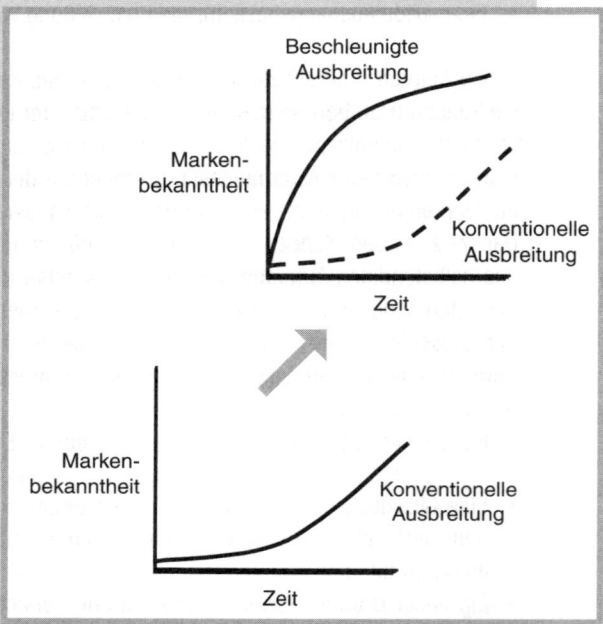

Neue Markenführung

Wenn Sie 1975 das Wort *Marke* erwähnten, dachte jeder an Seife, Soda oder Zigaretten. Zu jener Zeit machten Hersteller traditioneller Konsumgüter und Lebensmittelprodukte 60 Prozent der gesamten Werbung aus. Heute ist dieser Anteil auf die Hälfte zurückgegangen. Die zweite Assoziation, die sich 1975 bei dem Wort *Marke* aufdrängte, war vermutlich „Fernsehen" – das Medium, das am meisten für Produktbekanntheit sorgte. Heute ist Fernsehwerbung nur ein Instrument von vielen, die Markenmanagern zur Verfügung stehen. Und für viele Produkte spielt es nur eine untergeordnete Rolle.

Der Wert verschiebt sich inzwischen von Unternehmen, die ein Markenimage auf konventionelle Art und Weise aufbauen, zu solchen, die neue Wege beschreiten. Diese Unterscheidung hat strategische Bedeutung, weil eine Marke, die *starke Emotionen* mit *ausgeprägter Sinngebung* kombiniert und so die Kaufentscheidung positiv beeinflussen kann, seinem Eigner folgendes einbringt:

- Ein starkes Wachstum der Betriebsgewinne
- Ein hohes strategisches Absicherungspotential
- Eine solide Ausgangsbasis für die Erschließung weiterer lukrativer Marktchancen

Große Marken unterstützen die Veränderung des Kaufentscheidungsprozesses, indem sie Kunden dazu bewegen, statt produktzentrierter Preis-Leistungs-Vergleiche markenorientierte Gefühlsentscheidungen zu treffen. Um die Kraft eines Markenimages zu verstärken, muß seine Assoziationskraft erhöht werden. Einige der besten neuen Ansätze im Markenmanagement sind in der Schaffung einer „Erlebnissituation von gewisser Dauer" zu finden. Kunden erleben den Genuß von Häagen Dasz-Eiscreme während eines halbstündigen Aufenthalts in einem gestylten Café, verinnerlichen das Image von Nike durch die bewußte oder unbewußte Wahrnehmung von Nike-Werbepostern in Sportgeschäften und verlassen Sony Wonder Stores nicht allein mit elektronischen Geräten, sondern hauptsächlich mit dem ausgeprägten Gefühl, das es etwas Besonderes ist, ein Sony-Gerät zu besitzen.

Neben diesen gibt es noch andere Beispiele für Erlebnis-Markenmanagement:

- Eine Mischung aus Werbebotschaft und emotionalen Inhalten (James Bond, der einem gefährlichen Gangster in einer zehnminütigen Verfolgungsjagd in einem BMW entkommt)
- Ein hoher Grad an Kundeninteraktion und Service (Fluggesellschaften werden eher daran gemessen, welchen Service sie bei Unregelmäßigkeiten bieten, als an ihrem regulären Service.)
- Die Schaffung einer sozialen Gemeinde, deren Mitglieder ihre Erlebnisse mit einer Marke teilen (Gibt es irgendeine engere Markenbindung auf der Welt als die der Harley-Davidson-Fans?)
- Die Personifizierung einer Marke, die sich stark vom Star-Sponsoring und dem Einsatz von Testimonials in Werbespots unterscheidet. (Michael Jordan füllte die Marke Nike während einstündiger hochdynamischer Live-Präsentationen mit Leben, statt sich in einem 60-Sekunden-Spot verbal zu Nike-Produkten zu bekennen.)

Vor einigen Jahrzehnten hatte ein starkes Markenimage in erster Linie mit Qualität und Zuverlässigkeit zu tun (extrinsische Nutzenaspekte). Durch gesetzliche Richtlinien, eine bessere Verbraucherberatung, Globalisierung und Total Quality Control ist Zuverlässigkeit inzwischen zu einem Grundnutzen geworden. In den meisten Branchen läßt sich darauf kein Markenimage stützen.

Nachdem Unternehmen heute eine weltweite Verbreitung ihrer Handelsmarken anstreben, sie über das Dachmarkenkonzept auf eine breite Produktpalette übertragen und von der reinen Fertigung in eine Mischung aus Herstellung und Service diversifizieren, verlagern sie den Schwerpunkt der Markenbedeutung auf intrinsische Nutzenaspekte, die weniger mit der Produktleistung als vielmehr mit der eigenen Identität zu tun haben.

Benetton steht nicht für bessere Hemdenqualität, sondern für einen weltweit besseren Umgang aller Hemdenträger miteinander. Nike steht nicht für Sportschuhe, die Jogger bei ihrer morgendlichen Runde schneller werden lassen, sondern für die Motivation, morgens überhaupt aufzustehen und zu laufen.

Diese Beispiele der neuen Markenführung sollen keineswegs von der Bedeutung herausragender Produkteigenschaften ablenken. Aber in einer Zeit, da selbst erstklassige Produkte austauschbar werden und die wichtigsten Produkteigenschaften durch neue Technologien jedes Jahr redefiniert werden, ist es wahrscheinlich wesentlich lukrativer, sich auf den Faktor Selbstwahrnehmung der Kundenpsyche zu konzentrieren, als eine bestimmte extrinsische Nutzenposition zu besetzen.

Neben starken Emotionen und ausgeprägter Sinngebung ist das dritte und letzte Element einer starken „neuen" Marke die Aufmerksamkeit, die dem Kunden zum Zeitpunkt der Kaufentscheidung gewidmet wird. Wann entscheidet sich der Kunde? Warum entscheidet er sich gerade an diesem Punkt? Welche Botschaften erreichen ihn in dem Moment, in dem er sich zum Kauf entscheidet?

Große Einzelhandelsunternehmen haben Kunden gelehrt, erst alle Produkte aus dem Regal zu vergleichen. Die Produkte werden damit auf ein Preisschild reduziert, wodurch natürlich die Preissensibilität der Kunden erhöht wird. Die Produkte der Handelsmarken („Ja", „Master Products" etc.), die 20 bis 40 Prozent günstiger sind als Markenprodukte, werden auf mobilen Verkaufsständen in den Gängen – sogenannten Rack-Choppern – plaziert, und zwar möglichst in Augenhöhe, so daß Kunden gar nicht umhin können, auf sie aufmerksam zu werden.

Der Vergleich wird reich belohnt. Kein Wunder, daß 30 bis 70 Prozent der Kunden sich bei den meisten Produkten mit hoher Umschlagsgeschwindigkeit bei Betreten des Supermarkts noch keine Gedanken gemacht haben, ob sie ein No-name-Produkt oder ein bekanntes Markenprodukt kaufen. Die Unentschlossenheit wird zwei- bis dreimal so hoch, wenn Kunden gefragt werden, zu welcher bekannten Marke sie greifen werden!

Viele Käufer treffen ihre Kaufentscheidung dann in einem Moment, in dem Botschaften auf ihr Unterbewußtsein einwirken, die gegen Markenprodukte arbeiten. Dieser Trend betont nochmals den wirtschaftlichen Nutzen einer engen Verbindung zwischen dem Aufbau eines Markenbewußtseins und dem Moment der Kaufentscheidung. In der Zukunft kann es eine weise Entscheidung sein, in den direkten Kundenkontakt zu investieren (damit Einkäufe in einem markengeprägten Umfeld stattfinden können), statt den Werbeetat zu verdoppeln.

Alle drei Trends der neuen Markenführung, die in diesem Muster dargestellt sind, lenken die Aufmerksamkeit wieder zurück auf das Business Design eines Unternehmens. Welche nachhaltigen Erlebnisse haben Kunden mit der Marke? Welche differenzierenden Nutzen werden mit der Marke kommuniziert? Welche Aspekte des Business Design sorgen zum Zeitpunkt der Kaufentscheidung für ein markenförderndes Umfeld?

Von Produkten zu Kassenschlagern

Weniger ist mehr

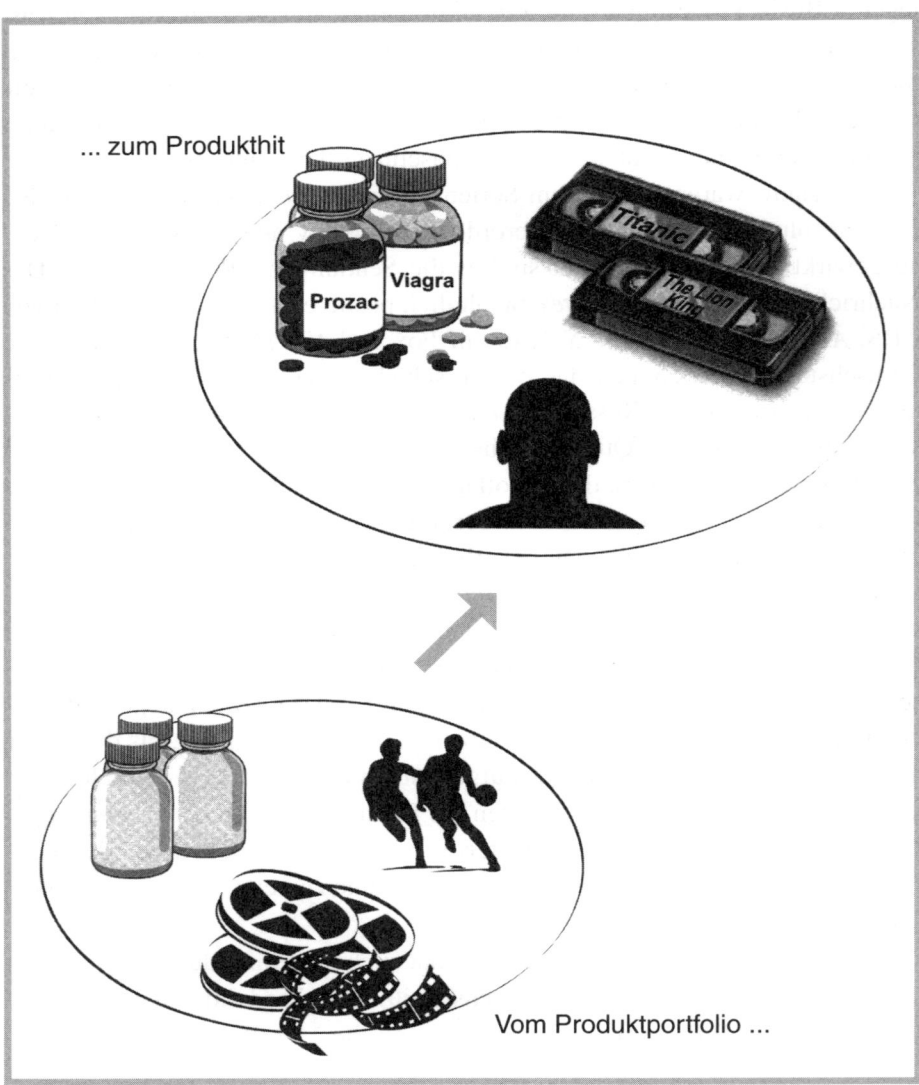

In vielen Branchen findet eine Wertverschiebung von einem ausgewogenen Produktportfolio zu wenigen Produkthits statt. Ausgelöst wird diese Bewegung von zwei Faktoren: zum einen von einer verschlechterten Wirtschaftlichkeit der Produktentwicklung und Herstellung, die aus dem Durchschnittsprodukt ein Verlustgeschäft machen, und zum anderen von einer wachsenden Unberechenbarkeit des Produkterfolgs. In dieser Situation konzentriert sich ein überlegenes Business Design auf die Produktion einer anhaltenden Serie von Kassenschlagern. Pharmaindustrie, Filmproduktion, Musik, Verlagswesen, Investment, Immobilien, sportliche Talente und Fernsehkanäle sind alles Beispiele für Bereiche, in denen sich der Gewinn, der sich einst auf eine breite Produktpalette verteilte, heute auf wenige Kassenschlager konzentriert.

Über Jahre waren die Sitcom-Serien *Cosby, Cheers* und *Seinfeld* in den USA absolute Hits, die sich außerordentlich positiv auf den Wert von NBC ausgewirkt haben. Im Moment sind es die Sendungen *ER* und *Friends*. Das Nachrichtenmagazin *60 Minutes* hat ähnlich positive Effekte auf den Wert von CBS, *Ally McBeal* und *The X-Files* auf Fox und *NYPD Blues* auf ABC. Die Fernsehstationen erkannten die Wertverschiebung zugunsten von Quotenhits und konzentrierten ihre Ressourcen auf solche Serien, die das Potential zu Zuschauerrekorden hatten. Quotenhits heizten die Gewinnerzielung an, und zwar zu den besten Sendezeiten, die so voll ausgeschöpft werden konnten. Denn die Erfolgsserien verschaffen auch den vorhergehenden und nachfolgenden Sendungen große Zuschauerzahlen und erhöhen auch deren Erfolgschancen.

Dieser Effekt ist manchmal so durchschlagend, daß er einem Fernsehkanal den ganzen Abend hohe Einschaltquoten beschert. 1996 und 1997 gruppierte NBC den größten Teil seines Hauptsendeprogramms um die wöchentliche Zuschauerattraktion *Seinfeld* herum. Bevor diese Serie schließlich abgesetzt wurde, nutzte NBC sie noch zur Unterstützung anderer Sendungen, bis diese eine eigene loyale Zuschauergemeinde aufgebaut hatten. Wenn die Einschaltquoten stabil und hoch genug waren, konnten die Rahmensendungen um *Seinfeld* gefahrlos an andere Sendeplätze transferiert werden. Manche wurden dafür genutzt, der nächsten Seriengeneration auf die Beine zu helfen, wenn auch in bescheidenerem Rahmen.

Das Gewinnmuster „Kassenschlager" hat auch die Filmindustrie geprägt. In den letzten zehn Jahren sind die durchschnittlichen Produktionskosten für einen Film um 150 Prozent gestiegen, während die Marketingkosten sogar um

300 Prozent in die Höhe geschnellt sind. Die Schwankungsbreite kann mitunter extrem sein. Die meisten Filmen spielen ihre Kosten gar nicht ein.

Die Filmstudios versuchen, die Verluste zu kompensieren, indem sie mit schwerem Marketing-Geschütz auffahren, um potentielle Kassenschlager zu Kinohits zu machen. Wenn das gelingt, können die Einnahmen nicht nur die immensen Kosten decken, sondern werfen darüber hinaus noch Gewinn ab. Ohne die Entwicklung eines Business Design, das eine anhaltende Serie von Kassenschlagern hervorbringt, gleichen die Investitionen jedoch eher einem Russischen Roulette, bei dem das Risiko für alle Beteiligten immer größer wird.

Mit der Ausnahme von Disneys Zeichentrickfilmen ist es den meisten Filmstudios nicht gelungen, ein System zu entwickeln, das diese Nachhaltigkeit garantiert.

Die besten Konzepte für eine anhaltende Entwicklung von Kassenschlagern stammen aus der Pharmaindustrie. Merck begann damit in den 70er Jahren. Das Blutdruckpräparat Vasotec, das Merck 1981 auf den Markt brachte, war

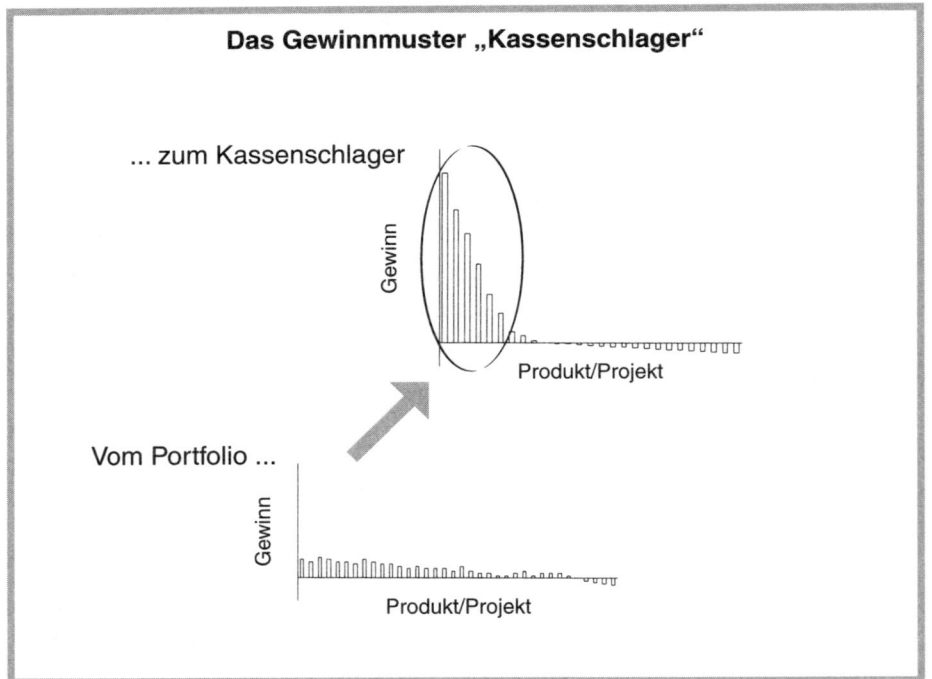

Das Gewinnmuster „Kassenschlager"

... zum Kassenschlager

Gewinn

Produkt/Projekt

Vom Portfolio ...

Gewinn

Produkt/Projekt

das erste Produkt, das aus dem neuen Business Design entstanden war. In den folgenden zehn Jahren entwickelte Merck insgesamt 15 durchschlagende Produkterfolge. Das war mehr, als die fünf nächsten Pharmahersteller zusammen hervorgebracht hatten. Heute wird die gesamte Pharmaindustrie von diesem Muster beherrscht. Jedes größere Unternehmen kann einen Produkterfolg vorweisen, z.B. Schering Plough mit „Claritin", Eli Lilly mit „Prozac" oder Pfizer mit „Viagra".

Obwohl die wirtschaftlichen Bedingungen in anderen von diesem Muster betroffenen Branchen ähnlich sind, ist es keinem der Wettbewerber dieser Industriezweige gelungen, eine anhaltende Serie von Kassenschlagern zu entwickeln. Die Chance ist da, sie muß nur genutzt werden.

Wie läßt sich mit diesem Muster Gewinn erzielen?

Arbeiten Sie intensiv an Ihrem Business Design.
Ohne eine sorgfältig durchdachte Architektur des
gesamten Business Designs ist die Entwicklung einer
anhaltenden Serie von Kassenschlagern nicht möglich.

- Welche Marktfaktoren bzw. -bedingungen würden das Muster „Kassenschlager" in Ihrer Branche entstehen lassen?
- Wird die Profitabilität Ihrer Branche von einer Marke, einem Produktportfolio oder einigen wenigen Produkthits getrieben?
- Wenn letzteres zutrifft, ist das Business Design Ihres Unternehmens auf die Entwicklung einer anhaltenden Serie von Kassenschlagern ausgerichtet?
- Wie hoch wäre der Aufwand, um ein solches Business Design zu entwerfen?

Produktmuster Nr. 3

Gewinnmultiplizierung

*Vervielfachen Sie die Gewinnerzielung aus einem Vermögens-
wert, indem Sie ihn auf unterschiedliche Weise nutzen*

Das Multiplizierungsmuster löst eine Wertverschiebung von einer einzigen
Form der Gewinnerzielung aus einem Produkt zu einem ganzen System aus,
das auf vielfältige Weise maximalen wirtschaftlichen Nutzen aus dem Produkt
zieht. Dieses Muster tritt in Branchen auf, in denen Unternehmen die Wert-
schätzung der Kunden für ihren erfolgreichen Vermögenswert erkennen (Produkt, Markenname o.ä.) und daraufhin Strategien entwickeln, um aus demselben Vermögenswert auf unterschiedliche Weise Gewinn zu erzielen. Zu den

herausragenden Beispielen, denen das auf spektakuläre Weise gelungen ist, gehören z.B. Disney, Bloomberg L.P. und Michael Jordan.

Der Disneyfilm *Der König der Löwen* macht die Wirkungsweise dieses Musters besonders deutlich. Worin besteht der eigentliche Wert dieses Zeichentrickfilms? In dem Erfolg an den Kinokassen? Oder vielmehr in den Ideen, Figuren und Namen, die mit dem Film assoziiert werden? Disney wußte, daß letzteres der Fall war, und richtete sein Business Design darauf aus. *Der König der Löwen* wurde auf vielfältigste Art und Weise ausgeschlachtet. Auf Basis des Films entstanden Spielzeugfiguren, Kleidung, Comic-Hefte, eine Fernsehserie, ein Musical und eine Eislauf-Show. Durch die Nutzung eines einzigen Produkts auf so vielfältige Weise konnte Disney den Gewinn der reinen Filmeinnahmen bei weitem übertreffen. Selbst Jahre, nachdem der Film in den Kinos lief, wirft *Der König der Löwen* noch Gewinn ab, u.a. in Form des vor nicht allzu langer Zeit eröffneten Themenparks Animal Kingdom und der Filmfortsetzung *Simba*. Disney ist das erfolgreichste Unternehmen der Welt, was die Gewinnmultiplizierung seiner Vermögenswerte betrifft.

Bloomberg L.P., eine Agentur für tägliche Finanzinformationen, weiß das Multiplizierungsmuster ebenfalls zu nutzen. Wenn ein Bloomberg-Reporter eine gute Story entdeckt, wird ein kurzer Videoclip produziert. Das Video wird Bestandteil der Bloomberg-Fernsehsendungen. Daneben entstehen Hörerbeiträge für die Bloomberg-Radiosendungen. Der Text wird auf der Bloomberg-Webpage veröffentlicht und dient u.U. als Basis für einen ausführlicheren Artikel in Bloomberg-Finanzzeitschriften. Und alle diese Formate werden an Bloomberg-Terminals gesendet, die auf den Schreibtischen unzähliger Finanzexperten installiert sind. So kann Bloomberg eine einzige Information auf vielfältige Weise verkaufen.

Andere Multiplizierungsmuster basieren auf Namen, deren Wert auf dem Charisma und dem Talent ihrer Träger beruht.

So wurden die Persönlichkeit und das Talent von Michael Jordan – sowohl im Sport wie auch als Kommunikator – nicht nur im Basketball gewinnbringend eingesetzt, sondern auch als Testimonial, im Merchandising, in der Filmproduktion, für den Vertrieb von Sportschuhen und andere lukrative Geschäftszweige. Die wirtschaftlichen Grundlagen der Gewinnmultiplizierung von Michael Jordan und Disney sind ähnlich. Die Einnahmen, die Jordan aus seiner „Kernaktivität" Basketball gezogen hat, nehmen sich im Vergleich zu den

riesigen Gewinnen, die der Transfer seines Images auf andere Bereiche eingebracht hat, eher bescheiden aus.

Die kürzliche Akquisition diverser Sportteams durch große Medienkonzerne
ist ein Indiz dafür, daß mit weiteren Multiplizierungsstrategien zu rechnen ist.
Eine Hockeymannschaft war lediglich eine Hockeymannschaft, bis Disney mit
dem Film *Das Superteam* einen wahren Goldregen auslöste. Und es ist relativ
unwahrscheinlich, daß Rupert Murdoch in den Los Angeles Dodgers, für die er
die Rekordsumme von 311 Mio. Dollar hingeblättert hat, nichts weiter als ein
Baseballteam sieht.

Betrachten Sie die Vermögenswerte Ihres eigenen Unternehmens aus der
Perspektive einer Gewinnmultiplizierung. Sicher stoßen Sie auf mehrere unerwartete Möglichkeiten, den Einsatz der materiellen oder immateriellen Vermögenswerte zum Nutzen sowohl Ihrer Kunden wie Ihres Unternehmens auszudehnen.

Ein Manager beschrieb das Wesen der Gewinnmultiplizierung folgendermaßen: „Man muß die Vermögenswerte des Unternehmens arbeiten lassen, bis
ihnen der Kopf raucht." Trifft das auf Ihr Unternehmen zu, oder schlummern
Ihre Vermögenswerte im Dornröschenschlaf, während Ihre Wettbewerber mit
strategischer Kreativität daran arbeiten, ihre Gewinnerzielung zu maximieren?

Wie läßt sich mit diesem Muster Gewinn erzielen?

Fordern Sie Ihr Unternehmen heraus, *alle* Möglichkeiten zur
Gewinnmaximierung seines Produkts, Namens oder seiner
Fähigkeiten zu identifizieren. Wählen Sie die sieben besten
Alternativen aus und entwickeln Sie ein Business Design,
das eine erfolgreiche Umsetzung unterstützt.

- Läßt sich der Gewinn jedes Produkts auf diese Weise multiplizieren? Oder
  sind die Chancen eines Publikumsrenners wie *Der König der Löwen* oder eines Michael Jordan größer?
- Werden die Vermögenswerte Ihres Unternehmens maximal genutzt?
- Mit welchen Systemen oder Methoden versuchen Sie, dieses Ziel zu erreichen?

- In welchem Umfang könnte ein Konzept zur Gewinnmultiplizierung Wertzuwächse in Ihrer Branche generieren?

Die Plattformstrategie

Eine Strategie zur Gewinnmultiplizierung ist im Grunde eine Plattformstrategie. Plattformen sind flexible Standardisierungssysteme, die auf eine vielfältige Verwendung hin konstruiert sind. Die Plattformmultiplizierung ist eine Ergänzung des Kassenschlagers. Beide haben den gleichen Zweck – nämlich die immensen Kosten ihrer Entwicklung zu decken –, aber ihr Ansatz ist unterschiedlich:

- Ein Kassenschlager soll die Fixkosten durch einen kommerziellen Blitzerfolg auf einen Schlag decken.
- Eine Plattform zielt darauf ab, einen Vermögenswert immer wieder neu zu beleben, indem über längere Zeiträume wiederholt Gewinn aus ihm erzielt wird. Eine Plattform ist ein Kassenschlager auf Raten.

Manchmal gelingt es Unternehmen, beide Ansätze zu realisieren (Disney, Michael Jordan). Meistens jedoch konzentrieren sie sich auf eine Methode. Die Plattform hat gegenüber dem Kassenschlager den Vorteil, daß sie auch von Durchschnittsunternehmen entwickelt werden kann. Der Kassenschlager ist meistens wenigen Ausnahmetalenten vorbehalten.

Wie kann ein Unternehmen den Plattformansatz gewinnbringend nutzen? Der Ausgangspunkt liegt in der Erkenntnis, daß es mehrere Plattformvarianten gibt, von denen jede ihre eigenen Erfolgsfaktoren hat.

Bilder- und Informationsplattformen sind Umsatzmotoren. *Der König der Löwen* (Bilder), eine Nachricht der Agentur Reuters (Information) und das Windows-Symbol (Mischform) werden in mehreren Darstellungsformen vor den Augen der Kunden vervielfältigt. Wird diese Multiplizierung von den Kunden angenommen, multipliziert sich der Absatz, und die Plattformloyalität der Kunden nimmt zu.

Wenn ein erstklassiges Einzelprodukt (ein Stofftier, eine neue Sendung, ein Text) über eine Plattformmultiplizierung echten Mehrwert schaffen kann, indem Kunden eine unnachahmliche Wertkombination geboten wird, erhöht das ihre Empfänglichkeit für nachfolgende Multiplizierungsangebote.

Produktplattformen wirken im Schatten und sind für Kunden unsichtbar. Trotzdem können sie genauso effektiv sein; sie senken die Kosten. Eines der besten Beispiele für eine Produktplattform ist in der Automobilindustrie zu finden. Weil die Entwicklung der nächsten Modellgeneration Unsummen kostet, basiert z.B. bei VW die Fertigung von Autos aller zum Konzern gehörenden Marken weltweit auf derselben Produktplattform.

Produktplattformen finden sich inzwischen in allen möglichen Branchen, wie Fernsehen, Halbleiter, Möbel und Modedesign. Auch in der Softwareentwicklung spielen sie eine große Rolle. Ganze Code-Blöcke werden wiederverwendet, um die Programmentwicklung zu beschleunigen.

Ausschlaggebend für den Erfolg von Plattformstrategien ist die Schaffung einer Unternehmenskultur, die keine Ausnahmen zuläßt. Jeder Produktmanager hat irgendwelche Gründe, warum ein Produkt „dieses eine Mal" nicht plattformkompatibel sein kann. Im allgemeinen wird die so erzielte „Einzigartigkeit" als Sensibilität für Kundenbedürfnisse verkauft. Ironischerweise sind Kunden mit einer durchgängigen Plattformstrategie wesentlich besser bedient. Unternehmen, die Ausreißer tolerieren, werden in den Augen der Kunden mit der Zeit unattraktiv.

Dafür gibt es zwei Gründe: Zum einen eliminieren wohldurchdachte Plattformen das häufige Dilemma zwischen Kostenaspekten und breiten Auswahlmöglichkeiten. Die Zahl der Automodelle (unterschiedliche Karosserien) steigt bei gleichzeitig sinkender Zahl an Plattformen. Ein Unternehmen, das ohne eine standardisierte Plattform arbeitet, muß von seinen Kunden für entsprechende Auswahlmöglichkeiten höhere Preise verlangen. Zweitens ermöglicht ein flexibles standardisiertes System einen besseren Kundenservice, weil Halbfertigprodukte die Fertigung beschleunigen. Ersatzteile und Zubehör sind schneller verfügbar und preisgünstiger.

Wie gut nutzt Ihr Unternehmen flexible Standardisierungssysteme? Plattformstrategien werden weiter zunehmen, weil die steigenden Innovationskosten diejenigen Unternehmen vom Markt verdrängen werden, die den Einsatz ihrer Vermögenswerte nicht vervielfältigen. Von Plattformen profitieren Anbieter (über Kostensenkung) und Kunden gleichermaßen. Wenn Ihr Unternehmen sich diese Strategien nicht zu eigen macht, wird es zur Zielscheibe der Wettbewerber, die Plattformen zu nutzen wissen.

Produktmuster Nr. 4

Von Produkten zur Produktpyramide

Entwerfen Sie ein mehrstufiges System.

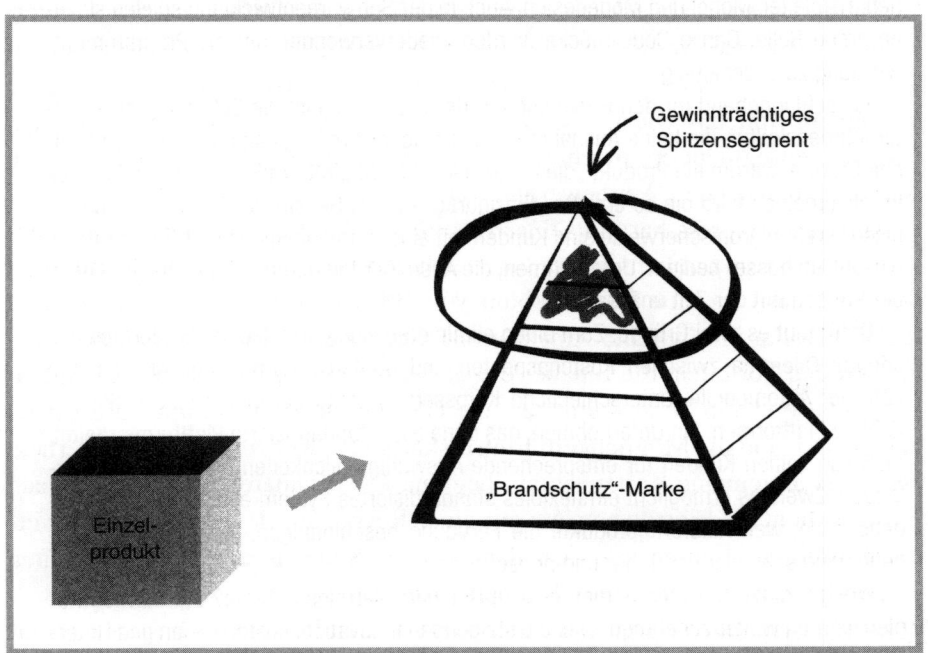

Manchmal verschieben sich die Gewinnchancen von einem erstklassigen Einzelprodukt auf den Aufbau und das Management einer kompletten Produktpyramide, die aus mehreren Produktstufen mit unterschiedlichem Preisniveau, verschiedenen Marken, Stilrichtungen, Designs, unterschiedlichen Funktionen und Leistungsmerkmalen besteht. Alle Stufen zusammen ergeben ein System, das die Profitabilität der gesamten Pyramide maximieren und absichern soll.

Betrachten Sie einmal die berühmte Barbie-Puppe. Mattel hat eine ganze Pyramide aus unterschiedlichen Barbie-Modellen aufgebaut, um sämtliche Preissegmente abzudecken. An der untersten Stufe stehen Puppen, die so preisgünstig sind, daß sie sich jeder leisten kann. Die Absicht dahinter ist, im Niedrigpreissegment keine etwaige Lücke entstehen zu lassen, in der Wettbewerber Fuß fassen könnten. Die teuersten Barbie-Puppen – echte Sammlerstücke – kosten 200 Dollar und darüber. Sie bieten die größten Gewinnaussichten.

Das Muster „Produktpyramide" tritt auf, wenn die Ansprüche der Kunden steigen und der Markt in verschiedene Anspruchsniveaus zerfällt. Das Ziel der Pyramide ist eine Abdeckung aller vorhandenen Bedürfnisstufen auf unterschiedliche Weise. Vertriebsbeziehungen, betriebliche Erfahrung, Komponentenumfang und Markennamen können zum Teil so entwickelt werden, daß sie sowohl im Spitzen- wie im Niedrigpreissegment eingesetzt werden können. Das Spitzensegment erwirtschaftet die Gewinne, die das Niedrigpreissegment schützt, indem es den Wettbewerb abwehrt.

American Express hat mit seiner Reaktion auf unterschiedliche Kundenansprüche und Einkommensstufen den gleichen Ansatz verfolgt. Die Einführung der Gold Card für eine Kartengebühr von 100 Dollar und der Platinum Card für 300 Dollar ermöglichte Amex, große Gewinne im Top-Segment zu erzielen. Zu den Vorteilen, die Inhaber dieser Karten genießen, gehören Einladungen zu besonderen Veranstaltungen, die Gästen mit der Platinum Card vorbehalten sind, und die Möglichkeit, Eintrittskarten für Konzerte etc. zu erwerben, bevor der allgemeine Kartenverkauf beginnt. Die Standardkarte von American Express dient als Eintrittsbarriere auf einer Ebene, auf der andere Wettbewerber einsteigen könnten, um sich dann bis ins Spitzensegment vorzuarbeiten und dort hochprofitable Amex-Kunden abzuwerben.

Einige Pyramiden – so wie die hier dargestellten Beispiele – basieren auf einer Ausweitung ein- und derselben Produktlinie. Andere sind so konstruiert, daß sie verschiedene Produktmarken abdecken.

Nicolas Hayek, Gründer der Swatch/SMH-Produktpyramide, orientierte sich an Alfred Sloans Konzept und fügte einige Stufen hinzu. Mit der Kreation der Swatch-Uhren errichtete Hayek eine „Brandschutzmauer" auf der untersten Stufe der Pyramide, um Wettbewerber davon abzuhalten, bis ins lukrative Spitzensegment vorzudringen. Das Swatch-Konzept als Wettbewerbsschutz ist für sich genommen schon nahezu wasserdicht, aber seine wahre Kraft liegt in der Absicherung und Steigerung der Gewinnaussichten der oberen Segmente wie Rado, Longines und Blancpain.

Auch die Wertsteigerung von Gillette in den letzten zehn Jahren geht direkt auf die Errichtung äußerst gewinnträchtiger Spitzensegmente auf dem Fundament einer ehemals rudimentären Produktpyramide zurück. Gillette hat schon immer eine Produktpyramide mit einem breiten Preisspektrum gesteuert. Die Produkte rangierten von papierverpackten Rasierern, die an jedem Verkaufsstand angeboten wurden, bis zum Modell Trac II, das bis Mitte der 80er Jahre das Flaggschiff des Unternehmens war. Oberhalb von Trac II war jedoch noch jede Menge Platz, den Gillette Ende der 80er Jahre auszunutzen begann. Das Unternehmen erkannte, daß sich die Bedürfnisse seiner Kunden in verschiedene Stufen aufspalteten.

Die erste höhere Stufe errichtete Gillette mit dem Modell Sensor, einem durchschlagenden Produkterfolg. Von diesem Modell wurden mehrere Millionen Stück verkauft. Der hohe Verkaufspreis ermöglichte Umsätze und Gewinne, die über das reine Absatzvolumen nicht zu erzielen gewesen wären. Auf der nächsthöheren Stufe befand sich das Modell Sensor Excel mit geringerer Stückzahl, aber noch größeren Gewinnmargen. An der Spitze der Pyramide steht zur Zeit das Modell Mach 3.

Dieses Beispiel gibt nur den Erfolg in den USA wider. Alle anderen Länder werden den großen Erfolg des Spitzensegments der Gillette-Pyramide erst noch zu spüren bekommen.

Erlauben die unterschiedlichen Kundenpräferenzen und Einkommensverhältnisse in Ihrer Branche die Errichtung einer Produktpyramide? Oder läßt sich eine solche Entwicklung bereits vorhersehen?

Intel hat möglicherweise eine ähnliche Lektion in der Halbleiterindustrie gelernt. In der Vergangenheit wollten alle Kunden die neusten und schnellsten Computer. Der Markt war weitgehend homogen in seiner Nachfrage nach größerer Verarbeitungskapazität, die Intel mit seinen Hochleistungschips garantierte.

Aber wie immer hat sich der Markt verändert, und die Kundenbedürfnisse fingen an, sich in unterschiedliche Anspruchsniveaus aufzuspalten. Dadurch ist ein neues Segment entstanden, das in erster Linie Wert auf günstige Computer legt und dafür eine begrenzte Verarbeitungskapazität in Kauf nimmt. Für Intel bedeutete diese Veränderung eine radikale Restrukturierung des Markts. Auf der untersten Marktebene bildete sich eine neue Schicht heraus. Intel deckt zwar die höheren Segmente ab, aber Wettbewerber wie AMD und National Semiconductor haben sich angeschickt, die neuen Basissegmente zu besetzen. Wenn es Intel gelingt, eine effektive Antwort auf diese Herausforderung zu finden, kann es auch im unteren Marktsegment profitabel sein und gleichzeitig die Gewinne im Spitzensegment absichern. Falls Intel scheitert, wird es von neuen Wettbewerbern attackiert, die seine strategische Absicherung und Gewinnerzielung empfindlich beeinträchtigen werden.

Wie läßt sich mit diesem Muster Gewinn erzielen?

Errichten Sie auf der untersten Stufe der Pyramide eine „Brandschutzmauer" als Eintrittsbarriere für Wettbewerber. Plazieren Sie die gewinnträchtigsten Produkte an der Spitze, und schaffen Sie, falls nötig, mehrere Zwischenstufen.

- Beginnt sich bei Ihren Kunden eine Hierarchie nach Einkommen und Präferenzen herauszubilden? Gibt es neue Kunden, die andere (höhere oder niedrigere) Ansprüche an Ihr Produkt stellen als bisher?
- Wie verwundbar sind Sie für Angriffe im unteren Marktsegment? Wie widerstandsfähig sind Ihre Schutzmechanismen?
- Hat die „Brandschutzmauer" des Marktführers in Ihrer Branche vielleicht Risse bekommen? Wie könnten Sie aus diesen Rissen Löcher schlagen und die Mauer zum Einsturz bringen?

Produktmuster Nr. 5
Von Produkten zu Lösungen

Verbessern Sie die Gesamtwirtschaftlichkeit des Systems

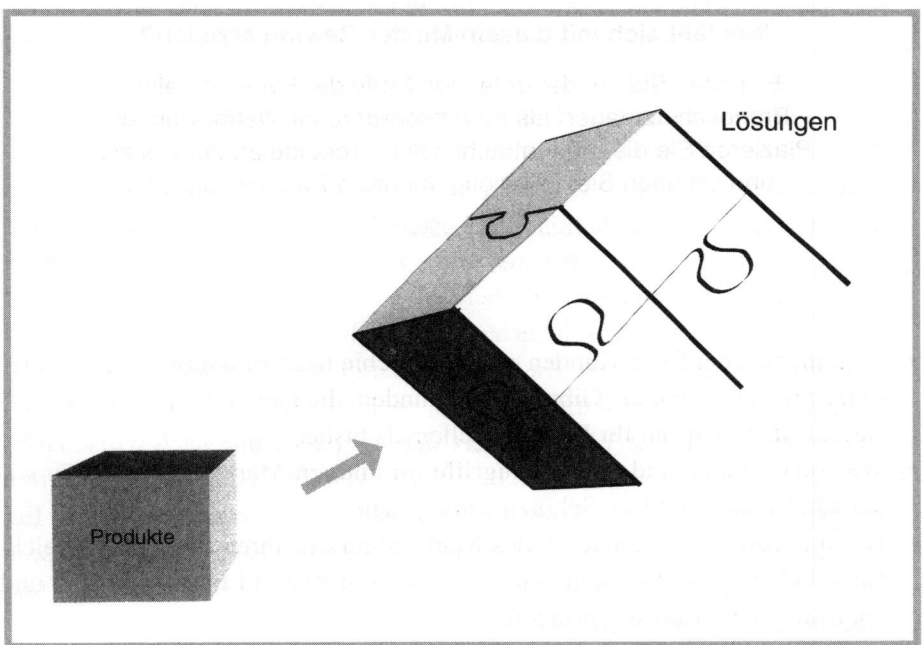

Dieses Muster, das eine Wertverschiebung von Produkten zu Lösungen beinhaltet, wird erst im nächsten Jahrzehnt seine ganze Wirkung entfalten. Es entsteht, wenn Kunden beginnen, ihre Gesamtwirtschaftlichkeit besser zu verstehen, und Anbieter sich um eine größere Differenzierung bemühen. Produktfunktionalität allein reicht nicht mehr aus, um die Probleme der Kunden zu lösen. In dieser Situation beginnen innovative Anbieter, ihre Produkte, Dienstleistungen und Finanzierungsangebote zu Paketen zusammenzustellen, die sowohl den Kunden als auch den Anbietern selbst einen größeren Wert bieten als der reine Produktverkauf. Diese Verschiebung auf Lösungsangebote erfordert eine neue Sprache, neue Meßgrößen und neue Denkansätze.

Das schwedische Untenehmen Tetra Laval (früher unter dem Namen Tetra Pak bekannt), hatte diese Voraussetzungen bereits verinnerlicht, als es die quader-förmigen Verpackungen für Milch, steril abgepackte Getränke und andere flüssige Lebensmittel erfand. Tetra Laval reagierte mit diesem Verpackungsformat auf die Einführung der Europalette, ein Lattensystem, auf dem Waren für Transport und Lagerhaltung gestapelt werden.

Billigsupermärkte stellen die Paletten in der Verkaufsfläche auf, ohne die Waren abzuladen. Diese veränderte Methode veranlaßte Einzelhändler, ihre betrieblichen Abläufe umzustellen, um eine bessere Flächenausnutzung zu er-reichen. Tetra Laval unterstützte diese Anstrengungen durch seine platzsparen-de Verpackung. Die sterile Verpackung verlängerte außerdem die Haltbarkeit von Getränken auch ohne Konservierungsstoffe, die jetzt sogar ohne Kühlung auskamen. Diese Vorteile halfen, die Kosten der Supermärkte zu senken, und zwar bei stabilen Preisen. Das neue Verpackungssystem stellt eine erhebliche Verbesserung der Gesamtwirtschaftlichkeit des Getränkemarkts dar.

Oft sind Lösungen sehr schwer zu entwickeln, weil sie die Erfassung der Gesamtwirtschaftlichkeit der Kunden und damit eine Perspektive vorausset-zen, die jenseits der Produktfunktionalität nach Möglichkeiten forscht, echten Mehrwert zu bieten. Der Wert definiert sich in erster Linie nach wirtschaftli-chen Gesichtspunkten, und zwar z.B. in Form von Zeitersparnis, verbesserten Gewinnspannen oder einer Senkung der Kosten des gesamten Systems. Ein Unternehmen, das die Gesamtwirtschaftlichkeit seiner Kunden versteht, kann ein einzigartiges Leistungspaket zu ihrer Verbesserung zusammenstellen und darüber eine wirksame Wettbewerbsdifferenzierung erreichen.

Die Luftfahrtindustrie demonstriert die Wirkung dieses Muster ebenfalls sehr deutlich. Ende der 80er Jahre hatte Boeing mit hohen Entwicklungskosten und geringer Profitabilität zu kämpfen. Deshalb versuchte Boeing, Kosten zu sparen, indem es seine Komponentenzulieferer in die Zange nahm. Honeywell, einer der großen Zulieferer von Boeing, setzte sich mit dem Kostenproblem aktiv auseinander und entdeckte die Möglichkeiten dahinter.

Honeywell schlug Boeing vor, die Kunden-Lieferanten-Beziehung für die Fertigung der Boeing 777 ganz neu zu gestalten. Das Zulieferunternehmen war bereit, die Verantwortung für Design und Auslieferung der gesamten Avionik zu übernehmen, statt wie bisher nur die von Boeing konstruierten Subsysteme zu montieren. Dadurch, daß Honeywell das ganze Fertigungssystem effizienter machte, wurden Boeings Risiken, Kosten und Entwicklungszeiten gesenkt.

Wie konnte Honeywell aus der neudefinierten Beziehung Gewinn erzielen? Neben dem Abschluß langfristiger Verträge und einer engeren Anbindung an den Branchenführer entwickelte sich Honeywell zum führenden Unternehmen für Avionik und konnte seinen Anteil an der Wertgenerierung in der Luftfahrtindustrie erheblich steigern.

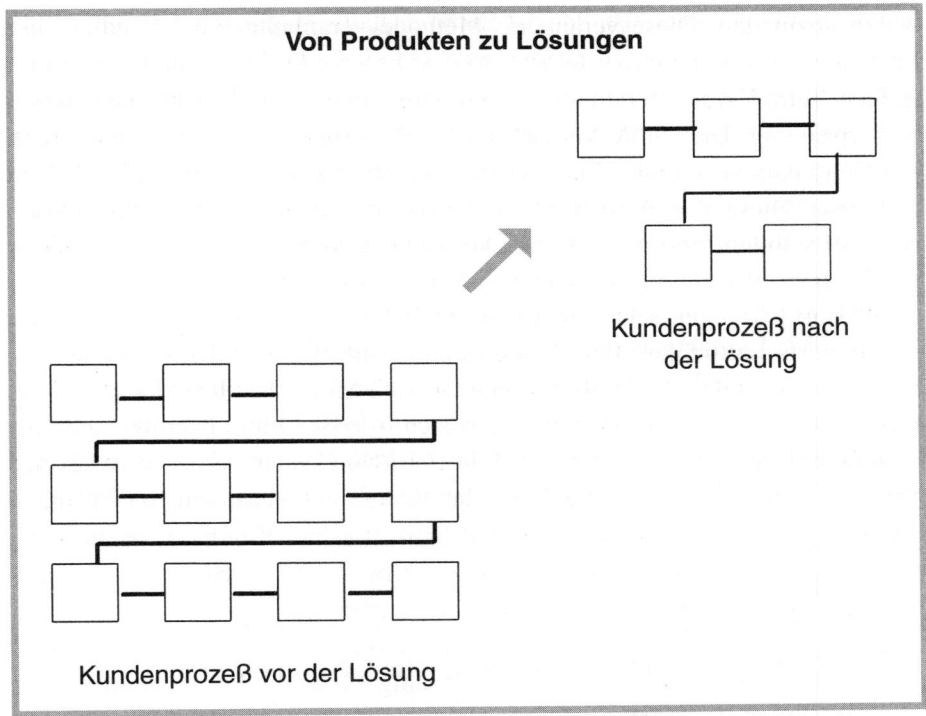

Auch General Electric ist es gelungen, die Veränderungen der Gesamtwirtschaftlichkeit seiner Kunden vorwegzunehmen und in den Sparten Flugzeugtriebwerke und Krankenhausausrüstung Lösungen zu entwickeln. Anfang der 90er Jahre erkannte GE, daß Wert von den Produkten abzufließen begann, sich aber hinter den wachsenden ökonomischen Zwängen, die der Auslöser für diese Wertverschiebung waren, auch Chancen versteckten. GE entwickelte neue Leistungspakete, die Wartung, Service und Finanzierung enthielten. Das Ergebnis: eine verbesserte Gesamtwirtschaftlichkeit der Kunden und mehr Gewinn für GE. Die nachgelagerten Schritte der Wertschöpfungskette boten Gewinnmargen, die sich auf den vorgelagerten produktzentrierten Schritten nicht erzielen ließen.

Bedingt durch die Liberalisierung der Energiewirtschaft, verlagerte sich Enron vom Gastransport auf den Gashandel und unterstützte damit die Entstehung des Markts für Erdgas. Um eine engere Kundenbindung zu seinen profitablen Großkunden herzustellen, ist Enron dazu übergegangen, Leistungen des „Energie-Managements" zu übernehmen. Durch die Verknüpfung seiner Kompetenzen in Anlageninstandhaltung und -betrieb sowie im Rohstoffhandel bietet Enron seinen Kunden einzigartige Leistungspakete. So berechnet Enron z.B. den Energiepreis nach Prozent des Kundenumsatzes anstatt nach Kilowatt und übernimmt damit das finanzielle Risiko, das es über seine Kompetenzen im Rohstoffhandel wieder kompensiert. Enrons Kunden sind bereit, für diese Leistungen Premiumpreise zu zahlen.

Auch wenn sie für Kunden noch so wertvoll ist, keine Lösung besteht „für immer". Wie Produkte werden auch Lösungen austauschbar. In dem Maße, wie sich Kunden verändern, werden Lösungen, die heute wertvoll sind, morgen obsolet sein. Die Schere zwischen Kundenbedürfnissen und ungenügenden Lösungen wird sich wieder öffnen und das nächste Muster, die nächste Chance und eine weitere Stufe in der Entwicklung der Kundenbeziehungen entstehen lassen.

Wie läßt sich mit diesem Muster Gewinn erzielen?

Untersuchen Sie die Gesamtwirtschaftlichkeit Ihrer Kunden.
Wissen Sie mehr darüber als die Kunden selbst, und entwickeln Sie
einzigartige Lösungen, die zur Verbesserung
ihrer Gesamtwirtschaftlichkeit beitragen.

- Werden die Produkte Ihres Unternehmens austauschbar? Beschleunigt sich diese Entwicklung?
- Wie hoch sind die gesamten Systemkosten, die Ihr Produkt verursacht?

- Wieviel Reibungsverlust, Frustration und/oder Ineffizienz enthält das System Ihrer Kunden?
- Welche Leistungen, Systeme und andere Angebote könnten Sie entwickeln, die die gesamten Systemkosten Ihrer Kunden um 15 Prozent senken würden?
- Welche Kunden wären eventuell bereit, Sie über Gewinnbeteiligungsverträge an den Kosteneinsparungen teilhaben zu lassen, die sich durch Systemlösungen ergeben würden?
- Wenn die von Ihrem Unternehmen entwickelten Lösungen austauschbar werden, welches wird das nächste Muster sein, das Ihr Unternehmen gewinnbringend nutzen kann?

Der lösungsorientierte Denkansatz

Die Liste der Beispiele für das Lösungsmuster war nicht halb so lang wie noch in 1998 erwartet. Der Grund? Weil der wichtigste Faktor überhaupt ein lösungsorientierter Denkansatz ist. Führungskräfte wurden traditionell auf produktzentriertes Denken getrimmt. Alles drehte sich um eine effiziente Fertigung und effektiven Vertrieb.

Die tiefe Spalte zwischen produktzentrierter und lösungsorientierter Mentalität ist im Bereich PC-Software besonders eklatant. Wenn man 1991 in die Köpfe der Manager von Lotus, WordPerfect oder Borland hätte blicken können, hätte sich folgendes Bild aufgetan:

„Wir verkaufen eingeschweißte Software, und zwar palettenweise. Unmengen von Paletten. Wir verkaufen über unsere Distribuenten. Unser unternehmenseigener Vertrieb soll nur die Nachfrage anregen, der eigentliche Absatz erfolgt über die Zwischenhändler. Und unsere Fertigung, Lagerhaltung, Ausführung und unser Rechnungswesen sind auf den palettenweisen Verkauf von eingeschweißter Software über verschiedene Distributionskanäle hin optimiert. Punkt."

Jetzt stellen Sie sich vor, Sie würden in dieses geistige Bild treten und den Unternehmen vorschlagen, Lösungen für ihre Kunden zu entwickeln: Diese sollten über Produktpaletten hinausgehen und von einer unternehmenseigenen Vertriebseinheit (und nicht über Vertriebskanäle) an die Kunden herangetragen werden. Der Preis würde (statt pro Stück) individuell gestaltet werden und nach Tagessatz abgerechneten Beratungsservice enthalten. Die Lösungen selbst sollten über eine Vielzahl externer Vertriebspartner –

sogenannte Value Added Resellers – verfügbar sein, die über profunde Branchenkenntnis verfügen, die für Kunden besonders wichtig ist.

Wie würde wohl die Antwort lauten? Das gesamte Immunsystem würde mit sofortiger allergischer Abwehr reagieren.

Deswegen tut sich Lotus auch so schwer mit dem Übergang von eingeschweißter Software zu Produkten und Lösungen für Kommunikation. Und deswegen sind Borland, WordPerfect und andere gescheitert.

Ein zweites Beispiel stammt aus der Automobilzulieferindustrie für Kunststoffteile. In den 90er Jahren waren Automobilhersteller zunehmend an einer Kooperation mit Zulieferern interessiert, die neben Teilen und Komponenten auch Serviceleistungen und Lösungen anbieten konnten, um die eigenen Kosten zu senken.

Ein Top-Manager eines großen Zulieferbetriebs für Kunststoffteile arbeitete mehrere Monate lang intensiv an dem Entwurf einer für beide Seiten vorteilhaften Beziehung mit einem großen Automobilhersteller und versuchte, diesen davon zu überzeugen, daß sein Unternehmen über die technischen Kompetenzen verfügte, um echten Mehrwert zu schaffen. Allerdings nur um den Preis eines langfristigen Servicevertrags, damit sich der Aufwand rentierte.

Nach zähem Ringen einigten sich die Vertragspartner schließlich auf einen Zweijahresvertrag über 20 Mio. Dollar. Der Top-Manager des Zulieferunternehmens war hochzufrieden; der Vertrag war ein bahnbrechender Erfolg, nämlich der erste wichtige Schritt in Richtung Wettbewerbsdifferenzierung über eine einzigartige Gestaltung der Beziehungen zu Automobilherstellern.

Klingt das nicht nach einem Happy-End? Weit gefehlt! Die Ernüchterung stellte sich ein, als das Unternehmen feststellte, daß sein Rechnungswesen, das auf eine Darstellung von Umsätzen aus einem Berg Kunststoffteile optimiert worden war, die Vertragssumme von 20 Mio. Dollar für einen zweijährigen Lieferkontrakt nicht verarbeiten konnte! Es dauerte Monate, bis dieses Problem vom Tisch war.

Das Mentalitätsproblem als größte Barriere für die Entwicklung von Lösungen beschränkt sich allerdings nicht auf die Anbieter. Auf der Kundenseite sieht es nicht viel besser aus. Die Versuche zahlreicher Anbieter, den Übergang von Produkten zu Lösungen zu vollziehen, sind an der Kurzsicht der Kunden gescheitert, die:

- die beinahe religiöse Überzeugung vertreten, daß Zulieferern keine Gewinne zustehen;
- zwar über Lösungen und Wertbeteiligung reden, im Zweifelsfall aber auf dem Preis-Tauziehen eines klassischen Einkäufers beharren;
- eine faire Preis- bzw. Wertbeteiligungsstruktur aushandeln, aber nach einem Jahr Neuverhandlungen fordern, bevor der Zulieferer die Kosten seiner Investitionen decken kann.

So wie Anbietern eine produktzentrierte Mentalität auf der Verkaufsseite antrainiert wurde, vertreten Kunden dieselbe Mentalität auf der Käuferseite. Auf beiden Seiten schien man sich einig darüber zu sein, gemeinsam den Weg mit den geringsten Gewinnaussichten zu beschreiten.

Die unerschütterlichen Glaubensgrundsätze haben fast Weltanschauungscharakter und sind daher nur unter größten Mühen zu verändern. Und das bei ungewissen Erfolgschancen.

Trotz aller Hindernisse wird sich dieses Muster in den nächsten Jahren aber weiter ausbreiten, weil die Veränderung der Gesamtwirtschaftlichkeit so beeindruckend ist, weil Kunden sich immer stärker auf ihre Kernkompetenzen fokussieren müssen und weil ab einer bestimmten Zahl von erfolgreichen Vorreitern der Beweis erbracht ist, daß die Nutzung dieses Musters für alle Beteiligten Mehrwert schafft. Und noch wichtiger: andere Unternehmen können von den Erfahrungen der Pioniere lernen, welche Fähigkeiten dieses Muster voraussetzt und wie Unternehmen für die Bewältigung des Übergangs von Produkten zu Lösungen beschaffen sein müssen.

9

Wissensbasierte Muster

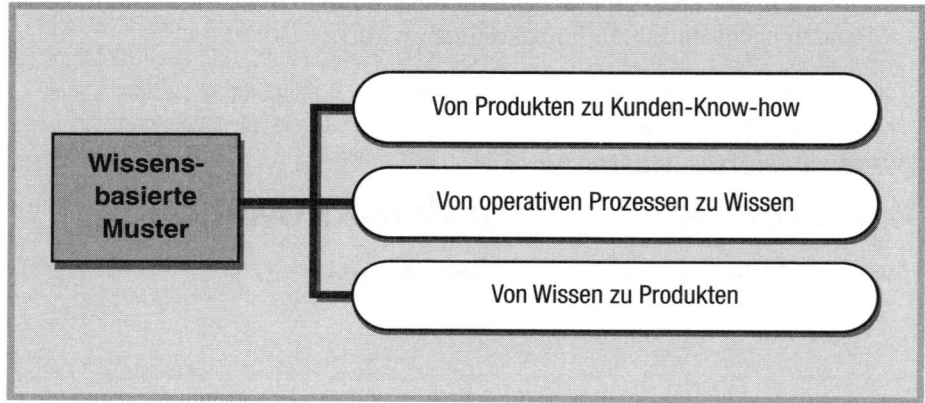

Wissen ist eine Form der Energie. Es ist leise, sauber und effektiv. In der neuen, umgekehrten Wertschöpfungskette, die von den Kunden ausgeht und beim Unternehmen endet, ist Wissen der wichtigste Rohstoff, der das System zum Laufen bringt.

Wissen kann unorganisiert, versprengt und vergeudet sein, oder strukturiert, laserähnlich fokussiert und für Anbieter wie Kunden gleichermaßen nutzbar sein. Sehr viel hängt davon ab, welcher Stellenwert Wissen eingeräumt wird und welche Entscheidungen über die Gewinnung und Nutzung von Wissen getroffen werden.

Wissensbasierte Muster und ihre verschiedenen Ausprägungen werden sich in den nächsten Jahren ebenfalls immer mehr durchsetzen, da sich der Schwerpunkt des Wirtschaftsgeschehens zunehmend von der Produktfertigung auf die

Anwendung gewinnbringender Konzepte verlagert. Es haben sich bereits mehrere große Know-how-Muster entwickelt. Da jedoch weder ihre Entstehung vorhergesehen wurde, noch entsprechende Vorkehrungen getroffen wurden (vielleicht auch, weil sie nicht in die traditionellen Strategiekonzepte paßten), hat kaum ein Unternehmen sie zu nutzen gewußt.

Dieses Kapitel beschreibt drei der wichtigen wissensbasierten Muster, die bis heute aufgetreten sind: „Von Produkten zu Kunden-Know-how", „Von operativen Prozessen zu Wissen" und „Von Wissen zu Produkten". Der Schlüssel zur erfolgreichen Nutzung liegt darin, die bereits bekannten Muster zu verstehen und als erster zu erkennen, welche Fülle an neuen wissensbasierten Mustern in den nächsten Jahren hinzukommen wird.

Wissensbasiertes Muster Nr. 1
Von Produkten zu Kunden-Know-how
Ihr Produkt informiert Sie über Ihre Kunden

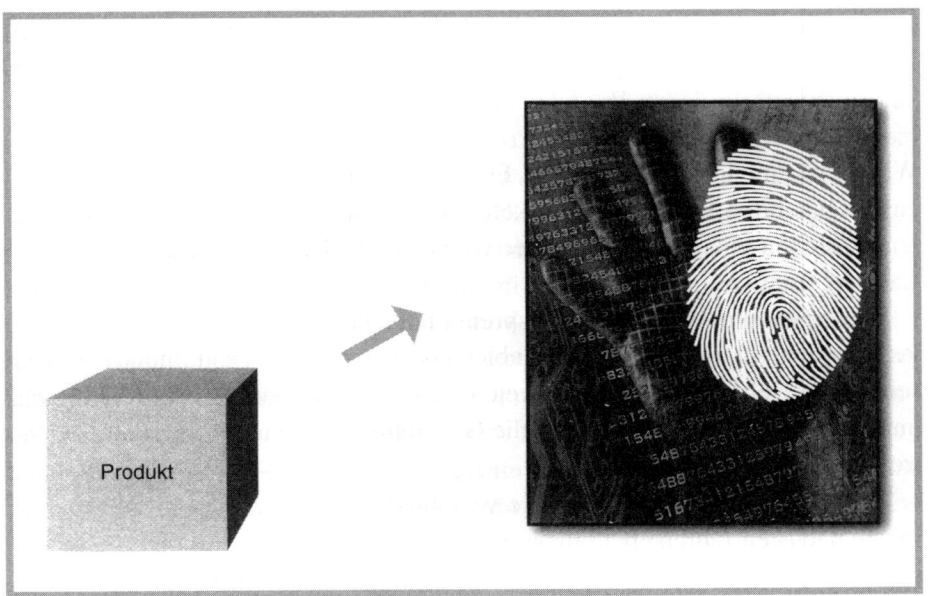

Dieses Muster ist davon geprägt, daß gewinnorientierte Anbieter eine Fülle von produktbezogenen Transaktionen in profundes und systematisiertes Wissen über Kundenpräferenzen, Preissensibilität und Kundenverhalten verwandeln und damit neue Gewinnströme produzieren, und zwar durch Category Management, Steuerung des Warenflusses oder eine deutliche Steigerung der Innovationsrate.

Category Management

Im Kampf um Regalfläche in Supermärkten ist Produktknappheit unbekannt. Das exzessive Angebot wird durch eine Flut neuer Produkte, die jedes Jahr in die Regal drängt, noch erhöht. In vielen Produktkategorien ist das Wissen über Kundenverhalten und nicht über das Produkt die eigentliche Quelle für Profitabilität. Profundes Produktwissen befähigt Hersteller, sich dieses Kunden-Know-how anzueignen. Die Hersteller mit der größten Gewinnorientierung setzen ihr Produktwissen in ein neues wissensbasiertes Wertangebot für Einzelhändler um: Category Management.

Category Management beschäftigt sich mit den größten Handelsproblemen. Die meisten Einzelhändler führen mehr Produktsortimente und Lagerartikel, als sie bewältigen können. Das Mißverhältnis zwischen dem, was Kunden wollen, und dem, was die Regale bieten, führt zu Umsatzverlusten und Kundenunzufriedenheit. In jeder Produktkategorie wissen (bzw. könnten) Hersteller mehr über Kundenpräferenzen, Preissensibilität und Kaufverhalten (wissen) als Einzelhändler und könnten das Ungleichgewicht korrigieren.

Der Hersteller bietet dem Einzelhändler das Management der gesamten Warengruppe an (und nicht nur seines Produkts). Ein profundes Wissen über Kunden versetzt den Hersteller in die Lage, wesentlich höhere Bruttogewinnspannen pro Quadratmeter Verkaufsfläche zu erzielen, indem er die Zusammenstellung von Markenprodukten, hauseigenen Produktmarken, Produktgattungen und Mengen so austariert, daß die Umsätze aus der Regalfläche maximiert werden. Der Wert liegt dabei nicht in den Produkten, die der Hersteller produziert, sondern in dem einzigartigen Kunden-Know-how, durch das er die Gewinne des Einzelhandels maximieren kann.

Exakte Steuerung des Warenflusses

Category Management behebt ein chronisches Mißverhältnis im Einzelhandel, nämlich das Ungleichgewicht zwischen der Nachfrage und der Verfügbarkeit. Exzessive Lagerbestände bedeuten exzessive Kosten. Geringe Lagerbestände heißt leere Regale und verschenkte Bruttogewinne.

Das Muster „Kunden-Know-how" bietet Unternehmen die Möglichkeit, diesem Mißverhältnis auf verschiedenen Ebenen zu begegnen, und zwar nicht nur hinsichtlich des Point of Sale, sondern auch auf regionaler Ebene. Aufgrund des Umfangs seiner regionalen Transaktionen konnte Wal-Mart Kalkulationssysteme entwickeln, die das Nachfrageverhalten mit einer Präzision vorhersagen, die bisher nicht für möglich gehalten wurde. Dieses Kunden-Know-how hat zu einer Optimierung der Lagerhaltung nach Regionen beigetragen. Eine exakte Steuerung des Warenflusses ersetzt die Daumenpeilung.

Coca-Cola ist dabei, eine solche Methode auf Mikroebene zu entwickeln (nach Verkaufsstandort). Der Getränkekonzern studiert die Anwendung einer Technologie zur Datenübertragung, über die seine Abfüller den Lagerbestand jedes einzelnen Getränkeautomaten überwachen können. Die Profitabilität steigt, weil weniger Nachbestellungen ausverkaufter Ware bearbeitet werden müssen. Wenn sich dieses Programm als erfolgreich erweist, wird Coca-Cola eine neue Quelle für Profitabilität erschließen können, bevor die alte Gewinnquelle versiegt (Bruttogewinne aus verkauften Stückzahlen).

Innovationsrate

Auch in industriellen Märkten breitet sich dieses Muster aus, weil sich die Produkte immer mehr angleichen und Unternehmen tiefere Einblicke in die Produktverwendung ihrer Kunden gewinnen, so daß sie sich ein genaues Bild der Gesamtwirtschaftlichkeit ihrer Kunden machen können. GE hat z.B. auf der Basis der Verwendungssysteme seiner Kunden ausgefeilte Konzepte über die technische und wirtschaftliche Leistung seiner Produkte (Lokomotiven, Flugzeugtriebwerke) entwickelt. Diese Informationen werden genutzt, um die Produkt- und Service-Innovationen mit der höchsten Kundenrelevanz zu definieren und voranzutreiben. Die Attraktion liegt nicht mehr in den Produkten, sondern in proprietären Konzepten über den gewinnbringenden Einsatz der Produkte.

Ein Unternehmen der Spezialchemie hat diese Idee noch verfeinert. Wie GE hat es proprietäre Konzepte über den finanziellen und technischen Mehrwert der Produkte für seine Kunden entwickelt. Darüber hinaus hat das Unternehmen ein Konzept über die unternehmenspolitische Hierarchie sowie den Entscheidungsprozeß erarbeitet. Der Chemiehersteller – dessen finanzieller Erfolg von dem Verkauf innovativer Materialien und Fabrikationsmethoden an die Automobilindustrie abhängt – weiß, daß der politische Mehrwert mehr zählt als der finanzielle Mehrwert. Eine großartige ökonomische Innovation zielt ins Leere, wenn sie an den Stühlen der Entscheider sägt.

Das (werksbezogene) Konzept über politische *und* wirtschaftliche Entscheidungsprozesse ermöglicht dem Chemieunternehmen, seine Innovationen dort zu plazieren, wo die größte Akzeptanz zu erwarten ist, je nach der vorherrschenden Unternehmenspolitik. Seine Wettbewerber verfügen zwar über die technischen Fähigkeiten, um einen wirtschaftlichen Mehrwert zu schaffen, ihnen fehlt aber das politische Wissen über ihre Kunden, daß diese Fähigkeiten in eine hohe Erfolgsquote für neue Produkte verwandelt.

Wie läßt sich mit diesem Muster Gewinn erzielen?

Hören Sie auf die Mitteilungen, die Ihre Transaktionen über Ihre Kunden verraten. Verinnerlichen Sie die Botschaft, und wenden Sie sie an, indem Sie auf der Basis dieses Wissens neue Wertangebote erarbeiten, neue Systeme entwickeln und sowohl Ihre Gesamtwirtschaftlichkeit wie die Ihrer Kunden verbessern.

Wissensbasiertes Muster Nr. 2

Von operativen Prozessen zu Wissen

Von physischen zu intellektuellen Werten

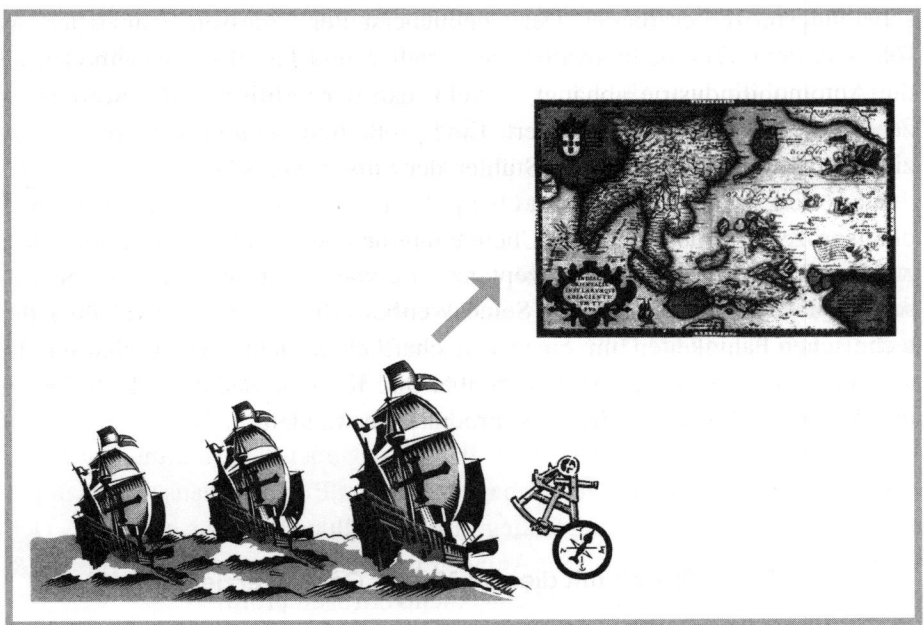

In der Vergangenheit machten das Anlagevermögen sowie die operativen Prozesse den größten Teil der Profitabilität eines Unternehmens aus. Diese Maxi-
me galt für Fluggesellschaften genauso wie für Hotels, Buchhandlungen,
Stahlwalzwerke, Computerhersteller und viele andere Branchen.

Einige dieser Bereiche sind immer noch profitabel, viele jedoch arbeiten
nicht einmal kostendeckend. Überkapazitäten, Kundenmacht und scharfer
Wettbewerb haben die Profitabilität untergraben. Wenn die Gewinne in kapitalintensiven Basisgeschäften sinken, gibt es zahlreiche andere Möglichkeiten
zur Werterzielung: Unternehmen können sich über einen Wissensvorsprung eine einzigartige Position verschaffen und eine enge Nische besetzen, in der nur

ein Anbieter Platz hat. Oder sie können Leistungen anbieten, die auf so exklusivem Wissen basieren, daß sie dadurch einen besonderen Wert für Anbieter und Kunden erhalten.

Eine kleine Zahl von Unternehmen hat mit Voraussicht (oder Glück) neue lukrative Aktivitäten entwickelt, die auf dem Wissen aufbauen, das diese Unternehmen durch ihre betriebliche Erfahrung erworben haben.

In anderen Beispielen konnten Außenseiter dieses Muster in klingende Münze verwandeln. Amerikanische Fluggesellschaften und Fernsehstationen kämpfen mit geringen Margen, während der *Official Airline Guide* und der *TV Guide* prächtig gedeihen. Oft generieren Unternehmen, die ihre Informationen aus bestimmten Branchen beziehen, wesentlich mehr Gewinn als die Branchenteilnehmer selbst.

Eine der beliebtesten Formen des wissensbasierten Musters ist der Verkauf von Serviceverträgen. Nachdem die Marriott-Hotelkette alle eigenen Häuser abgestoßen hatte, konzentrierte sie sich auf Management-Services für ihre ehemaligen Hotels und für Hoteleigner, die das Management Marriott übertragen möchten. Disneys Erfahrung und Wissen als Themenparkbetreiber haben es dem Konzern ermöglicht, Euro Disney so zu strukturieren, daß Disney selbst nicht als Eigner auftritt, sondern nur das Management übernimmt. Barnes & Nobles hat seine Erfahrung im Management von „Buchkaufhäusern" dazu genutzt, Betreiberverträge für College-Buchhandlungen abzuschließen. Den Schulen gehören die physischen Anlagen und Sachwerte, während Barnes & Nobles ausschließlich von den Managementverträgen profitiert.

Jedes dieser Unternehmen hat neue Gewinnzonen erschlossen, solange das alte Business Design noch profitabel war. Es gibt andere Fälle, in denen dieses Muster erst genutzt wurde, als das Kerngeschäft zusammenbrach. Ein typisches Beispiel ist die japanische Stahlindustrie, die die Gewinne der US-amerikanischen Stahlwalzwerken in den 70er Jahren schwer beeinträchtigte. In den 80er Jahren waren sie dann selber von Gewinneinbrüchen betroffen, als sich der Wert von Anlagevermögen auf Wissen verlagerte.

Im Gegensatz zu ihren amerikanischen Konkurrenten gelang es den Japanern aber, die Wertverschiebung für sich zu nutzen. Sie verkauften proprietäre Prozesse und Prozeßerfahrung an Stahlhersteller der ganzen Welt. Darüber hinaus boten sie neuen Stahlwerken in Lateinamerika, Korea und anderen Märkten Werksdesign und technische Dienstleistungen an. Während die japanischen Innovatoren beeindruckende Gewinne aus den wissensbasierten Services erzielten, sanken die Gewinne der traditionellen Stahlwalzwerke auf Null. Durch diesen Schritt konnten die Japaner ihre Umsätze für weitere zehn Jahre sichern, was mit einem auf hohen Kapitaleinsatz in Anlagevermögen und Produktion ausgerichteten Business Design nicht möglich gewesen wäre.

Ein klassisches Beispiel ist auch das amerikanische Flugreservierungssystem SABRE von American Airlines, das Anfang der 60er Jahre aus den Unternehmensinitiativen zur Verbesserung des Buchungssystems geboren wurde. Mehr als zehn Jahre wurde SABRE nur intern genutzt. 1976 entschloß sich American Airlines, das System in Reisebüros einzuführen, und hat seitdem kontinuierlich kundenrelevante Erweiterungen hinzugefügt. Ende der 70er Jahre bis Mitte der 80er Jahre kamen Hotel- und Mietwagenreservierung, Exkursionen und Kreuzfahrten hinzu. Dann wurde SABRE um eine Informationstechnologie erweitert, um in branchenverwandte Bereiche vorzustoßen. Das System ermöglichte nun die Ausstellung elektronischer Flugtickets, außerdem entstand eine PC-basierte Systemversion. 1996 wurden die Internet-Aktivitäten durch die Einführung des Systems Travelocity ausgedehnt.

American Airlines setzte sein betriebliches Wissen und seine Erfahrung in ein überlegenes Wertangebot an seine Kunden um. Der beste Maßstab für den Erfolg dieser Strategie ist die beeindruckende Gewinnerzielung des Unternehmens: Zwischen 1991 und 1995 machte das SABRE-System beinahe ein Fünftel der Betriebsgewinne der Luftverkehrsindustrie aus. Der Wert des Reservierungssystems von American Airlines übertrifft fast immer den Wert seines Fluggeschäfts, und das, obwohl die Umsätze im Luftverkehr um ein Vielfaches höher sind.

In mehreren wissensbasierten Mustern kommt es zu einer Art Arbitrage von „Wissen zu Gewinn". *Potentielle* Profitabilität ist oft in komplexen Strukturen kapitalintensiver Unternehmen gefangen. Gewinnorientierte Anbieter entwickeln neue, wissensbasierte Instrumente (Managementverträge, Informationssysteme oder Finanzdienstleistungen), um die Profitabilitätspotentiale aufzudecken und ausschöpfen zu können.

Dieses Muster wird von Unternehmen aus kapitalintensiven Branchen in der Praxis viel zu wenig genutzt, obwohl viele Unternehmen große Potentiale für den gewinnbringenden Einsatz ihres Wissens hätten. Viele Chemieunternehmen befinden sich heute exakt in der gleichen Situation wie die Stahlwalzwerke in den 80er Jahren, aber nur wenigen ist es gelungen, sich ein Beispiel an den innovativen Konzepten der japanischen Stahlwerke zu nehmen.

Krankenhäuser sind ein weiteres Beispiel für extrem kapitalintensive Wissensfabriken. Trotzdem hat kaum ein Krankenhaus mit seinem überlegenen Wissen neue Marktchancen entdeckt und wahrgenommen. Das größte Hindernis ist nicht finanzieller oder physischer Natur, sondern die Barriere im Kopf. Die mentale Blockade läßt Unternehmen in der Selbstwahrnehmung als „Krankenhaus" verharren, statt sie dahin zu lenken, daß sie sich als „Organisationen begreifen, deren Aufgabe es ist, Kunden durch eine kontinuierliche und konsequente Erschließung neuer Gewinnzonen Nutzen zu bieten und ihre Profitabilität zu steigern".

Wie läßt sich mit diesem Muster Gewinn erzielen?

Übertragen Sie Ihre betriebliche Erfahrung in einzigartiges Wissen.
Entwickeln Sie auf Basis dieses Wissens Konzepte
(z.B. Datenbanken), die Sie Ihren Kunden anbieten.
Trennen Sie sich von kapitalintensivem Anlagevermögen, und
konzentrieren Sie sich auf wissensbasierte Produkte und Leistungen.

- Liegt in Ihrer Branche großer Know-how-Wert versteckt?
- Wo? In welcher Form?
- Wie können Sie dieses Wissen für sich nutzen?
- Wird ein anderes Unternehmen vor Ihnen diese Wertpotentiale ausschöpfen?

Von Wissen zu Produkten

Aus Wissen werden greifbare Produkte

Die Wertverschiebung von greifbaren Faktoren (Produkten, operativen Prozessen etc.) zu wissensbasierten Faktoren greift in der Wirtschaft immer mehr um sich. Es gibt aber auch eine wichtige Bewegung in die entgegengesetzte Richtung, nämlich wenn aus Erfahrung und Wissen neue Produkte entstehen.

In vielen Unternehmenssituationen ist wertvolles Wissen vorhanden, aber nicht zugänglich. Eingeschlossen in den arbeitsintensiven betriebswirtschaftlichen Rahmenbedingen professioneller Dienstleister oder in fragmentierten Datenbanken, ist dieses Wissen schwer zu greifen und anzuwenden. Ein Muster, das sich noch im Entwicklungsstadium befindet, sich aber bereits immer öfter bemerkbar macht, ist die Transformation von Wissen in Produkte, die für Kunden und Anbieter Mehrwert schaffen.

Incyte, ein Informationsdienstleister mit Sitz in Palo Alto, Kalifornien, stellt Genom-Datenbanken zusammen und entwickelte verschiedene Softwaremethoden für einen vereinfachten, systematischen Zugang. Incyte verwandelte wissenschaftliches Know-how in ein Produktabonnement (Datenbankzugang plus Zugangsmethoden), für das große Pharmakonzerne 5 Mio. Dollar pro Jahr bezahlen.

Cambridge Technology Partners (CTP), das 1991 in Cambridge, Massachusetts gegründet wurde, ist in den letzten Jahren durchschnittlich um 80 Prozent gewachsen und hat 1997 einen Rekordumsatz von 400 Mio. Dollar erreicht. Diese außergewöhnliche Leistung ist das Ergebnis von CTPs Fähigkeit, seine Erfahrung in der Entwicklung und Umsetzung von IT-Projekten in ein Produkt namens RAD (Rapid Application Deployment) zu übertragen.

Die meisten IT-Beratungsprojekte werden auf der Basis von „Zeit und Material" berechnet, ein variables Kostenkonzept, bei dem die Kunden die Risiken und Kosten des Projekts tragen. Diese Verträge sind in technologieorientierten Branchen üblich, weil IT-Berater Projekte mit sich schnell ändernden Technologien betreuen und geeignete Experten dafür finden müssen, um die Erwartungen der Kunden zu erfüllen. Sie brauchen größtmögliche Flexibilität innerhalb eines Projekts. Auf der Kundenseite stehen die IT-Abteilungen unter dem konstanten Druck, die vorhandenen Systeme zu erhalten und auf neue Technologien hochzurüsten. Das führt zu schnellen Veränderungen der Bedürfnisse innerhalb des Unternehmens.

Im Gegensatz zur branchenüblichen Praxis sind in den Verträgen, die CTP seinen Kunden bietet, Preis und zeitlicher Rahmen festgelegt. Das bedeutet eine wesentlich ausgewogenere Risikoverteilung. Die Kosten einer Projektüberziehung gehen zu Lasten des Beratungsunternehmens.

Dieses Arrangement ist ein Anreiz für CTP, sein Wissen zu systematisieren, um die Projektdauer kurz zu halten und das Budget nicht auszuschöpfen. CTP kann erheblichen Gewinn aus Projekten erzielen, die vor Ablauf der eigentlichen Frist und mit weniger als den veranschlagten Mitteln abgeschlossen werden. Auch Kunden profitieren von zeitlich festgelegten Projekten mit festen Budgets, weil dadurch die für traditionelle IT-Verträge typische Tendenz zur Projektverlängerung und die damit einhergehenden Zusatzkosten vermieden werden. Außerdem geben sie dem Unternehmen Sicherheit über den Zeitpunkt, ab dem die neue IT-Struktur einsatzfähig ist.

Beispiele für eine noch wertsteigerndere Nutzung dieses Musters sind SAP, SDRC (Structured Dynamics Research Group) und PeopleSoft.

- SAP entwickelt Softwaresysteme, die Unternehmen dabei unterstützen, ihre internen Geschäftsprozesse zu vernetzen. Früher mußten Unternehmen oft durch den Einkauf von Systemintegrationsservices in großem Umfang eigene Systeme entwickeln. SAP verwandelte Wissen über diese internen Prozesse und Herausforderungen in ein Produkt, das Unternehmen in die Lage versetzt, die Vernetzung effizienter und kostengünstiger zu bewerkstelligen.
- SDRC war ursprünglich eine technische Beratungsfirma. Es verwandelte sein Expertenwissen in ein CAD/CAM-Programm, mit dem Kunden nicht-destruktive Tests für neue Produktentwürfe durchführen konnten, das die Entwicklungszeiten verkürzte. Der Unternehmenswert von SDRC schnellte daraufhin in die Höhe.
- PeopleSoft verwandelte sein profundes Wissen über Prozesse im Bereich Human Resources (HR) in ein Softwareprodukt und eine Plattform für HR-Anwendungen. Diese Software verbesserte die Effizienz der HR-Prozesse der Kunden und führte zu erheblicher Wertsteigerung für PeopleSoft.

Auswirkungen auf die Anbieter

Wie schnell kann ein großes Dienstleistungsunternehmen wachsen? Nicht sehr schnell. Einige der bestgeführten Großunternehmen erreichen eine jährliche Wachstumsrate von 15 bis 23 Prozent. Wie schnell kann ein produktbasiertes Unternehmen wachsen? Sehr schnell. Zwischen 1992 und 1997 steigerte CTP seine Umsätze um 84 Prozent pro Jahr. PeopleSoft wuchs zwischen 1991 und 1997 um 91 Prozent pro Jahr, und SAP brachte es zwischen 1995 und 1998 auf 48 Prozent Wachstum pro Jahr.

Das Muster „Von Wissen zu Produkten" ermöglicht neue Wachstumsraten, die sich häufig sogar verdoppeln können.

Die Nachrichten- und Dienstleistungsagentur Reuters repräsentiert eine ganz andere Ausprägung dieses Musters. Reuters steht für schnellen Zugang zu Informationen, sei es in Form von Nachrichten, internationalen Veranstaltungen, Aktienpreisen oder Währungskursen. In den letzten 30 Jahren hat Reuters diese Informationen mit Erfolg zu Markenprodukten verwandelt, indem es neue Nachrichten und Veranstaltungen in die Bereiche Reuters Services Subscriptions und Reuters Online aufgenommen hat. Aus Börsenkursen und Aktienhandel wurden die Produkte Stockmaster, Videomaster, Equities 2000, Equities 3000 und Instinet. Monitor Money Rates, Mini-Reuters Monitor und Monitor Dealing 2000 entstanden aus Währungskursen und -handel.

Der Wettbewerb in der Entwicklung von Informationsprodukten für Finanzinstitute nimmt deutlich zu (davon profitieren insbesondere Bloomberg, Dialog und EBS). Als Folge davon sucht Reuters nach neuen Betätigungsfeldern, in denen es seine Fähigkeiten zur Entwicklung von Informationleistungen gewinnbringend einsetzen kann. Dazu gehört auch die Erschließung neuer Kundengruppen, die zeitnahe, exakte und objektive Information als wichtige Entscheidungsbasis benötigen. Reuters hat verschiedene neue Märkte identifiziert, beschafft Media-Planern Information über Anzeigenpreise, Healthcare-Organisationen medizinische Informationen und Unternehmen aus dem Versicherungswesen und Risikomanagement Informationen über Versicherungsprämien.

Im kommenden Jahrzehnt wird sich dieses Muster weiter ausbreiten. In dem Maße, wie Wissen an Wert gewinnt, werden immer mehr Unternehmen nach Wegen suchen, ihr verstecktes Know-how in Produkte zu verwandeln, um Gewinn aus dem vereinfachten und kostengünstigen Zugang zu Wissen zu erzielen.

Wie läßt sich mit diesem Muster Gewinn erzielen?

Identifizieren Sie das wertvollste Know-how Ihres Unternehmens.
Bringen Sie Ihre profunde Erfahrung in eine reproduzierbare Struktur,
die leicht zu verkaufen, zu trainieren und zu verbessern ist. Kommunizieren Sie dieses Produkt. Bringen Sie es auf den Markt.
Arbeiten Sie kontinuierlich an seiner Verbesserung.

- Tritt in Ihrer Branche das Muster „Von Wissen zu Produkten" auf?
- Hängt die Schaffung von Mehrwert für Ihre Kunden von einzelnen Personen in Ihrem Unternehmen ab? Gibt es Wege, ihr Wissen zu systematisieren und so den Wert des Know-how zu steigern?
- Gibt es Möglichkeiten, dieses Muster in Ihrer Branche auszulösen?
- Wie hoch wäre die Wertsteigerung? Welche Ressourcen wären erforderlich?

Wissen und Stategie

„Phantasie ist wichtiger
als Wissen ..."

Albert Einstein

„... vorausgesetzt, man verfügt
bereits über das Wissen."

Alle übrigen Sterblichen

10

Organisationsstrukturmuster

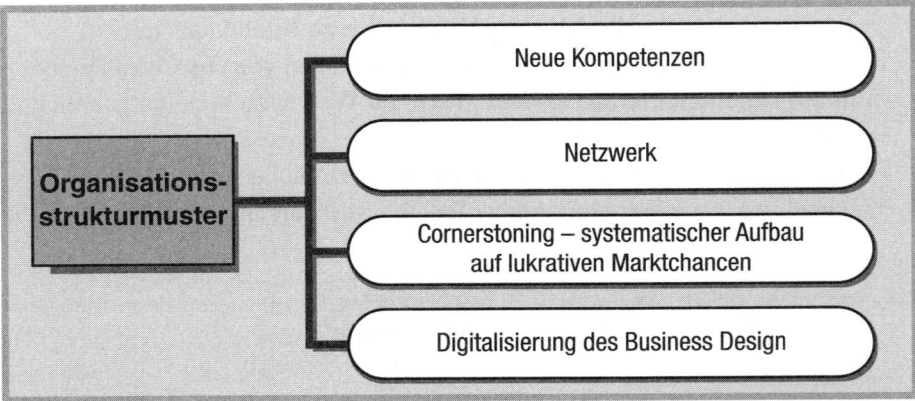

Früher war das vorherrschende Paradigma des Wirtschaftsgeschehens die Kapitaleffizienz in der Wertschöpfungskette. Heute ist es die zielgerichtete Wertgenerierung für Kunden. Morgen wird es der parallele Fokus auf Kunden und die Organisationsstruktur des Unternehmens sein.

Dieses Muster verknüpft die externen Kunden (Käufer) mit den internen Kunden (hochqualifizierte Mitarbeiter) in einer Fülle von Interaktionen, die Wert für Käufer, Mitarbeiter und Eigner schaffen (oder vernichten).

In den letzten zehn Jahren hat der Kunde gegenüber dem Produkt an Bedeutung gewonnen. Eine ähnliche Verschiebung hat auch zwischen hochqualifizierten Mitarbeitern und dem Anlagevermögen stattgefunden – zugunsten der Mitarbeiter.

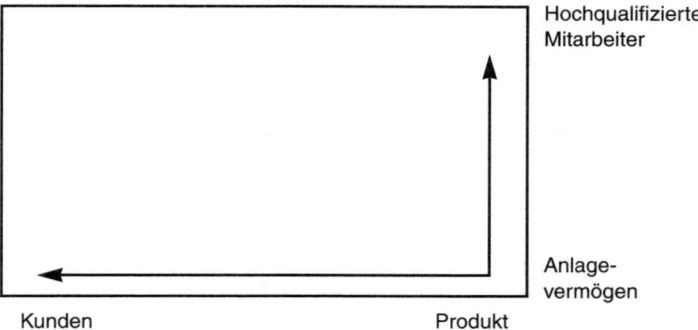

Die Verschiebung von Produkten zu Kunden erklärt, warum der Wert in so vielen Produktmustern von den eigentlichen Produkten abfließt und warum kundenbezogene Veränderungen Schlüsselfaktoren für die Entstehung dieser Muster sind. Die Wertverschiebung von Vermögenswerten zu herausragenden Mitarbeitern macht Organisationsstrukturmuster zu den wichtigsten Mustern der kommenden fünf Jahre. Findige Unternehmenslenker, die bereits neue Konzepte und Methoden für eine gewinnbringende Nutzung der Wertverschiebung entwickelt haben, arbeiten heute an neuen Modellen zur Bewältigung der Kernherausforderungen, die ein extrem dynamisches und komplexes Marktumfeld an die Organisationsstrukturen von Unternehmen stellt.

Das Organisationssystem kann enorme Auswirkungen auf die Gewinnerzielung eines Unternehmens haben. Ob die Auswirkungen positiv oder negativ ausfallen, hängt davon ab, wie gut es darauf ausgerichtet ist, die bedingungslose interne Identifikation mit der Unternehmensstrategie auf allen Ebenen sowie die notwendige Energie für eine brillante Umsetzung zu erreichen.

Die Innovatoren unter den Unternehmen, die in dem Buch *Die Gewinnzone* ausführlich dargestellt wurden, sind an der linken oberen Ecke plaziert, da sie nicht nur überlegene Business Designs entwickelt haben, sondern auch eine hervorragende Unternehmensorganisation. Sie haben die Kerngrundsätze für Werbeerfolg (die richtige Botschaft klar und einfach formulieren und ständig wiederholen) auf ihre Mitarbeiter angewandt und so einen hohen Grad an Identifikation mit den Unternehmenszielen und Umsetzungsenergie erreicht. Identifikation und Energie sind zwar keine greifbaren Faktoren, aber ihr Vorhandensein macht sich bemerkbar.

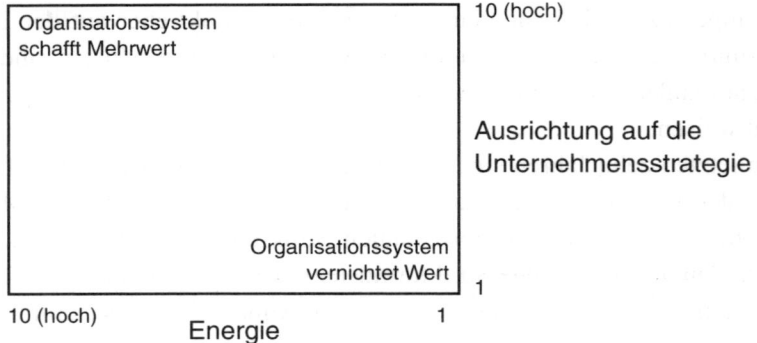

Die Identifikation der Mitarbeiter und die Anpassung der Systeme beziehen sich nicht nur auf die Unternehmensstrategie, sondern auch auf die wichtigsten Kundenprioritäten. Das ist der Grund, warum das Netzwerkmuster (siehe S. 237 ff.) so wichtig ist. Mit steigender Frequenz des Kundenkontakts steigt die Wahrscheinlichkeit, daß sich die organisatorische Ausrichtung eng an internen wie externen Zielen orientiert.

Wenngleich exzellente organisatorische Systeme einen hohen Energielevel im Unternehmen fördern, zirkuliert immer noch nicht genug Energie. Hier spielt das Cornerstoning-Muster, das auf einem systematischen Aufbau auf lukrativen Martkchancen beruht, eine wichtige Rolle. Es erhält diese Energie am Leben und sorgt für ihren maximalen Einsatz. Das Muster „Digitalisierung des Business Design" geht in dem Erhalt der Unternehmensenergie sogar noch einen Schritt weiter, indem es die Leistung hochqualifizierter Mitarbeiter auf spektakuläre Weise steigert.

Viele der Muster, die in diesem Buch beschrieben wurden, wurden durch elementare Funktionsstörungen ausgelöst. Das gleiche gilt auch für die Organisationsstrukturmuster. Eine große Distanz zu Kunden und das Expertentum auf irrelevanten Gebieten sind zwei Faktoren, die viele Unternehmen behindern und der Nährboden für die Entstehung der Muster „Netzwerk" und „Neue Kompetenzen" sind. Andere Muster entstehen durch die veränderte Natur der Marktchancen. Cornerstoning und die Digitalisierung des Business Design gehören in diese Kategorie.

Alle diese Muster sind eine Mischung aus exogenen Faktoren und Unternehmensinitiative. Bei einigen überwiegt das Gewicht der exogenen Seite (z.B.

226

Neue Kompetenzen), bei anderen liegt der Schwerpunkt eher auf der Unternehmensinitiative (z.B. Cornerstoning). Aber auch diese Muster sind eine Antwort auf äußere Bedingungen, die den sichersten Weg zu zukünftiger Profitabilität weisen.

In den letzten zehn Jahren sind viele Organisationsstrukturmuster aufgetreten (von der funktionalen Struktur zu Geschäftseinheiten oder zu Matrix-Strukturen, von vertikalen zu horizontalen Strukturen etc.). In den nächsten Jahren werden unzählige neue Strukturmuster entstehen, wenn kreative Unternehmen nach neuen Wegen suchen, um eine maximale Wertgenerierung durch die Anpassung ihrer organisatorischen Systeme zu forcieren.

Alle möglichen Lösungen werden in einem Punkt übereinstimmen: der neudefinierten Beziehung zwischen hochqualifizierten Mitarbeitern und Kunden. So wie die heutigen Marktbedingungen eine Umkehrung der Wertschöpfungskette erfordern und den Kunden zum Ausgangspunkt aller strategischen Denkprozesse machen, werden Unternehmen in der Zukunft eine größtmögliche direkte Verbindung zwischen Kunden und den herausragendsten Talenten inner-

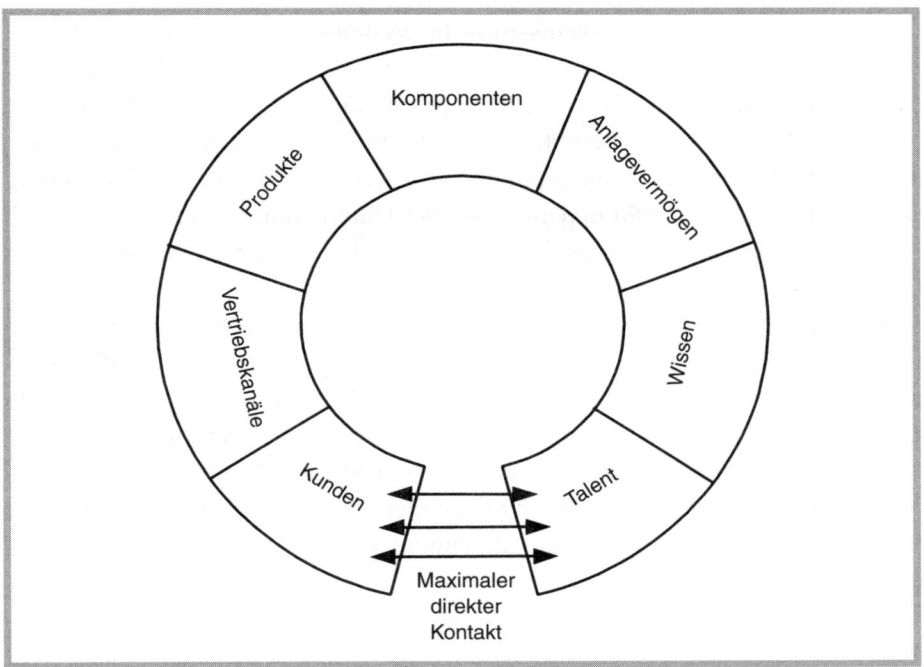

halb der Unternehmen herstellen müssen. Der direkte Kundenkontakt wird Defizite in den Kompetenzen schneller deutlich machen und die Entwicklung neuer Fähigkeiten ins Rollen bringen. Er wird darüber hinaus die effizientesten Wege für einen systematischen Aufbau auf lukrativen Marktchancen in den zahlreichen Gebieten aufzeigen, in denen die Kundenbindung und nicht das Produkt ausschlaggebend für die Wertsteigerung eines Unternehmens ist.

Letztendlich wird diese erneute Betrachtung der Wertschöpfungskette die ganze Bedeutung des Übergangs vom konventionellen zu einem digitalen Business Design ans Tageslicht bringen. Der große Wert des Brückenschlags zwischen externen Kunden und internen Talenten liegt in der Maximierung des wirtschaftlichen Nutzens beider Seiten.

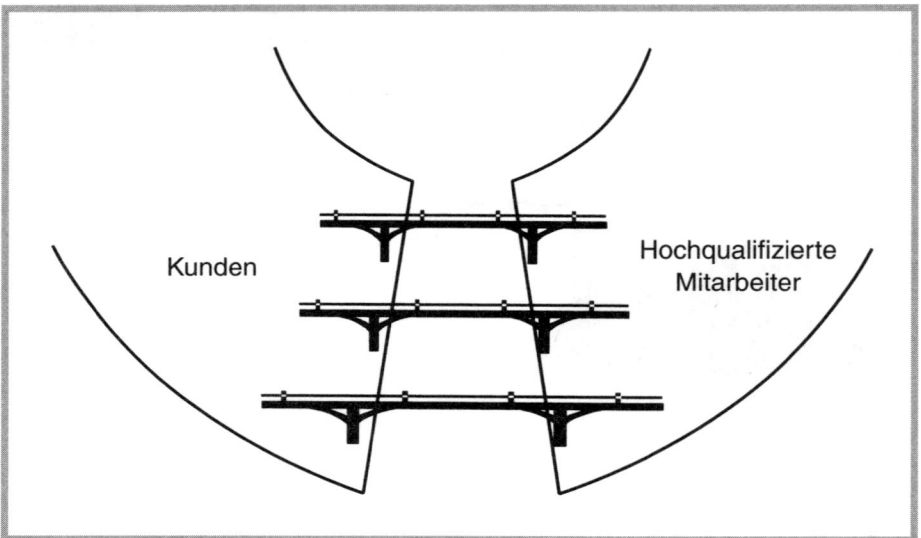

Organisationsstrukturmuster Nr. 1

Neue Kompetenzen

Die Vorteile von gestern sind die Kostentreiber von heute

Wenn Unternehmen das Gespür für veränderte Kundenprioritäten und Markt-bedingungen verlieren, verpassen sie den Anschluß an die profitabelsten Fähigkeiten mit der höchsten Kundenrelevanz, weil sich das äußere Umfeld verändert hat, das interne Umfeld aber statisch geblieben ist. Dadurch entsteht eine Kompetenzlücke, die mit der Zeit immer größer wird.

Das bereitet dem Top-Management ziemliches Kopfzerbrechen, weil die Funktionen und Kompetenzen, die bisher von größter Bedeutung waren, plötz-lich zwar weniger wichtig oder sogar irrelevant werden, aber die Kosten dieser Funktionen sowie ihr hohes Selbstverständnis unverändert bleiben und die Funktionsträger Abwehrmechanismen entwickeln. In der Konsequenz gerät die Situation immer mehr außer Kontrolle, und die strukturelle Effektivität schwindet in dem Maße, wie die bedrohten Einheiten ihre Mauern verstärken, um ihre Pfründe zu sichern. Das Muster „Neue Kompetenzen" tritt dann auf, wenn ein Unternehmen die Kompetenzlücke erkennt und sich entscheidet, sie zu schließen.

Die große Gewinnchance liegt darin, als erster Marktteilnehmer diesen Schritt zu tun. Innovative Unternehmen nutzen die Potentiale dieses Musters, indem sie vor dem Wettbewerb eine radikale Veränderung des Kompetenzmix vornehmen, um den neuen Markterfordernissen gerecht zu werden. Das Kompetenzmuster kann sich über mehrere Dimensionen erstrecken:

- *Funktionen* (z.B. Wertverschiebung von Herstellung, Vertrieb und F&E zu Absatzwegen, Account Management oder Lizenzierung)
- *Technische Fähigkeiten* (z.B. Hardware- zu Softwareentwicklung, organische Chemie zu Biotechnologie etc.)
- *Unternehmerische Kompetenzen und Werte* (z.B. vom Kostenfokus zum Fokus auf Dienstleistungen, von Leistung auf Leistung *plus* „weiche" Werte wie Kommunikation, Mitarbeiterentwicklung und Coaching)

Wertverschiebung zwischen den Funktionen

In vielen Situationen liegt der Schlüssel zu neuer Gewinnerzielung in der Verlagerung der Bedeutung und der Ressourcen von einer Unternehmensfunktion auf eine andere. Ein Beispiel dafür findet sich in der Biotechnologie. Große Anstrengungen werden unternommen, um die Sequenz der menschlichen DNA zu entschlüsseln. Unzählige Biologen sind damit beschäftigt, Teile der komplexen menschlichen Genome zu kartieren und Unmengen an Information zu erstellen. Das von der amerikanischen Regierung gesponserte Human Genome Project stellt die Rohinformation umsonst zur Verfügung. Wie ist es dann möglich, daß ein Unternehmen namens Incyte Pharmaceuticals 5 Mio. Dollar pro Jahr damit verdient, daß es einem anderen Unternehmen ihre Genom-Datenbank zugänglich macht?

Incyte hat erkannt, daß der eigentliche Wert nicht in der Zusammenstellung riesiger Informationsmengen liegt, sondern in der Verarbeitung und Analyse der Daten. Die Schlüsselkompetenzen sind nicht mehr länger biotechnologischer Natur, sondern liegen in Programmierfähigkeiten. Das spiegelt sich auch in der neuen Umschichtung von Arbeitsplätzen bei Incyte wider. 1998 verfügte das Unternehmen lediglich über 125 Biologen gegenüber 175 Programmierern. Seine Datenbank ist so wichtig für andere Pharmaunternehmen, daß Incyte damit einen Umsatz von 100 Mio. Dollar pro Jahr erwirtschaftet. Die Erkenntnis, daß sich das erforderliche Kompetenzprofil verändert hat, macht sich bezahlt. Der Marktwert von Incyte ist achtmal so hoch wie sein Umsatz.

Der Erfolg vieler namhafter Unternehmen basiert auf Wertverschiebungen zwischen den Funktionen:

- Anfang der 90er Jahre stützte sich Hewlett-Packard auf die Funktionen technische Entwicklung, Fertigung und technischer Vertrieb. Diese Funktionen wurden beibehalten, aber der Schwerpunkt hat sich eindeutig verlagert auf die Bereiche Marketing, Channel Management und Kundenmanagement.
- Merck und Pfizer verlagerten den Schwerpunkt ihrer präklinischen F&E erfolgreich von der eigenen Entwicklung auf Entwicklung *plus* strategische Lizenznahme. Die neue Funktion ermöglicht eine frühe Identifizierung der erfolgsversprechendsten chemischen Zusammensetzungen (die andere Unternehmen entdeckt haben) weltweit und die Bereicherung ihrer Forschung und Entwicklung durch *Suche* und Entwicklung.
- Lotus vollzog Anfang der 90er Jahre den schwierigen Übergang von Vertriebs- und Channel Management zu Softwareentwicklung, Vertriebspartner-Management (Value Added Resellers), Beratung und Kundenmanagement.

Technische Fähigkeiten

Zusätzliche Gewinne können auch das Ergebnis einer veränderten Zusammensetzung der Fähigkeiten innerhalb einer Funktion sein.

Bei Boeing z.B. liegt der Schwerpunkt zwar nach wie vor auf technischen Fähigkeiten, aber die Art der Fähigkeiten hat sich verändert. Der Unternehmenserfolg wurde bislang von Ingenieuren bestimmt, die sich in der Konstruktion hauptsächlich auf die Verbesserung der Flugleistung konzentrierten. Inzwischen hängt der Unternehmenserfolg von Ingenieuren ab, die in der Konstruktion vor allem auf kostensenkende Eigenschaften der Flugzeuge achten.

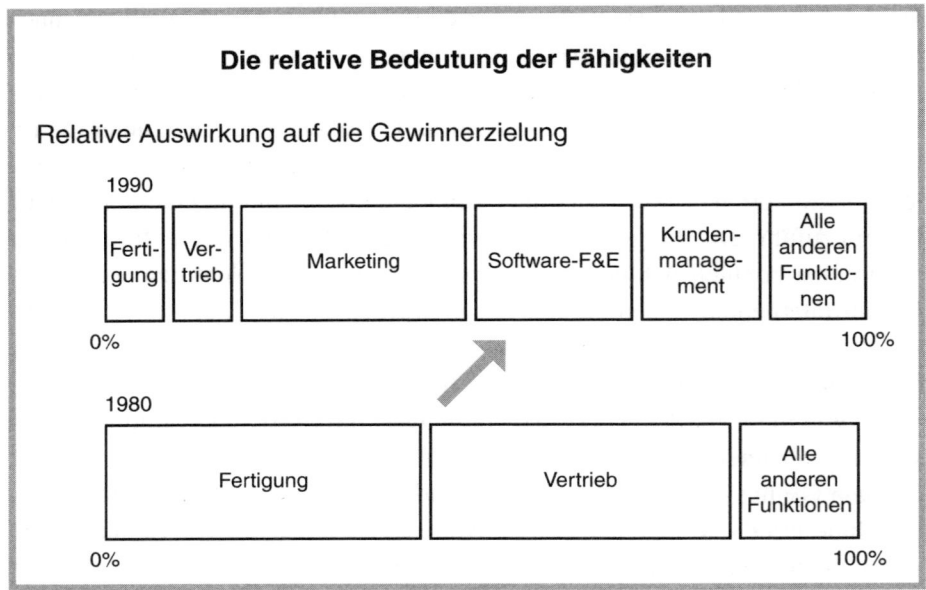

Bei Nokia oder Lucent lag der Schwerpunkt früher auf der Entwicklung von Hardware. Inzwischen ist die Softwareentwicklung wesentlich wichtiger. In der F&E-Sparte von Monsanto waren Chemiker die gefragtesten Mitarbeiter. Heute sind es Gentechnologen, Biochemiker und Experten anderer biotechnischer Disziplinen.

Unternehmerische Kompetenzen und Werte

Bis vor wenigen Jahren zählten für die amerikanische Fluggesellschaft Continental ausschließlich die Kosten; Kunden waren nachrangig. Diese Haltung sowie die damit verbundenen Kompetenzen zogen Aufmerksamkeit aus anderen Bereichen ab. Das Ergebnis waren ein dürftiger Service und andauernde Unregelmäßigkeiten im Flugplan.

1994 erkannte Gordon Bethune, neuer CEO von Continental, daß das Unternehmen seine strategische Ausrichtung von Kosten auf Service und damit auch die Ausrichtung seiner Fähigkeiten verändern mußte. Jeder Mitarbeiter sollte einen monatlichen Bonus erhalten, wenn es Continental gelänge, unter die ersten Fünf in Pünktlichkeit zu kommen, und alle Abläufe gleichzeitig reibungslos funktionierten. Diese Neuerungen brachten dem Unternehmen eine hohe Energiezufuhr. Die Fluggesellschaft verbesserte deutlich ihren Ruf, und die Mitarbeiter konnten sich wieder mit ihrem Unternehmen identifizieren.

Die unternehmerischen Kompetenzen wurden um den Service-Aspekt erweitert, und zwar nicht nur um die dazu notwendigen Fähigkeiten, sondern um unternehmerische Werte. Der Kunde hatte nun einen anderen Stellenwert, genauso wie die Mitarbeiter. Das Ergebnis: Der Marktwert von Continental hat sich in den letzten vier Jahren nahezu vervierfacht.

Auch GE hat eine ähnlich einschneidende Richtungsänderung zu neuen unternehmerischen Kompetenzen und Werten vollzogen. In der Vergangenheit stand allein die Erreichung der Umsatzzahlen im Vordergrund. Heute gehören neben dem finanziellen Ergebnis auch bestimmte Werte dazu (Kommunikation, Coaching, Mitarbeiterentwicklung). Die Fähigkeiten, die auf Werten beruhen, werden auch oft „weiche" Kompetenzen genannt. Das ist eigentlich nicht richtig. Beurteilungsprozesse, egal ob innerhalb der Managementebene oder Beurteilungen der Mitarbeiter durch ihre Vorgesetzten bzw. umgekehrt, tragen zur Identifikation derjenigen bei, die Wert vom Unternehmen abziehen, statt zur Wertsteigerung beizutragen.

Nachdem in der Wirtschaft heute der Unternehmenserfolg immer stärker von der Qualifikation der Mitarbeiter und den geeigneten Unternehmensstrukturen zur Leistungsmaximierung abhängt, ist GEs Neuausrichtung ein Wegweiser für andere Unternehmen, die den gleichen Weg einschlagen wollen.

Die Häufigkeit, mit der die Entwicklung neuer Kompetenzen notwendig wird, hängt von der Veränderungsgeschwindigkeit der jeweiligen Branche ab. In langsamen Branchen kann das alle zehn Jahre der Fall sein, in hochdynamischen Branchen sind die Veränderungszeiträume wesentlich kürzer.

Die erfolgskritischen Fähigkeiten in der PC-Branche haben sich mehrmals verändert. Ursprünglich lag der Fokus auf technischen Fähigkeiten. Die erste Veränderung verlagerte den Schwerpunkt auf Markenmanagement und eine effiziente Distribution. Dann wurde die Entwicklung von Lösungen in den Vordergrund gerückt sowie das Management von Kundenbeziehungen. Jede

Neuausrichtung wurde von veränderten Kundenprioritäten angestoßen, und nicht alle PC-Hersteller konnten sie erfolgreich bewältigen. Nur wenigen gelang der Übergang zur überlegenen Markenführung. Und noch geringer war die Zahl derjenigen, die die Unternehmenskompetenzen in die Entwicklung enger Kundenbeziehungen und überlegener Lösungen überleiten konnten.

Ein Unternehmen, das stets mit Kundenbedürfnissen Schritt gehalten hat, ist Compaq Computer. Auch Compaq konzentrierte sich zunächst ausschließlich auf technische Aspekte, widmete sich dann aber sehr erfolgreich dem Aufbau eines starken Markenimages.

Als Compaq mit der Herausforderung konfrontiert wurde, den Übergang zu wertsteigernden Lösungen zu vollziehen, fehlten ihm dafür jegliche Voraussetzungen. Die Kompetenzen für Softwareinstallation, Schulung und Entwicklung von IT-Strategien waren nicht vorhanden.

Das Unternehmen war sich seiner Lücken wohl bewußt und setzte alles daran, seinen Nachholbedarf über Akquisitionen und Allianzen zu decken. Dieses Vorgehen gipfelte in der Akquisition von Digital Equipment Corporation. Mit seiner breiten installierten Basis, einem ausgereiften Distributionsnetz und einer Dienstleistungsmannschaft von 20.000 Mitarbeitern hat Digital das gesamte Business Design von Compaq verändert. Compaq hat sich vom reinen Gerätehersteller zum Anbieter von Produkten und Lösungen gewandelt. Seine neue Positionierung hat das Potential, einen neuen Standard für Unternehmensdienstleistungen zu setzen, an dem sich Dell, HP, IBM und andere Wettbewerber orientieren werden.

Manchmal wirkt sich das Kompetenzmuster in mengenmäßigen Veränderungen aus, wie bei Nokia oder Lucent, die auf ein Heer von Softwaretechnikern aufgerüstet haben. Dann wieder – z.B. im Projektmanagement, im Bereich „Suche und Entwicklung" (eine innovative Strategie, die auf der Lizenznahme der Entdeckungen anderer Unternehmen und ihrer Weiterentwicklung basiert) oder in der Produktpositionierung – sind nur einige wenige Mitstreiter mit neuen Kompetenzen involviert.

Es kommt dabei nicht auf die Zahlen an, sondern auf die Veränderung der relativen Bedeutung bestimmter Fähigkeiten und auf die Gewährleistung, daß das Business Design eines Unternehmens die neuen erfolgskritischen Fähigkeiten abdeckt, die aufgrund von externen Faktoren erforderlich sind.

Das Kompetenzmuster hat Auswirkungen, die weit über die einzelne Organisation hinausreichen. Es macht sich sowohl auf volkswirtschaftlicher wie auf individueller Ebene bemerkbar. Auf der Makroebene ruft es eine ständige Spannung zwischen den relevanten und den vorhandenen Fähigkeiten hervor. Je größer das Mißverhältnis, desto größer die Bremswirkung auf das Wirtschaftswachstum. Auf der Mikroebene stellt sich für jeden Menschen die Frage, ob seine Fähigkeiten noch relevant sind. Persönliche Veränderungen sind genauso schwierig zu meistern wie Veränderungen auf Unternehmensebene.

Dennoch reicht es nicht aus, das Auftreten neuer erfolgskritischer Kompetenzen nur zu erkennen. Was zählt, ist die Neuausrichtung aller verfügbaren Ressourcen. Darin liegt die größte Schwierigkeit, weil Unternehmen gerne an eingefahrenen Methoden und Systemen festhalten. Wie gelingt es, die notwendige interne Veränderungsdynamik zu erzeugen? Unternehmen müssen die gesamte Organisation aufrütteln, um die notwendige Erneuerung der Kompetenzen in Angriff zu nehmen, und sie müssen für eine kontinuierliche Energiezufuhr sorgen, damit die anfängliche Aufbruchstimmung nicht nachläßt.

Wie läßt sich mit diesem Muster Gewinn erzielen?

Beobachten Sie, wie sich Kunden verändern. Identifizieren Sie die erfolgskritischen Kompetenzen von morgen, und setzen Sie schon heute alle verfügbaren Ressourcen ein, um diese Kompetenzen zu entwickeln. Schließen Sie diese Veränderung nicht eher ab, bis das Verhältnis neue zu traditionelle Fähigkeiten 3:1 erreicht ist.

• Welche drei Kompetenzen waren 1990 für Ihr Unternehmen am wichtigsten?

❏ Fertigung	❏ Entwicklung neuer Geschäftsfelder
❏ Qualitätsmanagement	❏ Softwareentwicklung
❏ Verkauf	❏ Distribution
❏ Kundenmanagement	❏ Aufbau eines Markenimages
❏ F&E	❏ Sonstiges_____
❏ Marketing	❏ _____

- Welche drei Kompetenzen sind heute am wichtigsten? Welche werden es im Jahr 2001 sein?
- Wie werden Sie den Übergang von traditionellen zu neuen Fähigkeiten bewerkstelligen?

Die psychologische Gefahr der Verschiebung zu neuen Kompetenzen

Das Muster „Neue Kompetenen" kann psychologisch verheerend wirken. Ehemals wichtige Fähigkeiten werden irrelevant, aber die Kosten bleiben unverändert. In vielen Unternehmen befindet sich die Forschung und Entwicklung in einem Transformationsprozeß, der aus den einstigen Quellen für Wettbewerbsüberlegenheit eine große finanzielle Belastung macht. Dieses Phänomen kann sich auf alle Bereiche des Unternehmens ausdehnen. Herstellung, Verkauf, Marketing, Finanzen, Personalwesen und die Entwicklung neuer Geschäftsfelder sind Gebiete, die allesamt Teil eines überholten Business Design darstellen können, das nicht mehr auf die Erfüllung der Kundenprioritäten ausgerichtet ist. Nehmen Sie als Beispiel ein Chemieunternehmen, das sich auf drei Kernkompetenzen gestützt hat: F&E, Herstellung und technischer Vertrieb.

In den 90er Jahren wird es mit umwälzenden Veränderungen konfrontiert. Daraus ergeben sich vier neue erfolgskritische Kompetenzen, die sich von den alten Fähigkeiten völlig unterscheiden: 1. Kundenmanagement, 2. Entwicklung neuer Geschäftsfelder, 3. Vernetzung der F&E (externe Innovationsnetzwerke, an die die interne F&E angeschlossen ist) und 4. kosteneffiziente Distribution.

Der Schwerpunkt und die Ressourcen konzentrieren sich noch immer auf die traditionellen Fähigkeiten. Jede Inititative zur Entwicklung und Stärkung der neuen Kompetenzen scheitert an internen Hindernissen. Die kumulierten Investitionen und die Macht des Altbewährten verhindern das Verlassen der eingefahrenen Gleise. Weil die Umstellung auf neue Fähigkeiten nicht gelingt, sinkt der Marktwert, und das Chemieunternehmens rangiert für viele Jahre nur noch unter ferner liefen.

Top-Manager dazu zu bewegen, der Entwicklung neuer Fähigkeiten Priorität einzuräumen, ist nicht einfach. Noch schwieriger ist die Verlagerung der Ressourcen. Das Festhalten an alten Hierachien und Hackordnungen ist in jedem Fall der sichere Beginn einer unaufhaltsamen Talfahrt.

Organisationsstrukturmuster Nr. 2
Netzwerk

Maximieren Sie den direkten Kontakt zu Kunden und Investoren, und übertragen Sie Gewinnverantwortung auf eine möglichst breite Unternehmensebene

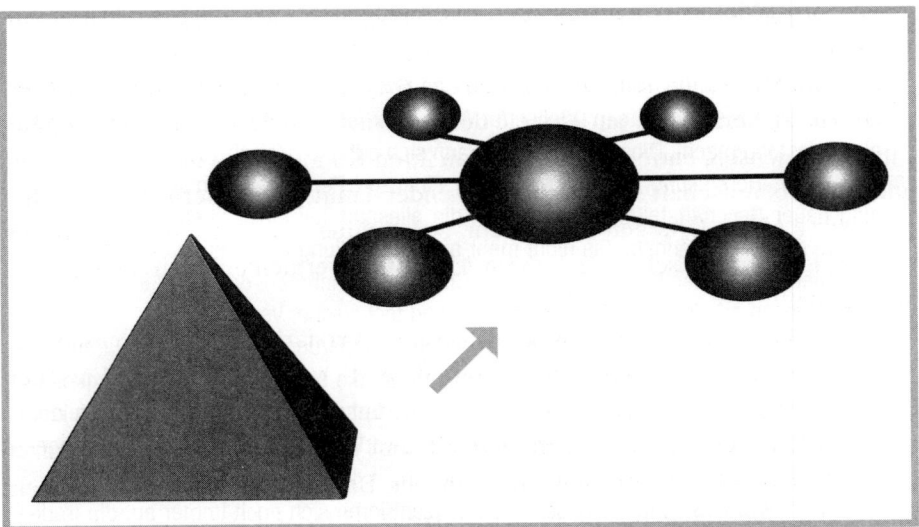

Eine innenzentrierte Sichtweise ist äußerst schädlich für Unternehmen. Das Netzwerkmuster bedeutet eine Umkehrung des Fokus nach außen, soll heißen, eine Maximierung der direkten Kontakte mit den wichtigsten externen Faktoren – Kunden und Investoren.

In der Technik wird die Oberfläche oft zur Kontrolle für die Übertragung von Signalen (z.B. Hitze) über eine bestimmte Grenze genutzt. Hannibal und die Überquerung der Alpen sind ein historisches Beispiel für das Verhältnis Oberfläche zu Masse. Hannibals Elefanten überlebten den strengen Winter nur, weil sie so dichtgedrängt liefen, daß die Oberfläche im Verhältnis zu ihrer Masse sehr gering war. Dadurch hielt sich eine bestimmte Temperatur, die sie vor dem Erfrieren bewahrte.

Dasselbe Phänomen kann für Unternehmen in hochdynamischen Märkten schwerwiegende Folgen haben. Im Wirtschaftsleben ist der breite direkte Kontakt über alle Ebenen einer Organisation ausschlaggebend für den Unternehmenserfolg. Unternehmen mit einer pyramidalen Struktur, in der sich direkte Außenkontakte auf wenige Bereiche beschränken, entgehen Veränderungen der Kundenprioritäten, der Absatzwege, der Infrastruktur, veränderte Wettbewerbssituationen und wertvolle strategische Signale, die von Kunden und Investoren ausgesendet werden und die Entstehung neuer Gewinnmuster auslösen. Infolgedessen wird versäumt, ein rechtzeitiges Business Redesign einzuleiten.

Obwohl Großunternehmen durchaus in der Lage sind, ihren innenzentrierten Fokus zu verändern, tun es viele dennoch nicht. In dem Maße, wie Organisationen wachsen, entfernen sie sich von ihren Kunden; Gewinnverantwortung und Risikobereitschaft schwinden. Das endet damit, daß Unternehmen wichtige externe Veränderungen nicht mehr wahrnehmen, auf neue Gewinnmuster nicht reagieren und schließlich ihren Marktwert vernichten, weil sie für Investoren unattraktiv werden.

Die für Großunternehmen typische Struktur verstärkt diese Probleme noch. Die meisten Unternehmen haben pyramidale Hierarchiestrukturen. Entscheidungen werden ausschließlich von der Führungsspitze getroffen und an nachgeordnete Ebenen weitergegeben (und auf dem Weg durch die vielen Instanzen oft verzerrt). Informationen werden an der Basis gesammelt und wandern durch alle Hierarchieebenen an die Spitze. Auf jeder Ebene werden sie ein wenig geschönt, so daß weder die Informationen, auf deren Basis Entscheidungen getroffen werden, noch die Entscheidungen selber den realen Tatsachen und Anforderungen entsprechen (siehe Abbildung „Informationsfluß im Unternehmen"). Darüber hinaus machen die langen Wege das Unternehmen zu einem schwerfälligen Koloß. Ein Ausweg aus dieser Misere ist die Veränderung der Unternehmensstruktur in eine Netzwerkorganisation.

Ein Beispiel für eine erfolgreiche Umstrukturierung ist die Virgin Group aus der Musik- und Schallplattenindustrie, die aus ungefähr 200 Gesellschaften besteht, deren Eigner Richard Branson gleichzeitig CEO des Unternehmens ist. Diese Gesellschaften erwirtschafteten 1997 zwei Drittel der Konzernumsätze (das letzte Drittel stammt aus Umsätzen einer Reihe von Gesellschaften, an denen die Virgin Holding eine Minderheitsbeteiligung hält). Virgin steht über seine Gesellschaften auf breiter Ebene in direktem Kontakt mit der

Außenwelt. Dadurch wird die Informationsaufnahme wie auch der externe Druck auf das Unternehmen gesteigert. Das fördert den Unternehmergeist und eine schnelle Reaktion auf äußere Veränderungen.

Branson zitiert die frühere Schallplattenfirma von Virgin als perfektes Beispiel für die Philosophie der kleinen Unternehmenseinheiten. Branson erkannte, daß die Lethargie und Ineffizienz typischer Strukturen von Großunternehmen sich negativ auf das Business Design auswirkten, und beschloß, jede Einheit von Virgin Records als eigenes Unternehmen auszugliedern, sobald sie 50 Mitarbeiter erreicht hatte. Den jeweiligen Leitern dieser Einheiten wurde das eigenverantwortliche Management der neugegründeten Gesellschaften übertragen. „Jeder Geschäftsführer war für den Unternehmenserfolg seiner Einheit mit 50 Mitarbeitern verantwortlich, statt Stellvertreter eines stellvertretenden Stellvertreters zu sein. Wenn jemand direkt für Erfolg oder Mißerfolg verantwortlich ist und seine Entscheidungen selber treffen kann, wird er ein ganz anderes Engagement entwickeln", so Branson. Die neue Struktur ließ 25 bis 30 locker verbundene Unternehmen entstehen, die in der Summe einen der größten unabhängigen Schallplattenkonzerne der Welt ausmachen.

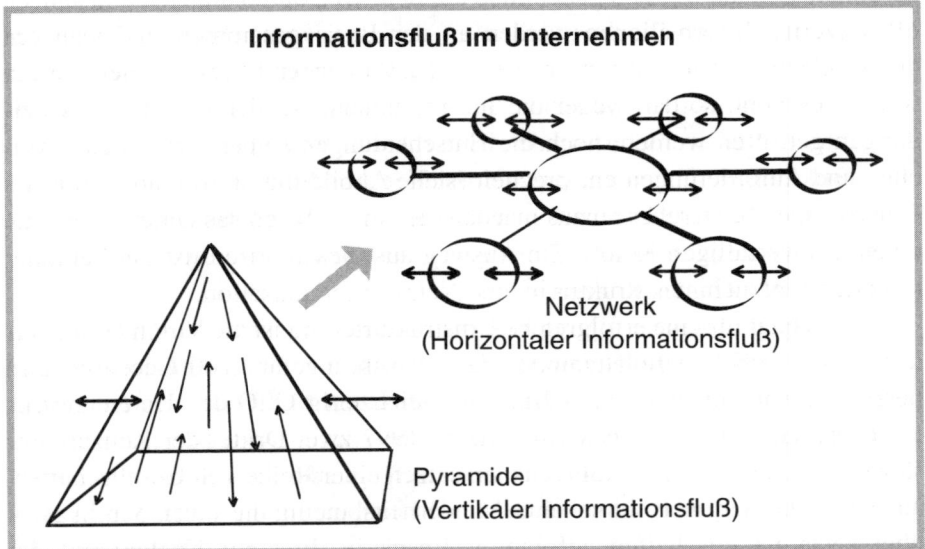

Informationsfluß im Unternehmen

Netzwerk
(Horizontaler Informationsfluß)

Pyramide
(Vertikaler Informationsfluß)

Insgesamt repräsentiert die Netzwerkorganisation der Virgin Group ein System aus eigenständigen Unternehmen, die untereinander Aktienbeteiligungen halten, unter derselben Marke operieren, dieselbe Vision und den gleichen dynamischen Unternehmergeist teilen. Die prägnantesten Erfolgseigenschaften dieser Struktur sind eine laterale Kommunikation und Kreativität. Sie ersetzen die alten Erfolgsfaktoren der hierarchischen Organisation, nämlich vertikale Berichterstattung und Weisungsgebundenheit. Ein ausgefeiltes Informationssystem gewährleistet die Koordination und Kohärenz innerhalb der neuen Struktur. Die gemeinsamen Werte, die durch eine starke und überzeugende Unternehmenskultur gepflegt werden, fördern den Erfolg und das Gewinnwachstum.

Virgins Fähigkeit zur Identifizierung und schnellen Reaktion auf Marktveränderungen hat sich durch den Umbau der Organisationsstruktur zu einem Netzwerk aus eigenständigen Gesellschaften deutlich verbessert. Eine breite Schicht von Mitarbeitern steht nun in direktem Kundenkontakt; Veränderungssignale werden dadurch schneller wahrgenommen. Das neue System hat außerdem für eine größere Transparenz der Verantwortlichkeit jedes einzelnen Mitarbeiters gesorgt, einen Beitrag zum Unternehmenserfolg zu leisten. Das drückt sich auch in einer leistungsbezogenen Vergütung aus. Aufgrund weitgehender Autonomie können die Mitarbeiter aller Ebenen die Informationsbeschaffung selbst steuern, Entscheidungsprozesse werden auf alle Hierarchieebenen delegiert.

ABB und Thermo Electron sind zwei weitere ausgezeichnete Beispiele für die hohe Effektivität und Effizienz der Netzwerkstruktur. Beide Unternehmen sind völlig verschieden und sehen sich vor unterschiedliche Herausforderungen gestellt. Was sie aber verbindet, ist der Abbau bzw. eine Verhinderung von bürokratischen Hemmnissen, die breitflächige Ausdehnung des direkten Kundenkontakts über alle Unternehmensebenen, eine Dezentralisierung der Entscheidungsprozesse und die Übertragung der Gewinnverantwortung auf die kleinsten Einheiten des Konzerns.

ABB, ein globales Fertigungsunternehmen der Elektro- und Kraftwerkstechnik, hat über seine Netzwerkstruktur insbesondere die regionalen und lokalen Kundenbindungen gestärkt. Die einzelnen Mitglieder des Netzwerkverbunds haben sich auf bestimmte Bereiche spezialisiert. Insgesamt ist der Konzern in mehrere tausend Profit Center aufgegliedert. Als Konzern generiert ABB großen Mehrwert für seine Gesellschaften, indem diese von den Skaleneffekten in der Beschaffung, dem Konzernimage und der Zentralisierung der

F&E- und Verwaltungskosten profitieren. Jede spezialisierte Einheit ist ein Excellence-Center für bestimmte Produkte, bietet seinen Kunden schnelle und zuverlässige Unterstützung und beinhaltet einen hohen Anteil an lokaler Fertigung. Durch die Kombination aus globaler Präsenz und lokaler Stärke ist ABB wesentlich besser in der Lage, die Prioritäten seiner Kunden zu erfüllen als ausschließlich lokale oder globale Wettbewerber.

Die Netzwerkstruktur von Thermo Electron hat seinem Marktwert massiven Auftrieb gegeben. 1982 restrukturierte George Hatsopoulos, CEO von Thermo Electron, das Unternehmen, indem er profitable Geschäftsfelder als eigenständige Unternehmen an die Börse brachte. Allerdings bleibt Thermo Electron bei allen seinen „Spin-outs" Hauptaktionär. Neben den positiven Effekten auf den Shareholder Value und die Kundenorientierung hat dieses System auch Leistungsanreize für die Top-Manager der ausgegliederten Einheiten geschaffen, die Aktienoptionen ihrer Gesellschaft erhalten. Die Abbildung vorher im Konzern versteckter Geschäftsbereiche am Markt hat zu einer erheblichen Steigerung der Börsenbewertung des gesamten Konzerns geführt.

In letzter Zeit hatte Thermo Electron allerdings mit Problemen zu kämpfen, die die Schwierigkeit der Umsetzung einer Netzwerkstruktur deutlich machen. Jedes Unternehmen, das sich als Netzwerk organisieren will, läuft Gefahr, Geschäftsfelder an die Börse zu bringen, die dafür noch nicht reif sind, neue Geschäftsfelder zu erschließen, denen es an strategischer Zielrichtung mangelt, oder Geschäftsfelder auszugliedern, ihnen aber nicht die nötige Infrastruktur zur Unterstützung zu bieten. Trotz der Schwierigkeiten bekennt sich das Top-Management von Thermo Electron mit voller Überzeugung zu seiner Netzwerkstruktur und setzt alles daran, die Schwachstellen zu beseitigen.

(Beide Fallbeispiele sind ausführlich in Kapitel 11 und 12 des Buchs *Die Gewinnzone* dargestellt.)

ABB und Thermo Electron haben vielen anderen Unternehmen bei der Umsetzung einer Netzstruktur den Weg gewiesen. Erst kürzlich hat IdeaLab!, ein Start-up im Internetgeschäft, das Netzwerkkonzept als Grundlage für seine Organisationsstruktur verwendet. Idealab! verfügt über eine zentrale Administration und eine zentrale Kreativwerkstatt für neue Unternehmensideen. Jeden Monat entwickeln CEO Bill Gross und sein Team eine neue Geschäftsidee und bilden ein neues Unternehmen, das diese Idee realisiert. IdeaLab! stellt die Gründungsgelder zur Verfügung und behält eine Minderheitsbeteiligung an den neuen Spin-outs. Die Unternehmen des Netzwerks teilen Wissen, Systeme und Erfahrungen.

Zwar ist das Netzwerkkonzept immer noch die Ausnahme, aber die Gründe, die für eine solche Struktur sprechen, werden in dem Maße, wie sich die Schere zwischen externen Kräften und internen Merkmalen weiter öffnet, immer gewichtiger. Die Kernelemente dieses Mißverhältnisses sind folgende:

Externe Kräfte	Interne Merkmale
• Anspruchsvollere Kunden	• Kundendistanz
• Schwer zu erreichende Profitabilität	• Geringe Gewinnverantwortung
• Hohe Marktdynamik	• Schleppende Kommunikation
• Analysten, die darauf bestehen, die Merkmale der einzelnen Geschäftsfelder aus dem Portfolio eines Unternehmens zu verstehen	• Schwerfällige Entscheidungsprozesse
	• Unternehmenspolitik einer extremen Risikovermeidung (dadurch bedingt eine Bugwelle nicht getroffener Entscheidungen)

Die Netzwerkstruktur, die alle Ebenen in direkten Kontakt mit den Marktkräften bringt, ist sowohl auf individueller wie auf Unternehmensebene anwendbar. Überlegen Sie sich, wie intensiv Sie *persönlich*

- den Kundenanforderungen und Signalen,
- dem Druck der Investoren und entsprechenden Signalen und
- der Gewinnverantwortung

ausgesetzt sind. Je mehr sich hochqualifizierte Mitarbeiter den externen Kräften entziehen, desto geringer ist ihr Beitrag zum Unternehmenserfolg und desto mehr steigt ihr persönliches strategisches Risiko.

Wie läßt sich mit diesem Muster Gewinn erzielen?

Maximieren Sie Ihren direkten Kontakt zu Kunden und Investoren. Unternehmen Sie jede Änderung der Organisationsstruktur, die dazu notwendig sein sollte. Und Sie werden erleben, wie Ihre Gewinne wachsen.

- Ihr persönlicher direkter Kontakt zu externen Marktkräften ist:
  - ❑ sehr hoch
  - ❑ hoch
  - ❑ niedrig
  - ❑ sehr niedrig
- Der direkte Kontakt zu externen Marktkräften Ihres Unternehmens:
  - ❑ nimmt zu
  - ❑ ist unverändert
  - ❑ nimmt ab
- Wieviele Mitarbeiter Ihres Unternehmens tragen Gewinnverantwortung?
- Wie hoch ist ihre jeweilige Gewinnverantwortlichkeit? Wie eng ist die Vergütung der Mitarbeiter an ihren Beitrag zum Unternehmenserfolg gekoppelt?

Organisationsstrukturmuster Nr. 3

Cornerstoning – systematischer Aufbau auf lukrativen Marktchancen

Einen Etappensieg an den nächsten anschließen

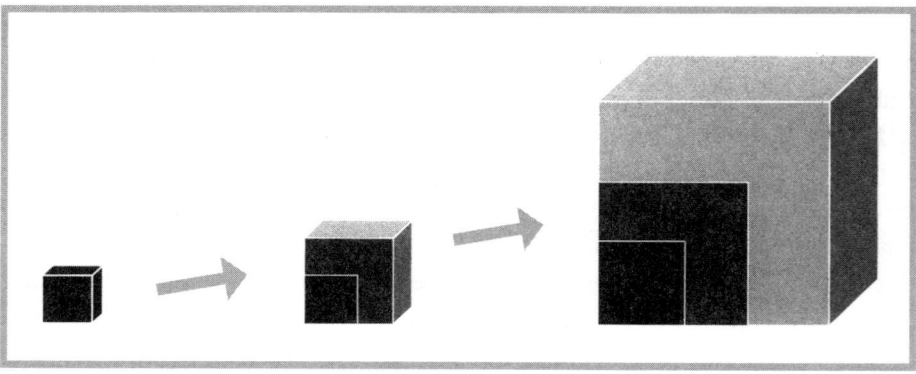

Welches ist die nächste aussichtsreichste Marktchance? Das Cornerstoning-Muster gibt auf diese Frage mehrere außerordentlich gute Antworten von Unternehmen, die dieses Muster wiederholt gewinnbringend für sich nutzen konnten.

Mit der Aneinanderreihung von Etappensiegen können Unternehmen Energie sparen. Kein Unternehmen verfügt über die Ressourcen und die notwendige Energie, um alle seine Ziele aus dem Stand zu verwirklichen. Dieses Muster zeigt anhand einiger Beispiele, wie Unternehmen trotz begrenzter Ressourcen hohe Wertzuwächse realisieren konnten, indem sie Stufe für Stufe eine Marktchance nach der anderen ausgeschöpft haben. Es besteht aus drei Elementen:

1. eine exzellente strategische Ausgangsposition (A+) mit einer hohen strategischen Absicherung (der stufenweise Aufbau auf Marktchancen ist aus einer schwachen Marktstellung heraus nicht möglich.),

2. eine der wirtschaftlichen Logik folgende Marktchance (mit den größten Gewinnaussichten bei dem geringsten inkrementellen Aufwand)
3. eine benachbarte, deutlich größere Gewinnzone.

Eines der erfolgreichsten Muster über die stufenweise Nutzung von Marktchancen, das seit 20 Jahren währt, wurde von Microsoft geschaffen. Microsoft
verbrachte von 1975 bis 1980 damit, sich eine hervorragende strategische Position in BASIC aufzubauen, und verstärkte seine Stellung durch den Vorstoß
in die noch größere Gewinnzone, die sich mit der Entstehung von DOS auftat.
Von DOS arbeitete sich Microsoft zu Windows vor und von Windows zum
Etappensieg in Office-Anwendungen.

In den nächsten Jahren wird Microsoft die nächste Stufe vom Desktop zu
Windows NT erklimmen. Der Softwaregigant wird seine aktuelle Marktstellung dazu nutzen, in zahlreiche vielversprechende benachbarte Bereiche vorzustoßen: Unternehmen, Privathaushalte, die Reisebranche, die Automobilindustrie etc. Microsoft hat gar keine andere Wahl, wenn es sein Rekordwachs-
tum halten will. Seine bisherige Erfolgsgeschichte hat eine enormes Reservoir
an finanzieller und unternehmerischer Energie geschaffen, aus dem es bei seinem nächsten strategischen Schritt schöpfen kann. Nicht umsonst haben viele

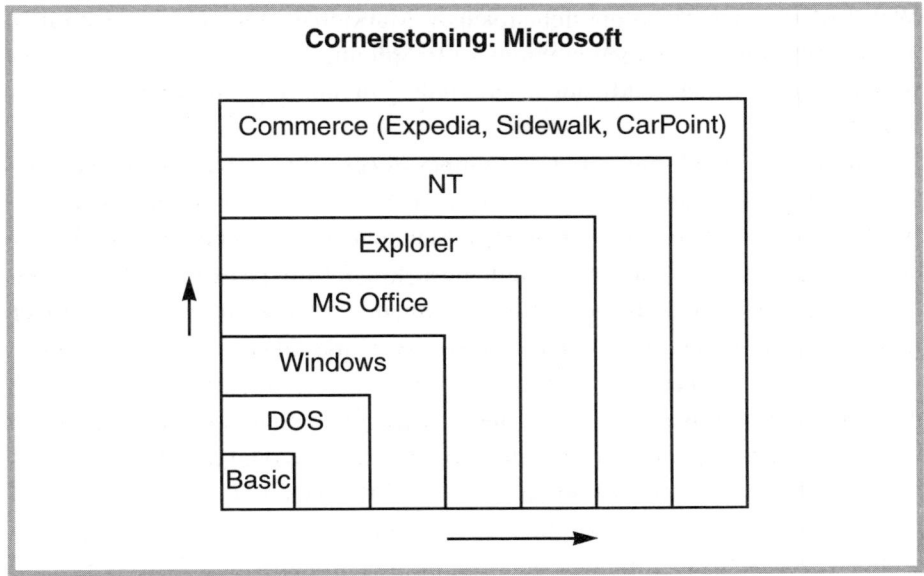

Unternehmen Microsoft auf den Radarschirm ihrer Wettbewerbsbeobachtung genommen.

Rentokil ist ebenfalls ein gutes Beispiel für eine stufenweise Ausschöpfung von Marktchancen. Ursprünglich war Rentokil in der Ungezieferbekämpfung aktiv. Das Unternehmen verschaffte sich eine herausragende Marktstellung auf diesem Gebiet und arbeitete sich dann in benachbarte Bereiche vor.

Über mehrere Jahrzehnte ist Rentokil systematisch in immer werthaltigere Sektoren mit immer höheren Gewinnpotentialen vorgestoßen und hat sich zum führenden Dienstleister für Hygieneservice, Büro- und Geschäftsreinigung, Büromaschinenwartung, Gebäudeinstandhaltung, Sicherheitsdienste, Zeitarbeitsservice, Paketzustellung, Catering und Ausbildung und Schulung für Geschäftskunden entwickelt.

Diese Weiterentwicklung hat in den letzten 15 Jahren zu einer Umsatz- und Gewinnsteigerung von mehr als 20 Prozent jährlich geführt. Rentokil hat seinen Marktwert in den letzten zehn Jahren um 13 Mrd. Dollar gesteigert.

Durch die zunehmende Branchenkonvergenz (siehe S. 81 ff.) haben immer mehr Unternehmen die Möglichkeit, sich dieses Muster zunutze zu machen, weil dadurch die Zahl der „benachbarten" chancenreichen Gebiete steigt, die für eine Expansion in Frage kommen.

Im Bereich Finanzdienstleistungen verwischen sich bereits die Grenzen zwischen Banken, Versicherungen, Maklern und Investmentfonds. Die wachsende Konvergenz hat dynamischen Unternehmen wie Charles Schwab eine Reihe attraktiver Möglichkeiten für einen Vorstoß in benachbarte Gebiete eröffnet.

Schwab war einer der ersten, die dieses Muster im Sektor Finanzdienstleistungen umgesetzt haben. Er verschaffte sich zunächst eine starke Ausgangsposition und eine solide Kundenbasis durch einen exzellenten Service als Discount Broker. Diese Position ermöglichte eine hohe Effizienz in der Geschäftsabwicklung. Das lockte wiederum Investmentberater an, die Kooperationen mit Schwab eingingen – die nächste lukrative Marktchance.

Dieser Schritt ebnete OneSource (Service für Investmentfonds) umgekehrt den Weg. Nur wenige Jahre später hatte OneSource bereits kräftig expandiert und bot seine Dienstleistungen regionalen Banken und Maklern an.

Herausragende Leistung und hohe Profitabilität haben in jeder vorhergehenden Etappe zur Stärkung der finanziellen und unternehmerischen Energie beigetragen, die Schwab zum nächsten Etappensieg braucht. Die Wahl des *richti-*

gen nächsten Schritts ist dabei ausschlaggebend gewesen. Bei diesem Muster, das auf dem stufenweisen Aufbau auf der jeweils nächsten Marktchance beruht, kann die *nächste beste* Stufe nicht einfach übersprungen werden, weil der Erfolg auf der Fokussierung auf die jeweils folgende Stufe mit den höchsten Gewinnaussichten bei der niedrigsten inkrementellen Investition beruht.

Dieses Muster wirkt im Rückblick strukturiert und systematisch. In der Vorausschau sieht das Panorama ganz anders aus, nämlich ziemlich verwirrend. Den richtigen Schritt zu machen beinhaltet viel strategisches Experimentieren. Unternehmen müssen mehrere Gebiete auf ihre Potentiale überprüfen und liegen dabei nicht immer auf Anhieb richtig. Oft sind mehrere Anläufe notwendig.

Das galt genauso für Unternehmen wie Microsoft, Rentokil oder Schwab und wird auch in Zukunft für alle erfolgreichen Ansätze gelten.

Die strategische Testphase wird von einer entscheidenden Frage gesteuert: Welches ist die nächste Etappe mit dem höchsten Gewinnpotential? Die richtige Anwort darauf zu finden ist von so grundlegender Bedeutung, daß sie die zwei oder drei Jahre an Experimenten und Fehlschritten auf jeden Fall wert ist. Das Cornerstoning-Muster ist kompliziert und steckt noch in der Entwicklungsphase. Amazon.com befindet sich kurz davor, die erste Etappe hinter sich zu lassen. Es hat sich eine hervorragende strategische Ausgangsposition im Internet-Buchhandel verschafft und kann mit seinem profunden Kunden-Knowhow nun die nächste benachbarte Stufe des Unterhaltungs- und Bildungssektors erklimmen: Musik, Videos und Software. Das ist das Gebiet, auf dem Amazon den größten Wertzuwachs bei geringstmöglichem Investitionsaufwand realisieren könnte. Der Umfang dieser geballten neuen Möglichkeiten übersteigt die Wertdimensionen der Anfangsetappe bei weitem.

Der entscheidende Schritt ist jedoch der allererste der Gesamtstrecke: die Schaffung einer erstklassigen strategischen Startposition auf der Ausgangsstufe als Grundvoraussetzung für erfolgreiche Etappensiege. Und das wirft folgende Fragen auf:

1. Wie stark ist die strategische Position Ihres Unternehmens in seinem Ausgangsbereich?
2. Welches ist das *nächste beste* Gebiet mit dem höchsten Wertpotential, in das Sie expandieren können?
3. Welche Chancen bieten sich anderen Unternehmen, ihre Produkte und Dienstleistungen in die Kundenbasis *Ihres* Unternehmen zu tragen? (Die Abseite der Konvergenz)

Wie läßt sich mit diesem Muster Gewinn erzielen?

Verschaffen Sie sich eine exzellente strategische Ausgangsposition. Suchen Sie nach der *nächsten besten* benachbarten Marktchance. Experimentieren Sie so lange, bis Sie sie gefunden haben, und expandieren Sie in diesen Bereich. Überspringen Sie ihn nicht! Arbeiten Sie sich von dort aus zur nächsten Etappe vor.

Der Erhalt der unternehmerischen Energie

Der Erfolg von Microsoft in der Aneinanderreihung von Etappensiegen spiegelt noch ein weiteres wichtiges Prinzip über das Gesetz zur Wahrung der unternehmerischen Energie wider: Erfinden Sie das Rad nicht neu!

Eine Variante des Musters über den systematischen Aufbau auf aufeinanderfolgende Marktchancen ist die Nutzung von Entdeckungen anderer, die Sie zu Meilensteinen Ihres eigenen System machen können. Microsoft z.B. ist keineswegs der Urheber seiner wesentlichen Technologien. BASIC geht auf Minicomputer zurück. MSDOS ist auf Basis von QDOS entstanden, und Windows stammt von Macintosh ab. NT basiert auf Technologien, die sich aus Digitals Betriebssystem VMS ableiten.

So wie Bill Gates haben in den 60er Jahren auch japanische Unternehmen die geradezu „frivolen" Kosten einer Innovation gescheut. Sie wollten mit ihren begrenzten Ressourcen haushalten und zogen es vor, vorhandene Technologien zu studieren, zu imitieren, zu verbessern und umzusetzen. Und sie sollten recht behalten. Ihre Strategie ersparte ihnen viel Geld und förderte ein fast 30 Jahre währendes Wirtschaftswachstum.

Die japanischen Unternehmen der 50er und 60er Jahre und Unternehmer wie Bill Gates verfolgen im Grunde das gleiche Muster. Bei Microsoft waren die perfekt aufeinander aufbauenden Etappen von der Aufnahmebereitschaft der Kunden bestimmt. Für die japanische Industrie waren die aufeinanderfolgenden Stufen von der Beschleunigung des Wirtschaftswachstums bestimmt.

Der strategische Wert liegt in der Festlegung der perfekten wertsteigernden Etappen.

Die Digitalisierung des Business Design

Die Erhöhung des Leistungsvolumens

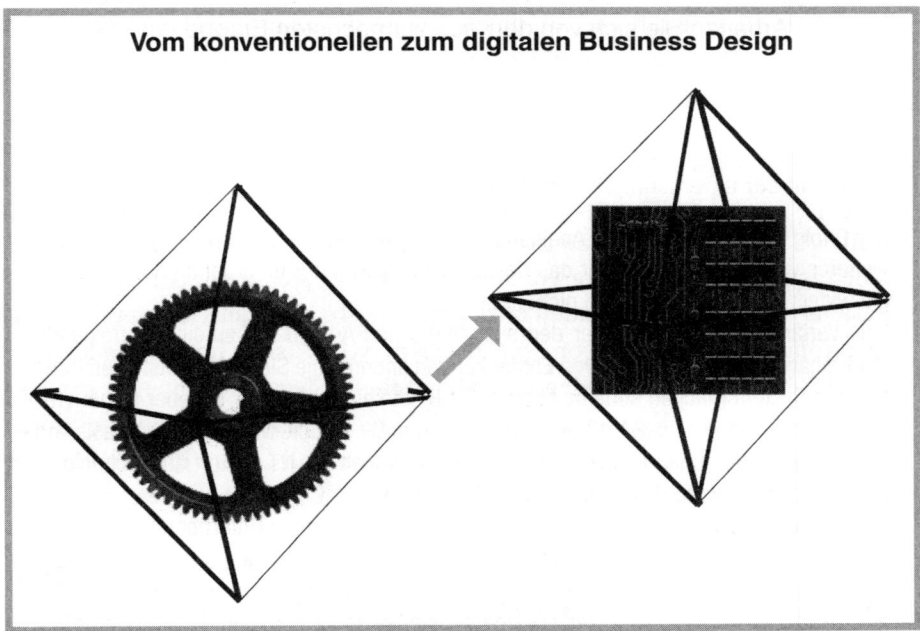

Vom konventionellen zum digitalen Business Design

Anfang der 90er Jahre sprach Nicholas Negroponte von der Aufteilung der Welt in Atome (Material) und Bits (Information). Bits unterscheiden sich von Atomen durch ihre elektronische Steuerbarkeit.

Schnelle technologische Fortschritte haben ein Muster entstehen lassen, das Unternehmen dazu veranlaßt, ihr konventionelles Business Design zu digitalisieren (d.h. die Überführung der Informationsanteile im Business Design in eine elektronische Form). Unternehmen vollziehen diesen Übergang in sorgfältigen und systematischen Schritten, die von den wichtigsten Fragestellungen bestimmt werden. Einige Themen (Produktivität, Reaktionszeit, Kapitalintensität) sind für alle Unternehmen gleichbedeutend. Andere sind branchen- oder unternehmensspezifisch (z.B. F&E bei Boeing, Recruiting bei Cisco).

Indem alle immateriellen Aspekte eines Unternehmens (Information, Kommunikation, Wissen etc.) elektronisch gesteuert werden, können Unternehmen *das Volumen* ihrer Leistungssteigerung deutlich erhöhen. Die Produktivität steigt um ein Vielfaches, Reaktionszeiten verkürzen sich von mehreren Wochen auf wenige Tage, und die Kapitalintensität kann um 90 Prozent und mehr gesenkt werden.

Die eigentliche Kraft des digitalen Business Design liegt jedoch in der Schaffung von Vorteilen, die weit über ein gesteigertes Volumen der betrieblichen Leistungsverbesserung hinausgehen:

1. Ein digitales Business Design kann den traditionellen Kundensegmentierungsprozeß (Unternehmen investieren Unsummen in die Entwicklung diffuser Segmentierungskataloge) umkehren, indem es Kunden dazu bringt, eine eigene Segmentierung vorzunehmen. Ob es sich um das Internet-Baukastensystem von Dell handelt oder um Schwabs Auswahlsystem für Investmentfonds oder das Personalprofilsystem von Cisco, immer findet eine Interaktion zwischen Kunden und Mitarbeitern über die Webpages des Unternehmens statt. Kunden stellen sich ihre Auswahl aus dem gesamten Angebot selbst zusammen und segmentieren sich über ihre Entscheidungen in unterschiedliche Kaufverhaltensmuster. Dem Unternehmen entstehen dabei keine Kosten.
2. Digitale Business Designs verlagern die Finanzierung der Unternehmensaktivitäten auf die Kunden. Amazon und Dell arbeiten mit *negativem* Betriebskapital, Microsoft mit negativer Kapitalbindung.
3. Digitale Business Designs führen nicht nur dazu, daß sich Kunden selbst segmentieren, sondern auch aktiv Selbstinformation generieren. Die Beziehung zwischen Anbietern und Kunden wandelt sich von punktuellen Interaktionen zu einem ständigen Austausch über ein Mix an Transaktionen, Kundenservice und -kommunikation. Dadurch erhalten Anbieter nicht nur eine akkurate Übersicht über die verschiedenen Segmente, sondern auch über ihre Dynamik und die Veränderungsrichtung. Auf dieser Basis sind zielsichere Prognosen über zukünftiges Kaufverhalten möglich. Unternehmen können so frühzeitig mit neuen Produkten, Dienstleistungen und Marketingbotschaften auf Veränderungen reagieren.

Digitale Business Designs funktionieren sicher auch im Rahmen einer traditionellen, pyramidalen Unternehmensstruktur. Ihre Effektivität kommt aber erst in Kombination mit einer Netzwerkstruktur richtig zum Tragen. Flache Hierarchien bedeuten weniger Entscheidungsbarrieren, weil Entscheidungsverantwortung von der Führungsebene auf nachgeordnete Ebenen delegiert wird.

Auf einer vor kurzem stattfindenden Konferenz berichtete ein Teilnehmer über die beeindruckenden Resultate, die sich mit einer Digitalisierung des Business Design erzielen lassen. Der konventionelle Entscheidungsprozeß in seinem Unternehmen dauerte 17 Tage und involvierte vier Entscheidungsträger à zwölf Arbeitsstunden. Durch die Digitalisierung war nur noch ein Entscheidungsträger nötig, der Prozeß dauerte nur noch zwei Tage und nahm weniger als zwei Arbeitsstunden pro Tag in Anspruch.

Verbesserungen dieser Größenordnung sind mit einem konventionellen Business Design nicht zu erreichen. Wenn man dieses Beispiel auf die Zahl der Entscheidungen überträgt, die ein Unternehmen in einem Jahr trifft, wird das enorme Wertzuwachspotential eines digitalisierten Business Design deutlich.

Der wirklich schwierige Teil in der Entwicklung eines digitalisierten Business Design ist der Übergang zu einem *neuen Denkansatz*, der die unternehmerischen Fragestellungen zum Ausgangspunkt macht und nicht die Technologie.

Außerdem bedürfen die potentiellen Vorteile einer neuen Betrachtungsweise. Ein großes Einzelhandelsunternehmen digitalisierte sein Business Design, indem es seine physischen Standorte durch einen hervorragend konzipierten Internet-Auftritt ergänzte. Der Fokus des Unternehmens lag zunächst ausschließlich auf größerem Absatzvolumen und höheren Bruttogewinnspannen. Das Unternehmen tat sich schwer, sich von einer Sichtweise zu verabschieden, die das Geschäft über Jahrzehnte bestimmt hatte. Tatsächlich lag der größte Nutzen des digitalen Business Design – abgesehen von erweiterten Absatzmöglichkeiten – aber in neuen Gewinnchancen aus Werbung, Abonnements, Gebühren für Links zu Homepages anderer Unternehmen und einem kontinuierlichen Informationsfluß über Kundenverhalten.

Die mühevollste Veränderung des Blickwinkels betrifft die Kunden selbst. Digitale Business Designs ermöglichen eine vollständige Neudefinition der Beziehung zwischen Anbieter und Kunden. Statt sprunghafter, punktueller Interaktionen und Informationsaufnahme, aufgrund deren mangelnder Kontinuität Unternehmen sich oft auf Vermutungen über zukünftige Kundenprioritäten verlassen haben, stehen sie nun in einer kontinuierlichen, informationshaltigen Beziehung, die beiderseitige Frustrationen beseitigt, weil sie mehr Systematik in der Prognose über veränderte Kundenbedürfnisse ermöglicht.

Die Entwicklung eines digitalen Business Design macht diverse grundlegende Neuausrichtungen des unternehmerischen Denkprozesses und Verhaltens notwendig, die der Erschließung eines weißen Flecks auf der strategischen Landkarte gleicht. Der Mentalitätswechsel ist binärer Natur – entweder ein Unternehmen ändert seine Mentalität oder nicht.

Viele Unternehmen befinden sich in dem Irrglauben, eine Digitalisierung ließe sich durch inkrementelle Veränderungen erreichen. Das ist völlig ausgeschlossen. Inkrementelle Veränderungen ziehen sich über Jahre hin und verfehlen das Ziel. Es geht nicht darum, *am Ende* eine Digitalisierung zu erreichen – wenn alle Wettbewerber es inzwischen auch geschafft haben –, das Ziel ist, mit dem digitalen Business Design Gewinn zu erzielen. Also muß die Umwandlung schnell gehen, damit der Wettbewerb keine Chance hat, gleichzuziehen.

Die meisten Unternehmen klammern sich hartnäckig an das konventionelle Business Design, das auf Bergen von Papier und persönlichen Meetings beruht, und zwar nicht nur aus Macht der Gewohnheit, sondern weil sie es sich leisten können. Eine hundertprozentige Umsetzung eines digitalen Business Design ist selten, selbst bei High-Tech-Unternehmen. Dennoch breitet sich das Muster immer rascher aus. Das Leistungssteigerungsvolumen ist zu verlockend, als daß es clevere Unternehmen nicht nutzen würden.

Zusammenfassend läßt sich sagen, daß die Digitalisierung des Business Design sich nicht auf Technologien bezieht. Es geht um die Fokussierung auf unternehmensrelevante Themen. Die Verbesserungen, die dadurch möglich werden, betragen nicht zehn Prozent, sondern sind zehnmal so hoch. Es wäre eine Fehlinterpretation zu glauben, daß damit die Zielsetzung verfolgt wird, aus einem überholten Business Design noch mehr Gewinn herauszuholen. Dieses Muster läßt durch ganz neue Wege der Kundeninteraktion völlig neue Formen der Gewinnerzielung entstehen.

Wie läßt sich mit diesem Muster Gewinn erzielen?

Fordern Sie in Ihrem Unternehmen das Umdenken zu einer Virtualisierung der unternehmensrelevantesten Themen, und vollziehen Sie den Übergang zu elektronischem Management.

- Welches sind die drei bis fünf wichtigsten geschäftsbezogenen Themen in Ihrem Unternehmen? Welche Elemente einer digitalen Infrastruktur können die größte positive Wirkung auf diese Themen zeigen?
- Welche Ziele könnte Ihr Unternehmen erreichen, wenn es seine Leistung in folgenden vier Meßgrößen verdoppeln würde: Reaktion auf Kundenbedürfnisse, Produktivität, Kapitaleffizienz und Kundeninformation?
- Welche Investitionen in eine digitale Infrastruktur wären für eine solche Leistungsverdoppelung erforderlich?
- Wie kann Ihr Unternehmen ein digitales Business Design dazu nutzen, die Beziehungen zu existenten und potentiellen Kunden neu zu definieren?

Der Übergang zu einem digitalen Business Design

Die Digitalisierung des Business Design wird meistens in Verbindung mit High-Tech-Unternehmen diskutiert, dabei ist sie für traditionelle, fertigungsorientierte Unternehmen genauso wirkungsvoll.

Vergleichen Sie z.B. kurz die mexikanische Zementfabrik Cemex mit Unternehmen aus dem Silicon Valley. Welches Bild machen Sie sich von jedem Unternehmenstyp? Worin unterscheiden sie sich?

Wenn Sie Cemex besichtigen könnten, würden Sie Ihren Augen nicht trauen. Das Herzstück des Unternehmens ist ein hochentwickeltes Computerzentrum. Jeder Lkw des gesamten Fuhrparks ist mit einem Computer ausgerüstet. Cemex nutzt ein globales Satellitensystem für Kommunikationszwecke. Durch seine Effizienz in der Fertigungs- und Lieferplanung und seine Flexibilität in der Anpassung an unterschiedliche Kundenbedingungen ist Cemex seinen Wettbewerbern haushoch überlegen und hat die wichtigsten unternehmensspezifischen Probleme erfolgreich gemeistert: Lieferpünktlichkeit und Flexibilität in der Auslieferung.

Durch sein Netzwerksystem ist Cemex in der Lage, eine Lieferzeit für mischfertigen Zement mit einer Genauigkeit von einer 20-Minuten-Zeitspanne zuzusagen. Vor drei Jahren betrug diese noch drei Stunden. Diese Zuverlässigkeit ist Kunden viel wert. Ausgefeilte digitale Technologien haben auch die Produktivität anderer Unternehmensbereiche verbessert, so z.B. Beschaffung und Produktion. Der Übergang von einem konventionellen zum digitalen Business Design hat Cemex zum profitabelsten Zementhersteller des Landes gemacht. Mit einem Cash-flow von 31 Prozent des Umsatzes schlägt Cemex seine engsten Wettbewerber um zehn Prozentpunkte.

Eine konventionelle Infrastruktur ist dagegen von durchschnittlicher Produktivität, Reaktionszeiten von mehreren Monaten, hoher Kapitalbindung und Entscheidungsprozessen gekennzeichnet, deren Informationsgehalt mäßig bis gering ist.

Mehrere Großunternehmen machen sich dieses Muster bereits zunutze. Als Boeing klar wurde, daß die Fertigung von Flugzeugen mit dem althergebrachten Geschäftsansatz nicht mehr profitabel war, leitete es eine grundlegende Neuausrichtung seiner internen Abläufe und Prozesse ein und definierte die Beziehungen zu seinen Zulieferern und Kunden neu. Die Entwicklung der Boeing 777 stand ganz im Zeichen rundum digitaler Prozesse. Zahlreiche Ingenieursteams konnten gleichzeitig am Computer den Entwicklungsstand des Flugzeugs überwachen und an dem Projekt und seinen Millionen von Teilen arbeiten. Die Digitalisierung brachte in drei entscheidenden Bereichen wichtige Verbesserungen: eine Senkung der Fehlerquote um 60 bis 90 Prozent, Abschaffung der riesigen Modellbauten und die Möglichkeit, ein Flugzeug innerhalb weniger Stunden (statt Tage) zu rekonstruieren.

Die Umsetzung eines digitalen Business Design ist keine „Verkabelung des gesamten Unternehmens", sie hat auch nichts mit IT zu tun oder E-Mails, CAD/CAM oder sonstigen Instrumenten, sondern allein mit dramatisch verbesserter Produktivität, Reaktionszeit, Kapitaleffizienz und vor allem mit Kundeninformation. Das Business Design und die geschäftsbezogenen Themen mit der größten Relevanz sollten die Art der digitalen Infrastruktur bestimmen. Das Ziel ist eine Fokussierung auf die Fragestellungen, die aus

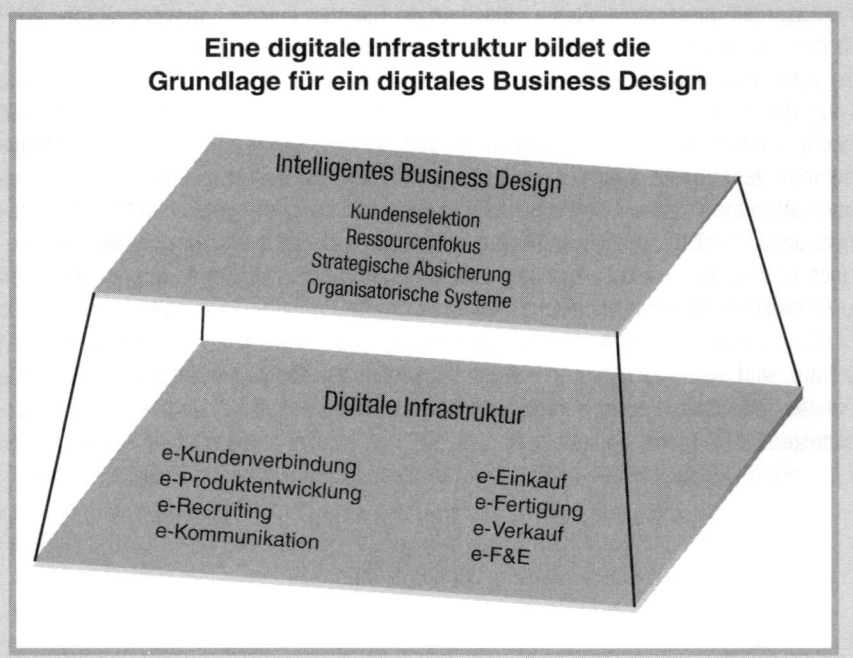

Kunden- und Unternehmensperspektive und nicht aus informationstechnologischer Perspektive am wichtigsten und am meisten verbesserungsbedürftig sind.

Als Netzwerkausrüster hatte Cisco das Problem, zur Unterstützung seiner Wachstumsstrategie unbedingt hochqualifizierte Mitarbeiter zu finden. Die Lösung liegt zum Teil im Internet: Cisco rekrutiert seine Experten fast ausschließlich über diesen Weg. Interessenten geben auf der entsprechenden Webpage ihre persönlichen und beruflichen Daten ein, die mit einer Vielzahl verfügbarer Stellen abgeglichen werden. Cisco hat das technologiegeprägte Verhalten potentieller Kandidaten über sein Internet-gesteuertes Recruiting genutzt und hat auf diese Weise schon viele der Top-Experten aus dem Silicon Valley gewinnen können.

Ein Unternehmen kann unterschiedliche Wege verfolgen, um ein digitales Business Design zu entwickeln. Der beste Weg liegt in der Antwort auf folgende Fragen: Wie kann die größte Verbesserung der Unternehmensleistung erreicht werden? Durch elektronische Produktentwicklung, elektronisches Recruiting, elektronischen Einkauf oder die Digitalisierung anderer Funktionen?

Microsoft hat seinen Schwerpunkt auf die Kommunikation gelegt. Auch wenn Sie ein herkömmliches Fax in das Unternehmen senden, wird es niemals in Papierform ankommen. Die Kommunikation findet ausschließlich per E-Mail und Voice-Mail statt. Externe Faxe werden gescannt und automatisch an die korrekte E-Mail-Adresse geleitet. Lieferanten müssen elektronische Rechnungen erstellen; Papierrechnungen werden nicht zur Zahlung angewiesen.

In der Zukunft wird sich dieses Muster in immer mehr Branchen etablieren und höchstwahrscheinlich in die Kategorie Megamuster einzuordnen sein. Etablierte Unternehmer stehen dann zwar vor großen Herausforderungen, aber es eröffnen sich ihnen auch attraktive Chancen. Ihr Problem ist in erster Linie ihr umfangreiches Anlagevermögen, das sich nicht so leicht abstoßen läßt. Ein Top-Manager von Boeing aus dem Bereich EDV-Systeme wies allerdings auf ein noch größeres Hindernis hin, als er sagte: „Wir dachten, daß die technische Seite das größte Problem wäre. Tatsächlich war es aber die geistige Umstellung und die Einführung einer neuen Kultur." Ist das einmal geschafft, sind etablierte Player mit ihrer Fähigkeit, ihre installierte Basis durch eine ganze Palette an einschneidenden Verbesserungen deutlich anzuheben, ein nicht zu unterschätzender Gegner.

Teil 3
Muster gewinnbringend nutzen

11

Muster gewinnbringend nutzen

Die Vergangenheit begreifen, um die Zukunft vorwegnehmen zu können

Wayne Gretzki, der größte Eishockeyspieler und beste Torjäger aller Zeiten, war deshalb so erfolgreich, weil er die Gabe besitzt, strategische Spielsituationen einen Bruchteil einer Sekunde früher zu erkennen als seine Gegner. Gretzki faßt diese einzigartige Fähigkeit in einfache Worte: „Ich gehe immer dahin, wo der Puck sein wird." Indem er blitzschnell vorwegnimmt, in welche Richtung der Puck gleiten *wird*, wohin sich seine Mannschaftskollegen und das gegnerische Team bewegen *werden*, gelingt es Gretzki, hervorragende Pässe zu spielen oder ein sicheres Tor zu schießen.

Im Wirtschaftsleben wie auch im Sport sind die größten Player diejenigen, die strategische Muster erkennen und ihre Reaktion darauf ausrichten. Bei richtiger Anwendung ermöglicht das Denken in strategischen Mustern einem Unternehmen, sich frühzeitig in der zukünftigen Gewinnzone zu plazieren. Durch das Erlernen und Umsetzen von strategischer Antizipation können Unternehmen Wert maximieren – für Kunden, Aktionäre, Investitionen und berufliche Karrieren.

Strategien drücken sich über Muster aus, die Hinweise über die zukünftige strategische Entwicklung eines Unternehmens oder einer Branche geben, die Vergangenheit erklären und die Gegenwart transparent machen. In manchen Fällen reicht dazu ein Muster aus. Aber die Unternehmen und Branchen, die sich über Jahre bzw. Jahrzehnte nicht verändert haben, sind eine aussterbende Spezies. Die strategische Entwicklung der meisten Unternehmen und Branchen ist von mehreren Mustern geprägt, die sich gleichzeitig oder nacheinander ausgebreitet haben und zusammen die strategische Landschaft ausmachen.

Ein hervorragendes Beispiel für eine Branche, in der unterschiedliche Muster gleichzeitig aufgetreten sind, ist die Telekommunikation. In den vergangenen zehn Jahren wurde sie von folgenden Mustern geprägt:

- Desintegration der Wertschöpfungskette
- Wertverschiebung von der undifferenzierten Mitte zu beiden Enden des Wertspektrums
- Konvergenz
- Verschiebung von Produkten zu Lösungen
- Multiplikation der Vertriebskanäle
- Digitalisierung des Business Designs

Wenn Sie eine Unternehmenshistorie oder die Entwicklung einer Branche nach Gewinnmustern betrachten, werden Sie eine Veränderung feststellen. Ihre Denkprozesse beginnen sich zu verändern. Die statische Betrachtung, die bisher für die Strategieentwicklung typisch gewesen ist, wird durch eine dynamische Betrachtung ersetzt. Die mentale Eigendynamik, die dadurch ausgelöst wird, trägt Sie von der Vergangenheit über die Gegenwart in die Zukunft. Neue Perspektiven und Erkenntnisse über zukünftige Entwicklungen stellen neue intellektuelle Herausforderungen und öffnen Ihnen die Augen für neue Chancen und Gefahren. Und sie zwingen Sie dazu, Fragestellungen neu zu überdenken, die Sie bereits für beantwortet gehalten haben.

Nachfolgend sind neun exemplarische Fallstudien dargestellt. Jede Unternehmensentwicklung wurde aus der Perspektive der wichtigsten Muster beschrieben, die die strategische Position des Unternehmens beeinflußt haben. Die Fallstudien heben eine Reihe von Unternehmen hervor, die unter extrem widrigen Marktbedingungen erfolgreich gewesen sind. Sie haben die Ausbreitung vieler Muster erlebt und jedesmal den richtigen Schritt getan, um sie gewinnbringend zu nutzen. Alle diese Unternehmen sind Experten in strategischer Antizipation gewesen. Sie erkannten, worauf es ankam, und sahen die Strukturen hinter dem Chaos an der Oberfläche. Das Ergebnis sind beeindruckende Wertzuwächse.

Denken Sie bei der Lektüre der folgenden neun Fallbeispiele darüber nach, wie die beschriebenen Muster die strategische Landschaft der jeweiligen Branche verändert haben. Nehmen Sie sich am Ende jedes Fallbeispiels die Zeit, sich zu überlegen und niederzuschreiben, welches Muster mit der größten

Wahrscheinlichkeit *als nächstes* auf das beschriebene Unternehmen zukommt. Je mehr Fallbeispiele Sie lesen, desto vertrauter werden Sie mit dem Umgang mit Gewinnmustern. In kurzer Zeit werden Muster das Kommunikationsmittel der Strategieentwicklung für Sie und Ihre Bezugsgruppen, seien es Managerkollegen, Investoren oder Kunden.

Cisco Systems

Von Produkten zu Lösungen; De-facto-Standard; Digitalisierung des Business Design

Mitte der 80er Jahre steckten Computernetze noch in den Kinderschuhen und waren längst nicht so ausgefeilt wie heute. Die Computersysteme von Unternehmen und Universitäten bestanden üblicherweise aus einer Reihe Geräte (Workstations, PCs, Server und Peripherie) von unterschiedlichen Herstellern. Manche Geräte waren über kleine lokale Netze – sogenannte Local Area Networks (LAN) – verbunden, aber Kommunikation und Informationsaustausch zwischen Abteilungen, Geschäftsstellen und Universitäten war nahezu unmöglich.

1984 machten sich Sandy Lerner und Leonard Bosack, zwei Professoren der Stanford University, daran, eine Lösung für dieses Problem zu finden. Sie wollten sich während der Arbeit gegenseitig elektronische Nachrichten übermitteln. Weil beide an Computern arbeiteten, die unterschiedlichen, abteilungsspezifischen Netzen angeschlossen waren, schuf das Professorenpaar einen „Multiprotokoll-Server", einen Spezialcomputer mit der Fähigkeit, Datenpakete unterschiedlicher nichtkompatibler Computernetze zu sortieren und weiterzuleiten. Lerner und Bosack erkannten das Wertpotential lokaler, nationaler und internationaler Netzwerke und gründeten ihr eigenes Unternehmen, Cisco Systems, um diese Server – die unter dem Namen „Router" bekannt wurden – weiterzuentwickeln.

Von Produkten zu Lösungen

Im Jahr 1992 hatte Cisco einen Umsatz von 500 Mio. Dollar erreicht und war marktführend in der Router-Technologie. Dann begannen sich Computernetze jedoch explosionsartig auszubreiten. Im Zuge dieser Entwicklung entstand die digitale Switching Technology, die den Routern die Marktherrschaft streitig machte. 1994 begann sich das Wachstum von Cisco zu verlangsamen. Der Absatz der Router-Technologie wurde von neuen Technologien bedroht – ATM, Frame-relay-Geräten und LAN-switches –, die Cisco nicht in seinem Produktprogramm hatte. Neue Wettbewerber (FORE Systems, Ascend Communications, Newbridge Networks) versuchten, Cisco vom Thron zu drängen. Mit wachsender Komplexität der Computernetze begannen Kunden und Unternehmenswert zu Anbietern abzuwandern, die technische Komplettlösungen nahtlos in Netze integrieren oder Kunden ein breites Produktprogramm anbieten konnten, das alle Vernetzungsbedürfnisse abdeckte. In einem zunehmend komplexen Umfeld wurden Router dem wachsenden Bedarf an Funktionalität nicht mehr gerecht. Gefragt waren umfassende Netzlösungen, die eine Vielzahl von Technologien und Geräten beinhalteten. Diese Entwicklung löste das Muster „Von Produkten zu Lösungen" aus.

Ciscos Führungsriege sah dieses Muster kommen, erkannte die veränderten Kundenprioritäten und reagierte umgehend, um seine Vormachtstellung in der Netzwerktechnologie zu verteidigen. Cisco mußte neben den Routern weitere Technologien anbieten. Es gab zwei Optionen: die notwendigen Technologien selbst zu entwickeln oder neue Produkte und Technologien durch Akquisition zu integrieren. CEO John Chambers erkannte, daß eine eigene Entwicklung zu zeitraubend und kostspielig war, und beschloß, einen aggressiven Akquisitionsplan zu entwerfen.

Im Anschluß führte Cisco einen Akquisitionsfeldzug im Schnellverfahren, um durch einen raschen Ausbau des Produktprogramms innerhalb von fünf Jahren zum Anbieter für komplette Netzwerklösungen zu werden. Es konsolidierte junge Unternehmen, die sich auf vielversprechende Technologien und Kernprodukte spezialisiert hatten, die Cisco fehlten. Seit 1993 hat Cisco 18 Unternehmen für fast 7 Mrd. Dollar akquiriert. Die Akquisitionswelle begann im ersten Jahr mit dem Erwerb von Crescendo Communications, ein Hersteller von „hubs" (die zur Verbindung von PCs in LANs verwendet werden) für 90 Mio. Dollar. Im Anschluß erwarb Cisco mehrere kleinere spezialisierte Unternehmen, um Fachwissen in Remote Access, ATM und Switching Technology einzukaufen. Im April 1996 akquirierte Cisco StrataCom, den größten Hersteller von WAN-switches (Wide-Area Network) und Frame-relay-Geräten für 4,6 Mrd. Dollar. Seitdem hat Cisco zehn weitere Unternehmen aus dem Bereich xDSL (Digital Subscriber Line), Netzwerkmanagement und Internet/Firewall Software aufgekauft. Diese Akquisitionen haben Cisco in die Lage versetzt, eine komplette Produktlinie zu entwickeln und seinen Kunden ein ganzes Set an Internet-Technologien zu bieten. Fast die Hälfte der Umsätze werden inzwischen mit Technologien und Produkten erwirtschaftet, die Cisco nicht selbst entwickelt hat. Und was noch wichtiger ist: Durch den Erwerb neuer Technologien, insbesondere der zunehmend bedeutungsvollen LAN- und WAN-switches, ist es Cisco gelungen, seine Gewinnströme zu schützen, indem es die Router durch modernere Geräte ersetzt hat.

Die Erkenntnis, daß ein breites Angebot an „Lösungen" sich zur obersten Kundenpriorität zu entwickeln begann, bevor Wettbewerber nachziehen konnten, ermöglichte Cisco, seine führende Marktstellung auf andere Wertschöpfungsstufen der Netzwerktechnologie auszudehnen. Die Akquisitionsstrategie forderte einen hohen Preis – 7 Mrd. Dollar –, aber die Ergebnisse waren dafür außerordentlich überzeugend. In den fünf Jahren von 1993 bis 1998 generierte Cisco mehr als 90 Mrd. Dollar Shareholder Value.

Im Zuge seiner fortgesetzten Akquisitionspolitik hat Cisco die Prozesse systematisiert und ein Team ins Leben gerufen, das sich ausschließlich darauf konzentriert, im Silicon Valley nach geeigneten Start-ups zu suchen, die sich auf zukunftsweisende Technologien spezialisiert haben. Mit der Eingrenzung der Übernahmekandidaten auf junge Unternehmen, die bereits im Silicon Valley ansässig sind, umgeht Cisco zwei Gefahren: Erstens müssen Mitarbeiter und ihre Familien nicht umziehen, und zweitens bleibt dadurch die für Start-ups typische unternehmerische Energie erhalten. (Obwohl Cisco ein Großunternehmen ist, hat sich in seinen verschiedenen Sparten und Produktsektoren die Atmosphäre von Kleinunternehmen gehalten, was nicht weiter erstaunlich ist, wenn man bedenkt, daß viele der Top-Ingenieure zuvor bei Start-ups gearbeitet haben.) Außerdem ist der Akquisitionspreis wesentlich geringer, solange es den Neueinsteigern noch nicht gelungen ist, ein eigenes Markenimage aufzubauen. Inzwischen hat Cisco den Integrationsprozeß auf drei Wochen reduziert. Auch die neu erworbenen Produkte können sehr schnell auf den Markt gebracht werden.

Durch die intelligente Nutzung des Musters „Von Produkten zu Lösungen" hat sich Cisco zum größten Anbieter von Datennetzausrüstung aus einer Hand entwickelt. Das erspart Kunden hohe Kosten für Systemintegration. Statt ihre Geräte von verschiedenen Herstellern zusammenzukaufen, können sie komplette Hardware-Lösungen über einen einzigen Anbieter beziehen. Niedrigere Kosten und ein verbesserter Wartungs- und Kundenservice haben zu einer deutlichen Steigerung der Kundenzufriedenheit geführt.

Durch seine erfolgreiche Akquisitionsstrategie hat Cisco sich in beinahe jeder Kategorie der Netzausrüstung eine starke oder sogar führende Marktstellung verschafft. Im Router-Markt hält Cisco fast 80 Prozent der Marktanteile und erwirtschaftet Umsätze in Höhe von 3,3 Mrd. Dollar. Obwohl es erst viel später als 3Com und andere Wettbewerbern in den Markt für LAN- und WAN-switches eingestiegen ist, konnte sich Cisco mit 30 bis 40 Prozent Marktanteil auch dort als führender Anbieter etablieren.

De-facto-Standard

Durch seinen Marktanteil und die Nutzung des Musters „Von Produkten zu Lösungen" war Cisco in der Lage, auch von einem anderen Muster zu profitieren: dem „De-facto-Standard". Ciscos Marktführerschaft im Bereich Netzausrüstung ist allmählich vergleichbar mit der Vormachtstellung, die Microsoft im PC-Bereich und Intel bei Mikroprozessoren haben. Branchenexperten haben sogar schon den Begriff „Wintelco" geprägt, um auszudrücken, daß Cisco sich angeschickt hat, das Herrschaftsduo von Microsoft und Intel zu einem Triumvirat zu erweitern. Wie das Betriebssystem Windows und die Pentium-Prozessoren sind auch die Router und Switches von Cisco allgegenwärtig. Kunden, die Qualitätsprodukte ohne großen Aufwand suchen, landen automatisch bei Cisco.

So wie viele IT-Manager in der Vergangenheit nach dem Grundsatz handelten, daß „noch nie irgend jemand dafür entlassen wurde, daß er IBM-Produkte gekauft hat", kaufen sie heute mit der gleichen Selbstverständlichkeit von Cisco. Es geht inzwischen gar nicht mehr darum, ob Cisco die beste Wahl aus einer Reihe alternativer Anbieter ist; Cisco ist die einzige Wahl. Seine wachsende Marktführerschaft setzt de facto einen Standard.

Darüber hinaus setzt Cisco alles daran, Software zu etablieren, die die Ausbreitung des De-facto-Standards seiner Hardware noch beschleunigt. So wie

Microsoft seine 85 Prozent Marktanteil bei Windows genutzt hat, um seine Büro-Software (MS Office) und Internet Browser (Internet Explorer) als Standards zu etablieren, unternimmt Cisco dasselbe im Bereich Netzwerksoftware. Es hat seine IOS-Software (Internetworking Operating Systems) auf allen Produkten vorinstalliert und sie an andere Hardware-Hersteller und Partnerunternehmen – darunter 3Com, Nortel Networks, Hewlett-Packard und Ericsson – lizenziert.

Letztlich spekuliert Cisco darauf, ein ähnliches starkes Markenimage wie Intel und Microsoft zu erreichen. Dieses Ziel wird in der aktuellen Marketingkampagne („Cisco Powered Network") besonders deutlich, die darauf abzielt, den Namen Cisco über Verbreitung der Netztechnik bei Telefongesellschaften im Markt zu etablieren. US West, Ameritech, @Work, British Telecom und die Deutsche Telekom verwenden alle dieses Programm. Ähnlich wie Intel den Slogan „intel inside" als Gütesiegel kreiert hat, soll der Name Cisco für Zuverlässigkeit in Netztechnologie stehen.

Als Unternehmen, das einen De-facto-Standard in Netzausrüstung gesetzt hat, ist Cisco ein gefragter Partner für High-Tech-Unternehmen der unterschiedlichsten Ausrichtungen. So besteht z.B. eine Kooperation mit Hewlett-Packard in Entwicklung und Vertrieb von Internet-gestützten Computersystemen für Unternehmen, das aus Produkten beider Kooperationspartner besteht. Cisco, Microsoft und Intel haben zusammen das Networked Multimedia Lab gegründet – eine Art hochmodernes Mini-Netz, das sich in Ciscos Unternehmenszentrale befindet und zur gemeinsamen Entwicklung von Technologien für die Übertragung von Sprache, Daten und Bildern über das Internet mit der gleichen Zuverlässigkeit und Qualität wie die traditionellen Sprach- und Bildnetze. Cisco hat sich außerdem mit GTE zusammengetan, um Firmenkunden umfassende Datenservices zu bieten. Diese Allianzen und Partnerschaften haben ebenfalls dazu beigetragen, Ciscos führende Marktstellung weiter auszubauen.

Durch seine Fähigkeit, die wichtigsten Gewinnmuster vorwegzunehmen und für sich zu nutzen, konnte sich Cisco mehrere entscheidende Wettbewerbsvorteile verschaffen. Mit einem Anteil von 36 Prozent an den kombinierten Umsätzen der sechs größten Netzanbieter (3Com, Bay Networks, Cabletron, Ascend Communications und Newbridge Networks) ist Cisco erheblich größer als alle seine nächsten Wettbewerber (bis auf 3Com mit 32 Prozent, Cabletron als nächstgrößter Anbieter erreicht nur 11 Prozent Umsatzanteil). Dieser Vorsprung hat Cisco sehr niedrige Overheadkosten (Vertrieb und Verwaltung) beschert, die weit unter denen seiner größten Wettbewerber liegen. Außerdem ist der Cash-flow mehr als dreimal so hoch wie der von 3Com. In Kombination mit einem nahezu explodierenden Aktienkurs (Ciscos Marktkapitalisierung ist größer als der gesamte Marktwert seiner engsten sechs Wettbewerber zusammen) ist Cisco dadurch in der glücklichen Lage, seinen aggressiven Akquisitionskurs weiter fortzusetzen. Und schließlich kann das Unternehmen aufgrund der Größenvorteile in erheblich größerem Umfang in Forschung und Entwicklung investieren als seine Rivalen. 1997 gab Cisco 700 Mio. Dollar für F&E aus. Das sind fast 50 Prozent mehr als sein nächster Wettbewerber investiert hat.

Die Digitalisierung des Business Design

Um seine herausragende Stellung halten zu können, hat Cisco die Technologie, deren Nutzung es mit seinen Produkten fördert, auch für sich selbst gewinnbringend eingesetzt – das Internet. Durch die Umsetzung von neuen Technologien in allen betrieblichen Phasen, macht Cisco eines der wichtigsten Muster deutlich, das sich in den kommenden Jahren immer mehr durchsetzen wird: der Übergang von einem konventionellen zum digitalen Business Design.

Die Digitalisierung macht sich insbesondere im Recruiting bemerkbar. Ciscos erklärtes Ziel ist, die wenigen Top-Talente in Technologie und Unternehmensführung anzuwerben, die im Silicon Valley beschäftigt sind. Also stellte man die Überlegung an, über welche Wege die besten Mitarbeiter anderer Unternehmen erreicht werden konnten. Cisco hat auf seiner Webpage eine Recruiting-Sparte eingerichtet und schreibt dort ohne großen Kostenaufwand sämtliche offenen Stellen aus. Um potentielle Kandidaten anzulocken, inseriert Cisco auf beliebten Websites und in Zeitungen. Cisco ist inzwischen dabei, einen sogenannten „Profiler" auf seinen Internetseiten einzurichten, über den Interessenten ihre persönlichen Daten online übermitteln können. Die Recruiting-Experten von Cisco gleichen dann die Informationen mit den Stellenprofilen ab. Durch die Nutzung des technisch orientierten Verhaltens potentieller Kandidaten hat Cisco bereits viele erstklassige Ingenieure und Manager aus dem Silicon Valley anwerben können.

Auch andere Unternehmensbereiche wurden digitalisiert. Um die Produktivität jedes einzelnen Angestellten zu steigern und die geographisch weitverstreuten Mitarbeiter seiner Akquisitionen zu integrieren, fördert Cisco mit Nachdruck die Arbeit im Home Office und eine Vernetzung mit den Computersystemen des Unternehmens. Fast 20 Prozent der Mitarbeiter verfügen zu Hause über ISDN-Anschlüsse. Darüber hinaus besteht das Intranet von Cisco aus erstaunlichen 40.000 Seiten über Produktspezifikationen, Unternehmensinformationen und -nachrichten.

Die Digitalisierung seines Business Design hat Cisco ermöglicht, 80 Prozent seiner Fertigung auszulagern. Durch die Verbindung mit den Computernetzen seiner Fertigungspartner kann Cisco Fertigungszeiten, technische Tests und die Produktion überwachen. Das Wichtigste ist aber der Online-Produktkatalog. 1996 betrug der Produktabsatz via Internet 100 Mio. Dollar. 1997 erzielte Cisco 50 Prozent seiner Umsätze (3,2 Mrd. Dollar) aus dem Internet-Verkauf. Das Unternehmen beziffert die geschätzen Einsparungen, die sich durch die Digitalisierung ergeben, auf 550 Mio. Dollar.

Der innovative Einsatz von Technologien hat zu erheblichen Verbesserungen aller betrieblichen Abläufe geführt und Cisco einen großen Vorsprung vor seinen Wettbewerbern auf dem Weg in die digitale Zukunft verschafft.

Seit seiner Gründung als Start-up mit Sitz in Stanford hat sich Cisco zu einem der größten und erfolgreichsten Unternehmen der Welt entwickelt. Sein Marktwert mit nahezu 125 Mrd. Dollar zählt zu den 15 höchsten der Welt. Aufgrund seiner Produkte und Lösungen sind Unternehmen, Universitäten und Regierungen in der Lage, umfassende Netze aufzubauen, um Information auszutauschen und in Echtzeitstatus miteinander zu kommunizieren. Cisco verkauft heute fast 1 Million Router pro Jahr, und seine Soft- und Hardware machen 75 Prozent der Funktionstüchtigkeit des Internet aus. Cisco hat mit seinen Technologien den Grundstein für die heutigen Datennetze von Unternehmen sowie die explosionsartige Ausbreitung des Internet gelegt.

Nachdem es die unbestrittene Vorherrschaft auf diesem Markt erreicht hat, will Cisco nun in den Wettbewerb mit Lucent, Nortel und Ericsson treten, den führenden Herstellern für Netzinfrastruktur für Telekommunikationsanbieter (Kabel-MSOs, ISPs und Telefongesellschaften). Nach der erfolgreichen Umsetzung der bisher branchenrelevanten Muster will sich Cisco jetzt die zunehmende Konvergenz in Sprach- und Datenübermittlung zunutze machen.

Trotz seiner Erfolge in der Datennetztechnik ist das zukünftige Wertwachstum keineswegs garantiert. Die Risiken des neuen Konvergenzmusters sind ungleich höher als die, die Cisco in der Vergangenheit bewältigt hat. In einer konvergierten Welt ist Cisco nicht mehr ein unangreifbarer Koloß. Zwar übertrifft sein Marktwert den seiner Wettbewerber 3Com, Bay Networks und anderer traditioneller Rivalen bei weitem, aber jetzt tritt Cisco gegen Unternehmen an (Lucent, Nortel, Ericsson), deren Marktkapitalisierung und finanzielle Ressourcen mindestens ebenbürtig wenn nicht überlegen sind. Gleichzeitig mangelt es Cisco an dem Fachwissen, über das seine Wettbewerber im Design von hochstabilen Netzen für Telekommunikationsanbieter verfügen. So argumentiert Bill O'Shea, der für den Bereich Datennetze bei Lucent – Ciscos größtem neuen Wettbewerber – verantwortlich ist: „Die eigentliche Herausforderung liegt in der Entwicklung von Netzen, die genauso zuverlässig, stabil und abstufbar sind wie die bisherigen Sprachnetze, und das ist ein Gebiet, auf dem Cisco überhaupt keine Erfahrung hat." (*Fortune*, 7. September 1998)

Zwar kann Cisco durch sein Know-how in Datennetztechnik möglicherweise zunächst einen Vorsprung vor Lucent und Nortel gewinnen, aber nur wenn es ihm gelingt, auch weiterhin neue Gewinnmuster zu erkennen und gewinnbringend zu nutzen, wird es anhaltende Wertzuwächse generieren und neue Möglichkeiten der strategischen Absicherung in der schnell zusammenwachsenden Sprach-/Daten-Technik erschließen können.

Honeywell

Desintegration der Wertschöpfungskette; Von Produkten zu Lösungen; De-facto-Standard

Anfang der 90er Jahre standen die Flug- und Raumfahrtindustrien unter gewaltigem wirtschaftlichem Druck. Die Liberalisierung des Flugverkehrs verwandelte die Luftverkehrsindustrie in eine Verlustzone. Selbst die größten unter den Fluggesellschaften kämpften mühselig um wenigstens ein oder zwei Prozent Umsatzrendite, und die schlechte Auftragslage im Flugzeugbau machte den Herstellern schwer zu schaffen. Angesichts der steigenden Kosten pro Sitzplatz für den Erwerb und die Finanzierung von neuen Fluggeräten forderten die Fluggesellschaften flexiblere Konditionen, die die Margen der Hersteller noch weiter schwinden ließen. Zur gleichen Zeit investierte das von den Regierungen seiner europäischen Partner subventionierte Gemeinschaftsunternehmen Airbus aggressiv in Forschung und Entwicklung, um sich eine solide

Marktposition zu verschaffen und Boeing, dem führenden Flugzeughersteller der zivilen Luftfahrt, den Kampf anzusagen.

Diese neuen Marktkonstellationen veränderten die strategische Landschaft der Luftfahrtindustrie, die lange Jahre nach den Regeln der meisten klassischen Fertigungsindustrien funktioniert hatte. Vertikal integrierte Großunternehmen wie Boeing und McDonnell-Douglas faßten Konstruktion, Technik und Flugzeugbau unter einem Dach zusammen, während zahlreiche Teile- und Komponentenhersteller wie Honeywell in gebührender Distanz agierten und bestimmte Teile nach detaillierten Produktspezifikationen lieferten. Boeing und seine Wettbewerber suchten die Zulieferfirmen nach kurzfristigen Preisvorteilen für jedes Teil aus und übernahmen selbst die Integration und Montage des kompletten Systems.

Desintegration

1996 war das vertikal integrierte Business Design für Boeing inzwischen zur Verlustzone geworden. Sinkende Absatzzahlen und steigende Kosten beeinträchtigen den Betriebsgewinn. Der Flugzeugverkauf ging zwischen 1992 und 1996 um die Hälfte zurück, und der Nettogewinn sank mit jedem Jahr um durchschnittlich elf Prozent. Die Rückgänge wurden von den steigenden Kosten für die Entwicklung neuer Flugzeugtypen noch verstärkt. Die Kosten für F&E pro verkauftes Flugzeug verdoppelten sich zwischen 1991 und 1994.

Boeing blieben nur zwei Möglichkeiten: eine Kostensenkung in der Hoffnung auf eine baldige Stabilisierung der Nachfrage oder eine Anpassung an die veränderten Umfeldbedingungen, um wieder auf einen profitablen Wachstumskurs zurückzukehren.

Auf den ersten Blick wäre eine Kostensenkung das Naheliegende gewesen. Doch Boeing erkannte die wahre Natur der Marktveränderungen und war dadurch in der Lage, das Muster für sich zu nutzen, das die gesamte Flugindustrie prägen sollte: die Desintegration der Wertschöpfungskette. Aufgrund der steigenden Kosten wurde eine Spezialisierung auf bestimmte Wertschöpfungsstufen zur Voraussetzung für Profitabilität. Boeing konnte sich die Kosten einer Abdeckung aller Wertschöpfungsschritte nicht länger leisten. Um den Flugzeugbau rentabel zu halten, beschloß Boeing, weite Bereiche der Konstruktion und Herstellung auszulagern.

Nachdem es die Chancen zur Nutzung des Desintegrationsmusters einmal erkannt hatte, richtete Boeing den Herstellungsprozeß für den ersten neuen Flugzeugtyp nach zehn Jahren – das Großraumflugzeug Boeing 777 – entsprechend neu aus und übertrug die Verantwortung für Design, Entwicklung und Montage umfassender Subsysteme an eine ausgewählte Gruppe von A-Lieferanten als Teil eines Konzepts, das „Working Together" genannt wurde.

Statt Kurzzeitverträge zu vergeben, die sich ausschließlich am Preis orientierten, machte Boeing jeden seiner Top-Zulieferer zu einem langfristigen strategischen Geschäftspartner für Konstruktion, Test und Integration großer Subsysteme. Die Zulieferer wurden nicht mehr wie bisher nach der Zahl der gelieferten Teile bezahlt, sondern mußten selbst in Forschung und Entwicklung investieren. Ihr Erfolg war eng mit dem Erfolg des Flugzeugs verbunden. Auf diese Weise behielt Boeing die Kontrolle über die Gesamtarchitektur und Montage des Modells 777, konnte aber die Kosten für Forschung und Entwicklung und die Fertigung auf alle Partnerunternehmen und Zulieferer verteilen.

Durch die Nutzung des Desintegrationsmusters veränderten sich die Beziehungen zwischen Boeing und seinen Zulieferern, in denen es in der Vergangenheit lediglich Lieferanten bestimmter Teile und Systeme für seine Flugzeuge gesehen hatte. In dieser Rolle legten die Zulieferer ihren Schwerpunkt auf technische Exzellenz, Preispolitik und Qualität. Diese drei Faktoren machten ihren Wert für Boeing aus.

Von Produkten zu Lösungen

Boeings Outsourcing-Strategie für ganze Systeme hat zur Entstehung eines neuen Musters geführt, das die strategischen Umfeldbedingungen für seine Zulieferer verändert hat: die Verschiebung von Produkten zu Lösungen. Angesichts weiter ansteigender Herstellungskosten war Boeing in erster Linie daran interessiert, die gesamten Systemkosten der Fertigung so niedrig wie möglich zu halten. Das war über die Suche nach den preisgünstigsten Teilen und Komponenten allein nicht zu bewerkstelligen. Die Zulieferer gingen dazu über, Angebote zu entwickeln, die die Funktionen zahlreicher Komponenten in einer einzigen fortgeschritteneren und kosteneffektiven integrierten Lösung beinhalteten. Damit konnten sie ihren strategischen Wert für Boeing erhöhen.

Honeywell erkannte, daß darin die zukünftige Priorität von Flugzeugbauern wie Boeing liegen würde, und richtete sein Business Design an den neuen Anforderungen aus. Um integrierte Lösungen anbieten zu können, die die gesamten Systemkosten senken würden, ging Honeywell an dieses Problem unter dem Gesichtspunkt einer verbesserten Gesamtwirtschaftlichkeit heran und nutzte dabei sein profundes Know-how in Anwendung und Systemintegration. Statt wie bisher isolierte Komponenten für die Flugsteuerung zu konstruieren, schaffte es Honeywell, zum offiziellen Lieferanten des Hauptsystems für die Flugelektronik der Boeing 777, das Aircraft Information Management System (AIMS), ernannt zu werden.

Zwar ist Honeywells System wesentlich teurer als das anderer Anbieter, dafür hat es Boeing eine Lösung zur Senkung der Systemkosten geboten. AIMS hat ein wesentlich höheres Maß an automatisierter Intelligenz und automatischer Sicherheitskontrolle in die Flugelektronik gebracht und zu deutlich gesenkten Reparaturzeiten sowie geringerem Treibstoffverbrauch geführt. Außerdem konnte Boeing die Kosten für die Endmontage senken, weil AIMS automatisch eine Testplattform für andere Systeme bereitstellt, die mit ihm während der Installation verbunden werden, so daß ein kostenintensiver Integrationsschritt entfällt.

Während der ganzen Zeit arbeitete Honeywell an der Weiterentwicklung seines Lösungsansatzes. In dem Maße, wie sich die Gesamtwirtschaftlichkeit seiner Kunden veränderte, integrierte Honeywell immer mehr Funktionen in sein Avioniksystem. Alle früheren Boeings enthielten Einzelkomponenten wie den Flugwerterechner, Funksysteme, das Navigationssystem und das Klimakontrollsystem, die alle zusammen die Flugsteuerung ausmachten. Die einzelnen Komponenten wurden miteinander im Flugzeug verdrahtet. Im Gegensatz dazu besteht AIMS aus einer proprietären digitalen Übertragungsleitung, einem zentralen Prozessor und 700.000 Leitungen für Software-Intelligenz, die auf ausfallsicheren, selbstüberprüfenden Computern gespeichert sind.

Durch die Digitalisierung des Systems konnten sowohl das Gewicht als auch die mechanische Komplexität reduziert werden. Das ermöglichte eine wesentlich höhere integrierte Funktionalität. So wählt das Navigationssystem z.B. automatisch den geeigneten Kommunikationsmechanismus und -kanal aus, je nachdem, wo sich das Flugzeug gerade befindet. Durch die Konzentration auf die Funktionalität des gesamten Systems statt auf die Leistung isolierter Komponenten konnte Honeywell Boeing einen erheblichen Mehrwert bieten und die Fertigungskosten deutlich senken.

Nach der Etablierung von AIMS investierte Honeywell weiter in die Entwicklung von Verbesserungen wie z.B. neueste Navigationssysteme. Die

Strategie, eine ganze Kette an Systemverbesserungen zu schmieden, hat drei wichtige Ergebnisse hervorgebracht. Zum einen ist Honeywells Anteil an der Wertschöpfung in der Fertigung sowie an dem Wert des gesamten Systems für seine Endkunden stetig gestiegen, zum anderen hat sie Honeywell einen nachhaltigen Wettbewerbsvorsprung verschafft, weil das Zulieferunternehmen die technischen Voraussetzungen und das Investitionsvolumen durch seine überlegene AIMS-Technik so hoch geschraubt hat, daß Wettbewerber dieses System nicht ohne weiteres kopieren können. Und schließlich kann sich Honeywell deutlich vom Wettbewerb differenzieren, der sich hauptsächlich auf Einzelkomponenten oder Funktionalität konzentriert.

De-facto-Standard

Ein weiteres Resultat seiner kontinuierlichen Systemverbesserungen und eines höheren Wertschöpfungsanteils am Flugzeugbau ist, daß Honeywell gut positioniert, um Gewinn aus einem zweiten Muster zu erzielen: dem De-facto-Standard.

Mittlerweile hat Honeywell einen Exklusivvertrag für sein proprietäres digitales Avioniksystem für die Boeing 777 und andere zukünftige Boeing-Modelle ausgehandelt. Nicht nur Boeing hat festgestellt, daß AIMS seine Gesamtwirtschaftlichkeit verbessert, auch andere Flugzeughersteller haben die Vorteile des integrierten Lösungsansatzes erkannt. Das hat dazu geführt, daß Elemente des AIMS jetzt auch von anderen Herstellern wie z.B. McDonnell-Douglas (das kürzlich von Boeing aufgekauft wurde) und der amerikanischen Regierung für Militärflugzeuge verwendet werden. Dieser De-facto-Standard ist ein ausgezeichneter Wettbewerbsvorteil, weil er Honeywell bei den größten Auftraggebern einen festen Platz verschafft und das Liefervolumen je Auftrag beträchtlich gesteigert hat. Das beschleunigt die Amortisierung der immensen Investitionen in Forschung und Entwicklung, die mehr als 400 Mio. Dollar betragen.

Durch die intelligente Nutzung der beiden Muster „Von Produkten zu Lösungen" und „De-facto-Standard" ist Honeywell außerdem in der Lage gewesen, seinen Gewinnerzielungsmechanismus zu verändern. Statt seine Preise auf Basis der Systemkosten plus einem angemessenen Aufschlag zu kalkulieren (wie das für die Luftfahrtindustrie üblich ist), legte Honeywell bei der

Preiskalkulation des AIMS den Wert der multiplen Subsysteme zugrunde, die sein neues System ersetzt. Weitere Gewinne erzielte Honeywell aus dem Vorteil, viele der Kernsubkomponenten – wie z.B. das System zur Vermeidung von Kollisionen –, die in AIMS zusammengefaßt sind, sowie System-Upgrades auch einzeln anbieten zu können. Und schließlich konnte Honeywell riesige Gewinne aus der Reproduktion des AIMS-Basissystems für andere Flugzeugtypen wie die Boeing 737–600, die MD-95 (jetzt Boeing 717) und verschiedene Militärtransportmaschinen erzielen.

Zentrales Element des überwältigenden Unternehmenserfolgs war die enge Zusammenarbeit mit Boeing. Diese Art der Kooperation zur Entwicklung und Umsetzung von Lösungen hat die Übersetzung der Kundenanforderungen in differenzierte Funktionalität und exzellente Leistung unterstützt, von der beide Seiten profitiert haben. Sowohl Boeing wie auch Honeywell haben durch ihre scharfsinnige Reaktion auf branchenprägende Gewinnmuster große Erfolge verzeichnet. Die Desintegration der Wertschöpfungskette, d.h. in diesem Fall die Auslagerung weiter Bereiche der Konstruktion und Fertigung der Boeing 777, hat die Entwicklungszeit und die Fertigungskosten drastisch gesenkt (die Entwicklungskosten reduzierten sich von 5 Mrd. Dollar auf 4 Mrd. Dollar). Darüber hinaus erreichte Boeing eine Verkürzung der Durchlaufzeiten in der Produktion von 20 Prozent und, was vielleicht noch wichtiger ist, ein hohes Maß an Kundenfaszination und eine neu belebte Nachfrage.

Honeywell konnte von dem erfolgreichen Übergang von Produkten zu Lösungen und einen De-facto-Standard ebenfalls außerordentlich profitieren. Seit der Einführung des AIMS konnte Honeywell seine Margen im Bereich Space and Aviation Control mehr als verdoppeln und seinen Betriebsgewinn verdreifachen. Seit dem Bau der ersten Boeing 777 ist der Marktwert des Unternehmens auf mehr als das Doppelte angestiegen, und zwar von 4,5 Mrd. Dollar in 1994 auf 9,5 Mrd. Dollar in 1997. Noch wichtiger ist vielleicht, daß Investoren und Analysten eine grundlegend veränderte Wahrnehmung von Honeywells Gewinnströmen haben: Der indizierte Wert Marktwert zu Umsatz ist im gleichen Zeitraum von 0,3 auf 1,1 gestiegen.

Honeywell steht nun vor der Aufgabe, neue Systeme und Lösungen für seine Kunden der zivilen und militärischen Luftfahrt zu entwickeln. Durch die Antizipation der Chancen dieses Musters kann Honeywell seinen Wertanteil an diesem Geschäft vergrößern und exklusive Partnerschaften mit anderen Kunden etablieren. In Zukunft werden Lösungen jedoch zunehmend ihren differenzierenden Charakter verlieren und sich in Grundnutzen verwandeln, so wie Einzelkomponenten auch längst austauschbar geworden sind. Die große Herausforderung, die Honeywell dann zu bewältigen hat, ist die Antizipation des nächsten sich anbahnenden Gewinnmusters und die Ableitung der nächsten Strategie zur nachhaltigen Wertsteigerung.

Capital One

Vom Produkt- zum Kunden-Know-how; Mikrosegmentierung; systematischer Aufbau auf lukrativen Marktchancen

1987 warben Richard Fairbanks und Nigel Morris, beide Vice President der Mercer Management Consulting, mit ihrer auf die Entwicklung der Kundenbeziehungen im Bankgeschäft ausgerichteten IBS-Strategie (Information Based Strategy) um Neuaufträge aus dem Bankengewerbe. IBS war eine Methode zur Identifizierung hochprofitabler Kreditkartenkunden und anschließenden Erarbeitung wertsteigernder Produkte und Leistungen für dieses Segment.

Ende der 80er Jahre war dieses Konzept im Kreditkartengeschäft völlig neu und stellte eine hohe Differenzierung in Aussicht. Traditionell stützten sich Kreditinstitute nicht auf ausgefeilte wissensbasierte Technologien, um bestimmte Kunden gezielt anzusprechen, neue Kundenbeziehungen aufzubauen und zu pflegen. Statt dessen verließen sie sich auf ein undifferenziertes Massenmarketing in der Hoffnung auf eine Kundengewinnungsrate von ungefähr einem Prozent. Kreditkarten waren in ihren Konditionen im allgemeinen nicht auf die Einkommenssituation und den Lebensstil der Kunden ausgerichtet. Kartenangebote wurden undifferenziert an breite Kundensegmente verteilt (z.B. Hochschulstudenten), die ihrerseits aus unzähligen Subsegmenten bestanden. Das Ergebnis war ein völliges Mißverhältnis zwischen Kundenpräferenzen und Produktangeboten.

Die mangelnde Kundenausrichtung in Verbindung mit einer zunehmenden Austauschbarkeit von Kreditkarten unterschiedlicher Anbieter beeinträchtigte die Gesamtwirtschaftlichkeit der Kreditkartenbranche auf mehrere Arten:

- Die Akzeptanzrate sank drastisch. Keine Kreditkarte bot einen einzigartigen Vorteil, der Kunden dazu bewogen hätte, die Karte eines bestimmten Anbieters der Karte eines anderen Unternehmens vorzuziehen.
- Das Einheitsangebot verhinderte Kundenloyalität. Kunden wechselten einfach zu einem Kartenanbieter mit niedrigeren Zinsen, höherem Kreditlimit oder beidem.
- Undifferenzierte Massenmailings verhinderten die Reduzierung von uneinbringlichen Forderungen, weil Konsumenten mit überzogenen Konten mehrere Kreditkarten unterhielten. Die undifferenzierte Kundenakquisition förderte geradezu die Anwerbung unseriöser Kunden mit zweifelhafter Zahlungsmoral, die über ein weiteres Kartenangebot hocherfreut waren.
- Die Unfähigkeit der Banken, sich auf die profitabelsten Kreditkartensegmente zu konzentrieren, führte zu einem Schwerpunkt auf Umsatzwachstum statt Gewinn- und Wertzuwachs.

Das undifferenzierte Marketing war immer weniger geeignet, profitables Wachstum der Kreditkartenbranche zu fördern. Clearing-Stellen wie Visa und Mastercard verschärften die Situation, indem sie die Abrechnung für buchstäblich jede Bank übernahmen, die Kreditkarten ausgab.

Die undifferenzierte Marktbearbeitung löste zwei zusammenhängende Muster aus: den Übergang von Produkten zu Kunden-Know-how und eine Mikrosegmentierung. Die meisten Kreditinstitute betrieben ihr Geschäft, als ob nichts geschehen wäre. Ein Unternehmen erkannte jedoch die Zeichen der Zeit. Die Signet Bank antizipierte die sich anbahnenden Muster und richtete ihr Business Design darauf aus: Signets Spin-off, Capital One, hat in kürzester Zeit einen beeindruckenden Unternehmenswert geschaffen.

Nachdem Signet die Entscheidung getroffen hatte, sein Kreditkartengeschäft auszubauen, entschied sich das Unternehmen, die IBS-Strategie umzusetzen. Die Ergebnisse waren ein revolutionärer Geschäftsansatz und eine deutliche Wertsteigerung. Von Mitte 1992 bis 1995 wuchsen die jährlichen ausstehenden Forderungen aus Kreditkartennutzung von 1,7 Mrd. Dollar auf 7,5 Mrd. Dollar. Das entsprach einer Wachstumsrate von 60 Prozent in einer Branche, die im Schnitt 15 Prozent pro Jahr zulegte.

Das rapide Wachstum hatte sehr positive Auswirkungen auf Signets Betriebsgewinne, nahm aber solche Ausmaße an, daß es einen unverhältnismäßigen Anteil des gesamten Bankvermögens, des Personals und der Ausrüstung und Geräte in Anspruch nahm. Die Folge waren mangelnde Ressourcen für die übrigen Geschäftseinheiten. Aus diesem Grund entschied sich das Top-Management von Signet im Jahr 1993, das Kreditkartengeschäft auszugliedern. Das war der Beginn von Capital One. Nach dem IPO (Initial Public Offering) 1994 war die Ausgliederung ein Jahr später perfekt.

Von Produkten zu Kunden-Know-how

Die Ineffizienz des traditionellen Kreditkarten-Marketing war der Nährboden für ein neues Branchenmuster: der Übergang von Produkten zu Kunden-Know-how. In der Vergangenheit lag der Schlüssel zum Geschäftserfolg in einem soliden Angebot bei wettbewerbsfähigen Zinssätzen und Kreditlimits. Infolgedessen konzentrierte sich die Gewinnerzielung auf das eigentliche Produktangebot. Im Zuge der Branchenentwicklung verschob sich der Wert jedoch auf die Qualität und Umsetzung von Kunden-Know-how.

Mit IBS als Basisinstrument entwickelte Capital One die exakteste Kundendatenbank der gesamten Branche. Mit der Zeit wurde die Datenbank – die weltweit umfangreichste Anwendung einer Oracle-Datenbank – so erweitert, daß sie Information über alle vorhandenen und potentiellen Kunden über einen Zeitraum bis zu zehn Jahren gespeichert hat. Der konsequente Fokus auf die Gewinnung und Verarbeitung von Kundeninformation hat Capital One ermöglicht, die werthaltigsten Kundensegmente erfolgreich anzusprechen und sich von den unprofitablen oder wachstumsschwachen Kunden zu trennen.

Capital One hat proprietäre versicherungsmathematische Konzepte entwickelt, die Aufschluß über Kundenbedürfnisse, -präferenzen und -profitabilität geben, indem sie die wichtigsten Kundendaten speichern und auswerten: Kundenloyalität, Aktivierung, Serviceanforderungen, regelmäßiges Zahlungsverhalten und Preisstruktur. Die Konzepte beinhalten Testkomponenten, die vielfältige Kombinationen von segmentspezifischen Merkmalen (z.B. Kreditrisiko und Einkommen), Produktmerkmalen (z.B. Preisstruktur) und Marketing-Kanälen beinhalten.

Auf der Basis dieser an die Kundenstruktur angepaßten Konzepte kann Capital One die zukünftige Kundenprofitabilität und neue Bedürfnisse bestimmen und seine Kreditkartenangebote mit entsprechenden Attributen für die jeweilige Kundengruppe ausstatten. Darüber hinaus ist Capital One in der Lage, die Kundensegmente mit dem schnellsten Wachstum zu identifizieren und sie mit maßgeschneiderten Angeboten anzusprechen. Nach der Neuakquisition eines Kunden komplettiert Capital One seine Datenbasis kontinuierlich durch Kreditkartenkonten, Vielfliegernummern, Anrufe, Sicherheitskonten etc. Diese Daten werden als Input für aussagekräftige versicherungsmathematische Konzepte über Verwendung und Zahlungsverhalten genutzt.

Capital One mißt außerdem die Profitabilität individueller Karteninhaber und forciert unter Umständen bewußt die Abwanderung unprofitabler Kunden durch extrem hohe Preisanpassungen. Im Gegensatz dazu werden lukrative Kunden „belohnt", indem ihnen attraktivere Konditionen wie z.B. niedrige Zinsen geboten werden.

Durch die Nutzung dieses Musters ist Capital One zum Anbieter der attraktivsten Kreditkarten der gesamten Branche geworden. Im Unterschied zu seinen traditionellen Wettbewerbern, die allen Kunden ein einheitliches Wertangebot unterbreiten, kann Capital One sein Angebot nach demographischen Daten, Kriterien des Kaufverhaltens und der Kundenprofitabilität differenzieren.

Mikrosegmentierung

Neben dem Kunden-Know-how konnte Capital One auch aus einem zweiten Muster Gewinn erzielen, welches das Kreditkartengewerbe verändern sollte. Mit zunehmender Nutzung der Kreditkarten für Bonusprogramme (z.B. Flugmeilen für Vielflieger) und als Statussymbol (Platinum Card etc.) hat sich die Kundenbasis selbst in unzählige Mikrosegmente unterteilt, die sich in Präferenzen, Preissensibilität und Nutzerverhalten erheblich voneinander unterscheiden. Das Mikrosegmentierungsmuster hat die gesamte Kundenbasis zunächst in große Kundensegmente nach demographischen und Verhaltensmerkmalen und dann in eine unüberschaubare Zahl von Mikrosegmenten fragmentiert, die alle hochspezifische Merkmale aufweisen.

Capital One richtete aufgrund der Fülle an Nutzerinformationen seine Kartenangebote auf die einzigartigen Bedürfnisse jedes der profitabelsten Segmente aus. Die Konditionen einer Kreditkarte lassen sich durch die Betätigung weniger Tasten ohne Aufwand jederzeit ändern. Diese Flexibilität macht es möglich, daß Capital One selbst einem noch so kleinen oder einzigartigen Kundensegment einen paßgenauen Konditionen-Mix offerieren kann.

Zunächst konzentrierte sich Capital One auf Kunden, die das Unternehmen als Dauerkreditnehmer mit geringem Risiko bezeichnet. Das sind die Kunden, die regelmäßig bezahlen, die aber nicht jeden Monat die kompletten Schulden begleichen. Dieses Segment ist hoch profitabel, weil es über einen langen Zeitraum konstant Schulden macht und ständig Überziehungszinsen bezahlt, dessen Verbindlichkeiten aber nie uneinbringlich sind.

Capital One war das erste Kreditkartenunternehmen, das sich nicht nur auf dieses Segment konzentriert, sondern 1991 die risikoaversen Karteninhaber in Direkt-Mailings mit niedrigen Einführungsraten und Gebührenfreiheit massiv umworben hat. Capital One hat in amerikanischen Haushalten einen neuen Slogan geprägt: „Sie sind ausgewählt ...“

Als dieser Markt die Sättigungsgrenze erreichte, griff Capital One einmal mehr auf seine Datenbank zurück, um weitere profitable Kundensegmente zu identifizieren, die von anderen Kreditkartenanbietern vernachlässigt wurden, weil sie entweder in ländlichen Gebieten lebten oder geringere Einkommen zur Verfügung hatten.

Als Ergebnis dieser Segmentierung hat Capital One sich eine hochprofitable Kundenbasis verschafft. Das durchschnittliche Schuldenkonto pro Karteninhaber beträgt 1.263 Dollar und liegt fünf Prozent höher als der Branchenschnitt. Das Gesamtrisiko durch ungenutzte Kredite ist aber wesentlich niedriger als bei den meisten anderen Kreditkartenanbietern. Das durchschnittliche Kreditlimit liegt bei 3.290 Dollar und ist damit 3.000 Dollar niedriger als branchenüblich.

Aktuell hat Capital One über 4.000 Nischenangebote für so unterschiedliche Kundensegmente wie Mercedes-Besitzer, Tierliebhaber und Studenten im Kartenprogramm.

Cornerstoning

Als technologischer Wandel präzisere Analyseinstrumente und exaktere Datenbanken verfügbar machte, konnten Unternehmen, die auf diesen beiden Gebieten kompetent waren, ihr Wissen und ihre Fähigkeiten in zahlreichen Geschäftsgebieten gewinnbringend nutzen. Im Internet ist Amazon.com dabei, seine Daten über Buchkunden auf den Musikmarkt und andere Branchen zu übertragen. Dell Computer hat sich vom Vertrieb von einfachen PCs für den Privat- oder Unternehmensbereich zum Vertrieb moderner PC-Systeme für Firmenkunden entwickelt.

In ähnlicher Weise hat sich Capital One systematisch auf die Ausschöpfung aufeinanderfolgender lukrativer Marktchancen konzentriert. Durch die Umsetzung seines einzigartigen Kunden-Know-hows und seiner Datenbankkompetenzen hat sich das Unternehmen über die Grenzen seiner Herkunft – Finanzdienstleistungen – vorgewagt. Richard Fairbanks, CEO von Capital One, sagt dazu:

„Capital One ist ein Unternehmen des Informationszeitalters, das technologisches und wissensbasiertes Kapital für eine schnelle Ausschöpfung von Marktchancen nutzt. Weil unsere Strategie nicht produktbasiert, sondern wissensbasiert ist, sind wir hervorragend positioniert, um uns an die Spitze des allgemeinen Wirtschaftstrends der Informationsrevolution zu setzen und unsere Strategie auch auf andere Branchen anzuwenden, die von der Revolution durch Information verändert werden."

1995 wurde Capital One mit „America One Communications" im Mobiltelefongeschäft aktiv. Über America One kauft Capital One Mobiltelefone von Herstellern wie Motorola und Netzkapazität von regionalen Telefongesellschaften wie Bell Atlantic und Nextel und verkauft sie an Endkunden weiter. Ähnlich dem Kreditkartengeschäft ist auch die mobile Kommunikation von großen Unterschieden in der Kundenprofitabilität, unkomplizierter Anpassung der Angebotsmerkmale und einer Fülle von Anwenderinformationen geprägt, die in Prognosekonzepte eingespeist werden können.

Auch hier stützt sich Capital One auf seine proprietäre Datenbank, um auf individuelle Kundenprofile abgestimmte Serviceleistungen und Anreize zu entwickeln. Durch diese Strategie kann America One seine nach Kundencharakteristika individuell ausgestalteten Preis- und Netzangebote in der mobilen Kommunikation über Direktmarketing vertreiben, statt mit undifferenzierten Angeboten alle Kunden anzusprechen. Zwar werden Gewinne erst für das Jahr 2001 erwartet, dennoch hat America One bereits ca. 600.000 Kunden akquiriert und bietet seinen Service in mindestens 37 Ländern an.

Ob die Erwartungen erfüllt werden? Das steht noch nicht fest. Mit Sicherheit läßt sich aber sagen, daß Capital One weiterhin nach Wegen suchen wird, sein Kunden-Know-how zu nutzen, um Marktlücken abzudecken und attraktive Chancen zu ergreifen. Capital One hat tiefe Löcher in die Marktanteile der

Großbanken gerissen. Seit seinem Aufstieg in die Top Ten der Kreditkartenanbieter schon kurze Zeit nach der Entstehung des Unternehmens mußten Großbanken wie Citibank, Chase, BankAmerica und Wells Fargo mit ansehen, wie ihre kombinierten Marktanteile an Schuldenforderungen von 44 Prozent in 1991 auf 29 Prozent in 1995 absackten. Der positive Effekt für Capital One kommt in seiner Wertsteigerungskurve deutlich zum Ausdruck. Seit dem Börsengang 1994 liegt die Eigenkapitalrendite bei durchschnittlich 50 Prozent pro Jahr.

Unternehmen anderer Branchen machen sich inzwischen dieselben Muster zunutze. Die Bedrohung für Capital One – oder auch eine mögliche Chance – liegt im Auftritt neuer Wettbewerber ähnlich seiner eigenen Expansion von Finanzdienstleistungen in die Telekommunikation. Die Ausbreitung des Konvergenzmusters wird ein entscheidender Faktor für die strategische Ausrichtung von Capital One. In dem Maße, wie immer mehr Unternehmen unterschiedlicher Industriezweige Kompetenzen in der Gewinnung und Verarbeitung von Kundeninformation erwerben und für ihr Geschäft nutzen (Einzelhandel, Telekommunikation, Finanzdienstleistungen), wird die Gefahr steigen, daß sie bei der Ausdehnung ihrer Geschäftsfelder immer stärker miteinander konkurrieren.

Zur gleichen Zeit konzentriert sich Capital One womöglich bereits auf den Übergang von Wissen zu Produkten und nutzt seine umfangreiche Datenbank zur Eroberung Know-how-intensiver Märkte. Angesichts der zunehmenden Bedeutung des Direktmarketing via Internet ist Capital One strategisch bestens positioniert, um seine Kernkompetenzen zur Penetration neuer Märkte einzusetzen. Welche Chancen sich auch bieten, Capital One wird seine profitable Wachstumskurve nur fortführen können, wenn es neue Gewinnmuster frühzeitig erkennt und erfolgreich nutzt.

SAP

Von Wissen zu Produkten; Outsourcing; Reintegration

In den 70er Jahren begannen Fertigungsunternehmen zu erkennen, daß Automation und der vermehrte Einsatz von Computern die Effizienz ihrer Prozesse und ihre Flexibilität erhöhen und ihr Management zeitnaher machen würden.

Als Computer in großem Stil Einzug in die Werkshallen hielten, entstand Software wie Material Requirements Planning (MRP) und Master Production Scheduling (MPS), die eine Steuerung hochkomplexer Auftragseingangs- und Lagermanagement-Prozesse ermöglichten. Diese Programme verbesserten die Produktivität, indem sie die Fertigungsplanung erleichterten, die Optimierung von Lagerumschlägen ermöglichten und so den Produktionsdurchsatz steigern konnten.

Trotz des Erfolgs dieser Instrumente blieb die Fertigung ein Inselbereich, was die Automation der Unternehmensprozesse betraf. Unternehmen betrachteten die übrigen Funktionen (Finanzen, Personal) als separate Bereiche, die nichts mit den operativen Prozessen zu tun hatten. Die Computertechnologie steckte damals noch in den Kinderschuhen, und nur wenige Unternehmen schätzten das Wertpotential einer effektiven Datenvernetzung zwischen dem Fertigungsbereich und den administrativen Funktionen richtig ein.

Die schnelle Ausbreitung von Computer- und Netzwerktechnologien ließ jedoch die strategische Bedeutung der richtigen Entscheidung über den Einsatz von Technologien steigen. Als immer mehr Unternehmen mit Netzwerken arbeiteten, setzte sich allmählich die Betrachtung von Computertechnologie, elektronischen Datenbanken und lokalen Datennetzen als strategische Führungsinstrumente durch, die die Effizienz ihrer operativen Prozesse erheblich verbessern konnten. Und als Anfang der 90er Jahre die Unternehmen vom Reengineering-Fieber ergriffen wurden, stand die Verschlankung der betrieblichen Prozesse und der Datenaustausch zwischen allen Funktionen im Mittelpunkt der Aufmerksamkeit. Infolgedessen stiegen die Erwartungen an die Software. Sie sollte das Rückgrat aller informationsbasierten Unternehmensaktivitäten darstellen – vom Zulieferer über die internen/administrativen Funktionen bis zum Kunden.

Das Unternehmen SAP, das in den 70er Jahren von ehemaligen Programmierern der IBM Deutschland gegründet wurde, erkannte das Ausmaß der Verschiebung von Einzelcomputern zu Netzwerksystemen. SAP nutzte die Chancen der neu entstehenden Computer- und Netzwerktechnologien zur Verknüpfung, Steuerung und Verbesserung sämtlicher Prozesse und Funktionen eines Unternehmens.

SAP schätzte das Wertpotential einer Verwandlung seiner Softwareprogramme und seines Know-hows in Systemintegration in greifbare Produkte richtig ein und entwickelte eine neue Softwarekategorie, die unter der Bezeichnung

ERP (Enterprise Resource Planning) bekannt wurde. Diese Software verknüpfte und automatisierte Funktionen über das gesamte Unternehmen. Als Netzwerktechnologie in Unternehmen schließlich allgegenwärtig wurde, stand SAP bereits in den Startlöchern, um seine ERP-Software auf den Markt zu bringen.

Von Wissen zu Produkten

SAP begann seinen Erfolgskurs 1972, als es für das englische Chemieunternehmen Imperial Chemical Industries (ICI) ein unternehmensspezifisches Fertigungsplanungssystem entwickelte. ICI hatte sich ursprünglich an IBM gewandt, aber IBM hatte den Auftrag abgelehnt. Zwei Programmierer, Diettmar Hopp und Hasso Plattner, ergriffen die Initiative und kamen mit ICI überein, das Projekt selbst zu übernehmen. Sie erkannten hinter diesem Auftrag das Potential für zahlreiche Folgeprojekte bei anderen Unternehmen, bei denen sie stets auf die für ICI entwickelten Programme würden zurückgreifen können.

Hopp und Plattner stellten fest, daß viele Funktionen der meisten Unternehmenssysteme effizient kodifiziert und durch ein Computersystem ausgeführt werden könnten. Sie nahmen bereits vorweg, daß Unternehmen in der Zukunft über die Fertigungsautomation hinaus an der Effizienzsteigerung aller Geschäftsprozesse interessiert sein würden, und sie machten sich daran, allen traditionellen IT-Beratungsunternehmen in der Entwicklung solcher Instrumente zuvorzukommen.

Auf der Basis ihrer Kompetenzen in Systemintegration und Programmierung sowie ihrer Erfahrung aus dem Projekt für ICI entwickelten Hopp und Plattner Softwareprodukte, die als Plattform für eine effizientere Lösung eines breiten Anforderungskatalogs und zur besseren Vernetzung der Unternehmen dienten. Sie nutzten den Übergang von Wissen zu Produkten, indem sie ihre gesamten Fähigkeiten und Erfahrungen zur Entwicklung von standardisierten, aber anpaßbaren Produkten einsetzten, die an eine Vielzahl von Unternehmen vermarktet und an deren jeweilige Anforderungen angepaßt werden konnten.

SAPs erstes Produkt, das SAP Financial Accounting System, automatisierte und vereinfachte das Rechnungswesen der Fertigungsunternehmen. Der Erfolg dieses Produkts führte zu der Entwicklung eines anderen Standardprodukts, dem Materials Management System, das Module für Einkauf, Lagermanagement und Rechungsprüfung enthielt. SAP verknüpfte beide Systeme so miteinander, daß die Daten beider Systeme nahtlos ineinanderflossen.

Durch die Integration eines kohärenten Systems, über das sich alle Funktionen zeitgleich steuern ließen, wurden die Managementfunktionen verbessert und Entscheidungsprozesse abgekürzt. Effizienzsteigerungen, die sich anfänglich auf den Produktionsbereich beschränkt hatten, konnten nun auch in allen anderen Unternehmensbereichen erzielt werden.

Über die gesamten 25 Jahre seiner Existenz hat SAP kontinuierlich Wissen in Produkte umgesetzt, die eine Synthese darstellten aus den Programmier- und Integrationsfähigkeiten seiner Experten und dem Know-how von Fachleuten, die praktische Erfahrung mit internen Geschäftsprozessen wie Human Resources, Finanzen, Fertigung und Logistik hatten. Statt das Rad für jeden Kunden neu zu erfinden, hat SAP seine Erfahrung mit ICI und zahlreichen anderen Unternehmen in die Entwicklung multifunktionaler Anwendungssoftware eingebracht, die einen branchenübergreifenden Standard gesetzt hat. SAP hat ein Portfolio an Basisprodukten aufgebaut, die als Standardgerüst für grundlegende Unternehmensfunktionen dienen und an die individuelle Unternehmenssituation eines Kunden angepaßt werden.

Outsourcing

Anfang der 90er Jahre hatte sich SAPs erfolgreiche Antizipation der zukünftigen Kundenbedürfnisse nach ERP-Software bezahlt gemacht. Das Paradeprodukt R/3 (ein komplettes ERP-Paket, in dem alle Geschäftsprozesse eines Unternehmens integriert sind) war der Marktführer schlechthin. Immer mehr Unternehmen konzentrierten sich verstärkt auf Reengineering und suchten bei SAP Unterstützung zur Verbesserung und Verschlankung ihrer Geschäftsprozesse.

SAP konnte die immense Nachfrage nach seiner Software und seinem Know-how in Systemintegration nicht mehr bewältigen. So blieben dem Unternehmen nur zwei Möglichkeiten: selbst Beratungsservice anzubieten oder die Systemintegration auszugliedern und zu diesem Zweck eine Allianz mit IT-Beratungen einzugehen. Angesichts der geographischen Ausdehnung und der Größenvorteile, die eine Allianz mit sich brachte, baute SAP enge Beziehungen zu Andersen Consulting, EDS und anderen führenden IT-Beratungsgesellschaften auf und beschleunigte so die Marktverbreitung des R/3-Systems über eine breite Front von Vertriebsspezialisten und Systemintegratoren. Weltweit gibt es ungefähr 40.000 Berater für SAP-Systeme (gegenüber 11.000 für Baan und 10.000 für PeopleSoft).

Nehmen Sie einmal an, Sie hätten als Top-Manager wichtige Entscheidungen über die IT-Infrastruktur zur Unterstützung strategischer Initiativen zu treffen. Allein die große Zahl an Beratern, die auf genau die Plattform spezialisiert sind, in die Sie investieren wollen, gibt Ihnen ein beruhigendes Gefühl. In der Erkenntnis der Überzeugungskraft, die in dem Umfang der Verbreitung liegt, konzentrierte sich SAP auf das Outsourcing und etablierte R/3 als das gefragteste ERP-Softwarepaket bei Kunden und Systemintegratoren gleichermaßen.

SAPs Wettbewerber hatten zu der Zeit mit den unterschiedlichsten Problemen zu kämpfen. So war z.B. die Integration der Komponenten einiger Client-Server-Anwendungen der Konkurrenz mangelhaft. Damit war eine Kernpriorität nicht erfüllt, was sich negativ auf die Akzeptanz der Produkte auswirkte. Andere Wettbewerber waren aufgrund schlechter Ausführung oder – noch schlimmer – weil sie ihre Systeme nicht auf die für Kunden attraktivsten offenen Plattformen installierten, regelrechte Marktnachzügler.

Die Systemintegratoren aus dem Beratungsgeschäft sowie die unbefriedigende Leistung seiner Wettbewerber waren SAPs willige Helfer auf dem Weg zur Marktführerschaft in ERP-Software. Die Größe seiner relativen installierten Basis gibt seine herausragende Marktstellung wieder: SAP hat aktuell ca. 10.000 Kunden, während PeopleSoft 2.500 und Baan 2.400 Kunden haben.

Durch die Nutzung der beiden Muster „Von Wissen zu Produkten" und „Outsourcing" hat SAP einen überwältigenden Unternehmenswert erzielt. Vor der Einführung des R/3-Systems stieg der Marktwert des Unternehmens um 13 Prozent pro Jahr. Nach der Einführung schoß der Marktwert in schwindelerregendem Tempo in die Höhe, und zwar um 90 Prozent jährlich. 1997 erreichte SAP einen Umsatz von 3,5 Mrd. Dollar und 9,4 Punkte auf dem Index Marktwert zu Umsatz.

Reintegration

Bis heute werden die Umsätze von SAP überwiegend mit Produktverkäufen generiert. Die Umsätze aus Beratung und Systemintegration werden von großen Beratungsunternehmen erwirtschaftet, die mit der Umsetzung der SAP-Software und der daraus resultierenden erhöhten Wettbewerbsfähigkeit ihrer Kunden beträchtliche Gewinne erzielen. Einerseits sind die Berater und Integratoren wertvolle Partner gewesen, auf der anderen Seite haben sie SAP daran gehindert, von der lukrativen Integration seiner eigenen Produkte zu profitieren. Tatsächlich haben die meisten Kunden von SAP eine wesentlich engere Beziehung zu Andersen oder EDS als zu SAP.

Mit zunehmender Ausdehung seiner installierten Basis hat das Unternehmen jedoch mehr Gewicht auf seinen Schulungs- und Beratungsbereich gelegt. Nachdem ein wachsender Teil der Umsätze aus Folgeaufträgen der installierten Basis stammen (50 Prozent in 1998), konzentriert sich SAP verstärkt auf das Management der Kundenbeziehungen und den Ausbau des Geschäfts mit der bestehenden Kundenbasis. Als Folge davon ist SAP dazu übergegangen, die Wertschöpfungsstufen Beratung und Integration wieder zu reintegrieren.

SAP hat in diesem Zusammenhang speziell die Initiative TeamSAP ins Leben gerufen, um seine Kunden als Coach oder Mentor bei der Umsetzung zu begleiten. Statt die Steuerung der Kundenbeziehungen aus der Hand zu geben und externen Integratoren zu überlassen, setzt SAP in den Projekten eigene Berater zur Überwachung der Implementierung ein. Die Initiative TeamSAP hat nicht nur zu einer beschleunigten Integration der Produkte, deutlicher Kostensenkung und größerer Kontrolle über seine Allianzpartner geführt. SAP beabsichtigt darüber hinaus, sein einzigartiges Know-how als Softwareanbieter, und auch als Systemintegrator in neue Produkte zu verwandeln und die Werterzielung aus dem ERP-Sektor zu vergrößern.

SAP hat seine Fähigkeiten und Erfahrung sowohl zur vertikalen wie horizontalen Expansion genutzt. Von seinem ersten Produkt, dem SAP Financial Accounting System, hat SAP sukzessive neue Systeme in Human Resources Management und Logistik entwickelt, die dem Originalprodukt hinzugefügt werden konnten. Dadurch vergrößerte sich die Produktpalette, was potentiellen Wettbewerbern wenig Schlupflöcher für eine erfolgreiche Attacke ließ. Die Integration erweiterter Funktionen geschah auf Verlangen der Kunden, die gesehen hatten, welche Vorteile Großunternehmen aus ihren integrierten Systemen erwuchsen. Darüber hinaus dehnte SAP seinen Ressourcenfokus auch vertikal aus, um möglichst viele Industriezweige abdecken zu können: Automobilindustrie, Chemie, Gesundheitswesen, Einzelhandel, Konsumgüter, Telekommunikation und Hochtechnologie. SAP bewegt sich außerdem von Standardfunktionen wie Finanzen oder Logistik immer weiter zu den Kerngeschäftsprozessen, um das Auftragsvolumen bei jedem einzelnen Kunden zu erhöhen.

Durch die wiederholte erfolgreiche Antizipation der entscheidenden Marktveränderungen konnte SAP kontinuierlich Gewinn aus den neu entstehenden Mustern erzielen. Dennoch nähert sich SAP jetzt einem entscheidenden Wendepunkt. Neue Wettbewerber im ERP-Markt haben die Softwarepakete aufgeschnürt und in ihre Bestandteile zerlegt (und überlegene Module für einzelne Funktionen wie z.B. Personalwesen entwickelt) bzw. sind durch die gezielte Ansprache alternativer Kundensegmente (KMUs) zu wichtigen Marktteilnehmern geworden. Insbesondere PeopleSoft baut stetig seinen Marktanteil im ERP-Sektor aus und ist kräftig gewachsen (51 Prozent mehr Absatz in 1998 gegenüber dem Vorjahr). Gleichzeitig hat sich J.D. Edwards eine führende Marktstellung bei mittelständischen Unternehmen erarbeitet.

Neben diesen Rivalen muß sich SAP mit einer wesentlich größeren Bedrohung von ganz anderer Seite auseinandersetzen. Seine aktuellen Produkte wurden auf der Höhe der Reengineering-Welle entwickelt. Folglich sind sie in erster Linie auf die Verschlankung der Unternehmensprozesse durch Datenvernetzung ausgerichtet. In dem Maße, wie sich der Fokus seiner Kunden auf neue Wachstumschancen verschiebt, treten neue Wettbewerber auf die Bildfläche, die Unternehmen darauf trimmen, das Internet als Vertriebsschiene zu nutzen, Kundeninformationen gewinnbringend einzusetzen und ihre Beziehungen zu Zulieferern und Kunden zu optimieren. Diese neuen Rivalen (Calico Systems, Siebel Systems, i2 Technologies, Manugistics) konzentrieren sich in erster Linie auf die Entwicklung von Software zur Unterstützung gewinnsteigernder und nicht allein kostensenkender Entscheidungen.

In diesem zunehmend wettbewerbsintensiven Umfeld muß SAP sein Business Design erneut auf veränderte Anforderungen ausrichten, wenn es weiterhin nachhaltigen Wertzuwachs generieren will. Während SAP als Antwort auf die Herausforderer neue sogenannte „Front-office-Produkte" (zur Kostenoptimierung interner operativer Geschäftsvorgänge und Verfahren, z.B. Forderungen und Verbindlichkeiten, Inventur, Fertigungsplanung etc.) entwickelt und das Beschaffungsmanagement in seine neuen R/3-Versionen V 4.0 und V 5.0 integriert hat, warten i2 Technologies, Manugistics und andere bereits mit wegweisenden Produkten im Supply Chain Management auf. Auch wenn SAP noch der Goliath des ERP-Markts ist, wird es die Wettbewerbsfähigkeit seiner neuen Produkte unter Beweis stellen müssen und darf in der Antizipation des nächsten branchenverändernden Gewinnmusters nicht nachlassen.

Staples

Konzentration der Vertriebskanäle; Multiplikation der Vertriebskanäle

In den 80er Jahren war die amerikanische Einzelhandelsbranche für Bürobedarf in Tausende von kleinen Papierwarenläden und kleine regionale Ketten fragmentiert. Die Geschäfte hatten aufgrund knapper Regal- und Lagerflächen nur ein begrenztes Sortiment. Weil sie dadurch nicht die Preisvorteile von Großbestellungen nutzen konnten, litten sie unter hohen Betriebskosten. Die Branche war von Business Designs bestimmt, die sich im wesentlichen durch mangelnde Größe, hohe Kosten, hohe Preise und eine begrenzte Auswahl auszeichneten.

Wegen fehlender alternativer Absatzwege war Kunden und Kleinunternehmen der Zugang zu preisgünstigeren Produkten und größerer Auswahl versperrt, von denen Großunternehmen profitieren konnten, die ihr Büromaterial über Vertragslieferanten bezogen. Wenn sie nicht über teure Direktmailing-Kataloge bestellen wollten, mußten sie sich mit einer begrenzten Auswahl an Standardprodukten zufriedengeben.

Mit der Zeit gerieten die kleinen Papierwarengeschäfte aber immer mehr ins Hintertreffen, weil eine wachsende Anzahl Kunden mangels Zeit bequeme Einkaufsmöglichkeiten suchte, bei denen sie alle Produkte aus einer Hand beziehen konnten – Zeitersparnis wurde zu obersten Priorität. Kunden wollten in einem Einkauf Lebensmittel kaufen, Rezepte in der Apotheke abgeben und kleinere Artikel (wie Bürobedarf) mitnehmen. Sie wollten nicht für jeden Artikel ein anderes Fachgeschäft aufsuchen. Ihre Forderungen lagen klar auf der Hand: niedrige Preise, große Auswahl, gut erreichbare Geschäftslage.

Nichtsdestotrotz waren die traditionellen Einzelhandelsunternehmen nicht in der Lage, diese Prioritäten zu erfüllen. Die Schere zwischen den Kundenbedürfnissen und den existierenden Angeboten wurde immer größer und lösten ein neues Gewinnmuster in der Einzelhandelsbranche aus.

Konzentration der Vertriebskanäle

Eines dieser Muster, die Konzentration der Vertriebskanäle, breitete sich Sektor für Sektor über die ganze Branche aus. In jedem Bereich gab es einen Wettbewerber, der das Muster erkannt und genutzt hat (Staples im Bereich Büromaterial, Barnes&Nobles im Buchhandel, Home Depot bei Wohndekoration) und aus der strategischen Antizipation Gewinn erzielen konnte.

Home Depot war eines der ersten Unternehmen, das sich dieses Muster zunutze gemacht hat. Seit seiner Gründung 1978 hat sich Home Depot zur Nummer eins der Branche Wohndekoration (Tapeten, Stoffe, Wandfarben etc.) entwickelt: Der Unternehmenswert ist seit 1982 um jährlich pauschal 44 Prozent gestiegen. Seine Gründer haben das Business Design des Unternehmens perfekt den veränderten Kundenbedürfnissen nach größerer Bequemlichkeit und Auswahl angepaßt.

Ähnlich wie Home Depot hat auch Staples den Wünschen seiner Kunden nach niedrigen Preisen und geringem Aufwand Rechnung getragen. 1986 eröffnete Staples seinen ersten Fachmarkt für Bürobedarf in Brighton, Massachusetts. Zwölf Jahre später gibt es kaum eine große Einkaufsmeile in den Vororten, in der man nicht über Staples oder einen seiner Wettbewerber stolpert (Office Depot und OfficeMax).

Mit seinem auf Großmärkten basierenden Business Design hat Staples die von hohen Kosten bestimmte Gesamtwirtschaftlichkeit der Büromaterialindustrie transformiert. Mit Hunderten von Fachmärkten, von denen jeder eine Verkaufsfläche von ca. 1.900 Quadratmetern hat, konnte Staples im Einkauf durch seine Größe Mengen- und Preisvorteile erzielen. Das hat Staples Gewinnspannen ermöglicht, die weit über denen seiner Wettbewerber liegen, obwohl seine Preise die Konkurrenz stets unterbieten. Aufgrund der Unternehmensgröße und der ausgedehnten Verkaufsfläche seiner Märkte kann Staples im Vergleich zu seinen kleineren Wettbewerbern eine riesige Produktauswahl bieten.

Neben den traditionellen Aktenordnern, Kugelschreibern, Bleistiften und Papierwaren enthält das Sortiment auch komplette Produktlinien, die üblicherweise in Geschäften für Bürobedarf nicht zu finden sind. Kunden finden hier Büromaterial, Maschinen, Möbel, Computer und Büroelektronik unter einem Dach. Außerdem bietet Staples einen Kopier-, Druck- und Faxservice, der erledigt wird, während seine Kunden einkaufen.

Inzwischen führen die Großmärkte von Staples fast 7.300 Artikel, von Büroklammern bis zu Bürolederstühlen. Durch die erweiterte Definition von „Bürobedarf", die Artikel mit hohen Gewinnspannen (Mobiltelefone, Anrufbeantworter, Faxgeräte, Kopierer und Büromöbel) einschließt, konnte Staples sein Wachstum beschleunigen und höhere Gewinnspannen als seine Wettbewerber erzielen. Darüber hinaus ist es Staples gelungen, eine wesentlich breitere Kundenbasis anzusprechen.

Auch in der strategischen Standortwahl ist Staples seinen Wettbewerbern überlegen. Seine Großmärkte befinden sich in leicht erreichbaren Einkaufskomplexen, wie man sie in Vororten an großen Kreuzungen findet. Indem Staples sich in die Nähe großer Supermärkte, Apotheken und anderer Megazentren begeben hat, lockt es diejenigen Käufer an, die sich nicht lange mit Einkäufen aufhalten und alles an einem Platz finden wollen. Durch seine lokale Größe konnte Staples außerdem mehr Werbefläche zu günstigeren Preisen einkaufen als seine Konkurrenten. Auch das hat zu einer Festigung seiner Marktstellung als bevorzugter Anbieter von Bürobedarf beigetragen.

Mit der Zeit hat Staples seine Standortstrategie durch die Eröffnung einer Vielzahl von kleineren Geschäften an wichtigen Plätzen in der Stadt oder in benachbarten Orten gefestigt. Wegen des geringeren Flächenbedarfs dieser Geschäfte findet Staples leichter die benötigte Zahl an nahe beieinander liegenden Verkaufsorten als Office Depot und OfficeMax. Durch die lokale Marktdichte ist es Staples gelungen, sich im Bewußtsein der Konsumenten als die Nummer eins für Bürobedarf festzusetzen.

Der Kombination von niedrigen Preisen, großer Auswahl und günstigen Standorten haben seine Wettbewerber nichts entgegenzusetzen. 1993 hat Staples über 200 neue Geschäfte eröffnet und sich im gesamten Nordosten der USA als wichtigster Vertriebskanal im Einzelhandel etabliert. Im Anschluß begann Staples, sich mit wachsender Geschwindigkeit in ganz USA und in Europa auszubreiten. 1991 expandierte das Unternehmen im Rahmen eines Joint Venture mit dem Anbieter Business Depot nach Kanada. 1994 erwarb Staples die Beteiligung von Business Depot und betreibt nun in Kanada 103 Märkte. In England gehören Staples 40 und in Deutschland bislang 17 Märkte.

Im Bereich Bürobedarf hat eine Wertverschiebung von kleinen Papierwarenläden zu Fachmärkten stattgefunden. Staples erkannte, daß die Konzentration der Vertriebskanäle immer weiter um sich griff und hat dieses Gewinnmuster genutzt, um die Zahl seiner Verkaufsstandorte um ca. 600 weitere Märkte in seinen neuen Heimatmärkten und im Ausland zu erhöhen. Die jährliche Expansionsrate des Unternehmens erreicht fast 35 Prozent, und mit jeder weiteren Expansionsrunde wird das Business Design erweitert.

Multiplikation der Vertriebskanäle

Trotz ihres durchschlagenden Erfolgs sind die Fachmärkte von Staples nur ein Teil der Erfolgsgeschichte. Die Fähigkeit des Unternehmens, veränderte Kundenprioritäten zu antizipieren, hat unter anderem auch zur Erschließung von vier neuen Absatzkanälen geführt:

1. das zentral gelegene Geschäft in der Stadt,
2. Großhandel,
3. Versandhandel und
4. Internet.

Zunächst konzentrierte sich Staples darauf, die Käufer zu erreichen, die in der Innenstadt arbeiteten und nicht die Zeit hatten, in große Einkaufszentren am Stadtrand zu fahren. Für dieses Kundensegment wurden Läden mit der Bezeichnung „Staples Express" in den Geschäftsvierteln von Boston, New York, Washington D.C. und anderen Großstädten eröffnet. Diese kleineren Geschäfte mit einer durchschnittlichen Verkaufsfläche von ca. 800 qm und einem konzentrierteren Sortiment an ca. 5.300 Artikeln boten einem bisher unerschlossenen Kundensegment gute Erreichbarkeit und günstigen Preisen.

1994 eroberte Staples mit der Akquisition mehrerer Vertragshändler für Büromaterial (D.A. MacIsaac, Philadelphia Stationers und Spectrum Office Products) den Großhandel für Firmenkunden. Dieser Schritt ermöglichte Staples die Belieferung mittelgroßer bis großer regionaler Unternehmen, für die es mit „Staples Business Advantage" ein eigenes Programm entwickelte. Durch die folgende Akquisition des Großhändlers National Office erreichte Staples die kritische Größe und Reichweite, um dieses Programm auch auf die Belieferung nationaler Großunternehmen erweitern zu können.

Um seine Größe vorteilhaft einzusetzen, nutzte Staples einheitliche Prozesse, um seine unterschiedlichen Vertriebskanäle zu bedienen. Dadurch konnten auch unnötige Doppelarbeiten in den Funktionen Distribution und Auftragsannahme vermieden werden, was sich wiederum positiv auf die Produktivität auswirkte und eine hohe Rationalisierung ermöglichte. Die dadurch bedingte niedrige Kostenposition erwies sich als weiterer Wettbewerbsvorteil, der über niedrige Preise an die Käufer weitergegeben wurde. Heute ist Staples einer der sechs größten Vertragsgroßhändler für Büromaterial des Landes.

Auch die Expansion in die Segmente Versandhandel und Internet-Vertrieb wurde mit Erfolg betrieben. Mitte 1998 kaufte Staples mit Quill Corporation eines der führenden Versandhandelsunternehmen. Darüber hinaus hat Staples eine Vereinbarung über die Beschaffung bei anderen Großhändlern abgeschlossen und konnte damit sein Katalogangebot um 20.000 Artikel über das Sortiment seiner Großmärkte hinaus erweitern. Kürzlich hat Staples als Antwort auf die zunehmende Bedeutung von E-Commerce und auf frühere Internet-Initiativen seiner Wettbewerber auch seinen Online-Katalog für Firmenbestellungen zugänglich gemacht.

Durch die clevere Nutzung der Muster Vertriebskanalkonzentration und Multiplikation der Vertriebskanäle ist es Staples gelungen, sich als führender nationaler Anbieter für Bürobedarf über zahlreiche Absatzwege zu etablieren. Der Schlüssel zum Erfolg liegt klar auf der Hand: branchenprägende Muster erkennen und gewinnbringend nutzen. Darin ist Staples allen seinen Wettbewerbern bisher überlegen gewesen.

Die Erfüllung der dringlichsten Kundenbedürfnisse – niedrige Preise, große Auswahl, bequemer Einkauf – hat zu einer beachtlichen Steigerung des Unternehmenswerts geführt. 1996 betrug der Marktwert von Staples 2,6 Mrd. Dollar, das war nur halb soviel wie der Marktwert seines Wettbewerbers Office Depot, der bei 5,3 Mrd. Dollar lag. Inzwischen erreicht Staples eine Marktkapitalisierung von 8,9 Mrd. Dollar. Das ist mehr als der Marktwert von Office Depot (4,9 Mrd. Dollar) und OfficeMax (1,7 Mrd. Dollar) zusammengenommen.

Anhand der Erfolgsgeschichte von Staples läßt sich gut nachvollziehen, wie ein Unternehmen branchenrelevante Gewinnmuster antizipiert und über die Entwicklung eines innovativen Business Design für sich genutzt hat und auf diesem Weg die Marktführerschaft im Einzel- und Großhandel für Bürobedarf erringen konnte.

Dennoch steht Staples schon wieder vor neuen Herausforderungen. Die explosionsartige Verbreitung des E-Commerce bedroht die Existenz der Großmärkte. Potentielle Käufer können inzwischen für die gleichen oder sogar für günstigere Preise Computer, Software und anderen Bürobedarf direkt im Internet kaufen. Staples ist bei der Entwicklung einer Antwort auf diese Gefahr hinter seine traditionellen Wettbewerber zurückgefallen: Sein Online-Katalog ist erst seit kurzem verfügbar. Um die Kontinuität der Wertzuwächse nicht zu gefährden, muß Staples den Übergang zum digitalen Business Design vollziehen, um zu verhindern, daß es als Absatzmittler ausgeschaltet wird. Eine zügige Neuausrichtung und die frühzeitige Antizipation weiterer neu entstehender Gewinnmuster sind unabdingbare Voraussetzung für eine koninuierliche Fortsetzung seiner bisherigen Erfolgsgeschichte.

Nokia

Von Produkten zu Lösungen; von Produkten zu Marken; neue Kompetenzen

Von Ende der 80er Jahre bis zur ersten Hälfte der 90er Jahre wurde die drahtlose Telekommunikation von dem amerikanischen Giganten Motorola beherrscht. Motorola war weltweit führend in Design und Produktion analoger Mobiltelefone und der dazugehörigen Infrastruktur. Seine Technologie galt als als die modernste der Branche. Darüber hinaus hatte Motorola bei Netzbetreibern das höchste Markenimage. Zwar hatte es in Ericsson und einige anderen Großunternehmen für Telekommunikationsgeräte hartnäckige Wettbewerber, aber Motorola war allen in Technik und Produktdesign überlegen. Außerdem gelang es Motorola, die bestqualifizierten Ingenieure der Welt für sich zu gewinnen, wodurch es wiederum in der Lage war, die qualitativ hochwertigsten Produkte zu entwickeln.

1997 hatte das kleine finnische Unternehmen Nokia sowohl Motorola wie auch Ericsson als führender Innovator der drahtlosen Kommunikation hinter sich gelassen. Innerhalb von fünf Jahren war aus dem skandinavischen Herausforderer, der sich als schwerfälliges Konglomerat (Papier, Chemie, Energie, Elektronik) einst am äußersten Rand des Wettbewerbplatzes getummelt hatte, der innovativste und technisch ausgereifteste Marktteilnehmer in der mobilen Kommunikation geworden.

Wie konnte sich ein derart drastischer Wandel in so kurzer Zeit vollziehen? Wie war es Nokia gelungen, sich von einem unscheinbaren europäischen Konglomerat in einen erstklassigen, weltweit anerkannten Telekommunikationsriesen zu verwandeln?

Ganz einfach: Nokia hat verstanden, worauf es ankommt, und seine Strategie danach ausgerichtet. Während viele traditionelle Branchenteilnehmer blind für die großen Umwälzungen in der Branche waren, nutzte Nokia die neuen Realitäten aggressiv zu seinem Vorteil, um Gewinnströme und strategische Absicherung seiner Wettbewerber zu untergraben und deren Kunden abzuwerben. Dabei bediente sich Nokia dreier Gewinnmuster: Übergang von Produkten zu Lösungen, Verschiebung von Produkten zu Marken und Gewichtsverlagerung auf neue Kompetenzen.

Von Produkten zu Lösungen

Nachdem sich Nokia von seinem Kerngeschäft gelöst hatte um sich ausschließlich auf Telekommunikation zu focusieren, wurde es zum führenden europäischen Anbieter für Infrastruktur und Geräte der drahtlosen Kommunikation. Nokia hatte sich jedoch genau wie seine Wettbewerber auf die Fertigung von Basiskomponenten und Montage seiner Geräte beschränkt und sah in den Handys und der Infrastruktur nichts anderes als seine direkten Kunden, die Netzbetreiber: losgelöste Einzelprodukte statt eines integrierten Systems.

Die Einführung des europäischen Mobilstandards – the Global System for Mobile Communications (GSM) – Ende der 80er Jahre löste eine rege Nachfrage nach Mobiltelefonen und Netzanmeldungen aus. Als Folge davon begannen sich die Prioritäten der Netzbetreiber zu verändern, die in diesem stark regulierten Markt einen hochdifferenzierten Service verlangten, um ihren Netzkunden echten Wert zu bieten. Schließlich waren sie daran interessiert, die hohen Anfangsinvestitionen schnell wieder hereinzuholen. Nokia erkannte, daß es sich nicht länger darauf beschränken konnte, Geräte zu vertreiben, wenn es unter diesen veränderten Bedingungen ein interessanter Partner für Netzbetreiber bleiben wollte, und entwickelte attraktive Kundenlösungen:

- Konzentration auf ein effizientes Netzwerk-Projektmanagement
- Schnelle Installation seiner Netze und weiterführende Unterstützung der Betreiber über die Implementierungsphase hinaus
- Eine technologische Verknüpfung mit seinen Mobiltelefonen, um Netzbetreibern hochwertige Komplettservices bieten zu können

Das Angebot integrierter Lösungen hat Nokia langfristige Verträge über die Aufrüstung von Mobiltelefonen und Netzinfrastruktur beschert und zu einer deutlichen Differenzierung zum Wettbewerb geführt. Nokia hat dieses Gewinnmuster auch zur Entwicklung generischer Plattformen genutzt, die ohne großen Aufwand in individuelle Lösungen für spezifische Kundenbedürfnisse verwandelt werden konnten. Telekommunikationsdienstleister verlangen zunehmend nach Komplettlösungen, was Nokia dazu veranlaßt hat, seine Mobiltelefone mit Netzverträgen zu kombinieren. Die Kompatibilität seiner Geräte mit allen wichtigen digitalen Technologien hat Nokia ermöglicht, eine größere Auswahl an Leistungskombinationen anzubieten als Ericsson und Motorola. Zwar bietet Nokia nicht die gleiche Breite an Infrastrukturprodukten wie andere Wettbewerber, dafür ist die Integration seiner Kunden- und Netzangebote wesentlich weiter entwickelt.

Darüber hinaus hat Nokia auf die wachsende Nachfrage nach Lösungen für schlüsselfertige Konzepte reagiert, indem es den kompletten Netzaufbau übernimmt (inklusive Netzplanung, Antennenstandorte, Netzinstallation und Betrieb sowie Kundenunterstützung). Bei fast allen dieser Komplettverträge konnte sich Nokia aufgrund seines profunden Know-hows und der engen Kundenbeziehungen auch die Nachfolgeaufträge sichern. Durch die Entwicklung von Komplettlösungen aus Produkten und Dienstleistungen hat Nokia den wirtschaftlichen Kundennutzen der Netzbetreiber gesteigert und so enge Beziehungen zu seinen Kunden aufgebaut. Durch die Partnerschaft mit weltweit führenden Netzbetreibern hat Nokia ein hohes Maß an strategischer Absicherung erreicht.

Von Produkten zu Marken

Zur gleichen Zeit, da Netzbetreiber nach integrierten Lösungen suchten, änderten sich auch die Prioritäten der Nutzer. Nokia erkannte, daß Mobiltelefone nicht mehr länger technische Apparate mit allen Schikanen für Techno-Freaks waren, sondern sich als Konsumgüter in der breiten Bevölkerung durchzusetzen begannen. Ein Mobiltelefon zu besitzen war für eine wachsende Zahl von Privatnutzern ohne technisches Interesse eine Frage des Images. Um diesem neuen Trend zu entsprechen, änderte Nokia seine Produktstrategie (technisch anspruchsvolle Spezialelektronik) und legte mehr Gewicht auf den Aufbau eines Markenimages (designorientierte Konsumgüter).

Die Masse der Privatnutzer wollte in erster Linie eine verläßliche Marke, ein gutes Design und eine ergonomische Form. Also betonte Nokia die Vorteile seiner Modelle als modische Konsumgüter. Nokia war mit dieser Strategie eindeutiger Branchenpionier und warb mit Direktwerbung, erstklassigem skandinavischem Design und Ergonomie sowie einer bunten Formen- und Farbvielfalt für seine Produkte.

Warum war diese Strategie so wichtig? Die neue Ausrichtung half Nokia, das Image einer „coolen" Marke für Mobiltelefone aufzubauen und darüber breite Teile der Bevölkerung anzusprechen. Die Handys der Wettbewerber waren möglicherweise technisch anspruchsvoller, aber die Modelle von Nokia galten bei Kunden und potentiellen Käufern sehr schnell als die modischsten Accessoires mit dem besten Styling.

Nokias Markenstrategie hat einen durchschlagenden Erfolg gehabt, und der steigende Wettbewerb in der Neukundengewinnung hat seinem Image noch weiter genützt. Inzwischen ist es branchenüblich, daß Netzbetreiber Mobiltelefone zum Schleuderpreis oder sogar umsonst abgeben, um die Zahl der Netzanmeldungen zu steigern. Der Verkaufspreis liegt oft weit unter dem realen Preis eines Mobiltelefons. Um Telefonkunden für ein oder zwei Jahre zu binden, halten Netzbetreiber nach potentiellen Netzwechslern Ausschau, die mit Sonderangeboten, neuen Service-Leistungen und immer mit einem neuen Mobiltelefon gelockt werden. Kunden betrachten sie daher als Wegwerfprodukte. Mobiltelefone sind wahrscheinlich das einzige hochwertige Produkt aus dem Bereich Consumer Electronics, das fast jedes Jahr ausgetauscht wird. Nokias Investitionen in den Aufbau eines Markenimages verschaffen dem Unternehmen einen Spitzenstatus in diesem von ständigen Umwälzungen geprägten

Umfeld. Die Innovationsgeschwindigkit wird geradezu gefördert, weil dadurch die Zahl der Netzanmeldungen wächst. Nokias umfangreiche Werbekampagnen, das Design seiner Mobiltelefone und sein Markenimage machen seine Modelle zur ersten Wahl.

Neue Kompetenzen

Zwei Muster hat Nokia zu seinem Vorteil genutzt: den Übergang von Produkten zu Lösungen und von Produkten zu Marken. Die erfolgreiche Neuausrichtung auf diese branchenprägenden Veränderungen hat Nokia zu einem Schwergewicht in der drahtlosen Kommunikation gemacht. Aber erst die Antizipation des dritten Musters war die eigentliche Zündung für seinen kometenhaften Aufstieg zur Marktführerschaft und einem Unternehmenswert von 50 Mrd. Dollar. In der frühen Erkenntnis, daß die Zukunft in digitalen Systemen liegen würde, brachte Nokia (gleichzeitig mit Ericsson) noch vor Motorola digitale Mobiltelefone und entsprechende Netzinfrastruktur auf den Markt, die von vielen digitalen Netzbetreibern weltweit bevorzugt genutzt werden.

In der Vergangenheit hat stets die Produkttechnologie (sowohl für Mobiltelefone wie Netzausrüstung) die drahtlose Kommunikation regiert. In den 80er Jahren unterschied sich Nokia in dieser Hinsicht überhaupt nicht vom Wettbewerb. Die aufkommende Digitaltechnologie erforderte jedoch ein stärkeres Engagement in Softwareentwicklung und Programmierung, damit die Telefone mit modernsten Funktionsmerkmalen ausgestattet werden konnten.

Nokia erkannte, daß das eine fundamentale Veränderung der Kompetenzen bedingte, und strukturierte die Zusammensetzung des Bereichs technische Entwicklung völlig neu. Innerhalb weniger Jahre engagierte Nokia so viele Softwareentwickler, daß die Zahl seiner technischen Experten z.T. fünfmal so hoch war wie bei manchen seiner Wettbewerber. Das Ausmaß dieser Kompetenzumschichtung war für Nokias Infrastrukturkunden von großer Bedeutung und setzte eine Dynamik in Gang, die Nokia in eine marktführende Stellung katapultierte. Heute sind die digitalen Mobiltelefone von Nokia die modernsten und vielseitigsten Geräte auf dem Markt. Das Unternehmen selbst gilt als Anbieter der „breitesten und attraktivsten Produktlinie im Bereich mobile Kommunikation", was dazu geführt hat, daß Nokia Motorola, Ericsson und anderen Wettbewerbern in erheblichem Umfang Marktanteile abgenommen hat.

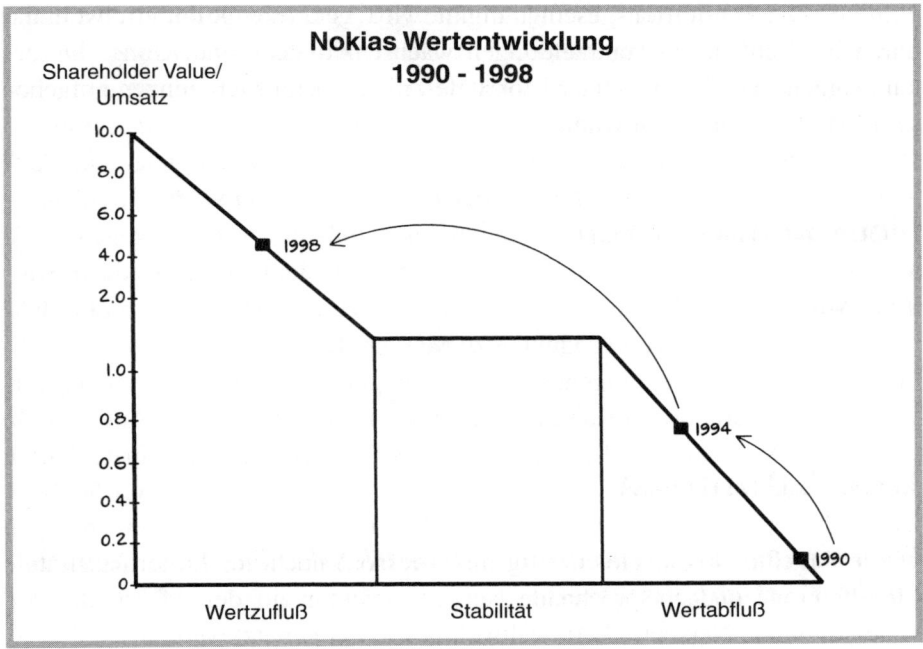

Durch die Gewichtsverlagerung in den Kernkompetenzen von Produkttechnologie auf Softwareentwicklung konnte Nokia eine führende Marktstellung im europäischen GSM-Markt erringen. Als der amerikanische Markt 1997 mit der Einführung digitaler Technik begann, war Nokia dem Wettbewerb sowohl im Aufbau digitaler Netze wie auch bei Mobiltelefonen weit voraus.

Die Ergebnisse der erfolgreichen Nutzung der drei aufeinanderfolgenden Gewinnmuster sind überaus zufriedenstellend: In den letzten fünf Jahren hat Nokia mehr als 35 Mrd. Dollar an Marktwert geschaffen, und der Umsatz ist um 24 Prozent jährlich gestiegen. Nokias aktueller Betriebsgewinn aus Kommunikationsnetzen und Mobiltelefonen beträgt 22 und 14 Prozent respektive.

Damit steht Nokia weitaus besser da als seine Wettbewerber. Die Umsatzrendite ist von 12 Prozent auf 16 Prozent gestiegen. Dagegen erreicht Ericsson lediglich elf Prozent, Lucent zehn Prozent und Motorola sogar nur sieben Prozent. Die Kapitaleffizienz (Vermögenswerte zu Umsatz) hat sich mit einer Senkung von 0,49 auf 0,32 verbessert. Die größte Veränderung ist im Index Marktwert zu Umsatz zu verzeichnen. Von 0,1 Punkten in 1990 ist der Wert auf 2,1 in 1997 gestiegen und liegt damit höher als bei allen seiner Wettbewerber. Trotz seines außergewöhnlichen Erfolgs könnte Nokias Dynamik demnächst einen Dämpfer erhalten. Mit zunehmender Konvergenz in der Übertragung von Daten, Sprach- und Bildkommunikation werden die Branchengrenzen aufgehoben. Nokia hat diese Entwicklung zumindest teilweise schon vorausgesehen. Die Entwicklung der modernsten Produkte, die der Markt zu bieten hat, läuft bereits auf Hochtouren. Nokia wird aber auch weiterhin veränderte Kundenprioritäten und neue Gewinnmuster antizipieren müssen, wenn es gegen Intel, Microsoft, IBM, Cisco und andere Schwergewichte der Computerindustrie antreten will.

Dell Computer

Polarisierung; Komprimierung der Vertriebskanäle, Desintegration der Wertschöpfungskette

Vor zehn Jahren hatten Computerkäufer wenig Auswahl. Während die Vormachtstellung der Hersteller von Großrechnern durch die Desintegration der Wertschöpfungskette gebrochen worden war, bot das PC-Geschäft wenig Alternativen. Eine Handvoll Computerhändler wie Computerland verkaufte eine begrenzte Auswahl an Computern von IBM, Apple, Tandy und Commodore. Jedes PC-System enthielt eine Reihe festgelegter Optionen – Speicherkapazität, Diskettenlaufwerk, Software –, die vom Hersteller entwickelt, montiert, konfiguriert und über die Vertriebskanäle des Einzelhandels abgesetzt wurden. In diesem frühen Stadium kannte sich die große Mehrheit der Kunden nicht mit den technischen Details der Produkte aus. Um ein qualitativ hochwertiges Produkt zu erwerben, waren sie auf die Fachkenntnisse und Beratung durch Verkaufsmitarbeiter angewiesen, die ihnen den Weg durch das undurchschaubare Dickicht aus RAM, ROM und Floppy Discs zeigten. Händler wie Computerland boten verunsicherten und zögerlichen Kunden wertvolle Unterstützung.

Heute bietet sich auf dem PC-Markt ein ganz anderes Bild. Über die letzten zehn Jahre hat sich eine wachsende Zahl von ehemaligen Computer-Analphabeten nicht nur kundig gemacht, viele sind richtige Experten geworden. Die

Welt der Computer ist nicht mehr länger den Programmierern von Großrechnern und IT-Experten in Unternehmen vorbehalten. Inzwischen ist fast die Hälfte der Bevölkerung regelmäßigen Umgang mit Computern gewöhnt. Darüber hinaus haben neue Technologien die Fähigkeiten der PCs und die verfügbaren Optionen drastisch erweitert. Mit fallenden Preisen haben immer mehr Haushalte Computer angeschafft und gelernt, die technischen Details hinter dem Bildschirm zu decodieren und haben sich zu fachkundigen Käufern entwickelt. Diese grundlegenden Veränderungen haben ein neues wichtiges Gewinnmuster in der PC-Branche ausgelöst: die Polarisierung bzw. Wertverschiebung von der undifferenzierten Mitte an beide Enden des Wertspektrums.

Polarisierung

Mit zunehmendem Fachwissen der Kunden ist eine undifferenzierte Einheitslösung nicht mehr angemessen. Tatsächlich ist eine Aufspaltung der Kunden in zwei entgegengesetzte Lager festzustellen. An einem Ende des Spektrums konzentrieren sich anspruchsvolle Firmenkunden, die maßgeschneiderte, auf die Bewältigung komplexer Probleme ausgerichtete Computersysteme verlangen. Dieses Kundensegment ist eher an Komplettlösungen als an Einzelprodukten interessiert. Außerdem besteht ein hoher Bedarf an technischer Unterstützung, Netzwerklösungen, Systemintegration und kundenspezifischer Konfiguration.

Spezialisierte Vertriebskräfte (z.B. die Teams des globalen Kundenmanagements von Hewlett-Packard) und Systemintegratoren (z.B. Andersen Consulting, EDS) erkannten die Bedürfnisse dieses Kundensegments schon sehr früh und haben als Anbieter hochwertiger integrierter Lösungen in den letzten Jahren beachtlichen Unternehmenswert generiert.

Am anderen Ende des Wertspektrums konzentrieren sich technisch versierte Kunden (Firmenkunden und Privatnutzer), deren oberstes Ziel der Kauf eines PCs zum niedrigstmöglichen Preis ohne großen Aufwand ist. Diese Kunden kennen die technischen Spezifikationen eines PCs (ein Wissen, das durch die Branchenstandards, die Intel, Microsoft und andere Anbieter gesetzt haben, leicht zu erlernen ist), wissen genau, was sie wollen, welchen Preis sie zu zahlen bereit sind, und verzichten gerne auf die Beratung von Fachhändlern, wenn die Geräte dafür schnell und billig zu haben sind.

Dieses Kundensegment hatte Michael Dell im Visier, als er 1984 das gleichnamige Unternehmen von seinem Erstsemester-Schlafsaal aus gründete. Dell begann damit, alte Computer von IBM und DEC zu kaufen, stattete sie mit neuen Teilen und Peripheriegeräten aus und verkaufte sie anschließend zu Preisen, die 10 bis 15 Prozent unter dem Marktpreis lagen. Dells Geschäftskonzept war einfach und hoch profitabel. Dell konzentrierte sich darauf, die Bedürfnisse preisbewußter Käufer zu niedrigstmöglichen Preisen zu erfüllen. Im Jahr 1988, als Dell Computer Corporation an die Börse ging, verkaufte das Unternehmen Computer im Wert von mehr als 150 Mio. Dollar. Ein Jahrzehnt später betragen die Umsätze 16,8 Mrd. Dollar und der Gewinn 1,3 Mrd. Dollar.

Die frühzeitige Erkenntnis der strategischen Marktbedingungen und veränderter Kundenbedürfnisse in der PC-Industrie ermöglichte Dell, Gewinn aus der Wertpolarisierung zu erzielen, indem es sich auf das Kundensegment an einem Ende des Wertspektrums konzentrierte. Für den Unternehmenserfolg waren aber noch zwei andere Gewinnmuster ausschlaggebend, die Dell ebenfalls antizipiert und gewinnbringend für sich genutzt hat: die Komprimierung der Vertriebskanäle und die Desintegration der Wertschöpfungskette.

Komprimierung der Vertriebskanäle

Traditionell vertreiben PC-Hersteller ihre Produkte über Einzelhandelskanäle, die PCs im Großhandel eingekauft und mit Gewinn weiterverkauft hatten. Die Wiederverkäufer waren an gut erreichbaren Standorten plaziert und hatten eine große Auswahl an Markenprodukten, boten aber selber keinen oder nur geringen Mehrwert an Produkten oder Leistungen. Michael Dell erkannte das nächste Gewinnmuster wesentlich früher als seine Wettbewerber. Kunden würden für niedrige Preise und eine große Auswahl gern auf den persönlichen Verkaufsservice verzichten. Sein Argument: Was zählt, sind die Spezifikationen eines PCs (Prozessor, Speicherkapazität). Sie geben den Ausschlag für oder wider eine Kaufentscheidung.

Dell reagierte auf diese neue Kundenpriorität mit der Komprimierung der Wertschöpfungskette, indem er die traditionellen Vertriebskanäle ausließ. Das Unternehmen begann, seine Computer ausschließlich per Telefon zu verkaufen. Dell bot seinen Kunden einen entscheidenden Zusatznutzen – eine kundenspezifische Anpassung. Statt eines der fertig konfigurierten Geräte zu kaufen, die ein Händler auf Lager hatte, konnten Dells Kunden die Produkteigenschaften ihres Computers selbst auswählen.

Der überwältigende Erfolg des Direktvertriebs wurde durch das Internet noch beschleunigt. 1996 ergänzte Dell seinen Telefonverkauf durch ein Online-Bestellcenter. Der Absatz via Internet hat kräftig zugelegt. Inzwischen macht der Online-Absatz fast 2 Mrd. Dollar des gesamten Absatzes aus (16 Prozent der Gesamtumsätze).

Das Vertriebskonzept ermöglicht Preise, die unter dem Preisniveau der Wiederverkäufer liegen und forciert den Verkauf von Zubehör und Service-Verträgen. Wenn ein Kunde sich für eine bestimmte PC-Konfiguration entscheidet (entweder online oder per Telefon), werden ihm eine Reihe von Druckern, Garantien, Notebook-Taschen, Speichererweiterungen und Kabel angeboten. 1997 verkaufte Dell Zubehör in einer Größenordnung von fast 800 Mio. Dollar. Durch den Direktvertrieb konnte Dell die Gewinnspannen, die sonst auf den Handel entfallen, selbst erzielen. Und was noch wichtiger ist: der direkte Kundenkontakt ermöglichte die Steuerung der Kundenbeziehungen. Im Gegensatz zu seinen Wettbewerbern, die die Schwächen ihrer Vertriebskanäle ausbaden müssen (z.B. schlechter Service, entgangene Aufträge, mangelnde Produktkenntnisse), ist Dell in der Situation, seinen Vertrieb, Service und seine Unterstützungsleistung selbst zu steuern.

Desintegration

Durch die Komprimierung der Vertriebskanäle konnte Dell im Vergleich zum Wettbewerb beträchtliche Kostenvorteile erzielen. Dell hat diesen Vorteil durch eine forcierte Desintegration der Wertschöpfungskette noch verstärkt.

In den 70er und den frühen 80er Jahren waren die führenden Computerhersteller IBM und DEC in der Wertschöpfungskette vertikal integriert, sie deckten alle Stufen ab: von der Herstellung der Komponenten, dem Systemdesign, über die Entwicklung von Anwendersoftware bis zu Montage und Vertrieb. Zu Beginn der 90er Jahre traten jedoch plötzlich neue Wettbewerber auf die Bildfläche, die einen überdurchschnittlichen Wert generierten, indem sie sich auf bestimmte Stufen der Wertschöpfungskette spezialisierten. Dazu gehörten Intel im Bereich Mikroprozessoren, Microsoft bei Betriebssystemen und Anwendersoftware und Compaq in der Computerherstellung.

Dell erkannte vor seinen Wettbewerbern die Chance, die Wertschöpfungskette eines PCs weiter aufzuspalten. Dell war das erste Unternehmen, das sich ausschließlich auf die Montage und Lieferung fertiger Produkte konzentrierte. In Wirklichkeit ist Dell kein Computerhersteller, sondern ein Montagebetrieb.

Durch die Nutzung dieser zweiten Phase der Desintegration konnte Dell ein überlegenes, kostengünstiges Produktionskonzept entwickeln. Dell kauft nach Bedarf fertige Komponenten (Motherboards, Prozessoren, Speichererweiterungen) von lokalen Zulieferern. Aufgrund der engen Beziehungen zu seinen Lieferanten unterhält Dell fast keine Lager mehr. Mit einem Lagerbestand von einer Woche werden alle vorrätigen Teile sofort einem bestimmten System zugeordnet, sobald sie das Montagewerk erreichen. Das ermöglicht Dell einen wöchentlichen Lagerumschlag. Im Gegensatz zu Dell wird das Lager bei Compaq 13,5 Mal pro Jahr umgeschlagen und bei IBM 9,8 Mal.

Durch die Just-in-Time-Fertigung konnte Dell seine Kapitalbindung und seine Overheadkosten reduzieren. Die Overheadkosten pro Dollar machen ungefähr die Hälfte der Kosten von IBM aus und liegen 25 Prozent unter den Kosten von Compaq. Dells Umsatz pro eingesetzten Dollar an Anlagevermögen ist ungefähr 30mal so hoch wie bei IBM. Eine so hohe Effizienz hat sich natürlich positiv auf das Betriebsergebnis ausgewirkt. Das Verhältnis Betriebskosten zu Umsatz beträgt nur 11,4 Prozent und liegt damit 3 Punkte unter Compaq, 11 Punkte unter Hewlett-Packard und 16 Punkte unter IBM.

Statt fertige Produkte aus dem Lager zum Transport bereitzustellen, montiert und transportiert Dell seine Computer innerhalb von 36 Stunden nach Eingang des Auftrags. Der Produktionsprozeß beginnt, nachdem ein Käufer per Telefon oder über das Internet bei Dell seine Bestellung aufgegeben hat. Der Auftrag wird unverzüglich an einen Fertigungsbetrieb in Austin, Texas, Penang oder Limerick in Irland weitergeleitet. Von dem Moment des Mausklicks bzw. der Beendigung des Telefonats dauert es eine Woche, bis der Computer geliefert wird.

Indem es die überlegenen Beschaffungssysteme mit den Preisvorteilen des Direktvertriebs koppelte, konnte Dell seine Wettbewerber mit günstigeren und leistungsfähigeren Computern nachhaltig aus dem Feld schlagen. Weil Dell nie überholte Komponenten oder Auslaufmodelle auf Lager hat, kann es neue Chips, schnellere Modems und Festplatten mit höherer Speicherkapazität schneller als der Wettbewerb auf den Markt bringen.

Durch die Kombination von zügiger Lieferung, niedrigen Preisen und individuellen Komponenten lockt Dell die werthaltigsten, technisch versierten Käufer an und hat eine hohe Kundenloyalität geschaffen. Durch ein aggressives
Outsourcing und die gewinnbringende Nutzung der fortschreitenden Desintegration der Wertschöpfungskette hat Dell ein hochprofitables Kundensegment
erschlossen und gleichzeitig die Kosten der Bedienung dieses Segments drastisch reduziert.

Trotz seines überlegenen Geschäftskonzepts über eine kostengünstige Fertigung hat Dell wie viele andere PC-Hersteller aufgrund des Preisverfalls mit
sinkenden Margen zu kämpfen. Aufgrund der Fähigkeit, veränderte Kundenprioritäten zu antizipieren, ist Dell in der Lage gewesen, die weitere Entwicklung der Wertpolarisierung in der Computerindustrie zu erkennen und die notwendigen Anpassungen vorzunehmen, damit das überdurchschnittliche
Wachstumstempo nicht verlangsamt wird.

Seinen nachhaltigen Unternehmenserfolg verdankt Dell der Erkenntnis, daß
sich die Prioritäten der gewinnträchtigen Firmenkunden am anderen Ende des
Wertspektrums ebenfalls verändern. Dieses Kundensegment verlangt hochlei-

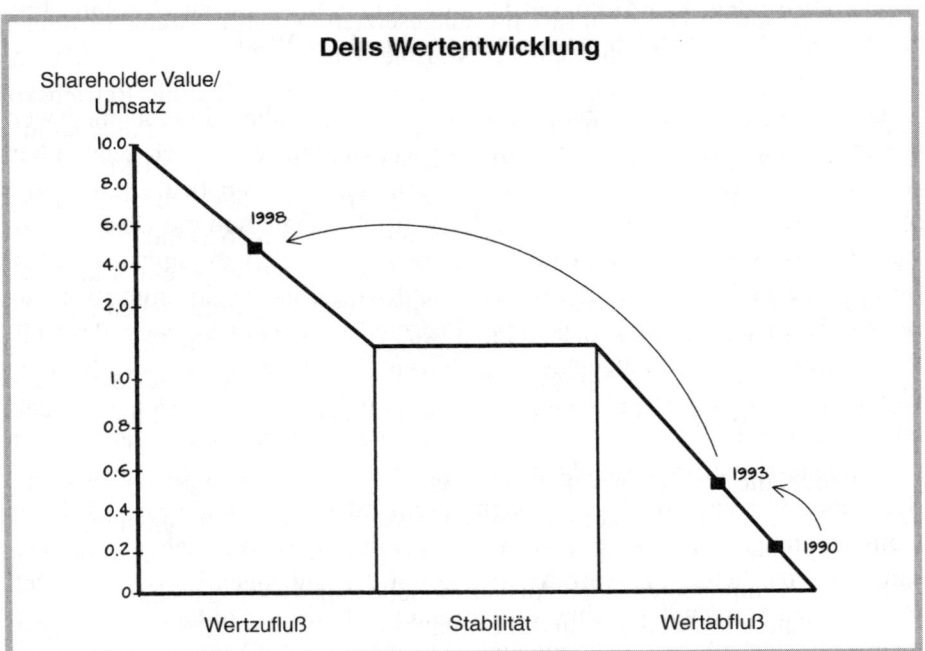

stungsfähige Computer aus dem Premiumsegment, hat aber mit zunehmender Marktreife die Charakteristika preisbewußter Käufer angenommen.

Wie ihre Pendants am anderen Ende des Wertspektrums sind auch die Premiumkunden inzwischen vertraut mit der Computertechnik. Statt Berater und Integratoren wie Andersen oder IBM zu konsultieren, gehen immer mehr Unternehmen dazu über, diese Kosten einzusparen, ihre Computer direkt beim Hersteller zu ordern und die Integration durch interne Serviceabteilungen vorzunehmen. Die Verlockung, exzellente Qualität zum günstigen Preis zu erwerben und die technische Unterstützung von Dell bzw. seinen hervorragenden Kundenservice in Anspruch nehmen zu können, hat viele Unternehmen überzeugt.

Wieder ist es Dell gelungen, veränderte Kundenprioritäten vor dem Wettbewerb zu erkennen und zu nutzen. Auf der Basis seiner Marktführerschaft bei Desktops und Laptops hat Dell auch eine führende Stellung bei Workstations und Firmen-Servern erreicht. 1996 hat Dell einen aggressiven Vorstoß in den Markt für Netzwerk-Server gewagt und seine ersten Workstations ein Jahr später auf den Markt gebracht. Inzwischen ist Dell die Nummer zwei unter den Server-Vertreibern in den USA. Dell erzielt mehr als zehn Prozent seiner Umsätze aus dem Verkauf von Servern und Workstations an Firmenkunden und Regierungsstellen. 15 Prozent der Umsätze sollen bis zum Jahr 2000 mit Premiumprodukten – dem Segment mit dem schnellsten Wachstum – erwirtschaftet werden.

Dell hat in den letzten zehn Jahren über 80 Mrd. Dollar Unternehmenswert generiert, indem es drei branchenprägende Gewinnmuster für sich genutzt hat: die Wertverschiebung von der undifferenzierten Mitte an beide Enden des Wertspektrums, die Komprimierung der Vertriebskanäle und die Desintegration der Wertschöpfungskette. Durch seinen Fokus auf die vorrangigen Kundenbedürfnisse nach günstigen Preisen und kundenspezifischer Zusammensetzung der Geräte ist Dell mit mehr als sieben Prozent Marktanteil zu einem der weltweit führenden Marktteilnehmer aufgestiegen. In den USA liefert sich Dell mit Compaq ein Kopf-an-Kopf-Rennen um die Marktführerschaft. Das wichtigste ist jedoch, daß Dell eines der profitabelsten Unternehmen der PC-Industrie ist.

Nichtsdestotrotz muß sich Dell mit zunehmender Wettbewerbsintensität und der Imitation seines Business Design auseinandersetzen. Gateway, IBM und Compaq drängen mit geballter Kraft in den Online-Direktvertrieb, um ihre Gesamtwirtschaftlichkeit zu verbessern und mit den günstigen Preisen von Dell mithalten zu können. Um seine Konkurrenten auf Distanz zu halten, wird Dell neue strategische Schritte einleiten und neu entstehende Gewinnmuster nutzen müssen. Tatsächlich hat Dell das nächste branchenprägende Muster bereits vorweggenommen. Kürzlich kündigte das Unternehmen Pläne an, die DSL-Modems von Cisco sowie Serviceleistungen von US West und anderen lokalen Telefongesellschaften mit seinen Computern zu Leistungspaketen zu bündeln, um seinen Kunden Komplettlösungen für besonders schnellen Internet-Zugang zu bieten.

Egal ob Dell die Fremdfertigung oder die Mikrosegmentierung intensiviert, es wird sein Business Design neu ausrichten müssen, um die Nachhaltigkeit seines Wachstums und seiner Profitabilität nicht zu gefährden. Momentan liegt Dell im Rennen an der Spitze, aber die Dynamik der Branche wird eine ganze Reihe neuer Gewinnmuster hervorbringen, die dekodiert und genutzt werden wollen.

Amazon.com

Digitales Business Design; Mikrosegmentierung; systematischer Aufbau auf lukrativen Marktchancen

Wo kaufen Sie Ihre Bücher? Wenn Sie zu den Online-Nutzern gehören, könnte die Antwort lauten: „Bei Amazon.com." Amazon wurde 1995 von Jeff Bezos gegründet, einem New Yorker Investmentbanker, der die Zukunftschancen des Internet als Absatzweg im Einzelhandel erkannte, und das erheblich früher als der Wettbewerb. Amazon erzielt Gewinn aus dem wachsenden Trend zur Ausschaltung der physischen Absatzmittler und ist inzwischen der größte Online-Einzelhändler, der seinen Kunden mehr Einkaufskomfort, eine größere Auswahl und, in den USA, günstigere Preise als der traditionelle Buchhandel bietet.

Amazon hat diese Wettbewerbsüberlegenheit durch die erfolgreiche Nutzung mehrerer Muster erreicht (Digitalisierung des Business Design, Mikrosegmentierung, systematischer Aufbau auf lukrativen Marktchancen) und ist heute längst ein ernsthafter Gegner für etablierte Buchkaufhäuser wie Barnes & Nobles oder Borders.

Vom konventionellen zum digitalen Business Design

Durch sein digitales Business Design ist es Amazon gelungen, die veränderten Kundenprioritäten besser zu erfüllen als seine Wettbewerber. Das Unternehmen hat sowohl das Internet wie auch Datenbanktechnologien genutzt, um die Ineffizienzen auf Kunden- wie auf Anbieterseite zu beseitigen.

Der virtuelle Buchhandel von Amazon bietet mehr als 2 Mio. Titel zur Auswahl. Das ist weit mehr, als selbst die größten Buchhandelsketten im Programm haben. Amazon erfüllt außerdem die wichtigsten Bedürfnisse verschiedener Kundengruppen. Zum einen gibt es Käufer, die eine große Auswahl suchen, und zum anderen diejenigen, die großes Interesse an einem Spezialthema haben. Die üblichen Buchhandlungen bieten zwar eine breite Auswahl, aber sie haben nur wenig Fachbücher bzw. Literatur zu Spezialthemen. Amazon dagegen kann mit seinem virtuellen Schaufenster und seinem Online-Lager zehnmal so viele Buchtitel in seine „Regale" aufnehmen.

Durch die Digitalisierung der gesamten Infrastruktur des Buchhandels hat Amazon seine Kapitalbindung drastisch gesenkt, und das Betriebskapital ist negativ. Der Lagerumschlag ist 20mal so hoch wie der von Großbuchhandlungen und 50mal so hoch wie bei Fachbuchhandlungen. Durch diese betriebliche Verschlankung wurden Kosten gesenkt, wodurch Amazon in der Lage war, seine Bücher um 20 bis 30 Prozent günstiger zu verkaufen als seine Wettbewerber. Selbst mit dem Kostenaufschlag für Transport und Abwicklung sind die meisten online bei Amazon bestellten Bücher günstiger als in herkömmlichen Buchhandlungen.

Mikrosegmentierung

Aufgrund seines digitalen Business Design konnte Amazon noch ein weiteres Gewinnmuster nutzen, um enge Kundenbeziehungen aufzubauen: die Mikrosegmentierung. In der Erkenntnis, daß E-Commerce auf der Selbstauskunft der Kunden über ihr Kaufverhalten und ihre Produktpräferenzen beruht, hat Amazon diese Informationen dazu verwendet, seinen Internet-Auftritt auf individuelle Kundenbeziehungen auszurichten.

Um die wachsende Nachfrage nach Beratung und Empfehlung zu erfüllen, hat Amazon seinen Kunden ermöglicht, aus dem verfügbaren Buchprogramm ihren eigenen virtuellen Buchhandel zusammenzustellen, der sich nach ihren individuellen Lesewünschen richtet. Wer die Webpage von Amazon aufruft, wird mit spezifischen Empfehlungen begrüßt, die nicht nach geographischen Kriterien, sondern nach individuellen Kundenmerkmalen zusammengestellt sind. Dazu verfolgt Amazon die bisherigen Buchkäufe eines Kunden und vergleicht sie mit anderen Kunden, die ähnliche Bücher gekauft haben. Dadurch entsteht ein individuelles Leserprofil. Mit wachsender Zahl der Buchkäufe gewinnt das Profil an Exaktheit. Entsprechend werden auch die Empfehlungen immer zielgerichteter.

Für Kunden, die auf persönliche Kaufbetreuung Wert legen, ist das Wertangebot von Amazon deutlich attraktiver als das traditioneller Buchhandlungen. Fachbuchhandlungen und unabhängige Buchhandlungen bieten zwar einen ziemlich guten Service, allerdings fast immer zu Lasten der Auswahl. Außerdem sind die Bücher (in den USA) meist relativ teuer. In Europa bietet Amazon den Vorteil, daß Fachbücher schneller verfügbar und recherchierbar sind. Großbuchhandlungen bieten zwar eine reichhaltige Auswahl, sind aber oft sehr unpersönlich und verbreiten durch die Vielzahl der Bücherstände eine Kaufhausatmosphäre. Dagegen sind viele Leser von Amazon so begeistert, daß sie zwar in einer herkömmlichen Buchhandlung in den Regalen stöbern, die gewünschten Titel dann aber per Internet bei Amazon bestellen, damit alle Kaufinformationen gespeichert sind und sie noch wertvollere Buchempfehlungen erhalten.

Vielleicht wird Amazon dieses Muster in der Zukunft noch weiter ausschöpfen. Das könnte so weit gehen, daß alle Farben, der Hintergrund, Bestellisten, Buchrezensionen und Chat Rooms auf jeden Kunden individuell zugeschnitten werden. Dann wird jeder Leser auf seine persönliche Buchhandlung zugreifen können, und die Kosten für einen Wechsel würden wesentlich höher sein als im traditionellen Buchhandel.

Die Nutzung der beiden Gewinnmuster „Digitales Business Design" und „Mikrosegmentierung" haben Amazon ein explosionsartiges Wachstum beschert. Seit 1995 – dem Jahr der Firmengründung – bis 1997 stieg der Umsatz auf fast 150 Mio. Dollar und setzt sein Wachstum seitdem kontinuierlich fort. Im Mai 1997 ging Amazon an die Börse. Seine Marktkapitalisierung ist von 400 Mio. Dollar auf über 10 Mrd. Dollar im November 1998 gestiegen.

Systematischer Aufbau auf lukrativen Marktchancen

Inzwischen hat Amazon eine neue strategische Richtung eingeschlagen und plant, seinen Ressourcenfokus zu erweitern. Amazon will sich nicht allein auf den Buchhandel festlegen lassen, sondern verfolgt mit aller Entschlossenheit das Ziel, zum umfassenden Online-Einzelhandel zu werden. Als Vorbereitung auf den erwarteten Boom im E-Commerce und Internet-Shopping hat Amazon damit begonnen, systematisch auf lukrativen Marktchancen aufzubauen und seine Ausgangsposition als Sprungbrett für die Ausschöpfung der nächsten benachbarten Gewinnzone zu nutzen. Internet-Surfer, die die Website von Amazon besuchen, können nun aus über 3 Mio. Büchern, CDs und Hörbüchern auswählen. Der Markt, den Amazon bedient, ist damit um ein Vielfaches gewachsen.

Trotz des Erfolgs der neuen Strategie sucht Amazon immer noch nach weiteren Möglichkeiten, seinen bisherigen Etappensiegen neue hinzuzufügen. Die Akquisition von Internet Movie Database Ltd., einem Betreiber einer umfassenden Datenbank über Filminformation, und Junglee Corporation, einer Suchmaschine für Internet-Handel, lassen Amazons Zukunftspläne erahnen. Junglee ist ein besonders interessantes Objekt in der strategischen Aneinanderreihung von Etappensiegen. Die Online-Produktdatenbank von Junglee ermöglicht Kunden den Produkt- und Preisvergleich innerhalb diverser Produktkategorien. Diese Technologie könnte das Sprungbrett werden, über das Amazon zur entscheidenden Weiche für alle Internet-Transaktionen seiner Kunde wird, unabhängig von der Produktkategorie. Tatsächlich deuten Amazons kürzliche Akquisitionen – Videos, Consumer Electronics und Reisegeschenke – deutlich auf die Absicht hin, sein Markenimage als Online-Anbieter auf die Entwicklung zu einem Einkaufszentrum für E-Commerce zu übertragen.

Trotz des anhaltenden Unternehmenserfolgs ist Amazon weit davon entfernt, sich als Sieger im E-Commerce proklamieren zu können. Der Investitionsbedarf in den Aufbau der kritischen Größe und in das Marketing bedeutet, daß Amazon mehrere Jahre keine Gewinne erzielen wird. Gleichzeitig tauchen mindestens zwei neue finanzkräftige Wettbewerber auf. In den letzten Jahren haben die zwei dominanten amerikanischen Buchhandelsketten Barnes&Nobles und Borders ähnliche Websites entwickelt und viel in die Werbung für ihre Internet-Aktivitäten investiert. Der strategische Stellungskrieg ist also noch lange nicht entschieden. Barnes&Nobles hat sich die Position als bevorzugter Buchhandel in der Sparte Online-Buchrezensionen bei *The New York Times* gesichert, und seine finanziellen Ressourcen stellen die Mittel von Amazon.com weit in den Schatten.

Erst kürzlich wurde die strategische Position von Barnes&Nobles durch die Übernahme von 50 Prozent der Internet-Sparte barnesandnobles.com von Bertelsmann gestärkt. Noch wichtiger ist vielleicht die Akquisiton der Ingram Book Group – dem größten Zulieferer von Amazon.com –, die sich Barnes&Nobles seinerseits 600 Mio. Dollar kosten ließ.

Darüber hinaus ist Amazon mit einer Reihe neuer Internet-Unternehmen konfrontiert. Eines davon ist Cendants Books.com. Als Teil von NetMarket (eine Art Shopping-Club, der nur Online-Mitgliedern zur Verfügung steht) gewährt Books.com seinen Mitgliedern hohe Rabatte auf Bücher. Da die Gewinnerzielung von NetMarket hauptsächlich auf den Mitgliedsbeiträgen beruht und weniger auf den angebotenen Produkten, könnte es durchaus in der Lage sein, die Niedrigpreise von Amazon nochmal zu unterbieten. Und Online-Musiksender wie CDNow und N2K haben inzwischen eine kritische Größe erreicht, um auf dem Wettbewerbsradar von Amazon beobachtet zu werden.

Eine weitere Bedrohung geht von elektronischen Büchern aus, ein Konzept, das Kunden erlaubt, ein einziges Buch zu kaufen, aber jede Menge elektronischer Geschichten herunterzuladen und nach Lust und Laune zu lesen. Leser werden in Zukunft ihre Lieblingskapitel mit in den Urlaub nehmen können, ohne das ganze Buch mitschleppen zu müssen. Amazon kann zwar damit beginnen, die Software für elektronische Bücher zu liefern, aber es wird sich mit einigen Buchherstellern auseinandersetzen müssen, die darauf aus sind, mit eigenen elektronischen Buchhandlungen den Einzelhandel auszuschalten. Trotz allem könnte Amazon durchaus gut positioniert sein, um in der Zukunft als zentrale Clearing-Stelle für elektronische Bücher zu fungieren.

Bisher hat Amazon durch die Digitalisierung seines Business Design eine Mikrosegmentierung und durch Cornerstoning eine lange Abfolge zielgerichteter strategischer Schritte unternommen, um sich als Markenzeichen in Privathaushalten und als schlagkräftiger Internet-Anbieter zu etablieren. In der Zukunft wird für Amazon möglicherweise das Konvergenzmuster von besonderer Bedeutung sein. Mit seinem kontinuierlichem Vorstoß in Richtung produkt- und branchenübergreifenden Online-Einzelhandel wird es auf mächtige nicht-virtuelle Widersacher stoßen. Möglicherweise wird sich dann herausstellen, daß gar nicht Barnes&Nobles Amazons größter Gegner ist, sondern vielleicht werden es Wal-Mart, Macy's oder ganze Einkaufszentren sein. Das Spiel hat gerade erst begonnen, aber Amazon muß sich jetzt schon auf die nächsten branchenprägenden Gewinnmuster vorbereiten. Wenn das nicht gelingt, ist das Ende der bisherigen Wachstumsdynamik eingeläutet.

Bang & Olufsen

Kundenredefinition; Von Produkten zu Marken; Reintegration der Wertschöpfungskette

Ende der 80er Jahre wurde aus dem Bereich Consumer Electronics eine Verlustzone. Harter Verdrängungswettbewerb in Kombination mit einer wachsenden Austauschbarkeit der Produkte, bedingt durch den Preisverfall für technologische Neuerungen, machten es den Herstellern beinahe unmöglich, überhaupt Wert zu generieren. Daneben gaben die meisten Hersteller mit ihrer produktzentrieren Mentalität die Steuerung der Kundenbeziehungen aus der Hand. So lag die Macht in den Händen des Einzelhandels, der sich wenig darum scherte, welche Produkte verkauft wurden, da die Margen überall gleich niedrig waren.

In diesem Umfeld war Bang & Olufsen ein kleiner, aber feiner Nischenanbieter. B&O stellte technisch hochanspruchsvolle Stereoanlagen mit unzähligen Raffinessen her, die sich an eine kaufkräftige Kundschaft richteten. Aber trotz der besseren Leistung seiner Geräte und der höheren Preise hatte B&O unter den gleichen verschwindend geringen Margen zu leiden wie seine Wettbewerber aus dem Niedrigpreissegment Sony, Panasonic und Kenwood.

In den letzten sieben Jahren ist es B&O jedoch gelungen, sich aus der Umklammerung der miserablen Gesamtwirtschaftlichkeit der Branche zu befreien, und zwar durch strategische Antizipation und die geschickte Nutzung neuer Gewinnmuster. B&O hat sich insbesondere drei Muster zunutze gemacht – Kundenredefinition, Wertverschiebung von Produkten zu Marken und Reintegration –, um seine Profitabilität wiederherzustellen und zu soliden Wertzuwächsen zurückzukehren.

Kundenredefinition

Der Schlüssel zum Erfolg lag in der Fähigkeit des Unternehmens, das Muster „Kundenredefinition" zu erkennen und zu nutzen. In den 80er Jahren waren die Kunden von B&O in erster Linie europäische Audio-Freaks. Zwar waren diesem Kundensegment Stil und Formgebung wichtig, jedoch nur innerhalb der eingeschränkten Welt der Hifi-Geräte. Ihr oberstes Interesse galt nicht dem Image oder Prestige, das ihnen der Besitz eines Luxusprodukts möglicherweise verlieh. Ihr Ehrgeiz lag darin, die technischen Spezifikationen der Systeme zu kennen. Außerdem legten sie größten Wert auf höchste Klangqualität.

Um diese Kundengruppe zu erreichen, schaltete B&O Werbeanzeigen in Fachpublikationen, deren Leserschaft sich aus genau diesem Kundenkreis zusammensetzte. Ziel war, sich über technische Merkmale, Produktspezifikationen und Leistung vom Wettbewerb zu differenzieren. Jede dieser Werbeanzeigen enthielt eine peinlich genaue Aufzählung aller Leistungsmerkmale des beworbenen Produkts. Wie andere Anbieter aus dem Bereich Consumer Electronics auch (z.B. Nakamichi, Bose), versuchte B&O, technisch versierte Hifi-Fans durch eine Konzentration seiner Marketingaktivitäten auf die Herausstellung der technischen Überlegenheit seiner Produkte zu überzeugen.

Trotz aller Bemühungen blieb der Marktwert von B&O auf demselben Niveau wie das der anderen Branchenteilnehmer stecken. 1991 betrug der Index Marktwert zu Umsatz 0,3 Punkte. Sony, Pioneer und Kenwood brachten es auf vergleichbare Werte.

Im Unterschied zu diesen traditionellen Wettbewerbern gelang es B&O aber, eine lukrative Marktchance zu entdecken und durch die Redefinition seiner Kundenbasis einen erheblichen Wertzuwachs zu generieren. In der Erkenntnis, daß seine Produkte eine größere Attraktivität für Käufer von Luxuskonsumgütern besitzen (gemeint ist die Käuferschicht, die Moët & Chandon trinkt und Lederwaren von Gucci sowie Uhren von Rolex kauft) als für technisch orientierte Käufer, die sich auch Videogeräte, Camcorder und teure PCs leisten, begann B&O, sich auf die imagebewußte, einkommensstarke Käuferschicht zu konzentrieren. Anders Knutsen, CEO von Bang & Olufsen hat die neue Strategie folgendermaßen formuliert: „Unsere Philosophie besteht aus der Synergie von emotionaler Attraktivität und technischer Überlegenheit. Bang & Olufsen will mit seinen Produkten dazu beitragen, das Leben seiner Kunden durch neue Erfahrungen zu bereichern."

Um dieses Kundensegment zu erreichen, verabschiedete sich B&O von seinen Werbeanzeigen in Hifi-Zeitschriften und plazierte sie statt dessen in Lifestyle-Magazinen wie *Esquire, Cosmopolitan* etc. Waren seine Kunden bisher ältere Käufer mit einem eng umgrenzten Spezialinteresse, läßt sich die neue Kundenbasis nicht nach den klassischen demographischen Merkmalen einordnen. Allen gemeinsam ist eine bestimmte Lebenshaltung, eine hohe Kaufkraft und der Trend zu Lifestyle-Produkten sowie die damit verbundene Bereitschaft, für imagefördernde Luxusgüter viel Geld auszugeben. Sie kaufen sich Stereoanlagen von B&O wegen der Botschaft, die diese Geräte über den Lebensstil und die finanziellen Möglichkeiten seiner Besitzer aussenden, und nicht wegen der klanglichen Qualität oder technischen Raffinessen. Auch wenn sie nur einmal pro Woche eine CD anhören, würden sie nicht auf eine Anlage von B&O verzichten wollen, weil es „das Beste ist, was man für sein Geld bekommen kann".

Der Wettbewerbsradarschirm von Bang & Olufsen:
Alle wichtigen Gegenspieler sind erfaßt ...

Von Produkten zu Marken

Um einen maximalen Gewinn aus der Kundenredefinition erzielen zu können, mußte B&O noch ein zweites Muster ausschöpfen: die Wertverschiebung von Produkten zu Marken. In den 80er Jahren hatte B&O noch eine strikt produktzentrierte Mentalität. Seine Anstrengungen erstreckten sich auf Design und Herstellung jedes einzelnen Teils seiner Geräte, angefangen bei den Komponenten bis zum fertigen Produkt. B&O war darin sehr gut – seine Produkte setzten einen Branchenstandard, was die Leistungsmerkmale betraf. Doch leider war B&O branchenintern zwar für hohe technische Qualität bekannt, hatte aber außerhalb dieses begrenzten Umfelds keinen Namen.

Nach der Kundenredefinition machte B&O einen aggressiven Vorstoß, um sich ein Markenimage zu verschaffen und sich über Image und einen unverwechselbaren Stil vom Wettbewerb zu differenzieren. Wie zuvor erwähnt, machte B&O eine drastische Kehrtwendung in seiner Werbestrategie von einer produktorientierten zu einer lifestyle-orientierten Botschaft. Gleichzeitig nahm B&O eine strenge Selektion der Geschäfte vor, in denen seine Geräte verkauft werden durften. Diese handverlesene Zahl an Fachhändlern suggerierte eine Güterknappheit, die die Exklusivität der B&O-Anlagen nochmals verstärkte.

Durch die geschickte Nutzung der Wertverschiebung von Produkten zu Marken konnte B&O ein außergewöhnlich hohes Preispremium erzielen. Durch die Wahrnehmung seiner Produkte als Luxusgüter liegen die Preise um ein Vielfaches höher als die seiner Wettbewerber. Während ein einfacher Fernseher in Fachmärkten schon ab 600 DM erhältlich ist, beginnen die Preise für Fernseher von B&O bei 3.000 DM. Das teuerste Gerät kostet über 13.000 DM. Kunden kaufen diese Geräte trotzdem, weil sie „ohne sie nicht auskommen".

B&O hat dieses Gewinnmuster durch eine Ausweitung seiner Produktlinie noch intensiviert. Inzwischen gibt es neben Stereoanlagen auch Fernseher, Telefone und Lautsprecher. Jedes für sich ist sowohl Design-Kunstwerk, mit dem Charakter eines Ausstellungsstücks, wie auch leistungsstarkes Gerät. Ob ihre technischen Merkmale denen von Produkten anderer Anbieter wie Sony und Panasonic überlegen sind oder nicht, ist dabei nebensächlich, weil sie ihren Wert aus der Aussage über den Lebensstil, Geschmack und Wohlstand ihrer Besitzer ziehen.

Reintegration der Wertschöpfungskette

Um maximalen Gewinn aus der Wertverschiebung von Produkten zu Marken zu erzielen, machte sich B&O ein drittes Muster zunutze, das für die Stärkung und den Ausbau seines Markenimages wichtig war: die Reintegration der Wertschöpfungskette.

In den 80er Jahren erzielte B&O trotz der technischen Überlegenheit und seiner Bekanntheit für hohe Qualität die gleichen mageren Gewinne wie seine preisgünstigeren Wettbewerber, weil es auf die gleichen Einzelhandelskanäle angewiesen war. Das schwache Markenimage und die produktzentrierte Mentalität erwiesen sich als echte Bremsklötze. B&O unterhielt keine nennenswerten Beziehungen zu seinen Kunden, für die dieser Hersteller genauso gut wie jeder andere war. Folglich unterschieden sich seine Produkte in keinster Weise von anderen Geräten in den Verkaufsregalen.

Das Ende vom Lied war, daß nur die technisch versierten, audiophilen High-Tech-Kunden überhaupt etwas mit dem Namen B&O anfangen konnten. Unkundige Käufer blieben vor den teuren Anlagen nicht einmal stehen, da sie keinen sichtbaren Unterschied zu anderen, günstigeren Herstellern entdecken konnten. Folglich waren sie nicht bereit, so viel Geld für B&O auszugeben, und so wurde B&O ebenfalls das Opfer sinkender Gewinne.

Um seinen Markennamen zu stärken und seine Attraktivität für die neue Kundengruppe zu erhöhen, begann B&O, die Wertschöpfungskette zu reintegrieren, indem das Unternehmen mehr Kontrolle über die Vertriebskanäle auszuüben versuchte. Heute findet man keine Anlagen von B&O mehr in den Regalen, die Geräte von Panasonic, Sony, Kenwood, JVC und anderen Herstellern elektronischer Massenware enthalten. Die Produkte von B&O sind ausschließlich in handverlesenen Fachgeschäften erhältlich sowie in unternehmenseigenen Geschäften. Durch die Separierung seiner Produkte ist es B&O gelungen, ihnen den Statussymbolcharakter von Luxusgütern zu verleihen. Mit der üppigen Präsentation von luxuriösen Stereoanlagen, Telefonen und Fernsehgeräten in Geschäften, die sich z.B. in Paris in unmittelbarer Nachbarschaft zu Geschäften wie LVMH und Gucci befinden (sowie in Franchise-Shops in der Elektroabteilung von Harrods), hat B&O den Übergang vom Elektrohersteller zum Anbieter von Luxusgütern geschafft. Seine Werbestrategie und seine neuen Kunden pflegen bereits das „Bang & Olufsen-Image"; nun ist auch die Vertriebsstrategie auf das neue Unternehmensziel ausgerichtet.

Durch die Nutzung der drei Muster „Kundenredefinition", „Von Produkten zu Marken" und „Reintegration der Wertschöpfungskette" konnte Bang & Olufsen zwischen 1991 und 1996 außerordentliche Resultate erzielen. Die Umsätze stiegen um sechs Prozent pro Jahr, und die Profitabilität gemessen am Betriebsergebnis stieg von sechs auf zehn Prozent. Außerdem gelang es B&O, seine Kapitalbindung deutlich zu senken, und zwar von 0,72 Punkten in 1991 auf 0,5 Punkte in 1997. Der erwartete Gewinnzuwachs für 1998 betrug 25 Prozent. Diese Ergebnisse sind um so beeindruckender, wenn man sie mit den Ergebnissen seiner engsten Wettbewerber vergleicht, deren Kapitalintensität (0,9), Gewinn vor Steuern und Zinsen (fünf bis sechs Prozent) und erwartete Gewinnzuwächse (ca. zehn Prozent) dagegen verblassen.

Und was noch wichtiger ist: Bang & Olufsen wird ähnlich bewertet wie andere Hersteller von Luxusgütern. Der Index Marktwert zu Umsatz betrug 1997 1,5 Punkte und lag damit näher an den Werten von LVMH (2,4), Ralph Lauren (2,2) und Gucci (2,8) als an den Werten seiner Wettbewerber innerhalb der Branche: Sony (0,8), Pioneer (0,8) und Kenwood (0,3). Aufgrund der Fähigkeit, mehrere Muster zu erkennen und gewinnbringend für sich zu nutzen, ist B&O in der Lage gewesen, sein Business Design neu auszurichten und eine neue Gewinnzone an der Schnittstelle zwischen elektronischen und Luxusgütern zu schaffen. Darüber hinaus hat B&O auch überdurchschnittlichen Shareholder Value generiert.

Nichtsdestotrotz kann es sich B&O nicht leisten, sich auf seinen durchaus vorzeigbaren Lorbeeren auszuruhen. Unternehmen, deren Umsätze von Image und Lifestyle abhängen, sind immer verwundbar für die nächsten Trends und

Bang & Olufsen
„Ineinandergreifende Nutzung von Gewinnmustern"

Von Produkten zu Marken

Reintegration der Wertschöpfungskette

Kundenredefinition

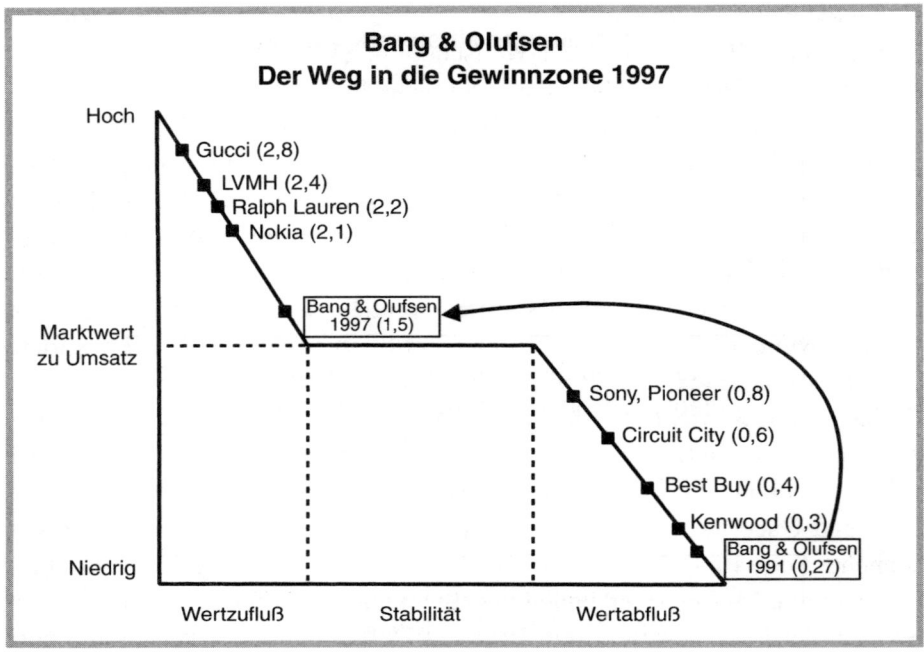

Bang & Olufsen
Der Weg in die Gewinnzone 1997

Modewellen. Wenn B&O seinen Wachstumskurs halten will, darf es in der Antizipierung und Nutzung neuer Gewinnmuster keine Schwächen zeigen. Außerdem muß das Unternehmen die Kontrolle über die Distributionskanäle weiter verstärken und seine Produktionsprozesse verschlanken, um die Profitabilität zu optimieren. Nur wenn B&O auch die nächsten Gewinnmuster in der Elektronik- und Luxusgüterindustrie frühzeitig erkennt, wird es in den kommenden Jahren kontinuierlichen Wertzuwachs erfahren.

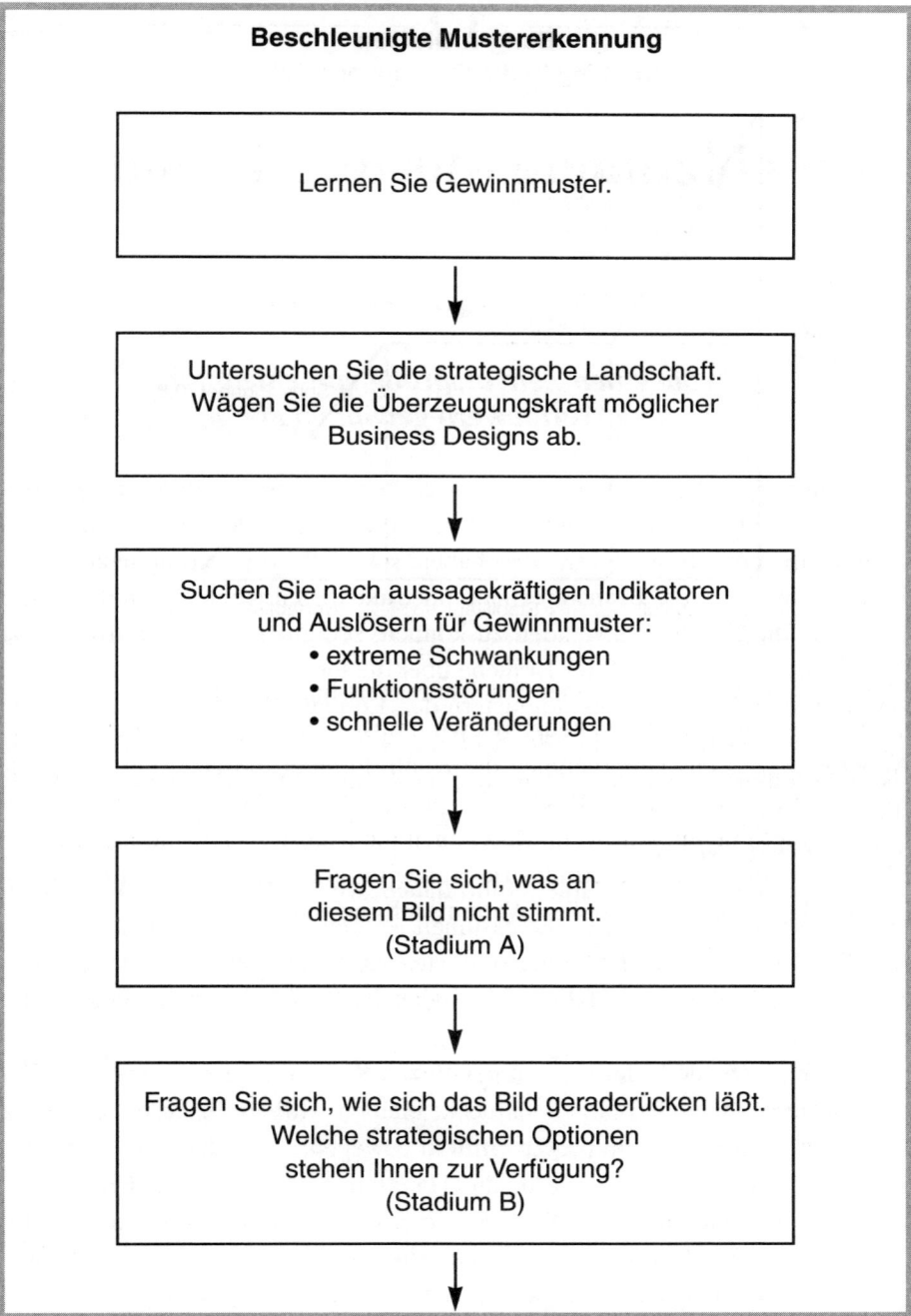

Beschleunigte Mustererkennung

Lernen Sie Gewinnmuster.

↓

Untersuchen Sie die strategische Landschaft.
Wägen Sie die Überzeugungskraft möglicher
Business Designs ab.

↓

Suchen Sie nach aussagekräftigen Indikatoren
und Auslösern für Gewinnmuster:
• extreme Schwankungen
• Funktionsstörungen
• schnelle Veränderungen

↓

Fragen Sie sich, was an
diesem Bild nicht stimmt.
(Stadium A)

↓

Fragen Sie sich, wie sich das Bild geraderücken läßt.
Welche strategischen Optionen
stehen Ihnen zur Verfügung?
(Stadium B)

↓

12

Beschleunigte Mustererkennung

Wie Sie einen Zeitvorsprung von einem Jahr vor dem Wettbewerb gewinnen können

In den bisherigen Kapiteln wurden die grundlegendsten Methoden zur Identifizierung zukünftiger Gewinnmuster dargestellt: das Verstehen der Schlüsselereignisse, die eine Branche verändert haben, sowie die Vorwegnahme kommender Ereignisse, die die Branche erneut umstrukturieren werden. Um diese Methode auf Ihr Geschäft anwenden zu können, schreiben Sie die Entwicklung Ihres Unternehmens und Ihrer Branche über die letzten zehn Jahre auf. Stellen Sie die Entwicklung in Gewinnmustern dar. Lernen Sie anhand von Mustern, Ihren statischen Blick in eine Beobachtung von Abläufen zu verwandeln, die bis in die Zukunft reichen. Wagen Sie eine Voraussage, wie lange das bzw. die aktuellen Muster Ihre Branche definieren und durch welche neuen Gewinnmuster sie ersetzt werden.

Wenn Sie diese Übung durchgeführt haben, werden Sie zu einer Reihe neuer Perspektiven gelangt sein, die es Ihnen leichter machen, Ihr Unternehmen oder Ihre Investitionen erfolgreicher zu steuern. Es gibt jedoch zahlreiche Gelegenheiten, bei denen zusätzliche Methoden der Mustererkennung und -analyse hilfreich sein können.

Diese ergänzenden Methoden unterstützen Sie bei der Erkennung von Gewinnmustern, die andernfalls unentdeckt bleiben würden, insbesondere wenn Sie sich in einem sehr komplexen Umfeld bewegen. Außerdem werfen sie ein Schlaglicht auf spezifische Schritte und Handlungsoptionen. Sie gehen konkret auf bestimmte Faktoren ein – Wettbewerber, Kunden, potentielle Partner, Stufen der Wertschöpfungskette –, die bei einer strategischen Entwicklungsbetrachtung allgemeiner abgehandelt werden. Im Ergebnis gewinnen die spezifischen Schritte, die sich aus dem Denken in Mustern ergeben, an Präzision und Dringlichkeit. Und weil sich diese Methoden auf die Vorbedingungen und frühe Indikatoren stützen, können sie Sie dabei unterstützen, das Auftreten neuer Muster schneller zu erkennen als der Wettbewerb. In einigen Fällen kann der Zeitvorsprung bis zu einem Jahr betragen.

Die ergänzenden Methoden sind folgende:

1. *Untersuchen Sie die strategische Landschaft* und die Business Designs der Unternehmen, die ein Teil dieser Landschaft sind.
2. *Messen Sie die Überzeugungskraft* – Überlegen Sie, mit welchen Business Design Sie Kunden, Investoren und hochqualifizierte Mitarbeiter gewinnen können, und warum.
3. *Dechiffrieren Sie die Bedingungen und Auslöser*, die das Auftreten der nächsten Gewinnmuster in Ihrer Branche ankündigen.

Das Glück ist mit denen,
die vorbereitet sind.

Gewinnmuster zu erkennen
ist die Vorbereitung.

Wenn das „Blut in den Adern gefriert"

Jeder Manager erlebt wenigstens ein Mal im Laufe seiner beruflichen Laufbahn ein eisiges Erschaudern, ein frostiges Gefühl, das durch die plötzliche Erkenntnis ausgelöst wird, zu spät zu kommen, die strategischen Muster, die die Branche verändern, später als seine Wettbewerber, später als seine Kunden und später als seine Zulieferer erkannt zu haben. Dieses eisige Gefühl kann durch zahlreiche Signale ausgelöst werden, die darauf hinweisen, daß ein neues Gewinnmuster bereits seine Wirkung entfaltet und Ihr Unternehmen ins Abseits katapultiert:

- Ihr größter Kunde wickelt sämtliche Geschäfte inzwischen beim Wettbewerb ab.
- Ihr größter Wettbewerber und Ihr innovativster Wettbewerber haben ihre Fusion beschlossen.
- Einer Ihrer größten Distributoren hat Konkurs angemeldet.
- Einer Ihrer Schlüsselkunden hat Ihre letzten zwei Preiserhöhungen abgelehnt, und Sie konnten nichts dagegen tun.

Im Gegensatz dazu würde ein Management-Team mit seismographischen Außenantennen selbst die geringfügigsten Anzeichen für Marktveränderungen wahrnehmen, weil es den Markt systematisch absucht. Eine solche Führungsriege würde die nächsten Gewinnmuster wittern, noch bevor sie überhaupt auftreten, und sie würde neue Marktchancen definieren und das Business Design ihres Unternehmen auf die maximale Ausschöpfung der Gewinnpotentiale ausrichten.

Gewinnmuster auszumachen, solange noch Zeit ist, sich in der Polarisierungsphase die Spitzenposition zu sichern, kann hoch profitabel sein. Meistens ist der traditionelle Planungsprozeß aber nicht auf die strategische Antizipation ausgerichtet, die für eine frühe, präzise und handlungsweisende Erkenntnis von Gewinnmustern notwendig ist. Die Entwicklung dieser Fähigkeiten erfordert ein Umdenken von vergangenheitsbezogenen auf zukunftsweisende Informationen, einen Blickwechsel von statischer zu dynamischer Betrachtung und einen Übergang von linearen zu nicht linearen Annahmen, von internen zu externen Meßgrößen, von budgetorientierten Ritualen zu einem Prozeß, der intensiv auf die Antizipation der drei oder vier wichtigsten branchenprägenden Gewinnmuster ausgerichtet ist.

Die Abbildung „Das Spektrum der Mustererkennung" macht den Grad an Klarheit und Überzeugung deutlich, der für frühzeitiges Handeln erforderlich ist. Strategische Antizipation hat nichts mit Weissagung zu tun, sondern mit ausreichendem Verständnis, um die richtigen Schritte einleiten zu können. Die strategische Antizipation durch zielsichere Mustererkennung ist keine einmalige Pflichtübung. Es handelt sich um einen neuen Denkansatz, der die Chancen auf die Erzielung einer nachhaltigen Wertsteigerung erhöht. Ein guter Anfang ist, die strategische Landschaft zu verstehen, die den wirtschaftlichen Kontext Ihres Unternehmens bildet.

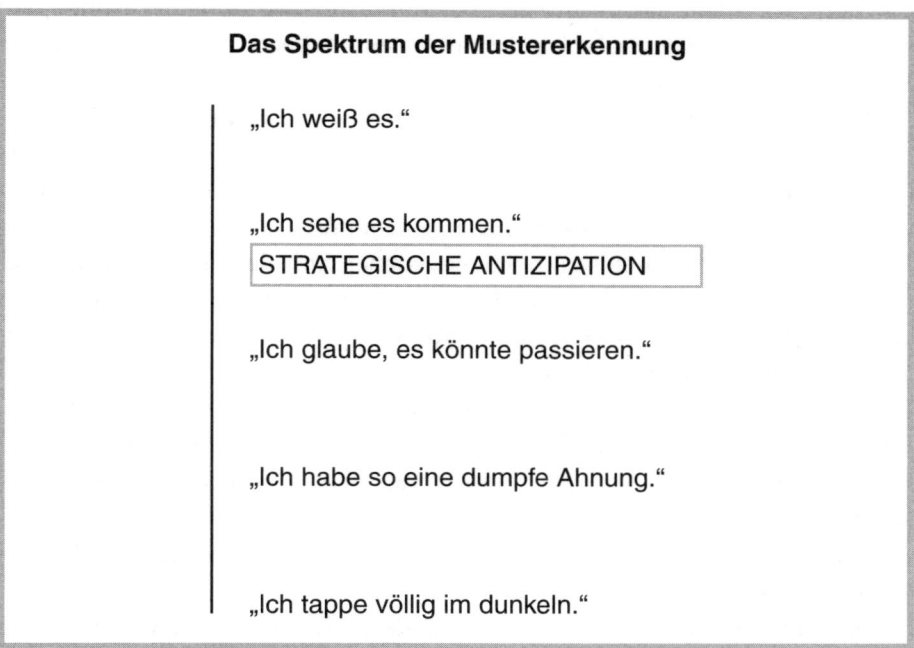

Das Spektrum der Mustererkennung

„Ich weiß es.“

„Ich sehe es kommen.“
STRATEGISCHE ANTIZIPATION

„Ich glaube, es könnte passieren.“

„Ich habe so eine dumpfe Ahnung.“

„Ich tappe völlig im dunkeln.“

Untersuchen Sie die strategische Landschaft

Die Mustererkennung ist ein nach außen gerichteter Prozeß, der nicht nur die Beobachtung der Business Designs Ihrer Wettbewerber erfordert, sondern der gesamten strategischen Landschaft – sozusagen die Betrachtung des ganzen Schachbretts. Das heißt, Sie müssen einen Radarschirm installieren, der jegliche Signale aus dem gesamten Wettbewerbsumfeld auffängt. Die strategische Landschaft wird von allen wichtigen Marktteilnehmern und Ereignissen geprägt, die Gewinnmuster auslösen, von denen Ihr Unternehmen betroffen ist. Zu diesen Marktteilnehmern gehören Kunden, potentielle Kunden, traditionelle Absatzkanäle, neue Absatzkanäle, Investoren, Medien, Business Schools als

321

Kaderschmieden, Innovationsquellen und traditionelle wie neue Wettbewerber. Die strategische Landschaft ist für die meisten Unternehmen ziemlich unwegsam geworden. Die Zahl der ernstzunehmenden Wettbewerber steigt (häufig verzehnfacht sie sich), und auch die Muster für Kaufverhalten haben sich multipliziert. Vor allem das unaufhaltsame Aufbrechen traditioneller Rollen und Grenzen hat die strategische Landschaft zu einem überfüllten Gelände voller Stolpersteine gemacht.

Diese Komplexität verstärkt die Notwendigkeit zu einer exakten Wiedergabe der aktuellen strategischen Landschaft sowie der Erarbeitung einer exakten und detaillierten Übersicht über die Vergangenheit und die zukünftige Entwicklung. Indem Sie sich dazu zwingen, eine umfassende visuelle Darstellung Ihres strategischen Umfelds zu zeichnen, können Sie alle Konflikte, Fehlfunktionen, Inkonsistenzen, Lücken und Problemfaktoren identifizieren, die Ihnen den Weg zu zukünftigen Gewinnmustern weisen und Ihnen zeigen, wo der Schlüssel zu nachhaltiger Wertsteigerung liegt. Die Abbildung „Strategische Landschaft" zeigt schematisch, wie eine solche Darstellung aussehen könnte. Beginnen Sie mit den vorhandenen und potentiellen Kunden. Fügen Sie alle Absatzkanäle, Meinungsbildner, Innovatoren, Wettbewerber (egal wie unterschiedlich ihre Business Designs auch sein mögen) und solche Zulieferer hinzu, die zu Ihren Konkurrenten werden könnten und die Bestandteil des Systems sind.

Die Feinabstimmung Ihrer Betrachtung kann ein sehr wichtiges Element in diesem Prozeß sein. Überlegen Sie, wo Abschnitte vereinfacht und andere detaillierter dargestellt werden können, oder zeichnen Sie das Bild in mehreren Variationen. Suchen Sie nach offenen Stellen, Konflikten und Chancen. Vergewissern Sie sich, daß Sie alle unkonventionellen Marktteilnehmer, die erst seit kurzem eine wichtige Rolle spielen, berücksichtigt haben: Investoren, Medien und Business Schools. In Kapitel 13 finden Sie eine Übung zur Feinzeichnung der strategischen Landschaft. Während Sie an der Präzision der Darstellung arbeiten, werden Sie erkennen, daß begrenzte Dimensionen zu Mängeln in Ihrem Entwurf führen. Zu den Themen, denen Sie sich ganz besonders widmen müssen, gehören Eigendynamik, Marktpotential und Zeit.

Die strategische Landschaft beinhaltet viele Kundengruppen und Wettbewerber, die, wenn man sie nach ihrer Größe beurteilt, eher unscheinbar wirken. Die relative Größe kann jedoch massiv täuschen. Vor 20 Jahren war Größe meist die wichtigste Variable. In einer Welt, die von der Größe der Marktanteile bestimmt wurde, hatte der größte Marktteilnehmer die geringsten Kosten und die höchsten Gewinne. In einer Welt, in der sich kontinuierlich Wert von überholten zu neuen Business Designs verschiebt, ist (Eigen-)Dynamik viel interessanter als reine Masse. Kleine Kundengruppen, die hoch profitabel sind und ein Wachstum von 30 Prozent verzeichnen, sind von größter Bedeutung. Kleine Wettbewerber, deren Margen 30 Prozent ausmachen und deren Wachstumsrate 30 Prozent beträgt, sind hoch gefährlich. (Die beiden Gruppen hängen oft zusammen.) Darum ist es wichtig, dem Entwurf der strategischen Landschaft die Komponente Eigendynamik hinzuzufügen.

Ein weiteres Manko ist die fehlende Perspektive über den Umfang des Potentials einer bestimmten Marktchance, auf die die unterschiedlichen Business

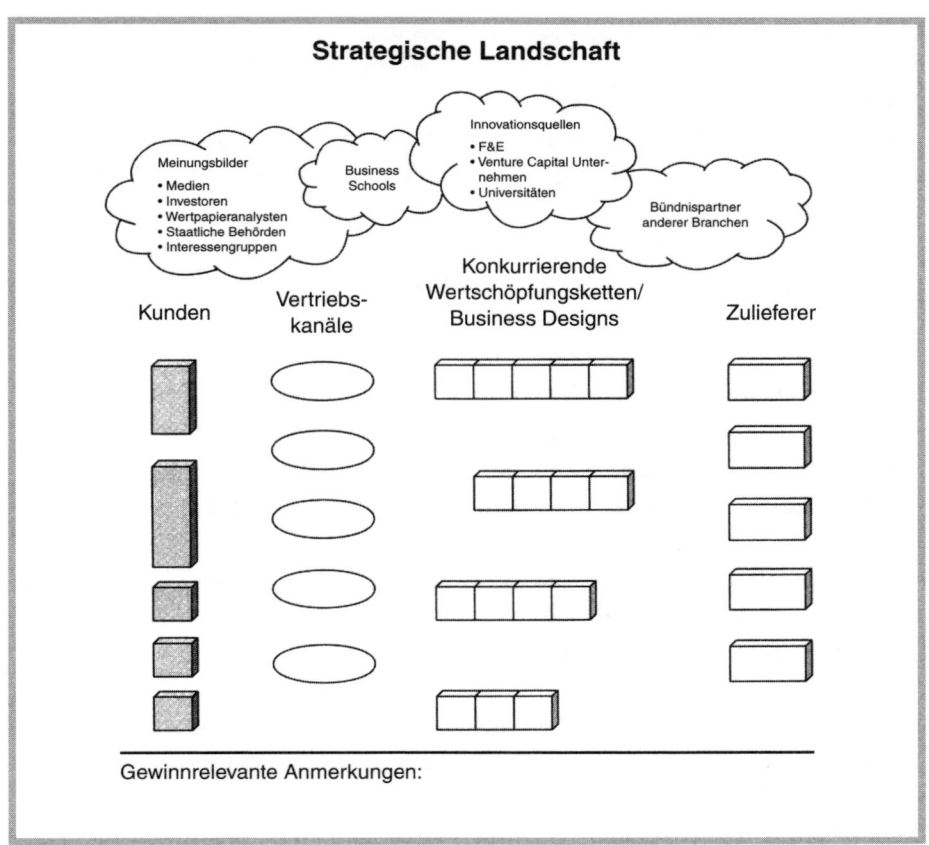

Designs ausgerichtet werden können. Eine Berechnung ihrer Größe kann die Einschätzung erleichtern, wie lange die Dynamik des Business Design anhalten wird. Wird der Wettbewerber mit der größten Wertsteigerung in Ihrer Branche in drei oder in zehn Jahren Gipfelstürmer werden? Die Antwort gibt Ihnen Aufschluß darüber, ob Ihr Business Design ein Opfer des aktuellen Gewinnmusters ist oder ob das System brachliegende Potentiale birgt, die Ihnen den Aufbau einer geschützten und profitablen Position ermöglichen. Und vor allem wird sie Ihnen sagen, ob genug Zeit für die Entwicklung eines neuen Business Design da ist, um das neue Gewinnmuster gewinnbringend nutzen zu können.

Die Eigendynamik und der Raum für strategische Möglichkeiten sind schwer zu messen und zu verstehen. Noch viel schwieriger zu verstehen ist der Faktor Zeit, der damit untrennbar verbunden ist. Angenommen, das Marktpotential eines bestimmten Business Designs beträgt in Umsatz ausgedrückt 2 Mrd. Dollar und ein Unternehmen mit Umsätzen von 300 Mio. Dollar wächst um 45 Prozent pro Jahr, so wird das Marktpotential in fünf Jahren ausgeschöpft sein. Beträgt das Marktpotential 80 Mrd. Dollar und ein Unternehmen mit 1 Mrd. Dollar Umsatz wächst um 35 Prozent pro Jahr, wird das Marktpotential in 15 Jahren erschöpft sein (Wal-Mart hat dies zwischen 1980 und 1995 vorgemacht).

Wenn Sie einen Entwurf der strategischen Landschaft Ihres Geschäfts angefertigt haben, überlegen Sie sich, ob die Führungsriege Ihres Unternehmens in der Lage ist:

- alle neu entstehenden Kundengruppen zu identifizieren,
- alle Profitabilitätsvarianten entlang der Wertschöpfungskette zu erkennen,
- eine sich herausbildende Wertschöpfungszange auszumachen,
- schwache Wertschöpfungsnachbarn im System zu erkennen, die Ihr Unternehmen in der Wertgenerierung behindern,
- die ganze Bandbreite an Problemen und Fehlfunktionen des Systems zu erkennen, die das nächste Gewinnmuster auslösen,
- die Entstehung neuer Gewinnzonen zu erkennen.

So könnte der strategische Entwurf ausgesehen haben, den Charles Schwab angefertigt hat und der zu seiner Finanzplanungsstrategie geführt hat (indem er unabhängige Finanzplaner dazu bewegt hat, mit ihm zu kooperieren, statt zu konkurrieren), zur Gründung von OneSource (indem er Investoren die Möglichkeit eröffnet hat, Fonds unterschiedlicher Gesellschaften zu kaufen und zu verkaufen) und zum Einstieg in das Versicherungsgeschäft (durch das Angebot von Versicherungen zu Sonderkonditionen, um das gesamte Spektrum der Kundenbedürfnisse abzudecken).

Durch die Visualisierung und eine profunde Untersuchung der Interdependenzen aller Akteure des Systems (Kunden, potentielle Kunden, Absatzkanäle, Investoren, Meinungsbildner, Wettbewerber, Business Schools, externe Faktoren und Wertschöpfungsnachbarn) können Top-Manager allmählich die Gewinnmuster erkennen, die die Grundlagen ihres eigenen Geschäfts verändern.

Die Überzeugungskraft messen

In Kapitel 3 wurde die wachsende Bedeutung der Überzeugungskraft eines Business Design für den Unternehmenserfolg besprochen. Das Verständnis für die Kraft der Überzeugung öffnet Top-Managern jenseits aktueller Marktanteile und Börsenbewertung den Blick für zukünftige Chancen. Behalten Sie bei der Suche nach neuen lukrativen Marktchancen und neuen Gewinnmustern stets die Überzeugungskraft auf die wichtigsten Gruppen – Kunden, Meinungsbildner, Investoren und hochqualifizierte Arbeitskräfte – im Auge, um die strategische Landschaft so exakt wie möglich wiederzugeben. Die Überzeugungsdynamik dieser Interessengruppen ist ein wichtiges Indiz für kommende Wertverschiebungen.

Entwickeln Sie auf der Basis der folgenden Fragen ein Überzeugungskonzept:

- Wer kann aktuell *Kunden* von seinem Business Design überzeugen?
- Wo investieren die profitabelsten Kunden oder Kundensegmente ihr Geld?
- Wer hat die *Investoren* für sich gewinnen können?
  - Wo werden große Anfangsinvestitionen getätigt?
  - Wo finden IPOs (Initial Public Offerings) statt?
- Wer gewinnt die *qualifiziertesten Mitarbeiter*?
  - Was offenbart eine Fluktuationsanalyse der Spitzenkräfte Ihrer Branche?
  - Wem gelingt es, die Top-Talente anzuwerben?
- Wer überzeugt die Medien und andere Meinungsbildner sowie Bündnispartner?

Exakte quantitative Antworten werden die „heißen" Bereiche der strategischen Landschaft hervortreten lassen und Ihnen ermöglichen, zukunftsträchtige Kunden, Wettbewerber und Top-Talente zu identifizieren, die alle gleichermaßen wichtige Indizien für neu entstehende Gewinnmuster und Chancen zur Wertgenerierung sind.

Das Verständnis für die Bedeutung der Überzeugungskraft allein reicht aber noch nicht aus. Der nächste Schritt ist, zu verstehen, *warum* bestimmte Unternehmen die o.g. Gruppe für sich gewinnen können. Dazu muß man unter die Oberfläche vordringen, um die darunterliegenden Faktoren freizulegen, die Triebkräfte für Verhaltens- und Einstellungsveränderungen sind.

Bedingungen und Auslöser dechiffrieren

Ein profundes Verständnis für die gesamten Dimensionen der strategischen Landschaft Ihrer Branche ist der erste Schritt zur Mustererkennung. Der nächste Schritt beinhaltet die Entwicklung eines Systems zur Beobachtung der grundlegenden Bedingungen und Auslöser, die Katalysatoren für die Entstehung neuer Gewinnmuster sind (siehe Abbildung „Bedingungen und Auslöser für Gewinnmuster"). Diese Muster bilden sich nicht in einem Vakuum heraus, noch entstehen sie von allein. Wie die Wurzeln eines Baums breiten sie sich über längere Zeiträume quasi unterirdisch im verborgenen aus. Im Verlauf der Jahre nimmt die Entwicklung der grundsätzlichen Realitäten einer Branche eine bestimmte Richtung und Geschwindigkeit an (beides kann sich mit der Zeit verändern). Schließlich treffen mehrere Veränderungsvariablen zusammen, und die Bedingungen haben den Punkt erreicht, an dem ein neues Gewinnmuster ausgelöst wird.

Viele grundlegende Veränderungen der strategischen Landschaft sind subtil und entziehen sich dem flüchtigen Blick. Diese langsamen, oft nicht wahrnehmbaren Wandlungen sind die Wurzeln der Musterentstehung, die die strategische Landschaft einer Branche neu formen und den Weg für abrupte Veränderungen frei machen, für einen Wechsel von A nach B. Sie schwächen die existierenden Strukturen und Grundlagen eines Unternehmens bzw. einer Branche und eröffnen denjenigen neue Gewinnchancen, die sich durch strategische Antizipation auf den Umbruch vorbereitet haben.

Die Veränderungen in den Fundamenten eines Unternehmens bzw. einer Branche schaffen Potentiale für neue Business Designs, weil sie neue Kundenprioritäten entstehen lassen, die Beziehungen innerhalb der Wertschöpfungskette neu definieren und das herrschende Wettbewerbsgleichgewicht erschüttern. Durch die Kombination von veränderten Marktbedingungen und Auslösern werden neue Chancen zur Wertgenerierung und strategischen Absicherung geschaffen. Wenn das Top-Management eines Unternehmens diese Bedingungen und Auslöser vorausschauend erkennt, mißt und verfolgt, ist es gut positioniert, um die nächste Welle der Wertsteigerung zu antizipieren und die Initiative zu ergreifen.

Wegweisende Indikatoren für die Entstehung von Gewinnmustern manifestieren sich – wie in der Abbildung „Bedingungen und Auslöser für Gewinnmuster" dargestellt – auf unterschiedliche Art und Weise. Die meisten fallen jedoch grundsätzlich in drei Kategorien:

- *Schwankungsbreite* – eine zunehmende Bandbreite an Kundenprioritäten, der relativen Leistung der Wettbewerber oder der Gesamtwirtschaftlichkeit (Kostenposition, Generierung von Unternehmenswert, Profitabilität)
- *Veränderungsgeschwindigkeit und -richtung* – eine Beschleunigung des Tempos oder ein Richtungswechsel der Veränderungen der Kundenprioritäten, der Gesamtwirtschaftlichkeit, Technologie, Infrastruktur oder der Business Designs
- *Funktionsstörungen* – Reibungsverluste, Ineffizienzen oder zunehmende Mißverhältnisse innerhalb der Wertschöpfungskette, der Oganisationsstruktur oder der Kundenbasis

Das Auftreten einer der drei Bedingungen kann eine wichtige Chance signalisieren. Ein ausgeprägter Grad an Kundenvariabilität in einem Umfeld, das von einheitlichen Business Designs geprägt ist, deutet auf brachliegende Marktchancen hin. Funktionsstörungen, Mißverhältnisse oder Ineffizienzen im Zusammenhang mit der Wertschöpfungskette, den Absatzkanälen, dem Produkt, der Organisationsstruktur oder Kunden (hinsichtlich des wirtschaftlichen Kundennutzens, der Kundenzufriedenheit oder Präferenzen) können ebenfalls auf lukrative Marktchancen für neue Business Designs hinweisen.

Bedingungen und Auslöser für Gewinnmuster

„Signale und Hinweise für die Entstehung neuer Muster"

- Veränderte Kundenprioritäten
- Kundenansprüche
- Business-Design-Innovation
- Technologiewandel
- Neue Infrastruktur
- Variationen in den Kundenpräferenzen
- Veränderte Gesamtwirtschaftlichkeit (Kosten, Preise, Kapitalintensität)
- Kundenakzeptanz neuer Optionen
- Gleichgültigkeit der Kunden

- Neue Machtverteilung
- Verändertes Wohlstandsniveau oder Wohlstandsverteilung
- Mangelnde Erneuerung der Business Designs
- Nichtökonomische Motivation
  - irrationaler Wettbewerb
  - äußere Faktoren
- Neuer Zugang zu Informationen
- Steigende Erwartungen
- Regulatorische Veränderungen
- Neue Akteure (neue Wettbewerber, Kunden, Investoren)
- Medienfokus

- Schlechte Ergebnisse
- Mißverhältnis zwischen den vorhandenen Optionen und der erforderlichen Funktionalität
- Kombination von zwei oder mehreren Faktoren
- Austauschbarkeit
- Kostenvorteile durch Spezialisierung
- Extreme Profitabilitätsschwankungen (entlang der Wertschöpfungskette, zwischen verschiedenen Kundentypen etc.)
- Überangebot
- Veränderte Engpaßfaktoren

Üblicherweise reicht eine einzelne Voraussetzung bzw. ein einziger Auslöser nicht aus, um ein neues Gewinnmuster entstehen zu lassen; meistens treffen mehrere Elemente zusammen. Manchmal kann eine bestimmte Bedingung oder ein Auslöser eine Vielzahl von Mustern in Gang setzen, je nachdem, in welcher Kombination mit anderen Bedingungen und Auslösern er oder sie auftritt. So kann eine wachsende Bandbreite an Kundenpräferenzen sowohl zur

Produktpyramide wie zur Mikrosegmentierung führen. Und schnelle Technologiesprünge können sowohl eine Digitalisierung des Business Designs wie auch eine Multiplikation der Vertriebskanäle in Gang setzen. Zur möglichst exakten Antizipation zukünftiger Gewinnmuster sollten Sie die ganze Palette an Schlüsselbedingungen (Schwankungsbreite, Änderungsgeschwindigkeit und -richtung, Funktionsstörungen) untersuchen, die die strategische Landschaft Ihres Geschäfts beeinflussen (siehe auch die Mustervorlagen für eine Untersuchung der wichtigsten Bedingungen und Auslöser im „Kurzhandbuch für Mustererkennung" in Kapitel 13).

Die Herausforderung bei der Erkennung des nächsten branchenrelevanten Gewinnmusters liegt im Beibehalt einer überdurchschnittlich hohen Außenorientierung des Top-Managements und der Investoren. Wenn Sie mit der ganzen Bandbreite an Bedingungen und Auslösern für die Entstehung neuer Gewinnmuster vertraut sind, wird Ihnen die Benennung des aktuellen Gewinnmusters und die Antizipation zukünftiger Muster viel leichter fallen (siehe Abbildung „Auf der Suche nach der nächsten Wertverschiebung").

Die praktische Umsetzung

Mustererkennung ist so ähnlich, wie Zuschauer eines Kinofilms zu sein. Nach einer gewissen Zeit und diversen Verwicklungen und Wendungen läßt sich der weitere Hergang erahnen. Viele Filme geben Hinweise im Überfluß, so daß die Phantasie nicht groß bemüht werden muß. Die Wirtschaftslandschaft ist da bei weitem komplexer, aber die Antwort ist dieselbe: Je mehr grundlegende Handlungsabläufe und Wendungen Sie verinnerlichen, desto leichter fällt Ihnen die Vorhersage der kommenden Ereignisse.

Ergreifen Sie die Initiative, statt in Passivität zu verharren. Achten Sie bei der Lektüre der Wirtschaftspresse insbesondere auf neue Beispiele deutlich ausgeprägter Muster. Überlegen Sie, welche Übereinstimmung oder Differenzen Sie im Vergleich zu anderen Mustern feststellen können, die Sie bereits kennen. Nehmen Sie aktiv am Spiel teil, und diskutieren Sie Ihre Ansichten mit Kollegen oder auch Kunden. Gestehen Sie es sich ehrlich ein, wenn Sie auf Fakten treffen, die Ihnen unbekannt sind (die Sie aber herausfinden könnten). Konzentrieren Sie sich darauf, Risiken und Einschätzungen, die nicht auf Wissen, sondern auf Daumenpeilung basieren, zu minimieren.

Seien Sie auf Mehrdeutigkeit und mangelnde Orientierung gefaßt, insbesondere, wenn Sie mit mehreren Mustern gleichzeitig konfrontiert sind. Gewöhnen Sie sich daran, daß ein komplexes Umfeld normalerweise von zwei, drei oder mehr Gewinnmustern bestimmt wird. Halten Sie sich stets vor Augen, daß Mustererkennung nichts mit Weissagung zu tun hat. Die Zukunft läßt sich nicht vorhersagen. Das Ziel ist, Ihre Erfolgschancen zu steigern, indem möglichst viele der unbekannten und unerkannten Realitäten aufgedeckt werden, die Ihr Unternehmen beeinflussen.

Einige Muster sind jedoch sehr willkürlich. Sie werden von unerwarteten Ereignissen ausgelöst, die eine Branche schlagartig verändern. Die meisten Gewinnmuster können aber nach der Wahrscheinlichkeit identifiziert werden, weil sie das Resultat erkennbarer und meßbarer Bedingungen sind, die die strategische Landschaft verändern. Die Schärfung Ihrer Fähigkeiten zur Mustererkennung wird Sie und Ihr Unternehmen in die Lage versetzen, Gewinnmuster schneller als der Wettbewerb zu identifizieren und entsprechend früher Strategien zur Ausschöpfung der Gewinnpotentiale zu entwickeln.

Hören Sie vor allem nie auf, sich zu fragen, wo die *nächste* Wertverschiebung stattfinden wird. Halten Sie stets Ausschau nach neuen Mustern und neuen potentiellen strategischen Schritten. Wenn Ihre Wettbewerber den besten strategischen Schachzug vor Ihnen getätigt haben, überlegen Sie, welcher Gegenzug die bestmögliche Reaktion sein kann.

Erhöhen Sie Ihre Chancen auf den Sieg im nächsten Wertsteigerungszyklus.

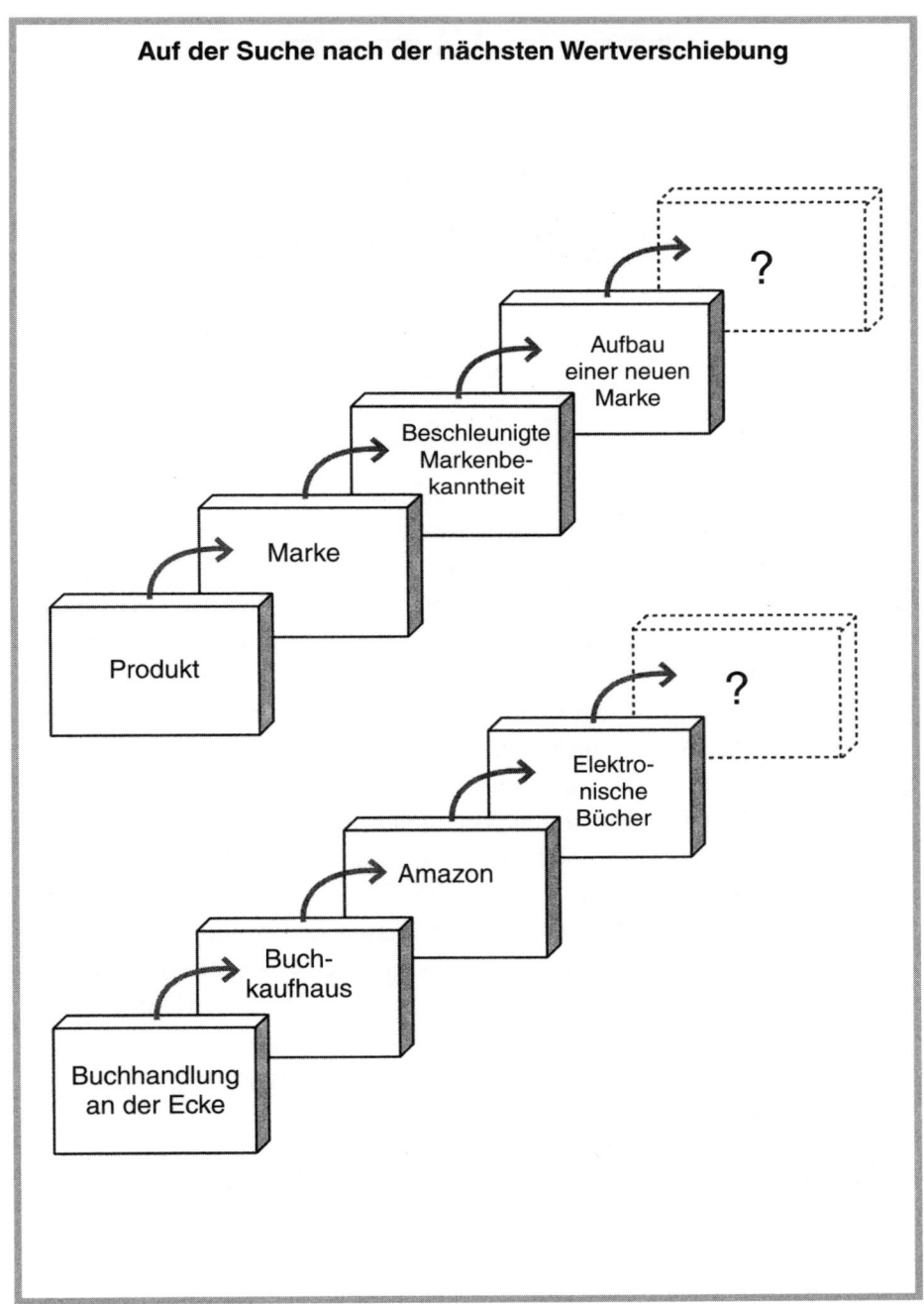

13

Kurzhandbuch für Mustererkennung

Dieses Buch hat neue Wege aufgezeigt, das hochdynamische Wirtschaftsumfeld, in dem wir heute leben, zu dechiffrieren. In Kapitel 1 bis 3 wurden die Veränderungen besprochen, die die aktuelle Wirtschaftslandschaft prägen. Es wird nicht nur zunehmend schwieriger, im wachsenden Chaos der Wirtschaftswelt den Schein vom Sein zu unterscheiden, auch wird mangelnder Erfolg härter bestraft. Kapitel 4 bis 10 sind hinter das Chaos an der Oberfläche gedrungen und haben eine Beispielsammlung an Gewinnmustern vorgestellt, die in den unterschiedlichsten Branchen aufgetreten sind. Kapitel 11 und 12 haben dargestellt, wie diese Know-how-Sammlung mit bestimmten Fähigkeiten und der richtigen Mentalität kombiniert wird, damit Ihr Unternehmen seine eigene Geschäftsstrategie entwerfen kann, und wie Sie rechtzeitig neue Muster erkennen, um sich Wettbewerbsvorteile zu verschaffen.

Dieses abschließende Kapitel soll das Wissen und die in den bisherigen zwölf Kapiteln dargestellten Prozesse vertiefen. Das Handbuch bietet intensive Übungen, um das *Wie* der Mustererkennung und der Wertgenerierung aus Gewinnmustern zu lernen. Es unterteilt sich in fünf Abschnitte:

1. Muster erlernen
2. Die gesamte strategische Landschaft erfassen
3. Strategische Antizipation – wie die wichtigsten Indikatoren gelesen werden müssen
4. Strategische Optionen multiplizieren
5. Muster gewinnbringend nutzen: „Welcher Schritt ist der beste?"

Wenn Sie das Handbuch in dieser Reihenfolge durcharbeiten, werden Sie darin Unterstützung für die Entwicklung und Anwendung dieses Denkprozesses für und auf Ihr eigenes Unternehmen bzw. Ihre Branche finden. Eine letzte Anmerkung: Dieses Kapitel heißt *Kurz*handbuch. Eine ausführlichere Version, die wesentlich mehr ins Detail geht, finden Sie auf der Website www.ProfitPatterns.com.

1. Muster erlernen

Es ist ein immenser Vorteil, viele Muster zu kennen. Konsultieren Sie Kapitel 4 bis 10 mindestens alle zwei Monate. Fügen Sie jedem Gewinnmuster eigene Beispiele hinzu, und notieren Sie sie am Seitenrand. Überlegen Sie, warum diese Muster auftreten und welche frühen Hinweise es dafür gegeben hat. Denken Sie auch über Varianten nach: Warum sind sie wichtig? Welche Varianten könnten für Sie am wertvollsten sein?

Konzentrieren Sie sich auf die Belohnung der frühen Erkennung und die Kosten der Nichterkennung. Wenn Sie die Kapitel 4 bis 10 nochmal durchlesen, denken Sie intensiv über die Unternehmen nach, die neue Gewinnmuster nicht erkannt haben. Warum haben sie es nicht geschafft? Welche Elemente in ihrem Denkprozeß oder ihrer Organisationsstruktur haben dazu geführt, daß sie blind für die Signale waren und die nächste große Wertsteigerungschance verpaßt haben? Was hätten Sie anders gemacht? Warum?

Besprechen Sie diese Beispiele mit Ihren Kollegen. Oder noch besser, diskutieren Sie sie mit Ihren profitabelsten Kunden und ihren langfristigsten Investoren. Das ist die beste Vorbereitung auf die Dechiffrierung Ihrer eigenen strategischen Landschaft und die Identifizierung der darin versteckten Marktchancen.

2. Die gesamte strategische Landschaft erfassen

Den Bildschirm des Wettbewerb-Radars eingehend studieren

Wertverschiebung (Value Migration®) fordert Sie dazu heraus, kreativ zu sein und Ihre *wirklichen* Wettbewerber anders als bisher zu definieren. Value Mi-

Das Spektrum der Mustererkennung

1 Erlernen Sie die in diesem Buch beschriebenen und weitere Gewinnmuster, die Sie und Ihre Management-Kollegen bereits kennen.

▼

2 Studieren Sie die gesamte strategische Landschaft. („Habe ich das ganze Spielfeld im Blick?")

▼

3 Schalten Sie Ihre Antennen für veränderte Branchen-bedingungen und Auslöser auf Empfang.
Stellen Sie sie so ein, daß Sie :
- Funktionsstörungen
- Schwankungsbreiten
- Veränderungsgeschwindigkeit und -richtung

wahrnehmen. Fragen Sie sich, was an diesem Bild aus Kundensicht und Investorensicht nicht stimmt.

▼

4 Entwickeln Sie ein möglichst komplettes Portfolio an relevanten Optionen.

▼

5 „Welcher Schritt ist der beste?"
- Welche(s) neue Business Design(s)?
- Welche(s) neue Gewinnmodell(e)?
- Welche(r) neue(n) strategische(n) Absicherungspunkt(e)?

gration® führt Sie zur Installation eines „Wettbewerb-Radars", um Sie dazu zu bewegen, Ihre traditionelle Wettbewerbsbeobachtung („Meine Wettbewerber sind Unternehmen meiner Branche") auszuweiten. Der Radarschirm zwingt Sie zu einer breiteren Betrachtung Ihrer eigentlichen Wettbewerber. Er kombiniert traditionelle, zukünftige und Kundenperspektiven hinsichtlich potentieller Gefahren.

Dieses Buch fordert Sie auf, diese rigorose Betrachtungsweise auf die zahlreichen Gruppen anzuwenden, die Ihr Unternehmen beeinflussen, und den Bildschirm des Radarschirms zu studieren, um die gesamte strategische Landschaft zu erfassen. Die Herausforderung besteht darin, Ihr Unternehmen sowie alle anderen Marktteilnehmer (Kunden, Absatzkanäle, Medien, hochqualifizierte Arbeitskräfte, Zulieferer, Drittunternehmen) so darzustellen, daß Sie stets einen Schritt zurücktreten und die Beziehungen, strategischen Absicherungspunkte und neu entstehenden Gewinnzonen erfassen können.

Die strategische Landschaft untersuchen

In Kapitel 12 wurden das Konzept der strategischen Landschaft sowie die Grundlagen seiner Untersuchung und Feinzeichnung vorgestellt. Die nachfolgende Übung ergänzt die Diskussion und soll Ihnen bei der systematischen Wiedergabe Ihrer kompletten relevanten Landschaft helfen. Zunächst aber ein Beispiel. Erinnern Sie sich an den Hinweis auf die strategische Landschaft von

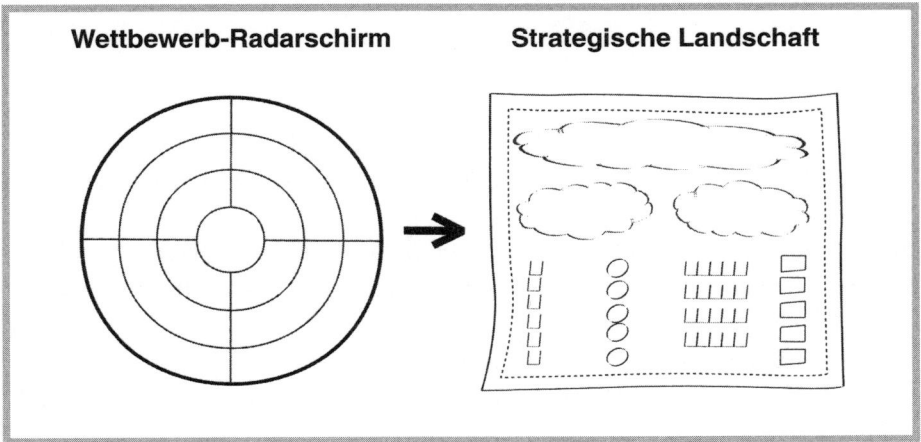

Charles Schwab in Kapitel 12. Die Einsichten, die aus einem Entwurf der strategischen Landschaft gewonnen werden können, sind entscheidend für die Erklärung des Erfolgs dieses Unternehmens. Hier ein Beispiel aus Schwabs strategischer Landschaft von 1991:

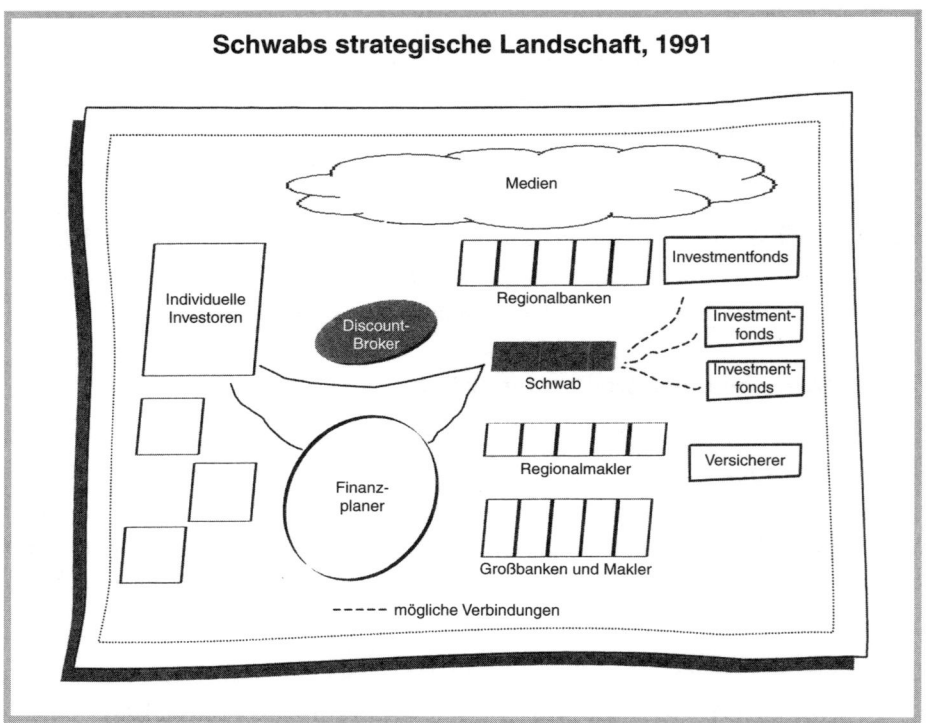

Schwabs strategische Landschaft, 1991

Medien

Individuelle Investoren

Discount-Broker

Regionalbanken

Investmentfonds

Investment-fonds

Investment-fonds

Schwab

Finanz-planer

Regionalmakler

Versicherer

Großbanken und Makler

- - - - - mögliche Verbindungen

Was läßt sich aus der Betrachtung der strategischen Landschaft von Charles Schwab lernen?
Eine Abwandlung dieses Entwurfs hat möglicherweise zu mehreren gewinnrelevanten Beobachtungen geführt, mit denen Schwab 1991 konfrontiert war:

- Die meisten Kunden werden nur unzureichend bedient.
- Finanzplaner sind der Hauptabsatzkanal für Kunden, werden aber vernachlässigt.

- Die Vielzahl der Investmentfonds, die mit Millionen von potentiellen Kunden kommunizieren müssen, sind unglaublich ineffizient.
- Die Kanalisierung der Investmentfonds durch eine Vermittlungsstelle würde sowohl Kunden wie Investmentgesellschaften Vorteile bringen.
- Großbanken und Makler unterscheiden sich von Regionalbanken und Regionalmaklern und müssen deshalb anders behandelt werden.

Nun sind Sie an der Reihe

Denken Sie an Ihre eigene strategische Landschaft im weitesten Sinne. Wie viele unterschiedliche Kundentypen gibt es? Zur Anregung nehmen Sie als Beispiel Coca-Colas potentielle Kundenbasis, die Abfüllunternehmen, Lebensmittelhändler, Gastronomen, Standortbetreiber für Getränkeautomaten, Konsumenten, Investoren und Medien umfaßt. Vergessen Sie nicht, auch *potentielle* Kunden miteinzubeziehen – auch wenn sie heute noch nicht zu Ihrer Kundenbasis zählen, vielleicht gehören sie morgen schon dazu.

Identifizieren Sie die unterschiedlichen Kundentypen für Ihr Geschäft. Überlegen Sie, worin sie sich unterscheiden, und notieren Sie kurz das wesentliche Unterscheidungsmerkmal. Konzentrieren Sie sich besonders auf die Unterschiede hinsichtlich der wichtigsten Prioritäten jedes Kundentyps.

Kundentyp | **Was ist diesen Kunden am wichtigsten?**

1. _____   _____
2. _____   _____
3. _____   _____
4. _____   _____
5. _____   _____
6. _____   _____
7. _____   _____

Nun verändern Sie die Aufstellung der Kundentypen, die Sie notiert haben. Ordnen Sie sie in der Reihenfolge nach ihrer Bedeutung und ihrem Wert. Ein Kunde ist möglicherweise nicht hoch profitabel, kann aber ziemlich wertvoll sein. Gibt es in Ihrem Geschäftszweig solche strategischen Kunden?

Rangordnung der Kundentypen nach ihrem Wert

1. _____

2. _____

3. _____

4. _____

5. _____

6. _____

7. _____

Sie haben soeben eine Dimension Ihrer strategischen Landschaft, Ihres eigenen Spielfelds aufgestellt.

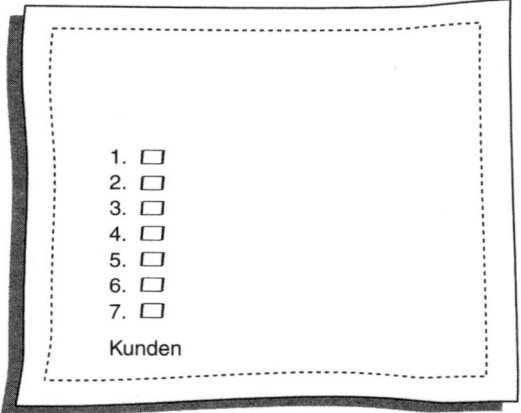

Als nächstes widmen Sie sich einer weiteren Dimension. Schreiben Sie in die freien Felder auf S. 340 die verschiedenen Absatzkanäle, die Kunden in Ihrer Branche nutzen. Gehen Sie einen Schritt über die herkömmlichen Absatzwege hinaus, und notieren Sie alle Wege, die Kunden beschreiten können, um die Produkte und Leistungen Ihres Unternehmens und Ihrer wichtigsten Wettbewerber zu beziehen.

Absatzkanäle

1.

2.

3.

4.

5.

6.

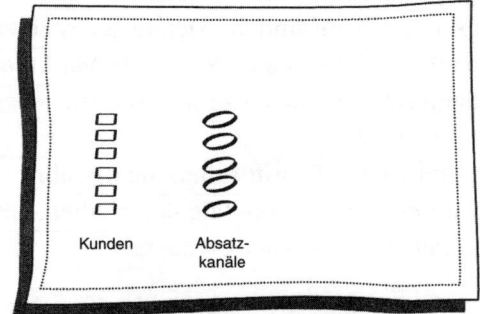

Nachdem Sie diese Information festgehalten haben, schreiben Sie nun die unterschiedlichen Arten von Business Designs/Wertschöpfungsketten auf, die diese Kunden und Absatzkanäle bedienen wollen (z.B. können Finanzdienstleister eine bankbezogene Wertschöpfungskette, eine Investmentfond-Wertschöpfungskette, eine Makler-Wertschöpfungskette, eine Software-Wertschöpfungskette, eine Versicherungs-Wertschöpfungskette etc. haben). Skizzieren Sie die Wertschöpfungsketten, aber fertigen Sie eine unkonventionelle Zeichnung an. Beginnen Sie links mit den Berührungspunkten zur Distribution (die Stufe, die dem Kunden am nächsten ist), und vervollständigen Sie sie dann um Produkte, Komponenten, Vermögenswerte etc.

Business Design

1.

2.

3.

4.

5.

6.

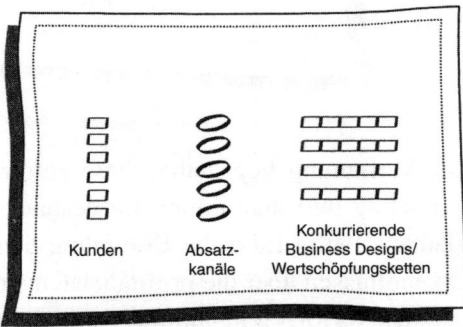

Ist es wichtig, jede Stufe der Wertschöpfungskette auszufüllen? Das kommt darauf an, was Sie bezwecken. Wollen Sie Ihre Branche lediglich aus der Vogelperspektive sehen? Wollen Sie die Interaktion aller wichtigen Faktoren begreifen? Dann sind die Details jedes einzelnen Wertschöpfungsschritts nicht so wichtig. Aber wenn Sie nach Marktpotentialen und Gewinnzonen suchen, dann erhalten die einzelnen Schritte jeder Wertschöpfungskette ein ganz anderes Gewicht.

Im letzten Schritt füllen Sie das übrige Bild aus, indem Sie Zulieferer, Innovationsquellen, Top-Talente, Medien, Investoren etc. einfügen. Das Ergebnis könnte folgendermaßen aussehen:

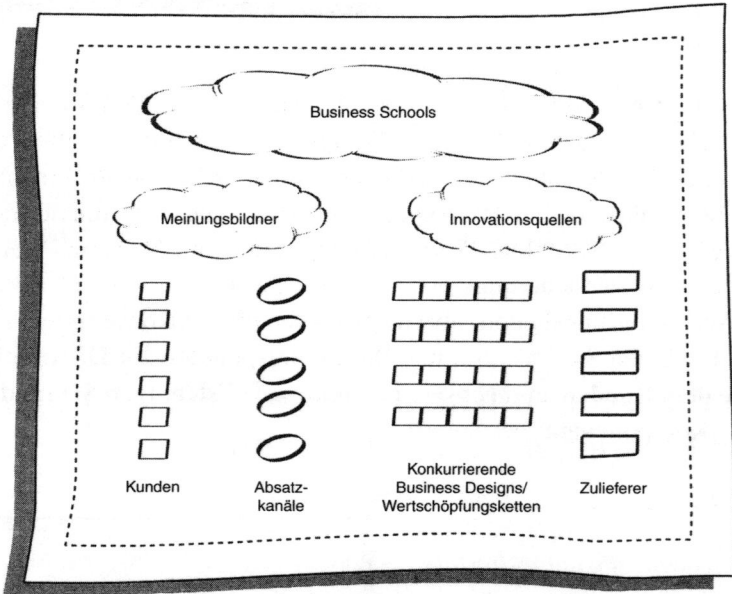

Die Vermutung liegt nahe, diese zuletzt aufgeführten Marktteilnehmer seien unwichtig und man könne sie deshalb auch weglassen. Ein gefährlicher Irrglaube. Häufig führt die Einfügung dieser Gruppen in das Bild zu wichtigen Erkenntnissen über die profitabelsten strategischen Schachzüge, die Ihr Unternehmen verfolgen kann, und wirft einige der wichtigsten Fragen auf, mit denen Sie sich vielleicht auseinandersetzen wollen:

- Wer hat die besten Verbindungen zu den renommiertesten Hochschulen und Business Schools?

- Wer steht im Rampenlicht der Medien und Investoren?
- Wer kann die Meinungsbildner für sich gewinnen?

Die letzte und wichtigste Aufgabe ist die Identifizierung Ihrer gewinnrelevanten Beobachtungen. Die Beantwortung der folgenden Fragen kann dabei als Unterstützung dienen:

- Gibt es irgendwelche Kundengruppen, die in der aktuellen strategischen Landschaft nicht zu ihrer Zufriedenheit bedient werden?
- Gibt es irgendwelche Absatzkanäle, Wertschöpfungsketten, Zulieferer oder andere Marktteilnehmer, die vernachlässigt werden?
- Kommt es im Waren- und Dienstleistungs- und Informationsfluß zwischen allen Marktteilnehmern zu Funktionsstörungen?
- Wer besetzt aktuell die strategische(n) Position(en) in der strategischen Landschaft?
- Wo in der strategischen Landschaft befinden sich die gewinnträchtigen Gebiete?

3. Strategische Antizipation – wie die wichtigsten Indikatoren gelesen werden müssen

Nachdem Sie die strategische Landschaft skizziert haben, können Sie damit beginnen, nach Gewinnmustern zu suchen, die die Topographie verändern. Das Erkennen von Gewinnmustern, die Ihre Branche verändern, wird Sie frühzeitig in die Lage versetzen, zu verstehen, worauf es ankommt. Sie werden entweder die Führung übernehmen oder früher reagieren und den Abstand zu Ihren Wettbewerbern verkürzen können. Dieser Prozeß besteht aus drei Kernkomponenten:

- Wissen über vergangene Gewinnmuster in Ihrer Branche (siehe Einführung zu Kapitel 11)
- Identifizierung der Branchenbedingungen und Auslöser für neue Gewinnmuster (siehe Kapitel 12)
- Wissen über die Höhe des Werts, der auf dem Spiel steht

Wissen, welcher immense Wert auf dem Spiel steht

Das Risiko zu verlieren oder zu gewinnen, ist dramatisch angestiegen. Wie hoch ist der Wert, der in Ihrer Branche auf dem Spiel steht? Die folgende Tabelle gibt einige Beispiele aus verschiedenen Industriezweigen. Denken Sie einen Moment über den Wertunterschied zwischen dem Sieger und dem Zweitplazierten in jeder Branche nach. Was der Nutzen der frühzeitigen Erkenntnis auf der einen Seite ist, sind die Kosten der verpaßten Chancen auf der anderen Seite. Tragen Sie Ihre eigene Branche in die untere Zeile ein. Vergessen Sie nicht, bei der Definition Ihrer Wettbewerber einen möglichst breiten Betrachtungsansatz zu wählen.

Wie hoch ist der Wert, um den es in Ihrer Branche geht? Studieren Sie nochmal aufmerksam die strategische Landschaft. Wer kämpft außer Ihnen noch um diesen Wert? Stehen Sie in Ihrem Industriezweig auf der Siegertreppe ganz oben? Wissen Sie auch, warum bzw. warum nicht? Wissen Sie, welche Muster Ihre Branche in der Vergangenheit geprägt haben?

Industriezweige 1998	Gewinner	Zweitplazierung
Halbleiter	Intel – 180 Mrd. $	AMD – 4 Mrd. $
Getränke	Coca-Cola – 160 Mrd. $	Pepsi – 60 Mrd. $
Einzelhandel	Home Depot – 70 Mrd. $	Lowe's – 14 Mrd. $
Ihre Branche	_____	_____

Die Entwicklungsgeschichte Ihrer Branche kennen

• Welche früheren Muster sind in Ihrer Branche aufgetreten?

_____

_____

_____

• Welche Muster hat der Branchenprimus zu nutzen gewußt?

_____

_____

_____

Es wird oft gesagt, daß diejenigen, die die Geschichte nicht kennen, dazu verdammt sind, sie zu wiederholen. Heute kommt eine solche Wiederholung teuer zu stehen. Welche Lektionen können aus anderen Branchen gezogen werden, die Ihnen bei Ihren strategischen Entscheidungen eine wertvolle Stütze sein können?

In Kapitel 4 bis 10 wurden viele Gewinner aus den unterschiedlichsten Branchen vorgestellt. Sie waren die jeweils ersten Unternehmen, die neue Muster erkannt und genutzt haben und so überwältigende Wertsteigerungen erfuhren.

Branchensieger	branchenprägende Gewinnmuster
Microsoft	Desintegration, De-facto-Standard, Cornerstoning
Coca-Cola	Kundenredefinition, Reintegration
Cisco	De-facto-Standard, Digitales Business Design, Lösungen
Nike	Outsourcing, Markenimage
Yahoo	Markenimage, Schaltzentrale, Cornerstoning
Mattel	Markenimage, Produktpyramide

Was können Sie aus der Art und Weise, wie die von Ihnen aufgelisteten Muster Ihre Branche verändert haben, lernen? Die Beantwortung der folgenden Fragen wird Sie dabei begleiten:

- Wann haben Sie das Gewinnmuster zum ersten Mal erahnt?
- Wann haben Sie zum ersten Mal Gewißheit erlangt?
- Was haben Sie daraufhin getan?
- Was hätten Sie tun können?

Wie sind Sie zu der ersten Vermutung über das neue Muster gekommen? Denken Sie einen Augenblick über die Zeitspanne von der ersten Vermutung bis zur Gewißheit und dann bis zur Reaktion nach. War diese Zeitspanne zu lang? Unternehmen, bei denen zwischen diesen Schritten nur wenig Zeit liegt, werden den größten Wert erzielen. Zeit ist bares Geld!

Alle Antennen auf Signalempfang von Branchenbedingungen und Auslösern zu richten, die Ihre strategische Landschaft formen, ist eine überaus wichtige Methode, um die Zeitspanne zwischen der ersten Ahnung und aktivem Handeln zu verkürzen. Was vermuten Sie, welche Bedingungen und Auslöser Ihre Branche aktuell bestimmen?

Bedingungen und Auslöser identifizieren, die neue Gewinnmustern entstehen lassen

Ab Kapitel 4 haben Sie Unternehmen kennengelernt, die in einer Vielzahl von Industriezweigen erfolgreich neue Gewinnmuster antizipiert und für sich genutzt haben. Viele dieser Unternehmen beobachten auch weiterhin aufmerksam Bedingungen und Auslöser, die neue Gewinnmuster entstehen lassen. Untersuchen Sie diese Aktivitäten in Ihrer eigenen strategischen Landschaft aus unterschiedlichen Perspektiven und nach der hier dargestellten Reihenfolge:

1. Ihre Kunden (nach traditioneller Definition)
2. Ihre Kunden (nach erweiterter Definition)
3. Ihre Wettbewerber (nach traditioneller Definition)
4. Ihre Wettbewerber (nach erweiterter Definition)
5. Ihre Kooperationspartner/Zulieferer/Bündnispartner

Erinnern Sie sich an die in Kapitel 12 aufgeführten Bedingungen und Auslöser. Treten irgendwelche dieser Bedingungen und Auslöser in Ihrer Branche auf?

In Kapitel 12 wurden kurz die wichtigsten Kategorien an Bedingungen und Auslösern vorgestellt: Funktionsstörungen, Variation sowie Veränderungsgeschwindigkeit und -richtung. Die drei nachfolgenden Abbildungen führen diese Konzepte weiter aus, in der Absicht, die Natur der Bedingungen und Auslöser, die Ihre Branche prägen, zu bestimmen.

Welche Funktionsstörungen, Variationen und Veränderungsvektoren (Richtung und Geschwindigkeit) können Sie in Ihrer Branche feststellen? Stellen

Sie sich diese Frage für jede einzelne Kategorie der folgenden Seiten, z.B.:
Welche Funktionsstörungen treten in meiner Wertschöpfungskette auf?

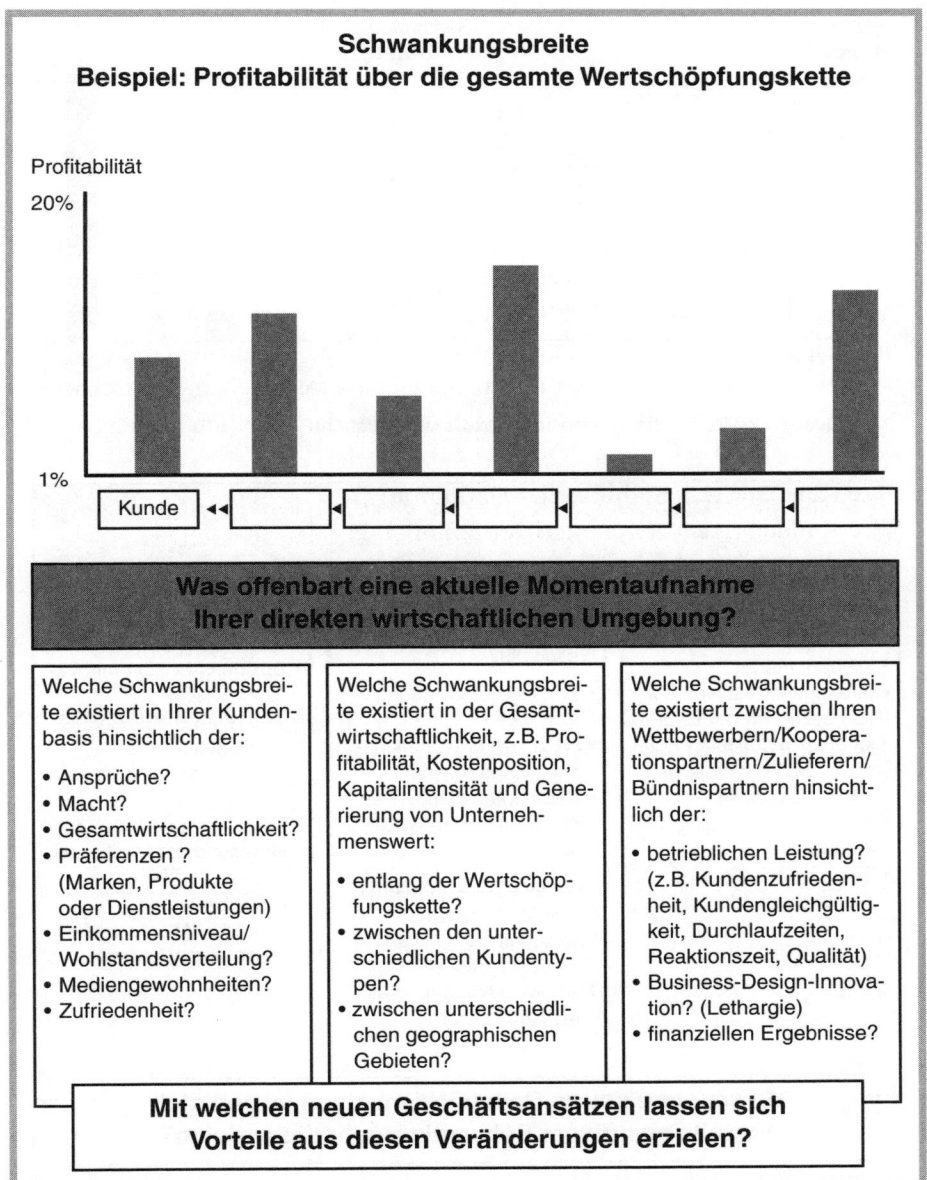

Schwankungsbreite
Beispiel: Profitabilität über die gesamte Wertschöpfungskette

Profitabilität

20%

1%

Kunde

Was offenbart eine aktuelle Momentaufnahme
Ihrer direkten wirtschaftlichen Umgebung?

Welche Schwankungsbreite existiert in Ihrer Kundenbasis hinsichtlich der:

• Ansprüche?
• Macht?
• Gesamtwirtschaftlichkeit?
• Präferenzen ?
  (Marken, Produkte
  oder Dienstleistungen)
• Einkommensniveau/
  Wohlstandsverteilung?
• Mediengewohnheiten?
• Zufriedenheit?

Welche Schwankungsbreite existiert in der Gesamtwirtschaftlichkeit, z.B. Profitabilität, Kostenposition, Kapitalintensität und Generierung von Unternehmenswert:

• entlang der Wertschöpfungskette?
• zwischen den unterschiedlichen Kundentypen?
• zwischen unterschiedlichen geographischen Gebieten?

Welche Schwankungsbreite existiert zwischen Ihren Wettbewerbern/Kooperationspartnern/Zulieferern/Bündnispartnern hinsichtlich der:

• betrieblichen Leistung?
  (z.B. Kundenzufriedenheit, Kundengleichgültigkeit, Durchlaufzeiten, Reaktionszeit, Qualität)
• Business-Design-Innovation? (Lethargie)
• finanziellen Ergebnisse?

Mit welchen neuen Geschäftsansätzen lassen sich
Vorteile aus diesen Veränderungen erzielen?

345

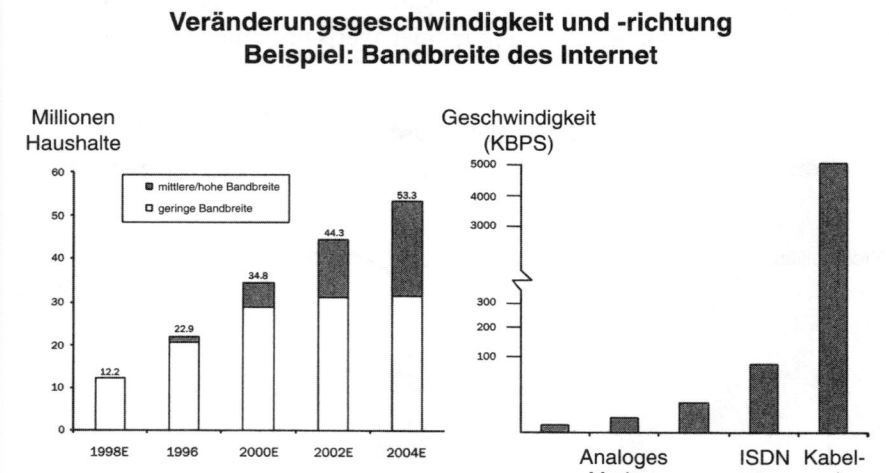

Veränderungsgeschwindigkeit und -richtung
Beispiel: Bandbreite des Internet

Millionen Haushalte

- mittlere/hohe Bandbreite
- geringe Bandbreite

	1998E	1996	2000E	2002E	2004E
	12.2	22.9	34.8	44.3	53.3

Geschwindigkeit (KBPS)

Analoges Modem · · ISDN Kabel-modem

Quelle: Cowles/Simba Information; Cox Communications

Welche Veränderungen haben in den letzten drei Jahren stattgefunden? Werden sich diese Entwicklungen fortsetzen/beschleunigen?

Wie verändern sich die Kunden?	Wie verändert sich die Gesamtwirtschaftlichkeit Ihres Geschäfts?	Wie schnell verändern sich die Wettbewerber?

• Kernprioritäten
• Ihre eigene relative Position bezüglich der Erfüllung der wichtigsten Prioritäten im Verhältnis zu Ihren Wettbewerbern
• Steigende Erwartungen/Ansprüche
• Einkommensniveau/Wohlstandsverteilung
	• Entlang der Wertschöpfungskette
	• Nach den unterschiedlichen Kundentypen
	• Nach unterschiedlichen geographischen Gebieten
	
	Wird eine neue Infrastruktur im Markt erwartet? Wie schnell und in welche Richtung verändern sich Technologien oder staatliche Regulierung?
		• Business-Design-Innovation
		  – neue Investitionen/Fähigkeiten
		  – direkte wirtschaftliche Umgebung
		• Neue Akteure oder Neuverteilung der Macht/des Status
		  – Wettbewerber
		  – Kunden/Absatzkanäle
		  – Investoren/Analysten

Mit welchen neuen Geschäftsansätzen lassen sich Vorteile aus dieser Schwankungsbreite erzielen?

Funktionsstörungen
Beispiel: Wohnausstattung

An welchen Stellen Ihrer direkten wirtschaftlichen Umgebung kommt es zu Reibungsverlusten, Ineffizienzen oder Mißverständnissen?

- Gibt es Mißverhältnisse zwischen den Optionen, zwischen denen Kunden aktuell wählen können und der erforderlichen Funktionalität?
  – Funktionsmerkmale, Kompetenzen, Ineffizienz, langsame Reaktionszeiten etc.

- Gibt es Ineffizienzen entlang der Wertschöpfungskette (die Kunden möglicherweise erkannt haben)?
  – Überangebot
  – Engpässe
  – Fragmentierung der Absatzkanäle

- Ist die Gesamtwirtschaftlichkeit dieses Markts im Grundsatz unattraktiv? Verschlechtert sie sich?
  – Austauschbarkeit
  – Irrationaler Wettbewerb
  – Kapitalintensität
  – Regulierung/andere äußere Faktoren

- Kommt es zu erheblichen Funktionsstörungen in den Organisationsstrukturen?
  – Mangelnde Unternehmensführung
  – Festhalten an eingefahrenen Traditionen
  – Überholte bzw. falsche Kompetenzen
  – „Artheriosklerose" im Informationsfluß

Mit welchen neuen Geschäftsansätzen lassen sich derartige Funktionsstörungen beheben?

Welche Bedingungen und Auslöser entfalten ihre Wirkung?	Wertschöpfungskette	Kunden	Vertriebskanäle	Produkt	Wissen	Organisationsstruktur
Funktionsstörungen • Ineffizienz • Mißverhältnis zwischen Angebot und Nachfrage • Veränderte Engpaßfaktoren • Sonstiges						
Schwankungsbreite • In der Profitabilität entlang der Wertschöpfungskette, oder zwischen den unterschiedlichen Kundentypen • In den Präferenzen • In der Wohlstandsverteilung • Sonstiges						
Veränderungsrichtung und -geschwindigkeit • Technologie • Business-Design-Innovation • Kundenansprüche • Sonstiges						

Welches sind in Ihrer strategischen Landschaft die drei wichtigsten Faktoren:

Funktionsstörungen	Ursachen für Schwankungsbreite	Veränderungsvektoren
1.	1.	1.
2.	2.	2.
3.	3.	3.

4. Strategische Optionen multiplizieren

Welche Initiative werden Sie ergreifen, wenn Sie das nächste aufkommende Gewinnmuster antizipieren? Bevor Sie aktiv werden, kann die Erweiterung Ihres Repertoires an strategischen Schachzügen den Wert, den Sie generieren können, erheblich steigern und die Zeitspanne bis zum Erfolg ebenso drastisch verkürzen. Um Risiken zu minimieren, werden Finanzoptionen genutzt. Warum sollten strategische Optionen nicht das gleiche leisten können?

Wie können Sie Ihr strategisches Repertoire erweitern? Beginnen Sie mit der Untersuchung von Unternehmen, die das bereits erfolgreich vorgemacht haben. Bei jedem einzelnen Beispiel ist es wichtig, zu verstehen:

- Welches die kritischen strategischen Kreuzwege in der jeweiligen Wertsteigerungsentwicklung des Unternehmens gewesen sind.
- Welche Optionen zur Verfügung standen, und ob sie bedacht wurden.
- Für welche Option man sich entschieden hat.

1987 hat Microsoft Windows und OS/2 möglicherweise als sein komplettes strategisches Instrumentarium betrachtet. Aber es hätte ebensogut zwischen DOS-Anwendungen, zusätzlichen Macintosh-Anwendungen, Datenbank-Software etc. wählen können. Microsoft berücksichtigte ein extrem breites Spektrum an möglichen Schritten und entschied sich für mehrere der werthaltigsten Optionen. Heute ist Microsofts strategisches Repertoire noch umfangreicher. Durch die mögliche Wahl zwischen Anwendungen, Betriebssystemen, dem Internet, Finanzdienstleistungen und anderen strategischen Alternativen kann Microsoft seine Erfolgschancen deutlich verbessern.

Wenden Sie sich nun den Erfahrungen Ihres eigenen Unternehmens zu. Wie sieht die Entwicklung Ihrer Wertsteigerungskurve aus? Nehmen Sie sich Zeit, um die entscheidenden Kreuzwege zu identifizieren, die Optionen zu benennen, die in Betracht gezogen wurden, und die Entscheidungen, die dann schließlich getroffen wurden. Welches waren die kritischsten Entscheidungspunkte auf diesem Weg? Welche Alternativen wurden erwogen? Wie breit war das Spektrum an verfügbaren Optionen? Für welche Alternative hat man sich entschieden und warum?

Folgen Sie diesem Denkprozeß, um Ihr strategisches Repertoire zu erweitern. Sollten Sie Anregungen brauchen, lesen Sie die Abschnitte über die Gewinnmodelle in dem Buch *Die Gewinnzone*. Die Gewinnmodelle sind eine Kurzversion der Business-Design-Optionen Ihres Unternehmens. Suchen Sie sich die für Ihr Unternehmen am besten geeigneten Gewinnmodelle heraus, und fügen Sie sie zu Ihrer Liste.

Kreativität ist häufig ein Teamsport. Stellen Sie ein Team aus den besten strategischen Köpfen Ihres Unternehmens zusammen. Machen Sie sie mit der strategischen Landschaft des Unternehmens vertraut, und übertragen Sie ihnen dann die Aufgabe, drei neue Geschäftsfelder zu entwerfen, die Ihre profitabelsten Kunden abwerben würden. Nehmen Sie die Konzepte Ihres Teams sehr ernst (viele erfolgreiche Start-ups wurden von ehemaligen Managern etablierter Unternehmen gegründet). Gibt es unter diesen Konzepten realisierbare Optionen?

Notieren Sie Ihre Optionen wie nachfolgend aufgezeigt. Beginnen Sie mit konventionellen Alternativen, und fügen Sie dann die für Ihr Unternehmen aggressiven Optionen hinzu. Ergänzen Sie diese Auflistung um die innovativsten oder kreativsten Kombinationen anderer Optionen. Welche Risiken und Vorteile sind mit jedem Set an Optionen verbunden?

Wenn Sie die Liste abgeschlossen haben, ordnen Sie Ihr gesamtes strategisches Repertoire so an, daß die konservativen Optionen ganz unten stehen und die revolutionärsten an der Spitze. Wie karg fällt die oberste Zeile aus? Müssen Sie sich selbst noch mehr herausfordern? Welches ist der beste Schritt? Hängt die Antwort davon ab, ob Sie zwei Schritte weiter denken, anstatt nur bis zum nächsten Schritt? Oder sogar drei Schritte weiter?

Konventionell	Aggressiv	Gesamte Bandbreite	Ein Schritt voraus	Zwei Schritte voraus	Drei Schritte voraus
___	___	___	___	___	___

(9) _____
(8) _____
(7) _____
(6) _____   (6) _____
(5) _____   (5) _____
(4) _____   (4) _____
(3) _____   (3) _____   (3) _____
(2) _____   (2) _____   (2) _____
(1) _____   (1) _____   (1) _____

5. Muster gewinnbringend nutzen: „Welcher Schritt ist der beste?"

Aus Ihrem strategischen Repertoire müssen Sie die beste Option auswählen. Der traditionelle Denkansatz reicht möglicherweise nur bis zum nächsten Schritt. Aber wie auch beim Schachspiel liegt der wahre Wert in der strategischen Vorausschau bis zu den nächsten zwei oder drei Spielzügen. Eine geringe Auswahl an strategischen Optionen oder eine kurzsichtige Perspektive, die nur bis zum nächsten Schritt reicht, hat nur geringen oder gar keinen Wert. Die Kombination aus einem breiten Repertoire an Alternativen und einer Vorwegnahme der nächsten drei Schachzüge bildet das Fundament für überdurchschnittliche Wertsteigerung.

Beurteilen Sie jede Option, die Sie aufgelistet haben, im Licht der folgenden zwei oder drei strategischen Schritte. Welche Option bietet die größten Aussichten auf eine deutliche Wertsteigerung – bis zum nächsten Schritt, bis zum übernächsten bzw. bis zum dritten Schritt? Welche Option verschafft Ihnen die größte strategische Absicherung? Welche beinhaltet das größte Risiko?

Jetzt, da Sie sich für eine Alternative entschieden haben, wie kommen Sie dahin?

Notwendige Aktivitäten zur Umsetzung der besten Option

1. _____

2. _____

3. _____

4. _____

5. _____

6. _____

7. _____

Einige abschließende Fragen, die Sie im Hinterkopf behalten sollten:

* Wieviel Bewegungsspielraum brauchen Sie, um diese Veränderungen umzusetzen? Über wieviel Bewegungsspielraum verfügen Sie?
* Gibt es eine strategische Abkürzung, die Sie verwenden können, um die Realisierungszeit zu verkürzen?
* Wie gut ist Ihr Unternehmen auf die Umsetzung dieser Veränderungen vorbereitet?
    – Verfügt es über die notwendigen Talente?
    – Hat es die richtige Struktur?
    – Hat es eine förderliche Unternehmenskultur?
* Wie kann für eine optimale Vorbereitung gesorgt werden?
* Wie lange wird das aktuelle Gewinnmuster wirksam sein? Werden Sie in der Lage sein, das nächste sich anbahnende Muster zu erkennen? Welche Fragen müssen Sie sich dafür merken?

„Geldwerte Fragen", mit denen aus strategischen Mustern Gewinn erzielt werden kann

Ein anderer Weg, um Muster gewinnbringend zu nutzen, ist der Vergleich der eigenen Unternehmenssituation mit den Situationen, die in Kapitel 4 bis 10 dargestellt wurden. Können Sie aus den beschriebenen Mustern, die in anderen Branchen wirksam geworden sind, brachliegende Gewinnpotentiale erkennen, die auch Ihr Unternehmen realisieren kann? Hier erhalten Sie zwei Beispiele „gewinnprovozierender" Fragen, die zwei Musterkategorien entnommen sind: Produkt- und Organisationsstrukturmuster.

Produktmuster

Von Produkten zu Marken

Hat Ihr Unternehmen ein starkes Markenimage?
Was bedeutet der Name?
Wofür steht dieser Markenname?
Welches Preispremium läßt sich damit erzielen?
Welches ist der effizienteste Weg, um das nötige Markenimage aufzubauen?

Von Produkten zu Kassenschlagern

Hat sich der Wert von einem Produktportfolio zu einzelnen Produkthits verschoben?
Wie kann Ihr Unternehmen ein System entwickeln, das eine anhaltende Serie an Kassenschlagern produziert?

Von Produkten zu Gewinnmultiplizierung

Auf wieviel unterschiedliche Arten wird in Ihrem Unternehmen ein Produkt oder ein Vermögenswert zur Gewinnerzielung eingesetzt?
1.
2.
3.
4.
5.
6.
7.
Welches System würde eine vielfältige Gewinnerzielung aus demselben Produkt bzw. Vermögenswert begünstigen?

Von Produkten zur Produkt-pyramide	Wie viele verschiedene Stufen/Preisniveaus deckt Ihr Produkt ab? Wie viele könnten es sein?
Von Produkten zu Lösungen	Kennen Sie die Gesamtwirtschaftlichkeit Ihrer Kunden? Wie können Sie diese deutlich verbessern? Welche Kunden würden Sie dafür bezahlen?

Organisationsstrukturmuster

Neue Kompetenzen	Welchen Kompetenzmix hat Ihr Unternehmen (A)? Welchen Kompetenzmix brauchen Sie (B)? Wie gelangen Sie von A nach B? Wie schnell können Sie von A nach B kommen?
Von pyramidalen Strukturen zur Netzwerkstruktur	Ausgehend von einer Skala von 1 bis 10 (10 =hoch): Wie hoch ist der direkte Kontakt Ihrer Mitarbeiter zu – Kunden? – Investoren? Wie groß ist die Gewinnverantwortung Ihrer Mitarbeiter? Wie können der direkte Kontakt und die Gewinnverantwortung in möglichst kurzer Zeit maximiert werden?
Cornerstoning	Auf welchem Gebiet ist Ihr Unternehmen A+? Welches ist das nächste Gebiet mit den größten Gewinnpotentialen, in das Ihr Unternehmen vorstoßen kann?
Vom konventionellen zum digitalen Business Design	Welches sind die wichtigsten Themen für Ihr Unternehmen? Welcher Anteil der Unternehmensaktivitäten, die mit diesen Themen zusammenhängen, besteht aus Information und Kommunikation und nicht

aus greifbarer Materie?

Wie hoch ist der Prozentsatz dieser nicht greifbaren Aktivitäten, die bereits elektronisch abge-
wickelt werden?

Auf welchen Gebieten wird der Übergang zur
elektronischen Abwicklung die positivsten Auswirkungen auf die für Ihr Unternehmen wichtigsten Themen zeigen?

Literaturverzeichnis

Deschamps, Jean Ph./Nayak, P.R./Little, Arthur D.: Produktführerschaft. Wachstum und Gewinn durch offensive Produktstrategien. Frankfurt a.M. 1996.

Gertz, Dwight L./Baptista, Joao P.A.: Grow to be great. Wider die Magersucht in Unternehmen. Landsberg/Lech 1996.

Slywotzky, Adrian J./Morrison, David/Andelman, Bob: Die Gewinnzone. Wie Ihr Unternehmen dauerhaft Erträge erzielt. Landsberg/Lech 1998.

Slywotzky, Adrian J./Morrison, David J.: Value Migration. Zukunftsorientierte Konzepte zur Steigerung des Unternehmenswertes. Frankfurt a.M. 1997.

Wiezorek, Heinz/Wallinger, Albin: Wachstum mit Gewinn. 20 Methoden für die systematische Expansion. Frankfurt a.M. 1997.

Bildnachweis

Pablo Picasso, „Selbstportrait", 1906.

Pablo Picasso, „Portrait von Gertrude Stein", 1906. The Metropolitan Museum of Art, Sammlung Gertrude Stein, 1947 (47.106) © 1996.

Pablo Picasso, „Der Harem", 1906. Öl auf Leinwand, 154,3 x 110 cm, © The Cleveland Museum of Art, 1998, Sammlung Leonard A. Hanna, Jr., 1958.45

Pablo Picasso, „Frau mit Fächer", 1908. Ermitage, St. Petersburg, Rußland/Bridgeman Art Library, London/New York.

Pablo Picasso, „Les Demoiselle d'Avignon", 1907.

Pablo Picasso, „Portrait von Abroise Vollard", 1910. Pushkin Museum, Moskau, Rußland/Bridgeman Art Library, London/New York.

Pablo Picasso, „Junge Frau", 1909, Ermitage, St. Petersburg, Rußland/Superstock.

Pablo Picasso, „Das Hutmachergeschäft", 1926. © 1998 Nachlaß Picasso, Millésime de l'année d'edition.

Pablo Picasso, „Mann mit Pfeife", 1914. Picasso Museum, Paris, Frankreich/Bridgeman Art Library, London/New York.

Pablo Picasso, „Portrait eines jungen Mädchens vor dem Kamin", 1914 (Öl auf Leinwand), Musee National d'Art Moderne, Paris, Frankreich/Bridgeman Art Library, London/New York.

Pablo Picasso (1881–1973), „Les Demoiselle des Bord de la Seine", 1950. Giraudon/Art Resource, New York, © copyright ARS, New York. Kunstmuseum, Bases, Schweiz.

Pablo Picasso, „Las Meninas", Nr. 31 (nach Velazquez), © copyright ARS. Picasso Museum, Barcelona, Spanien. © 1999 Bridgeman Art Library, London/New York, „Las Meninas", 1656 oder „La familia de Felipe IV", 1656, von Diego Rodriguez de Velva y Velazquez (1599–1660), Prado, Madrid, Spanien.

Stichwortverzeichnis